数据科学与大数据技术系列

SPSS Modeler 数据挖掘方法及应用

（第3版）

薛 薇 编著

电子工业出版社

Publishing House of Electronics Industry

北京·BEIJING

内 容 简 介

数据挖掘是大数据分析中最活跃的地带。SPSS Modeler 充分利用计算机系统的运算处理能力和图形展现能力,将数据挖掘方法、应用与工具有机地融为一体,成为内容全面、功能强大、操作友好的数据挖掘软件产品,是大数据分析的理想工具。

本书以数据挖掘的实践过程为主线,系统介绍了决策树、人工神经网络、支持向量机、Logistic 回归分析、判别分析、贝叶斯网络、聚类分析等一系列经典数据挖掘方法,以及数据整理和降维处理等必备知识,同时给出了 SPSS Modeler 实现的全过程。讲解方法从易到难,说明问题由浅入深,软件操作详细全面。

本书力求以通俗的方式阐述数据挖掘方法的核心思想与基本原理,同时配合 SPSS Modeler 18(中文版)软件操作说明,希望读者能够直观理解方法的本质,快速掌握软件使用技巧,并应用到数据挖掘实践中。本书提供实例数据和电子课件,读者可登录华信教育资源网 www.hxedu.com.cn 免费下载使用。

本书可作为高等院校管理类、财经类、计算机类专业本科生和研究生的数据挖掘教材,也可作为商业管理、金融保险、社会教育等行业进行数据挖掘实践的参考用书。

未经许可,不得以任何方式复制或抄袭本书之部分或全部内容。
版权所有,侵权必究。

图书在版编目(CIP)数据

SPSS Modeler 数据挖掘方法及应用 / 薛薇编著. —3 版. —北京:电子工业出版社,2020.3
ISBN 978-7-121-36319-1

Ⅰ.①S… Ⅱ.①薛… Ⅲ.①统计分析-软件包-高等学校-教材 Ⅳ.①C819

中国版本图书馆 CIP 数据核字(2020)第 004272 号

策划编辑:秦淑灵
责任编辑:刘真平
印　　刷:北京虎彩文化传播有限公司
装　　订:北京虎彩文化传播有限公司
出版发行:电子工业出版社
　　　　　北京市海淀区万寿路 173 信箱　邮编:100036
开　　本:787×1 092　1/16　印张:22.5　字数:576 千字
版　　次:2010 年 9 月第 1 版
　　　　　2020 年 3 月第 3 版
印　　次:2024 年 1 月第 8 次印刷
定　　价:69.00 元

凡所购买电子工业出版社图书有缺损问题,请向购买书店调换。若书店售缺,请与本社发行部联系,联系及邮购电话:(010)88254888,88258888。
质量投诉请发邮件至 zlts@phei.com.cn,盗版侵权举报请发邮件至 dbqq@phei.com.cn。
本书咨询联系方式:qinshl@phei.com.cn。

前　　言

数据挖掘和机器学习的理论和软件，是大数据分析背景下数据分析实践者所必备的。SPSS Modeler 是当下数据挖掘和机器学习的主流商业软件，其友好的用户操作界面、丰富的数据挖掘和机器学习算法、卓越的计算能力，是面向领域最终用户落地数据挖掘实践的理想工具。

在保持《SPSS Modeler 数据挖掘方法及应用（第 2 版）》通俗易懂、理论和应用实践相结合的原有风格基础上，第 3 版在章节安排和内容上进行了较大调整，说明如下。

第一，采用 SPSS Modeler 18（中文版）进行讲解。

中文版本排除了国内读者软件操作中的语言困难，便于将精力集中在方法理论理解和应用上。

第二，在章节安排上进行了调整。

首先，基于应用场景广泛性的考虑，压缩了第 2 版的部分内容，如 2.3 节、4.7 节等；其次，第 3 版略去了软件版本升级中未保留下来的模块的相关章节内容，如 9.3 节等；再次，依据数据挖掘方法论的业务理解、数据理解、数据准备、模型建立、方案评估、方案实施，将第 2 版的第 3、4 章进行了重排，构成了第 3 章 SPSS Modeler 的数据理解和第 4 章 SPSS Modeler 的数据准备相关内容；最后，Logistic 回归分析和判别分析等现代统计方法在数据挖掘和机器学习中日渐普及，为突出方法的重要性，将第 2 版 8.1 节和 8.2 节独立成章。

第三，增加了一些重要的建模策略和方法，极大丰富了本书的内容。

例如，增加了实现数据降维的因子分析，并将相关数据精简的内容独立成章；增加了对 Bagging 建模策略的说明；增加了数据挖掘中广泛使用的支持向量机的相关章节；增加了以概率统计为核心，并且在数据挖掘和机器学习中行之有效的朴素贝叶斯分类方法、贝叶斯网络等相关内容。

总之，突出算法基本思路、软件操作使用和结果解读是本书的重要特征。读者学习和掌握 SPSS Modeler 软件应体现三个层面：首先是软件操作层面，通过实际操作快速掌握软件的使用方法和处理步骤；其次是结果分析层面，通过案例演示明晰软件输出结果的含义；最后是方法论层面，通过对算法基本思路的了解提高方法的应用水平。

因为本书重点介绍主流的数据挖掘和机器学习算法，所以并没有对其中涉及的统计方法做详细讨论，如果有需要，读者可参考电子工业出版社出版的《SPSS 统计分析方法及应用》等书籍。本书适合从事数据分析的各应用领域的读者，尤其是从事商业分析、经济管理、社会研究、人文教育等行业的相关人员阅读；同时，也可作为高等院校数据科学和大数据应用、统计学、管理和财经类等专业本科生和研究生的数据挖掘和机器学习课程教材。

编著者

目 录

第 1 章 数据挖掘和 SPSS Modeler 使用概述 … 1
1.1 数据挖掘的产生背景 … 1
1.1.1 海量大数据的分析需求催生数据挖掘 … 1
1.1.2 应用对理论的挑战催生数据挖掘 … 2
1.2 什么是数据挖掘 … 4
1.2.1 数据挖掘和数据库中的知识发现 … 5
1.2.2 数据挖掘方法论 … 6
1.2.3 数据挖掘的任务和应用 … 9
1.2.4 数据挖掘得到的知识形式 … 11
1.2.5 数据挖掘算法的分类 … 14
1.3 SPSS Modeler 软件概述 … 17
1.3.1 SPSS Modeler 的数据流 … 17
1.3.2 SPSS Modeler 的窗口 … 19
1.3.3 数据流的基本管理 … 21
1.3.4 缓存节点和超节点 … 24
1.3.5 从一个示例看 SPSS Modeler 的使用 … 25

第 2 章 SPSS Modeler 的数据读入和数据集成 … 31
2.1 变量类型 … 31
2.1.1 从数据挖掘角度看变量类型 … 31
2.1.2 从计算机存储角度看变量类型 … 32
2.2 读入数据 … 32
2.2.1 读自由格式的文本文件 … 33
2.2.2 读 Excel 电子表格数据 … 36
2.2.3 读 SPSS 格式文件 … 37
2.3 数据集成 … 38
2.3.1 数据的纵向合并 … 38
2.3.2 数据的横向合并 … 40
2.3.3 数据源替换 … 43

第 3 章 SPSS Modeler 的数据理解 … 45
3.1 变量说明 … 45
3.1.1 变量的重新实例化 … 46
3.1.2 有效变量值和无效值调整 … 47
3.1.3 变量角色的说明 … 49

3.2 数据质量的评估和调整 ······ 50
   3.2.1 数据的基本特征与质量评价报告 ······ 50
   3.2.2 变量值的调整 ······ 53
   3.2.3 数据质量管理 ······ 56
3.3 数据的排序 ······ 58
   3.3.1 单变量排序 ······ 58
   3.3.2 多重排序 ······ 59
3.4 数据的分类汇总 ······ 60
   3.4.1 单变量分类汇总 ······ 60
   3.4.2 多重分类汇总 ······ 61

第4章 SPSS Modeler 的数据准备 ······ 62
4.1 变量变换 ······ 62
   4.1.1 CLEM 表达式 ······ 62
   4.1.2 变量值的重新计算 ······ 65
   4.1.3 变量类别值的调整 ······ 67
4.2 变量派生 ······ 68
   4.2.1 生成新变量 ······ 68
   4.2.2 生成服从正态分布的新变量 ······ 72
   4.2.3 派生哑变量 ······ 75
4.3 数据精简 ······ 76
   4.3.1 随机抽样 ······ 76
   4.3.2 根据条件选取样本 ······ 79
4.4 建模中的数据集处理策略 ······ 80
   4.4.1 样本的平衡处理 ······ 80
   4.4.2 样本子集的划分 ······ 81

第5章 SPSS Modeler 的基本分析 ······ 85
5.1 数值型变量的基本分析 ······ 85
   5.1.1 计算基本描述统计量 ······ 85
   5.1.2 绘制散点图 ······ 88
   5.1.3 绘制线图 ······ 91
5.2 两分类型变量相关性的研究 ······ 93
   5.2.1 两分类型变量相关性的图形分析 ······ 93
   5.2.2 两分类型变量相关性的数值分析 ······ 98
5.3 两总体的均值比较 ······ 102
   5.3.1 两总体均值比较的图形分析 ······ 102
   5.3.2 独立样本的均值检验 ······ 104
   5.3.3 配对样本的均值检验 ······ 108
5.4 RFM 分析 ······ 110
   5.4.1 什么是 RFM 分析 ······ 110

| | 5.4.2 | RFM 汇总 | 110 |
| | 5.4.3 | 计算 RFM 得分 | 112 |

第 6 章 SPSS Modeler 的数据精简 … 115

6.1 变量值的离散化处理 … 115
    6.1.1 无监督的数据分组 … 115
    6.1.2 有监督的数据分组 … 116
    6.1.3 变量值离散化处理的应用示例 … 119

6.2 特征选择 … 122
    6.2.1 特征选择的一般方法 … 123
    6.2.2 特征选择的应用示例 … 124

6.3 因子分析 … 128
    6.3.1 什么是因子分析 … 128
    6.3.2 因子提取和因子载荷矩阵的求解 … 131
    6.3.3 因子的命名解释 … 134
    6.3.4 计算因子得分 … 135
    6.3.5 因子分析的应用示例 … 136

第 7 章 分类预测：SPSS Modeler 的决策树 … 141

7.1 决策树算法概述 … 141
    7.1.1 什么是决策树 … 141
    7.1.2 决策树的几何理解 … 143
    7.1.3 决策树的核心问题 … 143

7.2 SPSS Modeler 的 C5.0 算法及其应用 … 146
    7.2.1 信息熵和信息增益 … 146
    7.2.2 C5.0 决策树的生长算法 … 147
    7.2.3 C5.0 决策树的剪枝算法 … 152
    7.2.4 C5.0 决策树的基本应用示例 … 154
    7.2.5 C5.0 的推理规则集 … 158
    7.2.6 损失矩阵 … 163
    7.2.7 N 折交叉验证和 Boosting 技术 … 165

7.3 SPSS Modeler 的分类回归树及其应用 … 169
    7.3.1 分类回归树的生长过程 … 169
    7.3.2 分类回归树的剪枝过程 … 171
    7.3.3 损失矩阵对分类回归树的影响 … 174
    7.3.4 分类回归树的基本应用示例 … 174
    7.3.5 分类回归树的交互建模 … 178
    7.3.6 交互建模中分类回归树的评价 … 180

7.4 SPSS Modeler 的 CHAID 算法及其应用 … 185
    7.4.1 CHAID 算法 … 185
    7.4.2 穷举 CHAID 算法 … 186

7.4.3 CHAID 算法的剪枝 ·· 187
7.4.4 CHAID 算法的应用示例 ·· 187
7.5 SPSS Modeler 的 QUEST 算法及其应用 ·· 189
7.5.1 QUEST 算法 ·· 189
7.5.2 QUEST 算法的应用示例 ··· 191
7.6 模型的对比分析 ··· 192
7.6.1 不同模型的误差对比 ·· 192
7.6.2 不同模型的收益对比 ·· 195

第 8 章 分类预测：SPSS Modeler 的人工神经网络 ·· 198
8.1 人工神经网络算法概述 ··· 198
8.1.1 人工神经网络的概念和种类 ·· 198
8.1.2 人工神经网络中的节点和意义 ··· 200
8.1.3 人工神经网络建立的一般步骤 ··· 202
8.2 SPSS Modeler 的 B-P 反向传播网络 ·· 204
8.2.1 感知机模型 ··· 204
8.2.2 B-P 反向传播网络的特点 ··· 207
8.2.3 B-P 反向传播算法 ·· 209
8.2.4 B-P 反向传播网络的其他问题 ·· 212
8.3 SPSS Modeler 的 B-P 反向传播网络的应用 ·· 214
8.3.1 基本操作 ·· 215
8.3.2 结果说明 ·· 215
8.4 SPSS Modeler 的径向基函数网络及其应用 ·· 216
8.4.1 径向基函数网络中的隐节点和输出节点 ··· 217
8.4.2 径向基函数网络的学习过程 ·· 217
8.4.3 径向基函数网络的应用示例 ·· 219

第 9 章 分类预测：SPSS Modeler 的支持向量机 ·· 221
9.1 支持向量分类的基本思路 ·· 221
9.1.1 支持向量分类的数据和目标 ·· 221
9.1.2 支持向量分类的三种情况 ·· 223
9.2 线性可分问题下的支持向量分类 ·· 224
9.2.1 如何求解超平面 ··· 224
9.2.2 如何利用超平面进行分类预测 ··· 226
9.3 广义线性可分下的支持向量分类 ·· 227
9.3.1 如何求解超平面 ··· 227
9.3.2 可调参数的意义：把握程度和精度的权衡 ·· 228
9.4 线性不可分下的支持向量分类 ·· 229
9.4.1 线性不可分的一般解决途径和维灾难问题 ·· 229
9.4.2 支持向量分类克服维灾难的途径 ·· 230
9.5 支持向量回归 ··· 232

		9.5.1 支持向量回归与一般线性回归：目标和策略	232
		9.5.2 支持向量回归的基本思路	233
9.6	支持向量机的应用		235
	9.6.1	基本操作	235
	9.6.2	结果解读	236

第 10 章 分类预测：SPSS Modeler 的 Logistic 回归分析 ··· 238

- 10.1 Logistic 回归分析概述 ··· 238
- 10.2 二项 Logistic 回归分析 ··· 239
  - 10.2.1 二项 Logistic 回归方程 ··· 239
  - 10.2.2 二项 Logistic 回归方程系数的含义 ··· 241
  - 10.2.3 二项 Logistic 回归方程的检验 ··· 242
  - 10.2.4 二项 Logistic 回归分析中的虚拟自变量 ··· 246
- 10.3 二项 Logistic 回归分析的应用 ··· 246
  - 10.3.1 基本操作 ··· 247
  - 10.3.2 结果解读 ··· 249
- 10.4 多项 Logistic 回归分析及其应用 ··· 257
  - 10.4.1 多项 Logistic 回归分析概述 ··· 257
  - 10.4.2 多项 Logistic 回归分析的应用示例 ··· 257

第 11 章 分类预测：SPSS Modeler 的判别分析 ··· 262

- 11.1 距离判别 ··· 262
  - 11.1.1 距离判别的基本思路 ··· 262
  - 11.1.2 判别函数的计算 ··· 263
- 11.2 Fisher 判别 ··· 264
  - 11.2.1 Fisher 判别的基本思路 ··· 264
  - 11.2.2 Fisher 判别的计算 ··· 266
- 11.3 贝叶斯判别 ··· 267
  - 11.3.1 贝叶斯判别的基本思路 ··· 267
  - 11.3.2 贝叶斯判别的计算 ··· 267
- 11.4 判别分析的应用 ··· 268
  - 11.4.1 基本操作 ··· 268
  - 11.4.2 判别分析的准备工作 ··· 269
  - 11.4.3 结果解读 ··· 273

第 12 章 分类预测：SPSS Modeler 的贝叶斯网络 ··· 279

- 12.1 贝叶斯方法基础 ··· 279
  - 12.1.1 贝叶斯概率和贝叶斯公式 ··· 279
  - 12.1.2 朴素贝叶斯分类法 ··· 280
- 12.2 贝叶斯网络概述 ··· 282
  - 12.2.1 什么是贝叶斯网络 ··· 282
  - 12.2.2 贝叶斯网络的组成及构建 ··· 283

12.2.3 贝叶斯网络的分类预测……284
12.3 TAN 贝叶斯网络……285
　　12.3.1 TAN 贝叶斯网络的结构……285
　　12.3.2 TAN 贝叶斯网络结构的学习……286
　　12.3.3 TAN 贝叶斯网络的参数估计……288
12.4 马尔科夫毯网络……290
　　12.4.1 马尔科夫毯网络的基本概念……290
　　12.4.2 条件独立检验……291
　　12.4.3 马尔科夫毯网络结构的学习……292
　　12.4.4 马尔科夫毯网络的分类预测……293
12.5 贝叶斯网络的应用……293
　　12.5.1 基本操作……293
　　12.5.2 结果解读……295

第 13 章 探索内部结构：SPSS Modeler 的关联分析……299
13.1 简单关联规则及其有效性……299
　　13.1.1 简单关联规则的基本概念……299
　　13.1.2 简单关联规则的有效性和实用性……301
13.2 SPSS Modeler 的 Apriori 算法及其应用……305
　　13.2.1 产生频繁项集……305
　　13.2.2 依据频繁项集产生简单关联规则……307
　　13.2.3 Apriori 算法的应用示例……307
13.3 SPSS Modeler 的序列关联及其应用……312
　　13.3.1 序列关联中的基本概念……312
　　13.3.2 Sequence 算法……313
　　13.3.3 序列关联的时间约束……316
　　13.3.4 Sequence 算法的应用示例……317

第 14 章 探索内部结构：SPSS Modeler 的聚类分析……320
14.1 聚类分析的一般问题……320
　　14.1.1 聚类分析的提出……320
　　14.1.2 聚类算法……320
14.2 SPSS Modeler 的 K-Means 聚类及应用……321
　　14.2.1 K-Means 对"亲疏程度"的测度……321
　　14.2.2 K-Means 聚类过程……321
　　14.2.3 K-Means 聚类的应用示例……324
14.3 SPSS Modeler 的两步聚类及其应用……327
　　14.3.1 两步聚类对"亲疏程度"的测度……328
　　14.3.2 两步聚类过程……328
　　14.3.3 聚类数目的确定……330
　　14.3.4 两步聚类的应用示例……332

14.4　SPSS Modeler 的 Kohonen 网络聚类及其应用 ···333
　　14.4.1　Kohonen 网络聚类机理 ···333
　　14.4.2　Kohonen 网络聚类过程 ···335
　　14.4.3　Kohonen 网络聚类的应用示例 ··337
14.5　基于聚类分析的离群点探索 ···342
　　14.5.1　多维空间基于聚类的离群点诊断方法 ··343
　　14.5.2　多维空间基于聚类的离群点诊断应用示例 ··345

第 1 章　数据挖掘和 SPSS Modeler 使用概述

20 世纪 90 年代中后期以来，数据挖掘和机器学习作为具有鲜明跨学科色彩的应用研究领域，成为众多行业数据分析者瞩目的焦点。当今大数据时代，数据挖掘和机器学习，乃至由此发展起来的深度学习等，无可争议地成为大数据分析方法和工具的领军者。数据挖掘是一个利用各种方法，从海量数据中提取隐含和潜在的对决策有用的信息和模式的过程。它以计算机技术为基础支撑，在建模方法论上能够有效保证不同场景下分析模型的合理性和适应性。SPSS Modeler 作为目前商业化数据挖掘软件的典型代表，用户界面设计友好，操作便利，分析方法丰富，大大提升了大数据分析挖掘的可操作性和普及性，已广泛应用于商业、社会、经济、教育、金融、医学等领域，成为大数据分析挖掘的主流工具。

1.1　数据挖掘的产生背景

数据挖掘是在计算机数据库技术蓬勃发展，人工智能技术应用领域不断拓展，统计分析方法不断丰富发展的进程中，有效迎合数据分析的实际需求而逐步形成和发展起来的一个具有鲜明跨学科色彩的应用研究领域。

1.1.1　海量大数据的分析需求催生数据挖掘

20 世纪 80 年代以来，随着计算机数据库技术和产品的日益成熟及计算机应用的普及深化，以及当今移动互联网技术、物联网技术的广泛应用，各行业企业、政府部门的数据采集能力得到了前所未有的提升。面对如此丰富的海量大数据，借助有效的数据分析工具，更多更有效地挖掘出"隐藏"在大数据中有助于管理和决策的有价值的信息，已成为各界的共识。

例如，制造业已从过去的粗放式生产经营模式过渡到精细化的生产管理。决策者需要通过对已有数据的挖掘，了解客户偏好，设计最受市场欢迎的产品；制定合适的价格，确保企业的利润；了解市场需求，调整产销计划，优化库存结构；评估供应商质量、供应合同和订单违约率，提高产品合格率及风险控制能力等。

又如，电子商务盛行的今天，电子商务平台更需要通过对交易数据的分析挖掘，了解买卖双方的特征规律，进行个性化推荐，计算各类指数（如买家指数、卖家指数、产品指数等），掌握产品交易的地区和行业分布特点及趋势，预测热销品牌，制定商业广告投放策略，进而实现业务优化分析、促销活动效果评估等。进一步，还可为国家宏观经济决策提供依据。

再如，在互联网移动互联的大背景下，微博、直播等新媒体及自媒体已成为传递民声的不可忽视的重要渠道，并成为各阶层利益表达、情感宣泄、思想碰撞的舆论渠道，成为反映社会舆情的主要载体，也是政府治国理政、了解民意的新平台。以互联网文本、图形图像、音频/视频等各种非结构化数据为分析对象，借助有效的数据挖掘方法，剖析社会网络结构，研究热点话题的形成脉络，分析社会情绪倾向等，也成为管理和政策制定的重要依据之一。

大规模海量数据的整合处理和深层次量化分析的实际需求，直接孕育了20世纪90年代初期的两项重大技术：数据仓库和数据挖掘。

数据仓库和数据挖掘的产生和发展，使得当今的计算机网络应用体系从业务管理层逐步跃升到决策支持层。同时，两者在技术和产品上互相补充和互相促进，逐渐形成了融合发展的可喜局面，为最终形成具有一定通用意义的决策支持系统奠定了良好的基础。

1.1.2 应用对理论的挑战催生数据挖掘

应用需求对理论研究的牵引力是巨大的，没有应用背景的理论研究是没有价值的。在海量大数据管理和分析应用呼声不断的同时，相关理论研究和应用实践的脚步从未停止。

数据库和数据仓库、机器学习和人工智能、统计学等理论的应用是数据挖掘诞生发展的坚实理论基础。

1. 数据库和数据仓库

计算机应用从其刚诞生时的以数值计算为主，跨越到后来的数据管理和数据分析，数据库的理论实践起到了巨大的推动作用。从最初的文件系统研究，到后来的层次模型、网状模型，直至1969年 E.F.Codd 提出关系数据模型，可以说数据库理论开创了数据管理的新时代。数据库以其卓越的数据存储能力和数据管理能力，得到了极为广泛的应用。但随着数据库中数据的不断积累及人们对海量数据分析的强烈需求，数据库的理论实践开始思考这样的问题：

"是否存在更有效的存储模式实现高维海量数据的存储管理？"

"数据库中的数据处理能力仅仅局限在简单的查询和汇总层面上吗？"

应用呼唤理论的发展和理论的再实践。通过数据库研究者们的不懈努力，在数据库基础上逐渐发展完善起来的数据仓库（Data Warehouse，DW）技术，已经成为一种有效的面向分析主题的数据整合、数据清洗和数据存储管理集成工具。

同时，在机器学习和统计学等领域研究成果的基础上，数据仓库也在不断吸纳经典数据分析方法的精髓。众多知名的数据库厂商已经行动起来，通过调整企业发展策略，拓展和强化产品自身的数据分析能力，将数据挖掘的理论成果完美地融入产品研发和升级换代中。如 Microsoft 公司的 SQL Server 提供了多种典型的数据挖掘算法；Oracle 公司的 Oracle 产品包含了包括关联规则和贝叶斯算法在内的众多数据挖掘算法；IBM 公司更是斥资12亿美元收购了享誉业界、麾下拥有 SPSS 统计分析软件和 Clementine 数据挖掘产品的 SPSS 公司，极大扩展了 IBM 的"信息随需应变"软件组合和商业分析能力。IBM 表示，收购 SPSS 将增强公司"信息议程战略"（Information Agenda Initiative）的业务实力，帮助客户更有效地将信息转化为战略资产。

与此同时，研究者们也在为实现数据仓库中数据和分析模型的"无缝"连接，不同数据仓库产品间数据挖掘算法及分析结果的共享而不懈努力着。例如，1999年，Microsoft 公司提出了 OLE（Object Linking and Embedding）DB（DataBase）for DM（Data Mining）规范，研发了模型建立、模型训练和模型预测的数据挖掘语言。其核心思想是利用 SQL 和 OLE DB 将数据库中的关系概念映射到数据挖掘中；包括 IBM、Microsoft、Oracle、SAS、SPSS 等大公司在内的数据挖掘协会,提出了预测模型标记语言(Predictive Model Markup Language, PMML),对常见数据挖掘算法的模型内容进行标准化,并以 XML 格式存储,使不同软件之间的模型交换和共享成为可能。以 Microsoft 公司的 SQL Server 产品和 IBM 公司的 SPSS Modeler 产品为例,当用户安装了 SQL Server,在 SPSS Modeler 中建立和运行数据挖掘流时,SPSS Modeler 会自动将数据挖掘流提交给数据库,并利用数据库系统所提供的各种数据管理和优化机制,直接读取数据库中的数据而不必下载到 SPSS Modeler 中,且模型结果可存储于数据库中。

数据库和数据仓库技术发展的直接应用成果是企业决策支持系统(Decision Support System,DSS)的盛行一时,以及商业智能(Business Intelligence,BI)的大行其道。决策支持系统是辅助决策者通过数据、模型和知识,以人机交互方式进行半结构化或非结构化决策的计算机应用系统,是管理信息系统(Management Information System,MIS)向更高阶段发展的必然产物,能够为决策者提供分析问题、建立模型、模拟决策过程和方案的环境,通过调用各种信息资源和分析工具,帮助决策者提高决策的水平和质量。如果说早期的决策支持系统强调与专家系统相结合,那么随着数据仓库和联机分析处理(On-Line Analysis Processing,OLAP)等新技术的出现,多维报表分析则是新型决策支持系统的亮点。

1996 年,Gartner Group[①]提出了商业智能的概念。商业智能能够提供使企业迅速分析数据的技术和方法,包括收集、管理和分析数据,并可将数据转化为有用的信息。数据挖掘的兴起和商业化发展,完成了商业智能中"智能"层次的飞跃,即从多维报表分析到问题的解决和数据的预测。

2. 机器学习和人工智能

机器学习和人工智能的理论研究一开始就具有浓厚的神秘色彩。针对如何利用计算机模拟人脑的部分思维,如何利用计算机进行实际问题的求解和优化等,机器学习和人工智能在专家系统、计算机博弈、自然语言理解、人脸识别等方面,理论和应用研究成果丰硕。同时,机器学习和人工智能方法也在向数据分析领域拓展。例如,机器学习方法中的决策树、神经网络、推理规则等,能够模拟人类的学习方式,向数据案例学习,并通过学习实现对新事物所具模式的识别和判断。这种学习方式为数据挖掘提供了绝妙的研究思路。

3. 统计学

从 17 世纪中叶起源于英国古典政治经济学开创者威廉·佩蒂(William Petty,1623—1687)的《政治算术》、英国人约翰·格朗特(John Graunt,1620—1674)的《关于死亡表的自然观察与政治观察》和古典概率,到 19 世纪末的古典统计学(Classical Statistics);从 20 世纪初伴随大工业发展孕育而生的现代统计学雏形,到后续包含极大似然估计、方差分析、置信区间和假设检验等在内的现代统计学基本框架;从参数模型(Parametric Model)假设中的联合分布、因素独立(Factor Independency)、线性叠加(Linear Additivity)、数值连续数据,到非线性模型研究的丰硕成果;从古典统计与贝叶斯统计两大流派的争议,到多元统计分析、现代时间序列分析,乃至机器学习中对贝叶斯分类和贝叶斯网络、神经网络和决策树模型的热

---

① Gartner Group,全球最具权威的 IT 研究与顾问咨询公司,成立于 1979 年,研究范围覆盖全部 IT 产业,就 IT 的研究、发展、评估、应用、市场等问题,为客户提供客观、公正的论证报告及市场调研报告。

捧,以及统计学习理论的大发展,可以说,统计学为数据收集、整理、展现和分析过程提供了完整的理论框架和实践依据,它与其他学科融合发展的轨迹,将现代数据分析的特色和需求展现得淋漓尽致。

在信息技术迅猛发展、数据量高速膨胀、数据类型日益丰富、数据管理和分析需求不断提升的过程中,统计学的理论研究和应用实践一直面临着诸多挑战。

例如,通过样本推断总体特征,经典推断统计具有极高的应用价值。但在数据采集能力极强的今天,有时摆在人们面前的不再是样本,而是海量的高维总体。原本较小的参数差异在大样本条件下都表现出了"显著"差异。又如,经典统计分析方法往往是模型驱动式的演绎推理,是验证驱动(Verification-driven)型分析。以统计学中应用极为广泛的线性回归分析方法为例,是首先确定模型,然后利用数据建立模型、验证模型和应用模型。这样的研究模式是建立在对模型的"先知先见"基础上的。但在数量庞大、结构复杂的海量数据面前,这种"先知先见"几乎不再可能,数据驱动式的归纳分析、发现驱动(Discovery-driven)型的思路似乎更为现实。

为克服统计分析方法应用过程中的诸多问题,20 世纪 60 年代,稳健统计开始盛行。通过敏感性分析、异常值诊断等手段,开创性地解决了数据与理论分布假设有偏差的分析问题。20 世纪 70 年代中期,John Wilder Tukey[①](1915—2000)提出的探索性数据分析(Exploratory Data Analysis,EDA)方法,打破了统计方法中分布假设的古典框架,注重从数据的特征出发研究和发现数据中有价值的信息。在此后的几十年发展历程中,统计方法在与数据相结合的道路上硕果累累,许多新的统计技术应运而生。在摆脱古典框架约束方面,通过马尔可夫链蒙特卡罗(Markov Chain Monte Carlo,MCMC)模拟及贝叶斯统计等方法,着力解决复杂模型识别和分析问题。利用 Jack-knife 刀切法、Cross-Validation 交叉验证、Bootstrap 等方法解决模型评价和选择问题。此外,在分析结果展示方面,除传统的数学语言表示之外,统计也力图更多地借助现代计算机技术,实现高维数据分布特征及分析结果的图形化展示,数据的可视化技术已成为统计和计算机界共同的热门话题。

总之,在海量复杂数据的存储和分析需求,数据库和数据仓库技术、机器学习和人工智能、统计学三者的理论发展和应用实践,以及各学科领域融合发展态势的大背景下,数据挖掘的诞生可以说是一个必然结果。

1.2 什么是数据挖掘

海量数据的分析需求,理论研究的拓展和相互渗透,利用数据库、数据仓库技术存储管理数据,利用机器学习和统计方法分析数据,这种多学科交叉融合发展和实践的思想,催生了备受各领域人们关注的新兴领域:数据挖掘。

数据挖掘是一个利用各种方法,从海量的有噪声的凌乱数据中,提取隐含和潜在的对决策有用的信息和模式的过程。

---

① John Wilder Tukey,美国著名的统计学家、信息科学家、数据分析师、化学家、拓扑学家、教育家。关于该学者的详细介绍见网址:http:// www.stat.berkeley.edu。

1.2.1 数据挖掘和数据库中的知识发现

1995年,在加拿大蒙特利尔召开了第一届"知识发现(Knowledge Discovery in Database,KDD)和数据挖掘(Data Mining,DM)"国际学术会议。从此,数据挖掘一词很快流传开来。人们将存储在数据库中的数据比喻为"矿石",数据挖掘则是一个从数据"矿石"中开采知识"黄金"的过程。

数据库中的知识发现(KDD)的概念是由计算机科学界提出的。顾名思义,KDD的目的是发现数据库中的知识。完整的KDD过程包括数据源的建立和管理、从数据源中提取数据、数据预处理、模型建立、模型评估、模型可视化及模型应用等一系列步骤。

早期的数据挖掘是作为KDD的一个重要环节被提出的,特指模型建立。由于数据源通常以数据库和数据仓库的形式存在,所以业界大多认为数据挖掘离不开数据库和数据仓库的支撑。因此,正像Bhavani Thuraisingham[①]在她1998年的著作 *Data Mining: Technologies, Techniques, Tools And Trends* 中指出的,数据挖掘是对存储于数据库中的海量数据,通过查询和抽取方式获得以前未知的有用信息、模式和规则的过程。

随着对数据挖掘认识和应用实践的不断深入,人们发现,模型建立仅依赖对数据库的简单查询和抽取是不够的,还需要更多的建模理论和量化分析方法。KDD不仅需要数据库和数据仓库的研究者,也离不开机器学、统计学等其他学科领域学者的参与。同时,人们还认识到,KDD中的模型建立(数据挖掘)环节不可能脱离数据准备和模型评价等阶段而独立存在,有效的数据准备和合理的模型评价是数据挖掘成功的基础。

为此,数据挖掘内涵不再仅局限于数据建模,还囊括了模型建立过程中必不可少的环节,即数据抽取、数据预处理及模型评价等,如图1.1所示。因此,正像Michael J.A. Berry[②]和Gordon Linoff[③]在其早期所著的 *Data Mining Techniques For Marketing, Sales and Customer Support* 和 *Mastering Data Mining: The Art and Science Of Customer Relationship Management* 著作中指出的,数据挖掘是一种通过自动或半自动方式,探索和分析海量数据,以发现其中有意义的模式和规则的过程。

当数据挖掘内涵得到扩展后,KDD的提法在一定程度上受到影响。

国内外众多学科领域的学者参与了数据挖掘的研究,涌现出了大批学术论文、著作及商业应用成功案例。数据挖掘涉及的研究领域如图1.2所示。不同学科领域的学者对数据挖掘的研究有不同的出发点和侧重点。例如,从数据库和数据仓库技术角度,侧重拓展数据挖掘过程中的数据管理理论和技术,以及数据挖掘产品的商业化实现;从机器学习和统计学角度,侧重探讨各种算法的精度和效率改进策略,关注建模过程的模型搜索和参数优化,以及评价函数和模型选择等问题;从可视化角度,侧重研究低维空间中高维数据的展示问题;从分布

---

① Bhavani Thuraisingham,得克萨斯大学工程与计算机科学学院教授。
② Michael J.A. Berry,数据挖掘顾问,数据挖掘创始人之一,波士顿大学Carroll学院教授。其与同事Gordon Linoff所著的数据挖掘著作,被翻译成法语、意大利语、日语和中文等多国文字,成为最受读者欢迎的数据挖掘书籍。
③ Gordon Linoff,数据挖掘顾问,数据挖掘创始人之一。独立或合作了多部数据挖掘著作,如 *Data Analysis Using SQL and Excel*(2008)、*Data Mining Techniques for Marketing, Sales, and Customer Relationship Management, Second Edition*(2004)、*Mining the Web: Transforming Customer Data Into Customer Value*(2001)、*Mastering Data Mining: The Art and Science of Customer Relationship Management*(1999)。

式并行计算角度，侧重并行算法研究以提高海量数据的计算效率等。

图 1.1　数据挖掘和 KDD 的关系

图 1.2　数据挖掘涉及的研究领域

本书并非从理论角度探讨上述内容，而是从数据挖掘的应用角度，重点讲解数据挖掘模型的基本原理和案例的软件操作实现。

基于上述认识，从理论研究角度看考虑，数据库、数据仓库与数据挖掘有这样的内在联系。首先，数据库和数据仓库是数据挖掘诞生发展的重要原因。数据仓库能够有效实现数据的集成、清洗，保证数据的完整性和一致性，为数据挖掘奠定良好的数据基础。同时，数据仓库并不是数据挖掘的先决条件，但与数据仓库的协作会大大提高数据挖掘的效率。

目前，业界对数据挖掘的理解已经达成共识，即数据挖掘是一个利用各种方法，从海量的有噪声的凌乱数据中，提取隐含和潜在的对决策有用的信息和模式的过程。

数据挖掘含义的理解：数据挖掘中数据的"海量"特征一般体现在样本量庞大，或者样本量不大但数据维度很高，也可以是样本量庞大且数据维度很高；分布特征未知条件下的高维非线性、归纳型的分析方法是数据挖掘方法的特色；数据挖掘得到的信息用于分类预测，模式用于对数据特征和关联性的客观刻画。

1.2.2　数据挖掘方法论

数据挖掘方法论是数据挖掘实施的总体指导方案，是各行业低成本、高质量地开展数据挖掘应用的行动指南。数据挖掘方法论主要包括 NCR、SPSS 和 Daimler-Benz 公司联合拟定的跨行业数据挖掘标准 CRISP-DM 和 SAS 公司的 SEMMA 数据挖掘标准等不同版本。

虽然数据挖掘方法论的不同版本在具体细节上存在一定差异，但其核心观点是一致的，即数据挖掘是一个过程，是一个以数据为中心的循序渐进的螺旋上升式数据探索过程。这里将重点讨论 CRISP-DM。

CRISP-DM（Cross Industry Standard Process of Data Mining）指出，数据挖掘是一个以数据为核心，多个环节紧密相连，循环反复且循序渐进的数据探索过程。CRISP-DM 示意图如图 1.3 所示。

图 1.3　CRISP-DM 示意图

数据挖掘方法论各环节的具体含义如下。

1. 业务理解（Business Understanding）

业务理解是数据挖掘的初始阶段，主要目的是明确本次数据挖掘要解决什么问题，评估是否具备数据挖掘的主观和客观条件。

具体来讲，一方面，从企业角度考虑，通过分析业务现状，确定数据挖掘的对象和最终目标；另一方面，从投资回报率角度、价值取向和实施难度等方面考虑，确定数据挖掘的总体目标和具体问题。

数据挖掘从来就是面向应用的，脱离现实问题的数据挖掘是没有意义的。数据挖掘也不是万能的，并非所有问题都能够通过数据挖掘来解决。数据挖掘可以给出很多结果，但哪些是有意义的，哪些是无意义的，取决于数据挖掘者对研究问题的深入理解和敏锐洞察。不具备行业知识的数据挖掘是不可能成功的。

另外，实施数据挖掘还需要一些必备的条件，应从人力资源、数据资源、计算机资源等管理和技术角度，评价是否具备数据挖掘的主观和客观条件。

2. 数据理解（Data Understanding）

数据理解的目的是：在业务理解的基础上，围绕业务问题收集原始数据，明确数据含义，清晰数据的各种差异，并通过技术手段实现数据的一致化和集成化。

具体来讲，通过数据理解要明确数据来自哪些数据源及应如何将分散在不同数据源中的数据集成到一起。数据集成的前提是确定不同数据源之间数据的差异性，包括数据内涵和外延的差异、存储格式的差异、数据类型的差异、整合粒度的差异、取值不一致等方面。

数据集成看似简单，但实现难度却极高，通常要借助现成的计算机软件或自行编写程序。一方面，关于不同数据源之间数据的集成，早有成熟的技术支持协议，如开放式数据库互联（Open Database Connectivity，ODBC）协议等；另一方面，关于数据的差异性整合，需借助通用的数据清洗工具，或自行编写有针对性的专用程序，完成数据的口径、编码、粒度、取值冲突的一致化整合。

目前，服务于数据集成的通用软件是 ETL（Extraction-Transformation-Loading）工具，即数据提取、转换和加载工具，主要用于实现数据的抽取（Extract）、清洗（Cleaning）、转换（Transform）、装载（Load）等。

另外，数据理解还包括数据质量的评估和调整、数据的多维度汇总浏览等。其目的是把握数据的总体质量，了解变量取值的大致范围。

数据质量的评估和调整是对现有数据的取值异常程度及缺失情况等进行综合评价，并借助统计方法对其进行适当调整和填补。应注意到，缺失数据在数据库中是普遍存在的。从数据库管理角度看，所谓缺失数据就是数据库中没有存储相应的数据内容，对数据库是基本没有影响的。但从数据挖掘建模的角度看，大量缺失数据会直接影响模型分析结果。因此，根据缺失数据的特点，采用正确的方法替补缺失数据是极为重要的。

3．数据准备（Data Preparation）

数据准备是在数据理解的基础上，利用计算机和统计方法对数据进行预处理，为后续的数据挖掘建模奠定良好的数据基础。数据准备在数据挖掘中有着举足轻重的地位。

具体来讲，数据准备包括数据转换和派生、数据精简、数据筛选等方面。

数据转换和派生是将现有数据转换为满足后续建模要求的数据类型和分布等，以及在现有数据的基础上，通过数学计算，得到含义更丰富的新数据。

数据精简在数据挖掘中也是至关重要的。由于数据挖掘中的数据具有海量特征，会影响数据挖掘建模的效率。为此，可通过概率抽样方式，随机选取部分数据或筛出特定分析问题的相关数据，压缩数据量以提高建模效率。或者对数据进行离散化处理，通过减少变量取值个数以提高建模效率。还可以利用特征选择方法或统计降维方法，筛选出对问题分析有意义的变量，剔除那些不必要的变量，通过降低数据维度以提高建模效率。

数据筛选是指为服务于后续建模所进行的样本平衡处理和样本集划分等。

4．建立模型（Modeling）

利用各种数据分析方法对数据进行探索性分析，目标是得到合理的数据描述模型和数据预测模型。

具体来讲，建立模型包括选择适合于分析目标的数据模型，确定模型的评价指标和评价函数，建立模型及对比选择不同的模型等。建立模型需要较为深厚的算法和理论基础。

5．方案评估（Evaluation）

方案评估的主要目标是确定数据挖掘的最终分析模型。应从模型实际应用的角度，而非模型理论评价的角度，通过回顾和总结数据挖掘过程，对所得数据模型的合理性和实用性进行评价。

6．方案实施（Deployment）

方案实施是数据挖掘的最后一个环节，主要目标是通过制订实施和监管计划，确保数据挖掘结论的合理运用范围。例如，当实际业务发生根本性变化时，以前的数据挖掘结论就不再适用了。方案实施将为下一次的数据挖掘积累经验和提供借鉴。

总之，在图 1.3 中，内圈表示数据挖掘是一个循环往复、循序渐进的螺旋式上升的数据分析过程。只有经过良好的开端和严谨周密的中间环节才能最终孕育出科学的数据分析模型和决策方案。只有经过各个环节间的不断重复和相互验证，才能最终打造出切实可行的数据分析模型和决策方案。"循环往复"是必需的。例如，模型建立过程会尝试多种模型，而不同模型对数据的要求和限制通常是不一样的。此时，就必须再次回到数据准备阶段，对数据进行重新加工等。

在图 1.3 中，外圈表示数据挖掘是一个经验学习过程。每一次挖掘都将给下一次挖掘提供宝贵经验，每次挖掘都将受益于上一次的挖掘。所以，数据挖掘过程也是一个经验不断积累的大循环过程。

今后，本书将按照数据挖掘方法论的线索，逐步展开数据挖掘相关操作和理论的讲解。

1.2.3 数据挖掘的任务和应用

数据挖掘通常可以完成数据总结、分类和回归、聚类分析、关联分析等主要任务。

1. 数据总结

数据总结是对数据的基本特征进行概括总结。通过数据总结，不仅能够实现对数据多维度、多层次的汇总，还能够得到数据分布特征的精确概括。

例如，为制定不同种类商品在不同城市和不同季节的销售方案，首先可对现有销售数据进行汇总。如果数据为月度数据，那么可按季度汇总出不同种类商品在不同城市各个季度的销售量；进一步，还可按顾客类型，汇总不同类型客户在不同季度和不同城市对不同种类商品的购买情况。汇总所形成的各种统计报表，能直观反映销售状况，是对原始数据的提炼和总结。可利用数据仓库的 OLAP 技术进行数据的多维汇总，OLAP 分析示例如图 1.4 所示。

图 1.4 OLAP 分析示例

进一步，可利用基本统计方法，计算和比较销售数据在季度、城市和种类上的分布特征，如集中趋势、离散程度及分布对称性和陡缓程度等。

2. 分类和回归

分类的主要目的是通过向数据"学习",分析数据不同属性之间的联系,得到一种能够正确区分数据所属类别的规律。即通过"学习"建立一种包含分类规律的分类模型,且该模型能够对新数据所属类别进行自动预测。回归是对数值型属性的预测。

例如,一份顾客消费行为数据包括顾客的性别、职业、收入、年龄及消费记录。如果希望分析顾客的消费行为是否与其性别、职业、收入、年龄等属性特征有关,则可根据历史数据,视购买的客户为一类,未购买的客户为另一类,建立一个分类模型,以揭示顾客特征属性与消费行为之间的联系规律,进而对新顾客的消费行为进行分类预测,如图1.5所示。

如果希望分析顾客消费金额的多少是否与其性别、职业、收入、年龄等属性特征有关,则应建立回归模型以实现预测,如图1.6所示。

图1.5 分类示意图　　　　图1.6 回归示意图

常用的分类和回归方法有机器学习中的决策树、神经网络、支持向量机,统计学中的Logistic回归和一般线性回归、判别分析等。评价分类和回归模型优劣的重要指标是预测精度或预测误差。

3. 聚类分析

聚类是一种在没有先验知识的条件下,根据某种相近程度的度量指标,对数据自动进行子集划分的技术。所形成的子集内部数据的结构特征相近,不同子集之间的数据结构特征有较大差别。

例如,针对上述顾客消费行为数据,企业可以通过聚类分析,在不指定任何分类标准的情况下,根据数据全面客观地进行顾客群组划分。不同群组中顾客特征和消费行为总体上相近,从而可针对不同顾客群采用不同的营销策略。聚类分析示意图如图1.7所示。

图1.7 聚类分析示意图

常用聚类分析方法有层次聚类、K-Means聚类及两步聚类、Kohonen聚类等。

4. 关联分析

关联分析就是通过数据分析,找到事物之间的相互关联规则,包括简单关联规则和时序关联规则。

例如,分析发现购买面包的顾客中有相当比例的人同时购买牛奶,即为一种简单关联规则。又如,通过大量数据分析,计算出客户在保险公司购买了A保险产品且三个月内又购买了B保险产品,那么客户在未来六个月内将购买C保险产品的概率,就可形成一种时序关联,它在简单关联中加入了时间属性。

由于关联分析中通常并不知道关联性是否确实存在，因此关联分析所生成的规则是带有一定置信度的，它度量了关联规则的强弱。

常用的关联分析方法是机器学习中的关联规则等。

正是数据挖掘能够完成上述等各类任务，因此它在众多传统行业及一些近期新兴的领域有着极为广泛的应用。

例如，在市场营销中，可以利用数据挖掘进行客户分析，包括客户行为分析，划分客户群，制定针对不同客户群的市场营销活动和客户服务；客户流失分析，把握客户流失率、流失客户特征、客户流失原因，从而有针对性地制定策略以保持客户和提升其存在价值。同时，还可以进行产品分析，发现交叉销售产品，进行市场预警等。

又如，在金融和证券领域，可以利用数据挖掘分析包括结算数据、过户数据和交易系统数据等在内的业务数据、行情数据及证券文本数据等，观察金融市场的变化趋势，实现金融市场的分析和预测；利用数据对象之间的关系，发现消费群体或组织的金融和商业兴趣；进行银行担保和信用评估，掌握企业经营状况，控制交易风险等。

另外，在司法领域，数据挖掘可实现诈骗监测、洗钱认证、犯罪组织分析等；在天文学领域，数据挖掘可帮助人们实现上百万天体的分类以发现新的类星体；在生物医学领域，数据挖掘可用于 DNA 数据的分析，实现对癌症等恶性病变的早期诊断；在制造业，数据挖掘可应用于零部件故障诊断、资源优化、生产过程控制等。

同时，数据挖掘的分析对象不仅包括传统的数值数据，还包括大量的定性数据、文本数据、图形图像和音频数据及 Web 点击流等。数据挖掘可通过图像识别服务于环境分析，帮助人们尽早做出生态灾难报警，及时制止污染排放和倾倒等；基于各类文本数据，数据挖掘可用于学术文献的评价和学术热点问题的跟踪、开放式问卷的分析，以及基于文本数据的经济管理问题研究和专利研究等；对于电子商务中的网络交易数据，数据挖掘可实现顾客交易行为的在线分析，有效定位目标客户，为顾客提供及时的个性化服务，并实现网络商业广告的投放分析。

再者，互联网目前已成为各阶层利益表达、情感宣泄、思想碰撞的舆论渠道。由于网络舆情表达快捷、信息多元、方式互动，使其具备传统媒体无法比拟的优势。同时，由于网络舆情的直接性、突发性和偏差性等特点，使得民意挖掘和情绪分析、社会网络剖析、热点问题跟踪和趋势分析预测正成为数据挖掘应用的新热点。另外，舆情和金融市场、政策与房地产市场的关系研究也已进入了数据挖掘应用的视野。

1.2.4 数据挖掘得到的知识形式

通过各种分析方法，数据挖掘最终给出的知识形式通常包括浓缩数据、树形图、规则及数学模型等。

1. 浓缩数据

浓缩数据是原始数据的精简，更能体现数据中的规律性。

一方面，浓缩数据可以是原始数据 OLAP 分析的结果。简单讲，OLAP 分析是对原始数据做多维度和多层次的汇总。

数据仓库中，OLAP 的重要贡献特征是建立了数据立方体的多维概念视图。数据立方体的意义在于，可以使用户多角度、多层次地访问数据库中的多维数据，从而深入比较和考察包含在数据中的有用信息。多维数据立方体如图 1.8 所示。

图 1.8 多维数据立方体

图 1.8 中的多维数据立方体对应的数据表格如表 1.1 所示。

表 1.1 2010 年公司产品月销售情况统计表

		2010 年 1 月	2010 年 2 月	…	2010 年 12 月
北京	A 产品				
	B 产品				
	C 产品				
	D 产品				
上海	A 产品				
	B 产品				
	C 产品				
	D 产品				
天津	…				

针对多维数据的多维结构特征，OLAP 分析能够对数据进行多角度、多层次的汇总，能够完成数据的切片、切块、旋转、下钻、上翻等操作，以方便用户直观探查数据间的关系。例如，表 1.2 就是一张忽略产品维度的 OLAP 分析结果。

表 1.2 2010 年公司 A 产品月销售额情况统计表

	2010 年 1 月	2010 年 2 月	…	2010 年 12 月
北京				
上海				
天津				
…				
…				

可见，表 1.2 是对原始数据的一种提炼，可以将其看作原始数据的"浓缩"数据。

另一方面，浓缩数据也可以是通过计算数据中各个变量的重要程度，剔除那些对决策不重要的变量，并按一定原则合并数据记录，进行变量和样本压缩后得到的结果。

例如，厂商计划推广一种新产品，为此与大型商厦联合对在商厦消费的部分消费者进行调查。通过调查得知，顾客中一部分人打算购买某种新产品，另一部分人不打算购买。表1.3为原始数据，是客户背景资料及相关其他消费的模拟数据。现在希望分析客户背景和以往消费行为将如何影响他们对新产品的购买计划，并总结出一般性的规则。

表 1.3 原始数据

	性别	消费频率	收入水平
打算购买	女	偶尔	高收入
	男	经常	高收入
	男	偶尔	高收入
	女	偶尔	中收入
不打算购买	男	偶尔	低收入
	女	从未	高收入
	男	从未	高收入
	男	从未	中收入
	女	偶尔	低收入

通过分析可以看到，购买频率和收入水平的分布，在打算购买和不打算购买的人群中存在一定差别，它们很可能是决定购买与否的重要影响因素。但性别在两类人群中的比例没有显著不同。可以认为，对区分是否打算购买，性别的作用不明显。为精简数据，可考虑首先剔除性别。

剔除性别后，原始数据中会产生完全相同的多条重复数据。在提炼顾客特征和消费行为与是否购买之间的一般规则时，重复数据并没有提供更多信息，是可以压缩精简的。于是得到浓缩数据，如表1.4所示。

表 1.4 浓缩数据

	消费频率	收入水平
打算购买	偶尔	高收入
	经常	高收入
	偶尔	中收入
不打算购买	偶尔	低收入
	从未	高收入
	从未	中收入

数据挖掘中的数据往往是海量的，数据的适当精简对提高数据挖掘效率尤为重要。浓缩数据的数据量较原始数据少了，但对于某些特定问题的分析来讲，浓缩数据并没有因为"浓缩"而失去有用信息，反而有效地提高了计算效率，因此更有价值。

2. 树形图

树形图是数据分析过程和结果的树形展现方式。

例如，上例中，剔除性别后，分析消费频率、收入水平与是否购买的关系时，如果发现依据消费频率对是否购买做判断的把握性大于收入水平，则应首先考虑消费频率，然后再考虑收入水平。相应的树形图如图 1.9 所示。

图 1.9 树形图

可见，树形图直观展示了顾客属性特征与购买行为之间的联系规律。树形图生动浅显、通俗易懂，是得到众多数据挖掘用户青睐的分析结果展示方式。

3. 规则

规则是分析结论的一种逻辑表达形式。规则由条件和结论两部分组成。条件由变量、变量值及关系运算符和逻辑运算符组成。关系运算符包括等于（=）、不等于（!=）、大于（>）、大于等于（>=）、小于（<）、小于等于（<=）。逻辑运算符由并且（∩）和或者（∪）组成。结论是某个决策变量的取值和类别。

例如，上例中，分析结论的规则表述为以下形式：

- IF（消费频率=经常）∪（（消费频率=偶尔）∩（收入水平=高收入∪中收入））THEN 打算购买
- IF（（消费频率=从未）∪（消费频率=偶尔∩收入水平=低收入）THEN 不打算购买

可见，规则是基于逻辑的，对问题的表述更符合人们的一般思维模式，且直观易懂。

4. 数学模型

数据模型以数学函数的形式定量反映了变量之间的相关数量关系。统计学中最常见的模型是一般线性回归模型，如 $y = \beta_0 + \beta_1 x + \varepsilon$，就是一种典型的数学模型。

总之，数据挖掘的分析结果是多种多样的，它更注重分析结果的直观表述和展示。

1.2.5 数据挖掘算法的分类

算法是数据挖掘模型建立的核心，由于数据挖掘是门交叉学科，因此其算法也集大成于一身，丰富多彩。

可从算法分析数据的方式、算法来自的学科类型、算法所得的结果类型、学习过程的类型等角度，对数据挖掘算法进行分类。

1. 从算法分析数据的方式划分

一方面,数据挖掘能够通过 OLAP 分析和统计分析,实现对数据的多维度汇总,验证人们事先对数据所含信息的假设,实现验证驱动型的数据分析;另一方面,数据挖掘也能够通过机器学习和可视化等,掘取出隐藏在数据中的人们事先并不知道的规律,实现发现驱动型的数据分析。

从算法分析数据的方式,可将数据挖掘算法划分为假设检验型算法和知识发现型算法。

● 假设检验型算法

假设检验型算法也称自顶向下(Top-Down)型算法。该类算法通常应首先提出某个理论假说,然后利用所收集的数据去证实假说。如果数据能够充分证实假说的不合理性,则应拒绝假说;反之,不能拒绝假说。

例如,针对上述消费者是否购买的例子,可以先提出一个是否购买与年龄、消费频率、收入水平之间关系的理论模型。然后,利用数据计算模型中的参数,并检验模型是否充分反映了是否购买与年龄、消费频率、收入水平之间的真实关系,进而判断所提出的假说是否合理。

因此,假设检验型算法的本质是一种从一般原理推出个别结论的验证型演绎方法。

● 知识发现型算法

知识发现型算法也称自底向上(Bottom-Up)型算法。该类算法一般不对数据结论提出假设,而是通过对数据的分析,发现数据中隐含的事先并不知道的规律。

例如,位于美国阿肯色州的著名连锁超市 Wal-Mart,通过分析顾客消费数据库发现,啤酒和尿布同时购买的可能性很高。这个结论让超市的管理者大为惊讶。仔细研究发现,其原因在于住在该超市周边的顾客大部分为年轻夫妇,通常妻子总是嘱托丈夫在下班的时候给孩子买尿布,于是年轻的爸爸们在给孩子买尿布的同时,也会买些啤酒犒劳自己。于是,超市根据这个分析结论重新调整了货架的安排,以减少爸爸们在超市里来回拿取商品所花费的时间。这是一个典型的知识发现型算法应用的例子。

知识发现型算法的自身特点决定了分析结论的推广需要更加慎重。例如,上述尿布和啤酒的分析结论是在特定时间、地点和场合下得到的,并非在任何条件下都成立。

可见,知识发现型算法是一种从个别数据中归纳出一般性结论的归纳分析方法。

2. 从算法来自的学科类型划分

从算法来自的学科,可将数据挖掘算法划分为机器学习算法和统计学算法。

机器学习和统计学本属于不同的学科领域,但这两个领域的学者解决某些问题的思路却有着惊人的类似。

例如,20 世纪 80 年代中期,Leo Breiman[①](1928—2005)等四位统计学家出版了名为《分类和回归树》(*Classification And Regression Trees*)的专著,与此同时,卓越的机器学习专家 John Ross Quinlin[②]也开发了一种从数据中推导产生分类的系统(ID3 算法)。当时科学家们并没有意识到两种解决方法的相似之处,直到很久以后两个领域的研究者才互相意识到对方的

---

① Leo Breiman,杰出统计学家,生前为美国加州大学 Berkeley 分校教授。Breiman 的最大贡献是搭建了统计和计算机科学(尤其是机器学习)的桥梁。最重要的学术成就是《分类和回归树》,并提出了 Bootstrap aggregation(Bagging)和随机森林(Random Forest)算法等(摘自 Wikipedia 百科全书)。

② John Ross Quinlan,在 RuleQuest 研究院从事计算机科学中的数据挖掘和决策理论研究,最重要的学术成就是对决策树(包括 C4.5 和 ID3 算法)的重大贡献(摘自 Wikipedia 百科全书)。

成就。

机器学习算法的核心是通过对数据集 p 维属性空间的搜索,找到数据属性特征的恰当概括。根本任务是通过对有限的系统输入/输出分析,估计输入/输出的相关性并进行分类预测,或揭示系统的内在结构特征。

一个简单的机器学习系统如图 1.10 所示。

图 1.10 一个简单的机器学习系统

以上述顾客是否购买为例,该事物可看成一个"购买系统"。在这个系统中,消费者的年龄、消费频率和收入水平等属性数据将影响其购买行为。在机器学习中,属性数据(输入)值被认为是输入发生器的随机发生结果 X,购买行为是购买系统的输出 y。由于不同属性特征(X)的顾客可能有不同的购买行为(y),机器学习将其看作在给定条件 X 下 y 为某个值的概率,即 $P(y|X)$,两者同时作为学习系统的输入。

学习系统的任务是从其所支持的模型集合 $f(X,W)$ 中,选择一个一般化的与"购买系统"的属性(输入)和响应(输出)关系最近似的模型 $f(X,w)$,并给出预测值 y'。这里,W 是所有模型的参数集合,w 是某特定模型的参数集合。

选择模型的依据是损失函数 $L(e(y, f(X,w)))$,它是误差函数 e 的函数,而误差函数又是系统实际输出 y 与学习系统给出的预测值 y' 的函数。针对不同的分析目标和数据类型可定义不同的损失函数和误差函数,如典型的误差函数是误差平方函数等。

机器学习算法较多地集中在模型搜索和参数优化方面。以参数优化为例,机器学习通常将损失函数看成误差与多维参数空间上的曲面。经典学习过程就是不断在数据中寻找规律,反复调整和优化参数 w,使误差函数沿着曲面快速到达全局最小区域或局部最小区域的过程。经典参数优化过程示例如图 1.11 所示。

图 1.11 经典参数优化过程示例

经典统计学方法更加强调模型的先期假设和后期验证,更加关注针对不同问题应采用怎样的模型形式,怎样的损失函数和误差函数更能满足分析目标和数据类型的要求等。

3. 从算法所得结果的类型划分

从算法所得结果的类型,可将数据挖掘算法划分为直接型数据挖掘算法和间接型数据挖掘算法。

直接型数据挖掘算法是一种"黑匣子"式的数据分析方式。核心任务是根据已有数据,建立分类或回归模型,并通过模型实现对新数据对象的预测等。这类分析方法重点关注模型的预测精度,如图 1.12 所示。

例如,针对上述顾客是否购买的例子,可以依据所获得的数据建立分类模型以预测具有某种特征的新客户是否打算购买。

图 1.12 直接型数据挖掘算法示意

直接型数据挖掘算法主要用于实现分类和回归。

间接型数据挖掘算法是一种"半透明"式的数据分析方式。核心任务是根据已有数据，建立数据的描述模型，并通过描述模型展现数据的内在结构特征，揭示数据中隐藏的规律和关系。不同于直接型数据挖掘算法，间接型数据挖掘算法中一般没有特定的目标变量，更关注数据的内在联系和结构的展现程度，如图 1.13 所示。

图 1.13 间接型数据挖掘算法示意

例如，针对上述顾客是否购买的例子，可以根据数据将顾客客观划分为若干群组，群组内的顾客总体特征结构相似，不相似的不会在同一群组中。

间接型数据挖掘算法主要用于聚类分析和关联分析。

4．从学习过程的类型划分

从学习过程的类型看，数据挖掘算法可划分为有监督的学习算法和无监督的学习算法。

有监督的学习算法通常应用在分类和回归问题中，目标是实现对新数据的预测。这类算法要求数据中的输出值是已知的，输出就是一位"老师"，它始终监督着模型的建立和评价。

无监督的学习算法通常应用在聚类分析和关联分析问题中，目标是揭示数据的内在关系和结构。由于这些关系和结构是事先未知的，所以学习过程是没有"老师"参与的。

当然，随着数据挖掘应用的不断深入，目前也有很多算法集中在有监督和无监督之间，称为半监督的学习算法。

1.3 SPSS Modeler 软件概述

SPSS Modeler 是目前最成熟和最受欢迎的一款商业数据挖掘产品。

1.3.1 SPSS Modeler 的数据流

IBM SPSS Modeler 最早属英国 ISL（Integral Solutions Limited）公司的产品，当时名为 Clementine，其研发工作始于 1992 年，1994 年 V1.0 版正式发布。1998 年，Clementine 被 SPSS 公司收购，并得到重新整合和开发。2000—2007 年间，SPSS 相继推出了 Clementine 的 V6.0、V6.5、V7.0、V7.2、V8.0、V8.5、V9.0、V10.0、V11.0 版本，研发速度之快极其惊人。2009 年，SPSS 被 IBM 公式收购，SPSS 的产品得到了更有效的整合。Clementine 更名为 IBM SPSS Modeler，成为 IBM 麾下一款面向商业用户的高品质数据挖掘产品。

SPSS Modeler 是第一款以图形化"语法"为用户界面的数据挖掘软件。SPSS Modeler 拥有丰富的数据挖掘算法,操作简单易用,分析结果直观易懂,图形功能强大,支持与数据库之间的数据和模型交换,可以使用户方便快捷地实现数据挖掘。

SPSS Modeler 的操作与数据分析的一般流程相吻合。数据分析通常经过数据收集、数据展示和预处理、模型建立、模型评价等环节。SPSS Modeler 形象地将这些环节表示成若干个节点,将数据分析过程看作数据在各个节点之间的流动,并通过图形化的"数据流"方式,直观表示整个数据挖掘的各个环节。

操作使用 SPSS Modeler 的目标是建立数据流,即根据数据挖掘的实际需要,选择节点,依次连接节点建立数据流,不断修改和调整数据流中节点的参数,运行数据流,最终完成相应的数据挖掘任务。

应依据数据挖掘方法论建立 SPSS Modeler 数据流。通常,数据挖掘方法论在 SPSS Modeler 中可简化为如图 1.14 所示的过程。

图 1.14 SPSS Modeler 数据流建立的一般思路

第一,建立数据源。

建立数据源是指从指定数据源读入数据到 SPSS Modeler 中,并根据需要将多个数据集成合并在一起。通常这些节点位于整个数据流的开始部分。相应节点安排在"源"和"字段选项"选项卡中。

第二,数据理解。

数据理解中的评估数据质量主要包括数据缺失情况、数据异常值情况,并选择恰当的方法进行调整修正;浏览数据主要包括以表格形式按照一定顺序浏览数据内容,或对数据分类汇总后再浏览数据。相应节点安排在"字段选项""输出""记录选项"选项卡中。

第三,数据准备。

数据准备中的数据转换和派生是将现有数据转换为满足后续建模要求的数据类型和分布等,以及在现有数据基础上,通过数学计算,得到含义更丰富的新数据;数据精简主要指样本的随机选取和条件选取、变量离散化处理和降维等;数据筛选是为后续建模所进行的样本平衡处理和样本集划分等。相应节点安排在"字段选项"和"记录选项"选项卡中。

第四,建立模型。

建立模型的前提是对数据的基本分析,可利用统计图形和统计量相结合的方式,分析单个变量的分布特征。进一步,剖析多个变量之间的相关性特点,分析变量之间的相互影响程度。数据的深入分析主要指尝试建立多个分析模型,对模型进行比较评价,选择较为理想的模型,并得出合理的分析结论。相应节点安排在"图形""输出""建模"选项卡中。

上述涉及选项卡的具体内容将在后面讲解。本书章节安排也将遵循上述过程。

1.3.2 SPSS Modeler 的窗口

成功安装并启动 SPSS Modeler 后会出现 SPSS Modeler 主窗口,如图 1.15 所示。

图 1.15 SPSS Modeler 主窗口

除窗口菜单和工具栏外,SPSS Modeler 主窗口由数据流编辑区域、节点工具箱窗口、流管理窗口和项目管理窗口组成。

1. 数据流编辑区域

数据流编辑区域位于主窗口中间部分,是建立和编辑 SPSS Modeler 数据流的区域,用户的大部分操作是在这个区域内完成的。

2. 节点工具箱窗口

SPSS Modeler 数据流是由多个放置在节点工具箱中的图形化节点组成的。节点工具箱窗口位于主窗口的下方,可通过上下按钮使窗口呈"可见"或"不可见"状态。

根据功能类别,节点分别放置在节点工具箱的不同选项卡中。选项卡分别名为"收藏夹""源""记录选项""字段选项""图形""建模""输出""导出"等。各个选项卡的具体内容如下。

- "收藏夹"选项卡:存放数据流中最常用的节点。
- "源"选项卡:存放读入各种外部数据到 SPSS Modeler 中的节点。
- "记录选项"选项卡:存放针对记录操作的节点。通常,数据以二维表格的形式组织,每行为一条观测数据,数据库称其为记录,统计称其为样本或观测。本书将统称为样本。
- "字段选项"选项卡:存放针对字段操作的节点。对数据二维表中的每一列,数据库称其为字段,统计称其为变量。本书将统称为变量。
- "图形"选项卡:存放绘制各种统计图形的节点,用来直观展示数据的分布特征和变量之间的相关关系。
- "建模"选项卡：存放建立各种数据模型的节点。
- "输出"选项卡：存放显示数据和其基本统计特征的节点。
- "导出"选项卡：存放将数据转换成其他格式的节点。

利用上述节点，用户可实现数据理解、数据准备、模型建立等一系列数据挖掘任务。

呈黄色背景显示的选项卡为当前选项卡。可通过鼠标任意指定当前选项卡，并在其中选择所需的节点工具。节点工具均以图符形式显示。

3．流管理窗口

流管理窗口位于主窗口右侧上方，可通过左右按钮使窗口呈"可见"或"不可见"状态。流管理窗口由"流""输出""模型"选项卡组成。

- "流"选项卡

以树形列表形式显示已创建或打开的数据流目录。呈黄色背景显示的为当前数据流。单击鼠标左键，可任意指定当前数据流，用户只能对当前数据流操作，且它所包含的具体节点将显示在数据流编辑区域中。右击鼠标，选择弹出菜单中的选项，可实现数据流的新建、打开、关闭、保存等主要功能。另外，还可以修改当前数据流的属性或将当前数据流添加到当前数据挖掘项目文件中。

- "输出"选项卡

以列表形式显示运行数据流所生成的报表和图形目录。呈黄色背景显示的为当前项。单击鼠标左键，可任意指定当前项，用户只能对当前项操作。右击鼠标，选择弹出菜单中的选项，可查看当前项的具体内容，重命名或保存当前项，删除目录中的当前项或删除所有项。还可以打开磁盘上已有的报表或图形文件，将当前项添加到当前数据挖掘项目中。

- "模型"选项卡

以图标形式显示运行数据流后所生成的模型结果目录。呈黄色背景显示的为当前项。单击鼠标左键，可任意指定当前项，用户只能对当前项操作。右击当前项，选择弹出菜单中的选项，可浏览当前模型结果的具体内容，重命名或保存当前模型结果，从目录中删除当前项，将当前模型结果加到数据流编辑区中，以便后续对模型计算结果的进一步应用等。还可以PMML标准导出当前模型的结果，或将当前模型结果添加到当前数据挖掘项目中。

另外，SPSS Modeler 将模型结果集合称为选项板，并借助选项板对模型结果进行统一管理。在模型结果目录的空白区域右击，选择弹出菜单中的选项，可对选项板进行必要的操作，如清除选项板，加载模型结果到选项板中，将模型结果全体以选项板的形式保存起来；加载已保存在磁盘上的选项板文件；将选项板添加到当前数据挖掘项目中。

需要注意的是，"流"选项卡中，数据流的磁盘文件扩展名为.str；"输出"选项卡中，报表和图形结果的磁盘文件扩展名为.cou；"模型"选项卡中，模型计算结果的磁盘文件扩展名为.gm，选项板的磁盘文件扩展名为.gen。

4．项目管理窗口

项目管理窗口位于主窗口右侧下方，可通过上下按钮使窗口呈"可见"或"不可见"状态。

通常，数据挖掘实施可看作一个遵循 CRISP-DM（数据挖掘方法论）的项目实施。具体来讲，数据挖掘每阶段的任务都依赖于相应的数据流来实现。整个数据挖掘过程将产生多条数据流和众多分析结果。为避免数据流和分析结果过多带来的操作管理上的混乱，SPSS Modeler 通常以项目为单位，对数据流和分析结果进行分类管理。

项目是多条数据流及相应运行结果（包括报表、图形和模型结果）的集合，通常包含商业了解、数据了解、数据准备、建模、评估、部署等子项目，且各子项目由相应的数据流和运行结果组成。

项目管理窗口以目录的形式管理项目和子项目。数据流和运行结果较多时，用户可自行将它们添加到相应的子项目目录中，以方便分类管理。

项目管理窗口中，呈黑体字显示的为当前子项目目录，数据流或运行结果将默认添加到当前子项目目录中。"商业了解"默认为当前目录。右击鼠标，选择弹出菜单中的"设为缺失值"[①]，可指定其他子项目目录为当前目录。于是，流管理窗口中的任意内容均可通过右击鼠标，选择弹出菜单中的"添加到项目"，添加到当前的数据挖掘子项目目录中。后续用户只要打开一个项目，该项目所包含的全部数据流和运行结果都将会自动打开，从而方便集中管理。右击鼠标，选择弹出菜单中的"项目"下的子菜单，对项目进行必要的管理操作，如保存项目、新建项目、打开已有项目等。

> 需要注意的是，项目（Project）的磁盘文件扩展名为.cpj。.cpj 文件只存储相关数据流和结果的索引目录，并不存储数据流和结果本身。因此，数据流和结果仍需以文件的形式独立存储在磁盘上。

1.3.3 数据流的基本管理

管理数据流是 SPSS Modeler 的核心操作。由于节点是组成数据流的最小单元，因此数据流的基本管理是围绕节点展开的，包括选择和管理节点；建立和调整节点间的连接；设置节点参数；运行数据流。

图 1.16 所示为一个简单的数据流示例。

有向线段表示数据的流动方向，箭头指向的一端节点称为子节点，另一端称为父节点。没有父节点的节点称为起始节点，没有子节点的节点称为终止节点，其余为中间节点。

1. 选择和管理节点

根据功能分类，节点被安排在节点工具箱的不同选项卡中。建立数据流时，应根据实际需要，首先选择相应的选项卡，然后通过鼠标双击或鼠标拖动操作，选择某个节点并添加到数据流编辑区域中。

右击数据流编辑区域中的当前节点（呈反向黄色显示），选择弹出菜单中的选项（或利用快捷键），对数据流中的节点进行管理。起始节点、中间节点和终止节点的弹出菜单有些不同，常见的选项包括：编辑（设置节点参数）、连接（连接节点）、断开连接（取消节点连接）、重命名并标注（修改节点默认的名字和添加说明文字）、剪切（剪切节点）、复制节点、删除节

[①] 为英文直译。更准确的翻译为：设为缺省值或默认值。

点、保存节点和加载节点（保存节点到磁盘文件中，或从磁盘文件中加载节点。节点的磁盘文件扩展名为.nod）、创建超节点、从此处运行或运行（运行数据流）等。关于节点管理的具体操作，后面将详细讲解。

图 1.16　一个简单的数据流示例

2. 建立和调整节点间的连接

如果数据流编辑区域中有两个节点 A、B，则可通过有向线段建立节点 A、B 间的连接。具体操作步骤如下。

首先，右击节点 A，选择弹出菜单中的"连接"（或按快捷键 F2）；然后，用鼠标指定将节点 A 和节点 B 相连。或者，在按住 Alt 键的同时，拖动鼠标指向节点 B。

节点间连接的调整操作如下。

- 删除节点 A、B 之间的连接：右击节点 A，选择弹出菜单中的"断开连接"；或者右击相应的有向线段，选择弹出菜单中的"删除连接"。
- 在已连接的两个节点 A、B 中插入一个节点 C：首先，选择节点 C 将其放到数据流编辑区域的相应位置上；然后，用鼠标拖动 A、B 之间的有向线段到节点 C。
- 在已有数据流"A→B→C"上，删除节点 B、C 间的连接，添加节点 A、C 间的连接：首先，指定节点 A 为当前节点；然后，在按住 Alt 键的同时用鼠标拖动 A、B 之间的有向线段到节点 C。
- 在已有数据流"A→B→C"上，绕开节点 B，在节点 A 和 C 间建立直接连接：在按住 Alt 键的同时，双击节点 B。

需要说明的是，并非所有节点之间都可以建立连接。例如，"输出"选项卡中的节点只能作为终止节点，它们之后不能连接其他节点，即没有子节点连接；"源"选项卡中的节点只能作为起始节点，不能有父节点连接。

3. 设置节点参数

节点是用来处理数据的。不同的应用需设置不同的节点参数，以实现不同的数据处理。右击某节点，选择弹出菜单中的"编辑"，即可实现该节点的参数设置。

对不同节点，有的参数含义是相同的。例如，所有节点参数中都有"重命名并标注"，如图 1.17 所示。

图 1.17 重命名和标注窗口

其中：
- "名称"：指定节点名。"自动"表示系统自动命名；"定制"表示用户自行命名，并需在"定制"后面的文本框中给出相应的名字。
- "工具提示文本"：当鼠标指针移动到该节点上时自动显示的说明文字。
- "关键字"：数据挖掘项目管理和跟踪的节点关键字。可以有多个，各关键字之间以分号分隔。通常不需设置。
- 在窗口中间的大文本框中，输入节点使用注意事项等较长的说明文字。

不同节点的大部分参数内容是不同的，了解节点的功能，掌握其方法原理，是理解参数含义，正确设置参数值的前提，也是学习和使用 SPSS Modeler 的难点。后面章节将陆续对相关节点的方法原理及参数含义做详细解释。

4. 运行数据流

数据流建立完成后，若要得到数据分析结果，则应运行数据流。有以下几种方法。
- 选择菜单"工具"→"运行"，或单击工具栏上的▶按钮，或右击终止节点，选择弹出菜单中的"运行"，从数据流起始节点开始运行整个数据流。
- 选中非终止节点作为当前节点；右击，选择弹出菜单中的"从此处运行"，即从当前节点往后运行数据流。
- 鼠标拖动选中相连接的一系列节点；右击，选择弹出菜单中的"运行选定内容"，或单击工具栏上的 按钮，仅运行选中的数据流。

数据流运行成功，所生成的数据表或模型结果会显示在流管理器的相应选项卡中。否则，SPSS Modeler 会给出数据流运行错误的提示信息，用户需对节点参数进行重新调整后再运行数据流。数据流运行过程中，若单击工具栏上的 按钮，则可强行中断数据流的运行。

> 需要说明的是，并非所有节点在任何条件下都可被运行。例如，"源"选项卡中的节点，如果后续没有子节点，则不能被运行。

总之，SPSS Modeler 的操作非常简单，用户只需通过鼠标和菜单选择，就可轻松完成较为复杂的数据挖掘工作。

1.3.4 缓存节点和超节点

为提高数据流的运行效率，同时便于复杂数据流的管理，SPSS Modeler 在普通节点的基础上又提出了缓存节点和超节点的概念。它们在大规模复杂数据挖掘过程中，具有非常重要的作用。

1. 缓存节点

缓存节点，顾名思义是节点具有数据缓存的作用，即可在某个节点上建立一个数据缓存区，存放数据流运行至此的中间结果，并可保存到磁盘文件中。这样，一方面，数据流不必每次都从起始节点开始运行，直接从缓存节点开始即可，可大大提高数据流的运行效率；另一方面，利用缓存节点，可方便地将数据加工的中间结果保存到磁盘文件中。

- 创建缓存节点

右击当前节点，选择弹出菜单中"缓存"下的"启用"创建缓存节点。于是，节点右上角将显示白色文本图标，如图 1.18 所示。之后，如果数据流成功运行，则节点右上角将显示绿色文本图标，表示数据已装入缓存区。

图 1.18 带有缓存节点的数据流

- 保存缓存区内容

选择弹出菜单中"缓存"下的"保存缓存"，将缓存区中的数据以 .sav 格式（SPSS 文件格式）保存到磁盘文件中。

- 清空缓存区

选择弹出菜单中"缓存"下的"刷新"，清空缓存节点缓存区中的数据。于是，节点右上角的文本图标将重新显示为白色。

- 加载缓存数据

选择弹出菜单中"缓存"下的"加载缓存"，将已保存到 .sav 文件中的数据重新装入缓存区中。

- 撤销节点缓存

选择弹出菜单中"缓存"下的"禁用"，撤销已经建立的节点缓存区。

2. 超节点

数据挖掘过程较为复杂，当所建立的数据流包含很多节点时，在有限的数据流编辑区域中浏览整个数据流就很不方便。为此，可通过 SPSS Modeler 的超节点解决这个问题。

超节点是由多个节点集成在一个节点中形成的，便于数据流的浏览和管理。

SPSS Modeler 中的超节点包括三种类型：左侧无连接的超节点、两侧均有连接的超节点、右侧无连接的超节点，图标依次如图 1.19 所示。

图 1.19　超节点图标

- 建立超节点

首先，用鼠标选中若干个相互连接的节点，注意，只能有一条有向线段向外引出；然后，右击鼠标，选择弹出菜单中的"创建超节点"。

例如，将图 1.16 中数据流中的第二个和第三个节点合并为一个超节点，则数据流显示如图 1.20 所示。

图 1.20　带有超节点的数据流

- 查看超节点

右击超节点，选择弹出菜单中的"放大"，查看超节点中的具体内容。于是，流编辑区以黄色背景显示，如图 1.21 所示。

图 1.21　查看超节点的具体内容

选择弹出菜单中的"缩小"，可返回正常显示状态。

- 取消超节点

右击超节点，选择弹出菜单中的"展开"，取消超节点设置。

1.3.5　从一个示例看 SPSS Modeler 的使用

为使读者对如何利用 SPSS Modeler 实现数据挖掘的整个过程有一个快速且完整的直观认识，这里首先展示一个数据挖掘应用案例。

案例涉及的具体参数细节将在后续章节中介绍。

案例数据是 SPSS Modeler 软件自带的一份关于药物研究的数据。以往有大批患有同种疾病的不同病人，服用五种药物中的一种（Drug，分为 drugA、drugB、drugC、drugX、drugY）之后都取得了同样的治疗效果。案例数据是随机挑选的部分病人服用药物前的基本临床检查数据，包括血压（BP，分为高血压 High、正常血压 Normal、低血压 Low）、胆固醇（Cholesterol，分为正常胆固醇 Normal 和高胆固醇 High)、血液中钠元素（Na）和钾元素（K）含量、病人年龄（Age）、性别（Sex，包括男 M 和女 F）等。

现需利用数据挖掘，发现以往药物处方适用的规律，给出不同临床特征病人更适合服用哪种药物的建议，为未来医生开具处方提供参考。建立的药物研究的数据流如图 1.22 所示，数据流文件名为药物研究.str。

图 1.22 药物研究的数据流

具体分析和操作步骤如下。

第一步，将数据加载到 SPSS Modeler 中。

在"源"选项卡中选择"变量文件"节点并设置节点参数。在参数设置窗口的"文件"选项中指定从文件 DRUG.txt 中读入数据。

第二步，浏览数据内容。

在"输出"选项卡中选择"表格"节点，添加到数据流中。在弹出菜单中选择"浏览"显示数据表内容，表名同时列在流管理窗口的"输出"选项卡中，结果如图 1.23 所示。

图 1.23 案例"表格"节点的浏览结果

第三步，观察各个变量的数据分布特征。

在"输出"选项卡中选择"数据审核"节点，添加到数据流中。运行节点生成数据表，表名同时列在流管理窗口的"输出"选项卡中，如图 1.24 所示。

图 1.24 案例"数据审核"节点的输出结果

可以看到，该份数据的样本量为 200，Age、Na、K 为连续数值型变量。SPSS Modeler 对此计算输出了最小值、最大值、平均值、标准差、偏度等基本描述统计量。数据显示，病人年龄最大值和最小值的差距比较大。

同时，SPSS Modeler 还输出连续数值型变量的直方图及分类型变量的柱形图。图形表明，病人 Age、BP、Cholesterol 水平的分布比较均匀，总体差异不大，但服用药物的病人人数分布较多集中在某一种药物上。

第四步，观察服用不同药物的病人血液中钠元素和钾元素的含量。

这里可通过散点图反映。在"图形"选项卡中选择"散点图"节点，添加到数据流中。设置节点参数，指定 Na 为 X 字段（轴），K 为 Y 字段（轴），服用不同 Drug 的病人数据表示为不同颜色的点。运行节点生成图形文件，图形文件名同时列在流管理窗口的"输出"选项卡中，如图 1.25 所示。

图 1.25 案例"散点图"节点的输出结果

图形显示，服用 drugY 的病人，其血液中的 K 含量明显低于其他类病人，但钠含量有的较低有的较高。可见，单纯 K 含量较低的病人选用 drugY 应比较理想。

第五步，观察服用不同药物病人血液中钠元素和钾元素的浓度比值。

为了更准确地评价药物状况，单纯观测 K 含量是不全面的，应观测 Na 与 K 的浓度比值指标。该指标原始数据中没有，应首先计算生成，然后观察其分布特征。

- 在"字段选项"选项卡中选择"导出"节点，添加到数据流中。设置节点参数指定生成的新变量名为 Na/K，计算公式为 Na/K。运行节点。
- 在"图形"选项卡中选择"直方图"节点，添加到数据流中。设置节点参数指定绘制 Na/K 的直方图，且服用不同药物的病人数据表示为不同的颜色。运行节点，生成图形文件，图形文件名同时列在流管理窗口的"输出"选项卡中，如图 1.26 所示。

图 1.26 案例"直方图"节点的输出结果

图形显示，对于 Na/K 比值处在高水平的病人，drugY 应是理想的选择。

第六步，不同血压特征病人的药物选择。

这里通过网状图反映。在"图形"选项卡中选择"网络"节点，添加到数据流中。设置节点参数指定绘制关于 Drug 与 BP 的网络图。运行节点，生成图形文件，图形文件名同时列在流管理窗口的"输出"选项卡中，如图 1.27 所示。

图 1.27 案例"网络"节点的输出结果

网状图通过线条粗细反映病人的 BP 与选用 Drug 的情况。可以看到，drugY 与 BP 的三条连线，线条的粗细存在一定差别，drugY 更适合高血压病人，但也适用于正常血压和低血压病人，drugY 的普适性较高；在不考虑选择 drugY 时，血压高的病人可服用 drugA 或 drugB，血压低的病人则应在 drugX 和 drugC 中进行选择。

第七步，全面分析决定药物选择的其他影响因素。

前面的分析给出了选择 drugY 的依据，但没有综合考虑 Age、Sex 和 Cholesterol 等方面，分析是不全面的。同时，对应怎样选择其他药物，也没有给出明确且全面的标准。这里可进一步利用数据，通过建立模型，从 Age、Sex、BP、Cholesterol、Na/K 的综合角度分析选择不同药物的依据。

- 建模时不再直接采用 K 和 Na 变量，而采用 Na/K，应先将 K 和 Na 筛掉。

在"字段选项"选项卡中选择"过滤器"节点，添加到数据流中。设置参数，在 K 和 Na 变量上打叉，如图 1.28 所示。

图 1.28　案例"过滤器"节点的编辑窗口

- 指定建模过程中各个变量的作用。

其中，Age、Sex、BP、Cholesterol、Na/K 为解释变量，称为模型的输入变量；Drug 为被解释变量，称为模型的输出变量。在"字段选项"选项卡中选择"类型"节点，添加到数据流中。设置参数指定变量角色，如图 1.29 所示。

图 1.29　案例"类型"节点的参数窗口

● 建立决策树模型。

在"建模"选项卡中选择"C5.0"节点,添加到数据流中。运行节点生成模型,模型名同时列在流管理窗口的"模型"选项卡中。选择流管理窗口中的"模型"选项卡,右击,选择弹出菜单中的"浏览",浏览模型结果,如图1.30所示。

图1.30 案例"C5.0"节点的输出结果

可以看出,Na/K比值是选择药物时首要考虑的因素,其次是血压和胆固醇水平。当病人的Na/K值高于14.642时,应选择drugY,且无须考虑其他因素。当病人的Na/K值低于14.642时,高血压病人更适合选用drugA;对于低血压病人,则应依据其胆固醇指标正常或高,选择drugX或drugC;对于血压正常的病人可选择drugX。年龄和性别对选择药物没有重要影响。

第八步,模型预测精度的评价。

● 选择流管理窗口中的"模型"选项,右击,选择弹出菜单中的"添加到流",将模型结果添加到数据流中。
● 在"输出"选项卡中选择"分析"节点,与模型结果节点相连。运行节点,所生成的结果同时列在流管理窗口的"输出"选项卡中,如图1.31所示。

图1.31 案例"分析"节点的输出结果

可以看到,所建模型的预测精度达到了99.5%,模型比较理想。

以上展示了案例数据利用SPSS Modeler进行数据挖掘的数据流建立和分析过程。读者在实际应用中可以参考这种模式,并根据领域知识不断丰富分析和研究内容。

第 2 章 SPSS Modeler 的数据读入和数据集成*

一方面，从数据挖掘方法论看，数据的读入和集成是"数据理解"的前期阶段。数据源的确定和数据的获取是数据挖掘的首要任务和关键环节。另一方面，SPSS Modeler 数据挖掘是通过数据流方式实现的。数据流的核心是数据，数据的读入和数据集成是数据流的源头。

2.1 变量类型

变量通常指代事物的某个属性特征（如性别、年龄等），是数据分析的基本单元。变量值是属性的具体取值（如男或女、25 岁或 30 岁等）。

一方面，在数据挖掘的实际问题中，事物的属性特征丰富，对应的变量类型也多样化；另一方面，计算机存储不同类型变量的格式也不同，最直接的差异即是占用存储字节数有长有短；进一步，不同数据挖掘方法所适合的变量类型不同，针对不同类型的变量选择与其匹配的数据挖掘方法，是数据挖掘成功的前提。因此，明确变量类型是数据挖掘的第一步，是实现数据正确加工和挖掘分析的基础。

变量类型可以从数据挖掘和计算机存储两个角度划分。

2.1.1 从数据挖掘角度看变量类型

从数据挖掘角度看，变量类型反映了其代表事物的某种特征的类型。大千世界万物多姿多彩，事物特征类型也种类繁多。从数据的计量类型归纳，变量通常包括数值型变量、定类型变量和定序型变量，后两个类型也统称为分类型变量。

例如，表示客户的年龄、家庭人口数的变量是数值型变量，变量值为具体的年龄、人口数；表示性别、职业的变量是定类型变量，变量值为各分类的标签值（如男或女、公务员或教师等），且各标签间不存在大小顺序关系；表示学历和收入水平的变量是定序型变量，变量值为各水平值（如本科或研究生、高收入或低收入等），且各水平值间存在大小顺序关系。

SPSS Modeler 变量的计量类型更为细致，具体内容如下。

- 数值型：图标为 ✎，文字说明为"连续"，用于表示数值型变量。
- 二分类型：图标为 ⚋，文字说明为"标记"，用于表示具有两个分类的定类型变量。
- 多分类型：图标为 ♣，文字说明为"名义"，用于表示具有多个分类的定类型变量。
- 定序型：图标为 ▮ 或 ▬，文字说明为"分类"和"有序"，依次用于表示具有两个和多个水平的定序型变量。
- 无类型：图标为 ▃。学号等编号变量或长文字等复杂数据变量，往往是无类型变量。无类型变量通常不参与数据建模。

---

*本章的数据流文件：读入数据.str。

● 缺省型：缺省型是一种尚未明确的变量类型，图标为♦。

对于仅指定了变量名而尚未读入变量值的变量，SPSS Modeler 无法确定其具体类型，默认为缺省型，并称这样的变量为非实例化状态。一旦读入变量值，SPSS Modeler 会根据所读数据，自动将缺省型转换为上述类型，此时称变量已被实例化，是实例化状态。

> 需要说明的是，SPSS Modeler 中变量分为非实例化、半实例化和实例化三种状态。当变量的存储类型和取值均未知时，变量为非实例化状态；当仅知道变量的存储类型，但取值范围未知时，变量为半实例化状态；当变量的存储类型和取值均已确定时，变量为实例化状态。

2.1.2 从计算机存储角度看变量类型

从数据的计算机存储角度看，变量类型反映了其在计算机中的存储格式。通常，不同类型数据存储所占用的字节数是不同的。如某些类型的数据只需要 1 字节（8 个二进制位）存储，而有的则需要 2 字节或更多字节。

SPSS Modeler 的数据存储类型如下。
- 整数型：图标为 ，变量值为整数。
- 实数型：图标为 ，变量值为小数。
- 字符串型：图标为 A，变量值为字符串型。
- 时间型：图标为 ，变量值为持续时间。
- 日期型：图标为 ，变量值为日期。
- 时间戳型：图标为 ，变量值为时间点。

时间型和时间戳型的数据表现形式相同，如 01:25:30，但含义不同。时间型表示所持续的时间，如时间持续了 1 小时 25 分 30 秒；而时间戳型则表示某个时刻，如某人登录服务器的时间是 1 点 25 分 30 秒。

变量的计量类型和存储类型是相互联系的。例如，计量类型为数值型的变量，其变量值可以是整数或实数；计量类型为分类型的变量，其变量值可以是整数，也可以是字符串。

> 需要说明的是，在数据挖掘实际问题中，人们更多考虑变量的计量类型。因为不同计量类型变量所适合的分析方法是不同的。在涉及复杂计算需要编写程序时，为保证程序语法的合理性，应关注变量的存储类型。

2.2 读 入 数 据

数据通常以外部文件形式独立存储。外部文件可以是文本文件，也可以是数据库文件或其他类型文件。SPSS Modeler 数据流都是从读入外部文件数据到 SPSS Modeler 中开始的。

数据读入节点放置在节点工具箱的"源"选项卡中，支持从自由格式的文本文件、固定格式的文本文件、SPSS 数据文件、SAS 数据集、Excel 电子表格和数据库文件等中读入数据；还支持读入网络关系数据、空间地理数据等。具体节点如图 2.1 所示。

第 2 章　SPSS Modeler 的数据读入和数据集成

图 2.1　"源"选项卡中的节点

由于自由格式文本、Excel 电子表格、数据库文件和 SPSS 格式文件等比较常见，这里重点对此进行讲解。

2.2.1　读自由格式的文本文件

自由格式的文本文件中，通常一行为一个样本观测。每行有相同的列，依次对应各个变量。列之间以逗号等分隔符分隔。变量名一般存储在文件的第一行。

可通过"源"选项卡中的"变量文件"[①]节点读入自由格式的文本文件。

以第 1 章的药物研究数据为例，它是一份自由格式的文本，文件名为 DRUG.txt。

首先，选择"源"选项卡中的"变量文件"节点，将其添加到数据流编辑区域。右击，选择弹出菜单中的"编辑"进行节点的参数设置。"变量文件"节点参数设置窗口包含"文件""数据""过滤器""类型""注解" 5 个选项卡。

1. "文件"选项卡

"文件"选项卡用于指定所读入数据的基本格式，如图 2.2 所示。

图 2.2　"变量文件"节点的"文件"选项卡

可以指定读入文本文件所在的文件夹和文件名；说明文本文件中的第一行是否为变量名；如何压缩所读数据中的空格；指定对无效字符的处理方法；指定文件的列（字段）分隔符；指定单引号或双引号的处理方式等。

2. "数据"选项卡

"数据"选项卡用于指定所读变量的存储类型和输入格式，如图 2.3 所示。

---

① 为英文直译，准确翻译为：自由格式。

图 2.3 "变量文件"节点的"数据"选项卡

SPSS Modeler 以列表形式显示被读数据的变量（字段）名、存储类型和输入格式等。其中，变量名来自文本文件，存储类型依数据自动识别。

修改存储类型和输入格式时，应首先在相应变量行的"覆盖"项上打钩，然后下拉"存储"框做选择。对于实数型、时间型、日期型和时间戳型变量，可在"输入格式"列中选择相应的数据格式，如以句点还是逗号作为实数型小数位和整数位的分隔符，日期型数据是月、日、年格式还是年、月、日格式等。

3. "过滤器"选项卡

"过滤器"选项卡用于指定读数据时不读哪些变量，还可修改变量名，如图 2.4 所示。

图 2.4 "变量文件"节点的"过滤器"选项卡

不希望读入某个变量，只需单击相应行的"过滤器"项，打×即可。也可以再次单击鼠标取消打×。如图 2.4 中指定不读入 Age 变量。可以在"字段"的相应行上修改变量名，如将变量 Sex 重命名为 Gender。

4. "类型"选项卡

"类型"选项卡用于指定变量的计量类型，对变量的缺失值和取值合理性等进行检查，如图 2.5（a）所示。

SPSS Modeler 以列表形式显示各变量的变量名（字段）、计量类型（测量）、取值范围（值）、缺失值（缺失）、修正方法（检查）和变量方向（角色）等信息。

图 2.5（a）中，数据尚未读入节点时，变量通常为非实例化或半实例化状态，计量类型可能是不准确的，取值范围也不明确。变量实例化应通过"读取值"按钮实现。图 2.5（b）所示是实例化后的窗口。

（a）"变量文件"节点的"类型"选项卡　　　　　（b）实例化后的窗口

图 2.5 "变量文件"节点的"类型"选项卡及实例化后的窗口

> 需要说明的是，作为数据源的起始节点，如果后续不再增加变量，此处的实例化变量是有益的。由于 SPSS Modeler 实例化变量的变量值为静态数据，因此如果在后续数据流中，修改了变量原有类型或取值范围等，则需再单击"读取值"按钮，手动重新实例化。

由于节点工具箱"字段选项"选项卡中的"类型"节点提供的功能与图 2.5 相同，因此，如何重新实例化图 2.5 中的其他内容，将在 3.1 节的"类型"节点中讨论。

5. "注解"选项卡

"注解"选项卡用于节点命名和添加注释性文字，具体含义同 1.3.3 节，此处不再赘述。另外，SPSS Modeler 的几乎所有节点参数设置窗口中都有"注解"选项卡，含义相同，以后也不再另加说明。

> 需要说明的是，数据源发生变化后，为保持数据源和 SPSS Modeler 数据流中数据的一致，应单击 刷新 按钮，重新加载数据源数据到数据流中，该功能在后续读其他格式文件的操作中同样适用。

2.2.2 读 Excel 电子表格数据

Excel 电子表格是极为常见的数据存储格式。"源"选项卡中的"Excel"节点可实现 Excel 电子表格数据的读入。

以一份学生参加某次社会公益活动的样本数据为例。该数据是 Excel 电子表格文件，文件名为 Students.xlsx。其中变量包括学生编号、是否无偿献血、家庭人均年收入、在校综合评价指数、家长是否鼓励、是否参与，共 6 个变量。

首先，选择"源"选项卡中的"Excel"节点，将其添加到数据流编辑区域中。右击，选择弹出菜单中的"编辑"进行节点的参数设置。"Excel"节点参数设置窗口包含"数据""过滤器""类型""注解" 4 个选项卡。

1. "数据"选项卡

"数据"选项卡用于设置读入 Excel 数据时的具体参数，如图 2.6 所示。

图 2.6 "Excel"节点的"数据"选项卡

可指定读入 Excel 文件所在的文件夹和文件名；数据所在的单元区域；从哪个工作表读入数据（如 0 表示第一张工作表，1 表示第二张工作表等）；Excel 工作表的第一行是否为变量名等。

2. "过滤器"和"类型"选项卡

"Excel"节点参数设置窗口中的"过滤器"和"类型"选项卡含义同 2.2.1 节。本例的窗口显示如图 2.7 所示。

（a）"Excel"节点的"过滤器"选项卡　　　　（b）"Excel"节点的"类型"选项卡

图 2.7 "Excel"节点的"过滤器"和"类型"选项卡

需要说明的是，诸如上述编号等变量，由于变量取值个数多且无重复取值，通常指定其类型为无类型，一般不参加数据建模。

2.2.3 读 SPSS 格式文件

SPSS 是一款高品质的统计分析软件，其数据文件扩展名为.sav。可通过"源"选项卡中的"SPSS 文件"节点实现 SPSS 格式数据的读入。

以一份电信客户的模拟数据为例。该数据是 SPSS 格式，文件名为 Telephone.sav。其中变量包括居住地、年龄、婚姻状况、收入、教育水平、性别、家庭人数、开通月数、无线服务、基本费用、上月限制性免费服务项目的费用、无线服务费用、是否电子支付、申请的服务套餐类型、是否流失，共 15 个变量。

首先，选择"源"选项卡中的"SPSS 文件"节点，将其添加到数据流编辑区域中。右击，选择弹出菜单中的"编辑"进行节点的参数设置。"SPSS 文件"节点参数设置窗口包含"数据""过滤器""类型""注解"4 个选项卡。

1．"数据"选项卡

"数据"选项卡用于设置读入 SPSS 数据文件时的具体参数，如图 2.8 所示。

可指定读入 SPSS 数据文件所在的文件夹和文件名；指定如何设置变量名，如将 SPSS 变量名作为 SPSS Modeler 变量名，SPSS 变量名标签将作为说明文字显示在相关分析结果中，或以 SPSS 变量名标签作为变量名；指定如何设置变量值，如直接取 SPSS 变量值作为 SPSS Modeler 变量值，SPSS 变量值标签将作为说明文字，或以 SPSS 变量值标签作为变量值。

图 2.8 "SPSS 文件"节点的"数据"选项卡

2．"过滤器"和"类型"选项卡

"SPSS 文件"节点参数设置窗口中的"过滤器"和"类型"选项卡含义同 2.2.1 节。本例的窗口显示如图 2.9 所示。

（a）"SPSS 文件"节点的"过滤器"选项卡　　（b）"SPSS 文件"节点的"类型"选项卡

图 2.9 "SPSS 文件"节点的"过滤器"和"类型"选项卡

2.3 数据集成

如前所述,SPSS Modeler 数据流中的数据可能来自两个或多个外部数据文件,如何有效地集成外部数据并送入数据流,是本节讨论的主要内容。

SPSS Modeler 的数据集成功能相对简单,主要包括:第一,两份或多份数据的纵向合并;第二,两份或多份数据的横向合并;第三,数据源替换。

2.3.1 数据的纵向合并

两份或多份数据依次头尾连接合并,称为数据的纵向合并。数据的纵向合并是在数据尾部不断追加样本的过程。"记录选项"选项卡中的"追加"节点可实现数据的纵向合并。

以学生参加某次社会公益活动的数据(文件名为 Students.xlsx)为例,文件中包含两张工作表,分别是老生数据(Students)和新生数据(NewStudents)。由于分析是针对所有学生的,需要将两份数据纵向合并成一份新数据。

首先,按照读入 Excel 电子表格数据的操作方法建立两个 Excel 节点,分别读入 Students 和 NewStudents 两张工作表数据,并通过"注解"选项卡分别将节点命名为 students 和 Newstudents;然后,选择"源"选项卡中的"追加"节点,将其添加到两个 Excel 节点的后面。数据纵向合并的数据流如图 2.10 所示。

右击"追加"节点,选择弹出菜单中的"编辑"进行节点的参数设置。"追加"节点参数设置窗口包含"输入""追加""注解"3 个选项卡。

1. "输入"选项卡

"输入"选项卡用于设置数据纵向合并的数据源,如图 2.11 所示。

图 2.10 数据纵向合并的数据流   图 2.11 "追加"节点的"输入"选项卡

SPSS Modeler 以列表形式依次显示以下内容。

- 标记:数据源标号,给出了多个数据集纵向合并的前后顺序,标记值最小的表其数据排在最前面(如本例为 students),标记值最大的表其数据排在最后面(如本例为 Newstudents)。可通过 ↑ 按钮、↓ 按钮调整顺序。SPSS Modeler 默认标记值为 1 的表为主数据集,意味着如果多份数据的变量名不一致或变量个数不相同,则合并后新数据表的变量名和变量个数默认为与主数据集相同。

- 源节点：数据源节点的名称。本例中，两个 Excel 数据源节点分别名为 students 和 Newstudents。
- 连接的节点：连接节点名称，即连接到"追加"节点的节点名称。通常与"源节点"中的名称相同。
- 字段：数据源包含的变量个数。如本例中两份数据的变量个数均为 6。

2. "追加"选项卡

"追加"选项卡用于设置数据纵向合并的关键参数，如图 2.12 所示。

图 2.12 "追加"节点的"追加"选项卡

SPSS Modeler 以列表形式显示各数据集包含的变量名，"输出字段"为合并后的新数据集，后续依次为不同"标记"值所对应的不同数据源。本例中，由于两数据源包含的变量名、变量顺序和变量个数完全一致，所以新数据集的结构只需复制即可，这使数据纵向合并的操作大大简化。否则，应注意以下选项。

- "包含字段来源"：指定新数据集的变量来源。"仅主数据集"表示新数据集的变量只来自主数据集；"所有数据集"表示来自所有数据源，是各个表变量名的并集。
- "字段匹配依据"：指定不同数据源变量的对应关系。"位置"表示按数据源中变量排列的原有顺序——匹配变量，意味着不同数据源相同顺序的变量，尽管名称可能不同但含义相同；"名称"表示按变量名称对接。如果不能保证两份数据的变量排列顺序完全一致，则应选择"名称"项，如图 2.13 所示。

图 2.13 不同参数下的纵向合并

● "通过在字段中包含源数据集来标记记录":表示在新数据集中自动增加一个变量名默认为"输入"的变量,存储"标记"值以说明样本观测来自哪个数据源。

> 需要说明的是,数据的纵向合并应确保两份或多份数据的合并是有实际意义的,相同含义的变量最好取相同的变量名,且变量的存储类型一致。

2.3.2 数据的横向合并

两份或多份数据依次左右连接合并,称为数据的横向合并。数据的横向合并是在数据的右侧不断追加变量的过程。"记录选项"选项卡中的"合并"节点可实现数据的横向合并。

数据横向合并通常要求多个数据源应至少存在一个同名变量,该变量称为关键字,是数据横向合并的重要依据。一般只有关键字取值相同的样本观测才可左右对接合并。

以一份客户浏览网页的历史记录数据为例。该数据是 Excel 格式数据,文件名为 WebData.xslx,包括 3 张工作表,分别为 customer1、customer2、ClickPath。其中,customer1 表记录了客户的基本信息,包括客户的编号、年龄、性别、婚姻状况、受教育水平、平均每天在线时间、居住区域;customer2 表记录了客户上网的基本情况,包括客户编号、平均日在线时间、平均夜晚在线时间、浏览器类型、平均收发邮件时间、平均网聊时间等;ClickPath 表记录了客户浏览的网页类型。现在希望将 customer1 表和 customer2 表按照客户编号横向合并起来,为分析诸如不同受教育水平的客户的平均收发邮件时间是否有差异,网聊时间是否与性别、婚姻状况相关等问题做准备。

首先,建立两个 Excel 节点分别读入两张工作表;然后,选择"字段选项"选项卡中的"合并"节点,将其连接到两个 Excel 节点的后面,数据横向合并的数据流如图 2.14 所示。

右击"合并"节点,选择弹出菜单中的"编辑"进行节点的参数设置。"合并"节点参数设置窗口包含"输入""合并""过滤器""优化""注解"5 个选项卡。

1. "输入"选项卡

"输入"选项卡用于设置数据横向合并的数据源,如图 2.15 所示。

图 2.14 数据横向合并的数据流　　图 2.15 "合并"节点的"输入"选项卡

SPSS Modeler 以列表形式依次显示以下内容。

● 标记:数据源标号,给出了多个数据集横向合并的左右顺序。标记值最小的表其数据排在最左面(如本例为 customer1),标记值最大的表其数据排在最右面(如本例为

customer2）。可通过 ⬆ 按钮、⬇ 按钮调整这个顺序。SPSS Modeler 默认标记值为 1 的表（如本例为 customer1）为主数据集，意味着合并后新数据集的关键字取主数据集的关键字名和关键字值。
- 源节点：数据源节点的名称。本例中，两个 Excel 数据源节点分别命名为 customer1 和 customer2。
- 连接的节点：连接节点名称，即连接到"合并"节点的节点名称。通常与"源节点"中的名称相同。
- 字段：数据源包含的变量个数。如本例中两份数据的变量个数均为 7。

2."合并"选项卡

"合并"选项卡用于设置数据横向合并的关键参数，如图 2.16 所示。

图 2.16 "合并"节点的"合并"选项卡

其中：
- 合并方法：指定数据横向合并的方式。"顺序"表示按照样本观测排列的原有顺序一一左右对接数据；如果不能确保数据的样本观测排列顺序完全一致，则应选"关键字"项，表示依据关键字取值横向对接，只有关键字取值相同的样本观测才可左右对接，从而防止张冠李戴的现象。
- 可用的关键字：显示两份或多份数据中的同名变量，本例中为 CustomerGuid（客户编号）和 GeoLocation（地理位置）。这些变量名可能成为横向合并的关键字。
- 用于合并的关键字：显示用户指定的横向合并关键字。本例为 CustomerGuid（客户编号），如图 2.17 所示。

数据源1				数据源2		
编号	x1	x2	Order	编号	x3	x4
1	xxx	xxx	←	1	xxx	xxx
2	xxx	xxx	←	2	xxx	xxx
3	xxx	xxx	←	4	xxx	xxx
4	xxx	xxx	←	3	xxx	xxx
...	...	...		...	...	...

(a) 横向合并（一）

图 2.17 不同参数下的横向合并

（b）横向合并（二）

图2.17 不同参数下的横向合并（续）

- 合并重复的关键字段：选中该项表示新表中只包含主数据集中的关键字。通常应选中该项。
- 可通过基于关键字的内部连接、完全外部连接、部分外部连接和反连接4种方式，确定新数据集包含的数据，如图2.18所示。其中：
  - 仅包含匹配的记录（内部连接）：表示若对表A、B、C进行内连接，则合并结果是在表A、B、C中均出现的那些数据，即各表的样本数据交集。
  - 包含匹配和不匹配的记录（完全外部连接）：表示若对表A、B、C进行完全外部连接，则合并结果是表A、B、C的样本数据并集。
  - 包含匹配记录和选定的不匹配记录（部分外部连接）：表示若对表A、B、C做部分外部连接，则合并结果包含表A、B中的所有数据，同时也包含了表C中出现在表A、B中的数据。可通过"选择"按钮，指定哪两张表对哪张表做部分外部连接。
  - 包含第一个数据集中不与任何其他记录相匹配的记录（反连接）：表示若表A与表B、C做反连接，则合并结果是存在于表A且不存在于表B、C中的数据。

图2.18 4种横向合并连接方式

例如，图2.19所示是对表A、B的各种连接结果，连接关键字为A1。A×B表示A和B的笛卡儿积。

3. "过滤器"选项卡

"过滤器"选项卡用于手工指定新数据集包含的变量，主要用于多个数据源有非关键字的相同变量名情况，如图2.20所示。

图 2.19 横向连接示例

图 2.20 "合并"节点的"过滤器"选项卡

本例两份数据中均有 CustomerGuid 和 GeoLocation 变量。指定 CustomerGuid 为关键字，默认新数据集取主数据集中的 CustomerGuid 变量。对于 GeoLocation 变量，因为这里删除了标记 2 中的 GeoLocation，所以表示新数据集的 GeoLocation 取自标记为 1 的数据源，即取自 customer1。

此外，"优化"选项卡用于提高数据横向合并的执行效率。例如，若两个数据源的数据已按关键字排序则能提高执行效率。

> 需要说明的是，数据的横向合并应确保两份或多份数据有相同的关键字名和类型。按关键字排序有助于提高数据合并效率。

2.3.3 数据源替换

针对特定数据挖掘问题的 SPSS Modeler 数据流通常具有通用性。例如，一个数据流不仅可用于分析某地区的数据，同样也可用于对相同问题的其他地区数据的分析。

SPSS Modeler 将具有通用处理功能的数据流看作模板。通过数据映射操作，直观快捷地实现数据源的替换，以方便完成对新数据的相同处理和分析。

数据源替换是通过数据映射操作实现的。以学生参加某次社会公益活动的数据（文件名为 Students.xlsx）为例。

首先，建立 Excel 节点读入老生数据（Students），并添加"输出"选项卡中的"表格"节点用于浏览数据；然后，建立另一个 Excel 节点读入新生数据（NewStudents）。现将第一个数据源替换为第二个数据源。具体操作如下。

- 右击第一个数据源节点，选择弹出菜单中"数据映射"下的"选择替换节点"，然后选中第二个数据源节点。或者，右击第二个数据源节点，选择弹出菜单"数据映射"下的"映射到"，然后选中第一个数据源节点后的节点，这里为 Output 节点。
- 显示新、老数据源的数据映射窗口，如图 2.21 所示。

图 2.21　新、老数据源的数据映射窗口

其中，"原始"列显示原数据源包含的变量，"已映射"列显示与原数据源变量含义相同的新数据源中的变量。如果新、老数据源的变量名和计量类型一致，那么 SPSS Modeler 将自动匹配；否则，应在下拉框中手工指定变量的一一对应关系。

操作成功后，新数据源节点将通过"字段选项"选项卡中的"过滤器"节点，与原数据源后的节点相连，原数据节点自动脱离数据流。后续的分析将针对新数据源。"过滤器"节点的具体内容将在第 3 章讲解。

> 需要说明的是，上述数据读入和数据集成，均属数据挖掘方法论中"数据理解"前期阶段的任务。数据理解还包括对数据质量的评估和调整等内容，将在第 3 章集中讨论。

第 3 章　SPSS Modeler 的数据理解*

依据数据挖掘方法论，数据理解在数据挖掘过程中起着举足轻重的作用，其目的是把握数据的总体质量，了解变量取值的大致范围。

数据理解主要包括数据质量评估和调整、数据的有序浏览和多维度汇总等。

SPSS Modeler 的数据准备节点主要分布在节点工具箱的"字段选项""输出""记录选项"选项卡中。

3.1　变　量　说　明

变量说明是确保高质量数据的有效途径。变量说明包括两个主要方面：第一，对数据流中变量取值的有效性进行限定、检查和调整；第二，对各个变量在未来数据建模中的角色进行说明。

可通过"字段选项"选项卡中的"类型"节点进行变量说明。

以学生参加某次社会公益活动的数据（文件名为 Students.xlsx）为例，讲解变量说明的具体操作方法。

首先，选择"源"选项卡中的"Excel"节点，添加到数据流编辑区域。建立两个 Excel 节点，分别读入 Students.xlsx 文件中的老生数据（Students）和新生数据（NewStudents）；其次，选择"字段选项"选项卡中的"合并"节点，将其添加到数据流中并分别与两个 Excel 节点相连；最后，选择"输出"选项卡中的"表格"节点浏览数据。发现数据存在以下问题。

- 家庭人均年收入变量，有部分样本观测取值$null$，表示空缺；同时，还有一个样本观测取值为 999999，这里认为这是一个明显错误的数据，应对此进行说明或调整。
- 是否无偿献血变量值填写不规范。规范值应为 Yes 和 No，但有些填写了 1（表示 Yes）和 0（表示 No）。应将 1 替换为 Yes，0 替换为 No。

可利用"类型"节点解决上述问题。选择"字段选项"选项卡中的"类型"节点，将其添加到"合并"节点的后面。右击，选择弹出菜单中的"编辑"进行节点的参数设置。"类型"节点参数设置中的"格式"选项卡内容比较简单，这里只重点讨论其中的"类型"选项卡，如图 3.1 所示。

"类型"选项卡以列表形式依次给出了各变量的变量名（字段）、计量类型（测量）、取值范围（值）、缺失值（缺失）、检查及变量角色（角色）。这与第 2 章数据读入相关节点的"类型"选项卡完全相同。

---

*本章的数据流文件：数据理解.str。

图 3.1 "类型"节点的"类型"选项卡

需要说明的是，SPSS Modeler 单独设置"类型"节点的意义在于数据流中的数据是静态的。通常，数据源节点中的数据可能会更新，数据流也会派生出一些新的变量，或数据流进行了数据的集成操作，或对原有变量的类型进行了调整。如果没有执行整个数据流，也就是说，新数据没有"流过"每个节点，那么变量属性还会保持原有的"静态"，即变量的取值范围、类型等是不会动态调整的。"类型"节点允许用户及时跟踪数据的动态变化，使整个数据流的数据保持一致。"类型"节点可设置在数据流的任何恰当位置上。

3.1.1 变量的重新实例化

数据读入时变量需要进行实例化。当数据源节点中的数据有更新，数据流派生出一些新的变量，进行了数据集成操作或原有变量的类型有了调整时，变量需要重新实例化。

"类型"选项卡中的"读取值""清除值""清除所有值"3 个按钮可用于变量的重新实例化。具体操作步骤如下。

- 第一步，单击"清除值"或"清除所有值"按钮，强制将所有变量变为非实例化状态。于是，所有变量的"值"列自动取值为"<读取>"。从效率角度考虑，如果并非所有变量都需重新实例化，则在需要重新实例化的变量行的"值"下拉框中，选择"<读取>"或"<读取+>"即可，如图 3.2 所示。

"<读取>"表示读入数据重新实例化；"<读取+>"表示读入数据且新数据自动追加到原有数据的后面；"<传递>"表示不读入变量值；"<当前>"表示保持变量的当前值，不重新实例化，是默认选项。

- 第二步，单击"读取值"按钮进行变量的重新实例化。于是，"值"列将显示各变量值的取值范围。

图 3.2 "类型"节点的变量重新实例化

3.1.2 有效变量值和无效值调整

有效变量值是变量正常取值范围内的值，无效值是变量有效取值范围之外的值，通常称为缺失值。SPSS Modeler 中的缺失值通常包括两类：一类是系统缺失值，用 $null$ 表示，还包括空串和空格等；另一类是用户缺失值，主要指那些取值明显不合理的数据。

变量有效取值范围和缺失值的说明应通过选择"缺失"列的选项来实现。其中：

- 开(*)：表示允许相应变量取系统缺失值和用户缺失值，且不进行调整。
- 关：表示不允许相应变量取缺失值。
- 指定：说明变量的有效取值范围等，并指定数据调整方法。

对是否无偿献血变量的说明步骤为：首先，在相应行的"缺失"列中，选择"指定"，窗口如图 3.3 所示；其次，删除值列中的 0 和 1。添加 No 和 Yes 的值标签，说明是否无偿献血的规范取值；最后，指定是否无偿献血变量的用户缺失值 0、1。

图 3.3 变量说明的"指定"窗口（一）

不同类型变量的"指定"窗口略有差别，但含义大体一致。

- 描述：用于输入变量名标签，是变量含义的简短说明文字。

- 测量、存储：显示当前变量的计量类型和存储类型。
- 值：指定变量取值范围的确定依据。

其中，"读取数据"表示取决于所读取的外部数据；"传递"表示忽略所读取的外部数据；"指定值和标签"表示人为指定变量取值和值标签。用户可根据当前变量的实际意义，指定其合理的取值，并在"标签"列中输入关于变量值含义的简短说明文字。

本例中，为说明是否无偿献血的规范取值，分别在 No 和 Yes 对应的"标签"列中输入值标签"未曾无偿献血""曾无偿献血"。

- 检查值：选择指定对变量不合理值的调整方法。

其中，"无"表示不进行调整；"无效"表示将用户缺失值调整为系统缺失值$null$；"强制"表示调整为 SPSS Modeler 默认的指定值；"丢弃"表示剔除相应样本数据；"警告"表示遇到不合理取值时给出警告信息；"终止"表示遇到不合理取值时终止数据流的执行。

- 定义空白：选中该选项，表示视"缺失值"表中的值及某区间内的连续值、$null$、空格为空。

其中，在"缺失值"表中输入若干个离散值；在"范围"输入连续区间；"空"和"空白"分别表示$null$和空格。所指定的值均当空处理。

指定为空的目的是将无须或无法调整的用户缺失值和系统缺失值，与变量的正常取值区别开，便于后续的数据分析。选中该项后，图 3.1 窗口相应变量的"缺失"列中将自动显示星号（*），表示相应变量存在用户缺失值和系统缺失值，即便指定数据调整方法，也不进行调整。

本例中，指定字符 0 和 1 为空。不调整 0 和 1 的原因在于 SPSS Modeler 提供的调整策略不适合该问题。该问题将在第 4 章进行讨论。

> 需要说明的是，SPSS Modeler 此处的空，并非一般意义上的空串，它可以是数值，也可以是$null$，还可以是空格。

对变量家庭人均年收入的说明步骤为：首先，在相应行的"缺失"列中选择"指定"，窗口如图 3.4 所示；其次，指定变量值的调整方法。

图 3.4 变量说明的"指定"窗口（二）

本例中，家庭人均年收入的取值范围不能直接由外部数据决定，否则 SPSS Modeler 将视 999999（用户缺失值）为正常值。应在"下限"和"上限"框中手工输入合理的取值区间为 6617.0~503308.0。同时，由于希望对家庭人均年收入中的 999999 和$null$值进行调整，因此，不应选中"定义空白"选项，SPSS Modeler 将自动视 999999 和$null$为超出取值范围的不合理取值，并按"强制"方法进行调整。返回图 3.1 窗口后，家庭人均年收入的"缺失"列中为空，表示该变量不存在缺失值。

3.1.3 变量角色的说明

变量角色是指变量在模型建立时的角色。变量的角色不同，其作用也不同。

模型建立时，有些变量用于解释其他变量，称为解释变量或自变量，SPSS Modeler 称之为输入变量。有的变量需被其他变量解释，称为被解释变量或因变量，SPSS Modeler 称之为目标变量。

例如，在分析顾客的收入对其消费的影响时，收入就是输入变量，消费就是目标变量。

变量角色的说明可通过图 3.1 中的"角色"列指定，如图 3.5 所示。

图 3.5 变量角色说明

除此之外，SPSS Modeler 还将变量角色进行了拓展，具体如下。
- 任意：在某些模型中，有的变量既可作为输入变量也可作为目标角色。

例如，在根据顾客的收入和消费数据将客户划分为不同客户群的分析中，收入和消费既是输入变量也是目标变量，为任意角色。
- 分区：样本集分割角色。

样本集分割角色的变量应是只能有两个或三个类别值的分类变量。其中，第一个分类值是训练样本集标记，第二个是测试样本集标记，第三个是验证样本集标记。
- 无：如果某变量不参与数据建模，则可指定它为"无"角色。"无类型"变量自动默认为该角色。

这里，为分析学生是否参加某次社会公益活动受哪些因素的影响，指定学生编号角色为"无"，是否参与为目标变量，其他变量为输入变量。

需要说明的是，变量角色说明在数据挖掘的后期建模中才会涉及，通常不在数据理解阶段考虑。相关内容安排于此是为了便于对 SPSS Modeler 软件操作的讲解。

3.2 数据质量的评估和调整

高质量数据是数据分析的前提和可靠分析结论的保障。数据质量的评估和调整是对现有数据的取值异常程度及缺失情况等进行综合评价，并借助统计方法对其进行适当调整和插补。

3.2.1 数据的基本特征与质量评价报告

SPSS Modeler 的数据质量评估主要对数据的缺失、离群点和极端值等情况进行评估。具体包括完整变量比例的计算、完整观测比例的计算，以及其他评价指标的计算等。

可通过"输出"选项卡中的"数据审核"节点评估数据质量。

这里，以一份电信客户的模拟数据为例，该数据为 SPSS 格式，文件名为 Telephone.sav。该数据包括居住地、年龄、婚姻状况、收入、教育水平、性别、家庭人数、开通月数、无线服务、基本费用、上月限制性免费服务项目的费用、无线服务费用、是否电子支付、客户所申请的服务套餐类型、是否流失 15 个变量。利用这份数据，可分析流失客户的一般特征，同时建立模型进行客户流失的预测。本节只对该数据的质量进行考察。

具体操作步骤如下。
- 第一步，建立"SPSS 文件"节点读入 Telephone.sav 数据。
- 第二步，建立"类型"节点说明变量角色。这里，指定是否流失为目标变量，其他变量均为输入变量。指定收入小于 20 的值为用户缺失值。
- 第三步，选择"输出"选项卡中的"数据审核"节点，将其添加到数据流的相应位置上。右击，选择弹出菜单中的"编辑"进行节点的参数设置。

"数据审核"节点的参数设置包括"设置""质量""输出"等选项卡。

1."设置"选项卡

"设置"选项卡用于指定质量探索的变量，以及计算输出哪些统计指标，如图 3.6 所示。其中：

- 缺省：表示评估节点包含的所有变量的质量，并且默认数据流前面"类型"节点指定的目标变量将为"交叠字段"。如果交叠字段（变量）为分类型变量，则所绘统计图用于反映交叠变量不同取值下其他变量的分布特征。如果交叠变量为数值型变量，则将计算交叠变量与其他变量的简单相关系数[①]、相关系数 t 检验的观测值和自由度、概率 P-值及协方差等。

---

① 简单相关系数：反映两数值型变量线性相关程度的统计指标，取值为 -1～+1。大于 0 表示两变量存在正的线性相关关系，小于 0 表示两变量存在负的线性相关关系。绝对值大于 0.8 表示两变量之间具有较强的线性关系，绝对值小于 0.3 表示两变量之间的线性相关关系较弱。

- 使用定制字段：表示用户自行指定对哪些变量的质量进行评估。同时，如有必要，还可在"交叠字段"框中指定交叠变量。
- 显示："图形"主要包括柱形图、直方图和散点图（当交叠变量为数值型时）；"基本统计量"主要包括数值型变量的最小值、最大值、均值、标准差、偏态系数[①]等；"高级统计量"主要包括总和、极差、均值标准误差、方差、峰度系数[②]等。

图 3.6 "数据审核"节点的"设置"选项卡

2."质量"选项卡

"质量"选项卡用于设置反映数据质量的评价指标，以及数据离群点（离群值）和极端值（极值）的诊断标准等，如图 3.7 所示。

图 3.7 "数据审核"节点的"质量"选项卡

---

① 偏态系数：反映变量分布对称性的统计指标。偏态系数为 0，表示分布对称；偏态系数大于 0，表示呈右偏不对称分布；偏态系数小于 0，表示呈左偏不对称分布。偏态系数绝对值越大，表示不对称程度越大。
② 峰度系数：反映变量分布陡缓性的统计指标。峰度系数为 0，表示分布陡缓程度同标准正态分布；峰度系数大于 0，表示尖峰分布；峰度系数小于 0，表示平峰分布。

其中：
- "缺失值"框："具有有效值的记录计数"，表示计算各变量的有效样本量；"分解具有无效值的记录计数"，表示计算各变量取各种无效值的样本量。
- "离群值和极值"框：用来指定离群值和极端值的诊断标准。"平均值的标准差"，表示以均值为中心，取值在默认的 3 个标准差以外的变量值为离群值，在默认的 5 个标准差以外的变量值为极值；"输入四分位距的上/下四位数范围"，表示与上四分位数（或下四分位数）的绝对差大于默认的 1.5 倍四分位差[①]时为离群值，大于默认的 3 倍四分位差时为极值。

本例选择"平均值的标准差"方法，且按默认的标准进行诊断。

执行"数据审核"节点，生成的分析表名显示在流管理窗口的"输出"选项卡中。分析表包括"审计"和"质量"两个选项卡。案例的数据审核结果如图 3.8 所示。

图 3.8　案例的数据审核结果

SPSS Modeler 以列表形式依次显示了指定变量的变量名（字段）、图形、测量（计量类型）、相关的描述统计量，以及分类型变量的类别个数（唯一）和有效样本量。

单击窗口工具栏中的 ▦ 按钮，允许用户选择计算其他描述统计量，如峰度系数等；▥ 按钮和 ≡ 按钮可用于指定统计图形的显示方向为上下纵向显示（柱形图）还是左右横向显示（条形图）。单击各列的标题处，可按相应列重排数据审核结果。图中深色部分表示目标变量（是否流失）取 Yes（流失）的情况。可以看到，流失客户在各变量不同取值上都有分布。例如，图形粗略显示，在开通月数变量上，开通月数比较短的客户其流失比例相对较大，而在其他变量上的分布差异并不十分明显。另外，收入变量呈明显的右偏不对称分布，偏态系数（偏度）高达 6.532。

在数据质量评估中，应重点关注"有效"列。可以看到，在 1000 个样本观测中，收入变

---

① 四分位差：等于上四分位数－下四分位数。

量上仅有 921 个有效值（原因是之前定义了小于 20 的值为用户缺失值）。进一步，观察各个变量的离群点和极值情况。

观察本例输出结果的"质量"选项卡内容，如图 3.9 所示。

图 3.9 "质量"选项卡

SPSS Modeler 以列表形式显示了关于数据质量的评价指标，包括完成百分比（即在该变量上取有效值的样本个数占总样本量的比例）、有效记录（取有效值的样本量）及取各类无效值（如离群值、极值、空值、空白等）的样本量。另外，还列出了对离群值、极值及缺失值的调整方法。结果显示：

- 首先，"完整字段（%）"，即均取有效值的变量占总变量个数的百分比，这里为 93.33%；"完整记录（%）"，即均取有效值的样本量占总样本量的百分比，这里为 92.1%。
- 其次，观察每个变量的情况。例如，收入变量，其上有 9 个离群值和 6 个极值，且其取有效值的为 92.1%；基本费用变量，其上有 18 个离群值和 4 个极值。

3.2.2 变量值的调整

SPSS Modeler 的变量值调整是在"数据审核"节点执行结果的基础上，针对数据中的离群值、极值及缺失值，根据用户选择的方法进行的调整或插补。

1．离群值和极值的调整

SPSS Modeler 对离群值和极值的修正方法列在图 3.9 的"操作"列中。

具体操作步骤如下。

第一步，选中某个变量行。

第二步，下拉相应行的"操作"框选择调整方法，如图 3.10 所示。

"操作"列中提供了以下离群值和极值的调整方法。

- 强制：表示将离群值或极值调整为距它们最近的正常值。

例如，如果离群值定义为 3 个标准差以外的变量值，则所有离群值可用 3 个标准差上的变量值最大值或最小值替代。

图 3.10 选择变量值的调整方法

- 丢弃：表示剔除离群值或极值。
- 无效：表示离群值或极值用系统缺失值$null$替代。
- 强制替换离群值/丢弃极值：表示按强制方法修正离群值，并剔除极值。
- 强制替换离群值/使极值无效：表示按强制方法修正离群值，并将极值替换为系统缺失值$null$。

第三步，选中需要调整的变量行，选择窗口菜单中"生成"下的"离群值和极值超节点"，弹出如图 3.11 所示对话框。

图 3.11 调整离群值和极值

"离群值和极值超节点"表示 SPSS Modeler 将自动生成一个包含若干个"选择"和"填充"节点的超节点，用于根据用户指定的调整方法，调整离群值和极值。"选择"节点用于筛选样本观测,"填充"节点用于变量值的重新计算,具体内容将在第 4 章讲解。

在弹出对话框中,选择"仅所选字段",表示仅调整所选变量中的离群值和极值;选择"所有字段",表示对所有变量进行调整。

于是,SPSS Modeler 会生成一个超节点并自动放置在数据流编辑区域。用户只需将所生成的超节点连接到数据流的恰当位置上,并再建立一个"数据审核"节点,即可查看变量值调整的效果。但均值标准差的离群点和极端值判断比较适合对称分布。如果不能确定,较适合采用四分位差方法,本例剔除了 66 个样本,且数据质量有明显提高。数据质量评价和变量值调整数据流如图 3.12 所示。

图 3.12 数据质量评价和变量值调整数据流

其中第二个"类型"节点用于重新实例化。

2. 缺失值的调整

SPSS Modeler 对缺失值的修正方法列在了图 3.9 的"缺失插补"和"方法"列中。

具体操作步骤如下。

第一步,选中某个变量行。

第二步,下拉相应行的"缺失插补"框选择调整对象。

"缺失插补"列默认值为"从不",表示不对缺失值做插补处理。下拉"缺失插补"框,可重新指定对哪种情况进行插补,其中:

- 空白值:表示将对空做插补。
- 空值:表示将对系统缺失值$null$做插补。
- 空白值和空值:表示将对空和系统缺失值做插补。
- 条件:表示将对满足指定条件的样本观测中的缺失值做插补,如图 3.13 所示。

首先,在"插补时间[①]"中选择"条件",并在"条件"框中输入一个 CLEM 条件表达式。CLEM 条件表达式将在后续章节讲解。

图 3.13 对满足指定条件的变量值做插补

[①] 英文直译,更准确的翻译为:插补时机。

然后,在"插补方法"中选择采用的插补方法,包括:
- 固定:为默认值,表示插补值为某个固定值。如果选择"固定"方法,还应在"已固定为"的下拉框中选择固定值,可以是平均值、中程数值(即 1/2 的极差)或一个指定的常量。
- 随机:即随机插补,表示插补值为一个服从正态分布或均匀分布的随机值。SPSS Modeler 将给出相应变量的正态分布参数和均匀分布参数,如图 3.14 所示(收入的均值和标准差)。
- 表达式:表示插补值为一个 CLEM 算术表达式的结果。CLEM 算术表达式将在后续章节讲解。
- 算法:表示插补值为模型的预测结果。这里 SPSS Modeler 只给出了 C$RT 分类回归树模型,如图 3.15 所示。分类回归树的原理将在后续章节讲解。

图 3.14 调整为随机数

图 3.15 调整为模型计算结果

于是,图 3.9 中的"缺失插补"和"方法"列将分别显示用户的选择。

第三步,选中需要调整的变量行,选择窗口菜单"生成"下的"缺失值超节点",弹出如图 3.16 所示对话框。

"缺失值超节点"表示 SPSS Modeler 将自动生成一个包含若干个必要节点的超节点,用于根据用户指定的方法进行缺失值插补。

图 3.16 缺失值插补

在弹出对话框中,选择"仅所选字段",表示仅对所选变量中的缺失值做插补;选择"所有字段",表示对所有变量的缺失值做插补。在"样本大小(%)"框中给出一个百分比值,默认为 10%,表示对当前样本进行 10%的随机抽样,插补值将基于这 10%的随机样本计算。

于是,SPSS Modeler 会生成一个超节点并自动放置在数据流编辑区域。用户只需将所生成的超节点连接到数据流的恰当位置上并执行即可。

3.2.3 数据质量管理

数据质量管理是指当数据质量评估后,可以将质量不高的变量或样本观测剔除掉,仅保留高质量的变量和样本观测。

1. 保留高质量的变量

SPSS Modeler 借助"数据审核"节点的执行结果,可自动保留质量高的变量,剔除质量不高的变量。高质量变量的标准主要指，在该变量上取有效值的样本观测数占总样本量的比例（完整字段%）高于某个指定值。

在图 3.9 所示的窗口中，选择窗口菜单"生成"的"缺失值过滤节点"，弹出如图 3.17 所示的窗口。

图 3.17 "数据审核"中的"缺失值过滤节点"窗口

其中：
- 模式："包括"表示保留相应变量；"排除"表示剔除相应变量。
- 选定字段：表示保留或剔除已选定的变量。
- 在质量百分比高于%的字段：给定一个百分比（默认值为 50），表示保留或剔除质量在指定百分比以上的变量。

于是，SPSS Modeler 将在数据流编辑区自动生成一个"过滤器"节点，将节点恰当连接到数据流后，可以看到变量保留或剔除的情况。

例如，如果仅挑出质量在 95%以上的变量，则收入将被自动剔除。SPSS Modeler 生成的"过滤器"节点如图 3.18 所示。

图 3.18 "过滤器"节点

"过滤器"节点用于变量筛选，直观展示变量取舍情况，与第 2 章数据读入节点的"过滤器"选项卡完全相同。用户可以通过鼠标在"过滤器"列上打叉或去掉叉，表示剔除或保留相应变量。另外，SPSS Modeler 的"字段选项"选项卡还提供了专门的"过滤器"节点，其功能与此一致。

2．找出无效样本

SPSS Modeler 借助"数据审核"节点的执行结果，可指定自动找出有效样本观测或无效样本观测。有效样本观测是指那些在指定变量上未取无效值的样本观测，无效样本观测是指那些在指定变量上取了无效值的样本观测。

在图 3.9 所示的窗口中，选择窗口菜单"生成"下的"缺失值选择节点"，弹出如图 3.19 所示的窗口。

图 3.19 "数据审核"中的"缺失值选择节点"窗口

可以指定找到这样的无效样本观测，即在所有变量、选中变量或质量高于指定百分比的变量上取了无效值，且在前述中的一个变量或所有变量上，取了无效值的样本观测。

> 需要说明的是，数据质量的评估、数据的调整及根据质量对变量和样本的取舍，是数据挖掘"数据理解"阶段的重要内容。没有高质量的数据基础，就不能有可信的数据分析结论。

3.3 数据的排序

数据排序功能虽然简单，却有广泛的应用，是人们把握数据取值状态的最简捷的途径。

将样本数据按某个或某几个变量值的升序或降序重新排列，一方面便于浏览数据，了解变量取值的大致范围；另一方面，还有助于发现数据可能存在的问题，如离群点或极端值等，因为这些值往往表现最大值或最小值。

"记录选项"选项卡中的"排序"节点可实现数据的排序。

这里，仍以上述电信客户数据（文件名为 Telephone.sav）为例。操作目标有两个：第一，按基本费用的降序排列数据；第二，根据客户最终是否流失，将数据按基本费用的降序排序。

第一个操作目标本质是一个单变量排序问题，第二个操作目标可通过多重排序实现。

3.3.1 单变量排序

单变量排序是只根据一个变量的升序或降序重新排列数据，该变量称为排序变量。

本例的第一个操作目标属单变量排序问题。其中，排序变量为基本费用。

首先，选择"SPSS 文件"节点读入 Telephone.sav 数据；然后，选择"记录选项"选项卡中的"排序"节点，添加到数据流的相应位置上。右击，选择弹出菜单中的"编辑"进行节点的参数设置。参数设置的主要选项卡为"设置"选项卡，用于设置排序变量和排序方式，如图 3.20 所示。

SPSS Modeler 以列表形式显示排序变量名（字段）和相应的排序方式（顺序）。

首先，单击 按钮，在选择变量对话框中选择排序变量，如图 3.21 所示；然后，在"顺序"列指定数据按升序或降序排序。为查看排序结果，应选择"输出"选项卡中的"表格"节点连接到"排序"节点后面。

图 3.20 "排序"节点的"设置"选项卡

图 3.21 选择变量对话框

图 3.21 所示的选择变量对话框按默认顺序，依次列出了数据流中的所有变量名。可通过选择"排序方式"后的选项改变变量名显示的顺序。其中，"自然"表示按数据流中变量的原有顺序排列；"名称"表示按变量名字母顺序排列；"类型"表示按变量的存储类型排列。单击 或 按钮，指定变量名排序的升序或降序。选择变量对话框将在 SPSS Modeler 使用中频繁出现，以后不再赘述。

3.3.2 多重排序

多重排序也称多变量排序。应依次指定多个排序变量，分别称为第一排序变量、第二排序变量、第三排序变量，等等。数据排序时，将首先按第一排序变量的升序或降序排序。对第一排序变量取值相同的样本观测，再按第二排序变量的升序或降序排序，依次类推。

本例的第二个操作目标属多重排序问题。其中，第一排序变量为流失，按升序排序；第二排序变量为基本费用，按降序排序，如图 3.22 所示。

于是，数据将首先根据客户是否流失排序，未流失（变量取值为 No）的排在前面，流失（变量取值为 Yes）的排在后面。同时，各类客户内部按基本费用的降序排序。为查看多重排序结果，应选择"输出"选项卡中的"表格"节点连接到"排序"节点后面。

图 3.22 多重排序

> 需要说明的是，多重排序变量中，"排序方式"框中排在第一行的变量为第一排序变量，排在第二行的为第二排序变量，依次类推。

3.4 数据的分类汇总

数据的分类汇总是指，首先，根据所指定的分组变量将数据分成若干组；然后，在各个组内计算汇总变量的基本描述统计量。"记录选项"选项卡中的"汇总"节点可实现数据的分类汇总。

这里，仍以电信客户数据（文件名为 Telephone.sav）为例进行说明。操作目标有两个：第一，分别计算未流失客户和流失客户的基本费用的平均值和标准差；第二，分别针对未流失客户和流失客户群，计算选用不同类套餐类型的客户，其基本费用的平均值和标准差。

第一个操作目标是一个单变量分类汇总问题，第二个操作目标可通过多重分类汇总实现。

3.4.1 单变量分类汇总

单变量分类汇总是只根据一个变量（称为分组变量）对数据分组后，计算其他指定变量（称为汇总变量）的基本描述统计量。

本例的第一个操作目标属单变量分类汇总问题。其中，分组变量为是否流失，汇总变量为基本费用。

首先，选择"SPSS 文件"节点读入 Telephone.sav 数据；然后，选择"记录选项"选项卡中的"汇总"节点，将其添加到数据流的相应位置上。右击，选择弹出菜单中的"编辑"进行节点的参数设置。"设置"是参数设置中的主要选项卡，如图 3.23 所示。

图 3.23 "汇总"节点的"设置"选项卡

其中：
- 在"关键字段"列表中指定分组变量：利用选择变量对话框，选择一个或多个分组变量，该变量通常是分类型变量。
- 在"汇总字段"列表中指定汇总变量：利用选择变量对话框，选择一个或多个汇总变量，并计算基本描述统计量（如均值、标准差等）。
- 在"新的字段名扩展"框中指定扩展名，将作为汇总变量名的后缀或前缀，该变量用来存放分类汇总结果。通常无须指定，汇总结果变量名默认为汇总变量名，后跟下画线和 Sum、Mean 等描述统计量名，如基本费用_Mean。
● 选中"在字段中包含记录计数"，将生成一个默认名为 Record_Count 的变量存放各组的样本量。

为查看分类汇总结果，应选择"输出"选项卡中的"表格"节点连接到"汇总"节点后面。

3.4.2 多重分类汇总

多重分类汇总应依次指定多个分组变量，分别称为第一分组变量、第二分组变量、第三分组变量，等等。分类汇总时，首先将数据按多个分组变量的交叉取值分成若干组；然后再针对各个组，分别计算汇总变量的基本描述统计量。

本例的第二个操作目标属于多重分类汇总问题。其中，第一分组变量为流失，第二分组变量为套餐类型，汇总变量为基本费用，如图 3.24 所示。

图 3.24 多重分类汇总

需要说明的是，多重分类汇总中，"关键字段"框中排在第一行的分组变量为第一分组变量，排在第二行的为第二分组变量，依次类推。

第 4 章 SPSS Modeler 的数据准备*

数据准备是在数据理解的基础上，对数据进行预处理，为后续的数据挖掘建模奠定良好的数据基础。

数据准备包括变量的变换和派生、数据精简和数据筛选等诸多方面。SPSS Modeler 的"数据准备"节点主要分布在"字段选项"和"记录选项"选项卡中。

4.1 变 量 变 换

变量变换是根据数据分析的实际需要，按照一定的规则，对变量的原有取值做恰当变换处理。

变量变换的核心是变换规则的描述。为此，SPSS Modeler 设置了 CLEM 表达式。这里首先讲解 CLEM 表达式。

4.1.1 CLEM 表达式

CLEM（SPSS Modeler Language for Expression Manipulation）是 SPSS Modeler 专门用于表述运算操作的语言。CLEM 可用于描述算术表达式和条件表达式。

1. CLEM 的算术表达式和条件表达式

CLEM 的算术表达式是用于算术运算的式子，由 SPSS Modeler 的常量、变量、算术运算符和函数等组成。CLEM 的条件表达式是用于表述条件是否满足的式子，由 SPSS Modeler 的常量、变量、条件运算符和函数等组成，且条件表达式的计算结果只有真和假两个取值。

其中：
- 常量：运算过程中值不发生变化的量。

不同存储类型的常量有不同的表现形式。例如，整数型或实数型常量表现为具体的数字，如 150、265.87 等；字符串型常量表现为具体的字符，如"Beijing"等。注意，字符串型常量应用英文的双引号括起来。
- 变量：运算过程中其值可以发生变化的量。
- 算术运算符：用于算术运算的符号。

算术运算符包括+（加）、-（减）、*（乘）、/（除）、**（乘方）、div（整除）、rem（取余数）。可利用括号改变算术运算的原有运算顺序。

另外，还有专门用于字符串的操作符号><，表示对两字符串做头尾连接运算。例如，"1"><"2"的结果为"12"。

---

*本章的数据流文件：数据准备.str。

● 条件运算符：用于条件运算的符号。

条件运算符又分为关系运算符和逻辑运算符。关系运算符有>（大于）、>=（大于等于）、<（小于）、<=（小于等于）、=（等于）、/=（不等于），用于表述简单的条件。

逻辑运算符有 and（并且）、or（或者）、not（否），与关系运算符组合，可表示较为复杂的条件。

2. CLEM 的函数

CLEM 的函数是 SPSS Modeler 提供的具有特定计算功能的程序段。一般通过函数名（参数）的形式引用函数。

SPSS Modeler 中的函数包括普通函数和专用函数。普通函数从功能角度可划分为算术函数和三角函数、随机函数、字符串函数、类型转换函数和日期时间函数等；专用函数主要用于统计计算和缺失值处理等。专用函数通常以@开头，且函数名均为大写字母。专用函数在 SPSS Modeler 中有很重要的作用。

表 4.1 给出了各种常用函数的形式、结果的存储类型和功能说明。由于日期时间函数较多，不在此一一列出，可参见 SPSS Modeler 帮助手册。

表 4.1 常用 CLEM 的函数

\(a\) 常用算术函数和三角函数		
函　　数	结 果 类 型	功　能　说　明
abs(NUM)	Number	返回 NUM 的绝对值，计算结果与 NUM 的类型相同
exp(NUM)	Real	返回 e 的 NUM 次幂，这里 e 是自然对数底
intof(NUM)	Integer	将 NUM 截尾成一整数，返回与 NUM 有相同符号的最大整数
fracof(NUM)	Real	返回 NUM 的小数部分，即 NUM－intof(NUM)
log(NUM)	Real	返回 NUM 的自然对数（底为 e），NUM 不能为 0 或负数
log10(NUM)	Real	返回 NUM 的对数（底为 10），NUM 不能为 0 或负数
negate(NUM)	Number	返回 NUM 的相反数，计算结果与 NUM 的类型相同
round(NUM)	Integer	将 NUM 向上取整。若 NUM 为正则等于 intof(NUM+0.5)，否则为 intof(NUM-0.5)
sign(NUM)	Number	返回 NUM 的符号。若 NUM 为整数，则负、零和正对应的返回值为-1、0、1。若 NUM 为实数，则返回-1.0、0.0、1.0
sqrt(NUM)	Real	返回 NUM 的平方根，NUM 为正数
sin(NUM)	Real	返回正弦值
cos(NUM)	Real	返回余弦值
tan(NUM)	Real	返回正切值
undef	Any	返回$null$值
pi	Real	返回π的实数估计值
\(b\) 常用随机函数		
函　　数	结 果 类 型	功　能　说　明
oneof(LIST)	Any	返回从 LIST 中随机选取的一个数据项。LIST 的格式为[ITEM1,ITEM2,…,ITEM_N]
random(NUM)	Number	随机生成(0,NUM)之间的随机数，随机数的类型同 NUM 的类型

续表

(c) 常用字符串函数		
函 数	结果类型	功 能 说 明
allbutfirst(N,STRING)	String	返回一个字符串，它是 STRING 的前 N 个字符被删除后的字符串
allbutlast(N,STRING)	String	返回一个字符串，它是 STRING 的后 N 个字符被删除后的字符串
isstartstring(SUBSTRING,STRING)	Integer	若 STRING 以 SUBSTRING 开始，则返回 1，否则返回 0
isendstring(SUBSTRING,STRING)	Integer	若 STRING 以 SUBSTRING 结尾，则返回 SUBSTRING 在 STRING 中的开始处的下标，否则返回 0
ismidstring(SUBSTRING,STRING)	Integer	若 SUBSTRING 是 STRING 的子串，但不是从第一个字符开始或以最后一个字符结束的，则返回子串开始处的下标，否则返回 0
alphabefore(STRING1,STRING2)	Boolean	若 STRING1 先于 STRING2 则返回 1（真），否则返回 0（假）
issubstring(SUBSTRING,N,STRING)	Integer	从第 N 个字符开始查找 STRING 中等于 SUBSTRING 的子串，若找到则返回匹配开始的下标，否则返回 0。若 N 没有给定，则默认为 1
last(STRING)	String	返回 STRING 中最后一个字符
length(STRING)	Integer	返回字符串 STRING 的长度
lowertoupper(STRING)	String	将所有小写字母转化为相应的大写字母
uppertolower(STRING)	String	将所有大写字母转化为相应的小写字母
stripchar(CHAR,STRING)	String	从 STRING 中删除字符 CHAR
substring(N,LEN,STRING)	String	返回 STRING 中开始于下标 N，长度为 LEN 的子串
isalphacode(CHAR)	Boolean	若 CHAR 的字符编码为字母则返回 1（真），否则返回 0（假）
isnumbercode(CHAR)	Boolean	若 CHAR 的字符编码为数字则返回 1（真），否则返回 0（假）
islowercode(CHAR)	Boolean	若 CHAR 为小写字母则返回 1（真），否则返回 0（假）
isuppercode(CHAR)	Boolean	若 CHAR 为大写字母则返回 1（真），否则返回 0（假）
(d) 常用类型转换函数		
函 数	结果类型	功 能 说 明
to_integer(ITEM)	Integer	将指定变量 ITEM 的存储类型转换为整型数
to_real(ITEM)	Real	将指定变量 ITEM 的存储类型转换为实型数
to_string(ITEM)	String	将指定变量 ITEM 的存储类型转换为字符串型
to_time(ITEM)	Time	将指定变量 ITEM 的存储类型转换为时间型
to_date(ITEM)	Date	将指定变量 ITEM 的存储类型转换为日期型
to_timestamp(ITEM)	Timestamp	将指定变量 ITEM 的存储类型转换为时间戳型
(e) 常用专用函数		
函 数	结果类型	功 能 说 明
@MEAN(FIELD)	Real	返回第一个样本观测到当前样本观测中变量 FIELD 的均值
@MEAN(FIELD,EXPR)	Real	返回包括当前样本观测在内的前 EXPR 个样本观测中变量 FIELD 的均值
@DIFF1(FIELD)	Real	返回变量 FIELD 的一阶差分值

续表

函　　数	结果类型	功　能　说　明
@DIFF2(FIELD)	Real	返回变量 FIELD 一阶差分值的一阶差分值
@MAX(FIELD)	Number	返回第一个样本观测到当前样本观测中变量 FIELD 的最大值
@MAX(FIELD,EXPR)	Number	返回包括当前样本观测在内的前 EXPR 个样本观测中变量 FIELD 的最大值
@MIN(FIELD)	Number	返回第一个样本观测到当前样本观测中变量 FIELD 的最小值
@MIN(FIELD,EXPR)	Number	返回包括当前样本观测在内的前 EXPR 个样本观测中变量 FIELD 的最小值
@SDEV(FIELD)	Real	返回第一个样本观测到当前样本观测中变量 FIELD 的标准差
@SDEV(FIELD, EXPR)	Real	返回包括当前样本观测在内的前 EXPR 个样本观测中变量 FIELD 的标准差
@SINCE(EXPR)	Any	返回从上一次表达式 EXPR 为真的样本观测到当前样本观测（不包括当前样本观测）之间相隔的样本量
@SUM(FIELD)	Number	返回第一个样本观测到当前样本观测中变量 FIELD 的总和
@SUM(FIELD,EXPR)	Number	返回包括当前样本观测在内的前 EXPR 个样本观测中变量 FIELD 的总和
@INDEX	Integer	返回当前样本观测的序号
@FIELD	Any	代指当前节点中的任一变量
@TODAY	String	返回当前机器日期
@BLANK(FIELD)	Boolean	若当前样本在变量 FIELD 上取空，则返回 1（真），否则返回 0（假）
@NULL(FIELD)	Boolean	若当前样本观测在变量 FIELD 上取系统缺失值$null$，则返回 1（真），否则返回 0（假）

需要说明的是，CLEM 表达式中的常量、变量和函数的存储类型应一致；计算结果为布尔型（Boolean）的函数，其函数值不能保存到变量中，因为 SPSS Modeler 变量的存储类型中没有 Boolean 型的定义，这些函数仅用于条件判断。

4.1.2 变量值的重新计算

通过数据理解中的变量说明和数据浏览，会发现变量取值可能存在的问题。

例如，学生参加某次社会公益活动的数据中，在校综合评价指数本身很难直观反映学生的水平，因为不知道该变量取值的理论上限；再如，SPSS Modeler 的"类型"节点并不调整数据中的空，这在一定程度上会影响分析，等等。

变量值的重新计算是对变量原有取值的再加工，并将原有值替换为重新计算的结果。通过变量值的重新计算可得到符合分析要求的更有意义的结果。可通过"字段选项"选项卡中的"填充"节点实现。

这里，以学生参加某次社会公益活动的数据（文件名为 Students.xlsx）为例进行说明。操作目标是：对在校综合评价指数进行标准化处理，使其能够直观反映学生在校综合的水平。

计算方法：极差法，即（在校综合评价指数-在校综合评价指数的最小值）/（在校综合评价指数的最大值-在校综合评价指数的最小值）×100%。

具体操作步骤是：首先，选择"字段选项"选项卡中的"填充"节点，将其与3.1节的"类型"节点相连。右击"填充"选择弹出菜单中的"编辑"，显示的参数设置窗口如图4.1所示。

图4.1 "填充"节点的参数设置窗口

其中：
- 填入字段：指定一个或多个需重新计算的变量名，可以手工输入也可通过选择变量对话框选择。这里，选择的变量是"在校综合评价指数"。
- 替换为：指定重新计算的计算方法，可以手工输入CLEM算术表达式，也可单击■按钮，借助SPSS Modeler的CLEM输入面板输入，如图4.2所示。

图4.2 CLEM输入面板

- 替换：提供了以下几种重新计算的条件。
  - 根据以下条件：表示只对满足一定条件的样本进行计算，条件应在"条件"框中输入。例如，@BLANK(@FIELDS))表示的条件是：如果节点中任一变量的变量值为空，则进行计算。

- 始终：表示所有样本都参与计算。
- 空白值：表示用"替换为"框中的计算结果替代变量值中的空。
- 空值：表示用"替换为"框中的计算结果替代变量值中的系统缺失值$null$。
- 空白值和空值：表示用"替换为"框中的计算结果替代变量值中的空和系统缺失值$null$。

CLEM 输入面板的最上方将显示 CLEM 表达式；面板左边列出了所有 CLEM 函数，选择一个函数名，其解释信息便显示在下方；面板中间是算术运算符和条件运算符；面板右边显示变量的相关信息，如变量的计量类型和存储类型等。单击 按钮查看或选择某变量的具体取值。单击 按钮指定表达式中的变量、运算符和函数等。选中"保存之前检查表达式"后将自行检查表达式是否存在语法错误，也可单击"检查"按钮手工检查。

可通过"输出"选项卡中的"表格"节点浏览重新计算的结果。可以看到在校综合评价指数均调整到 0~100 之间，变量值的含义较原来直观了。

4.1.3 变量类别值的调整

在实际数据分析中，分类型变量的类别取值有时也需要调整。

例如，为大致判断人的不同性格，可设计一系列问题和备选答案，并给各个备选答案计以不同的分值。被判断者需要首先回答问题，然后计算自己的总得分，并根据总得分大致判断自己属于哪种性格。这样的调查极为常见，其中的关键是问题的设计。如果现在只有 3 个问题，分别是：你遇到陌生人，会"自来熟"吗？你经常在公开场合发表自己的意见吗？你见到不熟悉的异性会经常脸红吗？备选答案为：经常、偶尔、从不，分别计 3、2、1 分。同时规定总分达 9 分的为特别开朗型，总分为 3 分的为特别内向型，总分在 3~9 分之间的为普通型。

可以看到，这里第 3 题是与前两题提问方向相反的题，称为反向计分题。对反向计分题的答案顺序做调整是必要的，否则必然影响后续的分值计算和判断。即这里需要将第 3 题原来的 1 分调整为 3 分，将原来的 3 分调整为 1 分，2 分保持不变。

再如，仍是学生参加某次社会公益活动的数据，由于是否无偿献血取值不规范，应将取值 1 和 0 分别调整为 Yes 和 No。

变量类别值的调整是根据实际分析需要，对分类型变量的类别或水平取值重新编码。利用"填充"节点处理重新编码问题是较为烦琐的，可利用"字段选项"选项卡中的"重新分类"节点实现重新编码。

这里，将围绕调整无偿献血变量值的问题，讨论变量类别值调整的具体操作。

首先，选择"字段选项"选项卡中的"重新分类"节点，将其连接到数据流的适当位置上。右击，选择弹出菜单中的"编辑"，显示的参数设置窗口如图 4.3 所示。

图 4.3 "重新分类"节点的参数设置窗口

其中：
- 模式："单个"表示仅调整一个变量的类别值；"多个"表示同时调整多个变量的类别值。
- 重新分类为："新字段"表示将调整结果存到新变量中，可以指定新变量名，或统一在原变量名后加指定的后缀；"现有字段"表示调整结果保存到原变量中。
- 重新分类字段：在下拉框中选择需重新分类的变量。
- 重新分类值：单击"获取"按钮将所选变量的原有变量值列在"原始值"列中，可在"新值"列中依次输入调整后的新值；"清除新值"表示清除"新值"列中的所有新值；"复制"表示将原有值复制到新值中；"自动"表示自动赋新值，应给出新值的起始值和变化步长。例如，若起始值和变化步长都为1，则自动生成1、2、3等，并依次列到"新值"列中。
- 对于未指定的值："原始值"表示对未给出新值的保持原有值不变；"缺省值"表示对未给出新值的默认为undef，即系统缺失值\$null\$，也可在后面的文本框中指定为一个特定值。

可通过"输出"选项卡中的"表格"节点浏览变量类别值的调整结果。

4.2 变 量 派 生

原始变量所包含的信息有时未必是充分的。变量派生是在原有变量的基础上，根据分析需要，计算生成一系列新变量。在原始变量的基础上加工派生出的新变量可能包含更丰富的信息。

例如，对企业经济效益可从几个方面入手，利用派生指标评价，如劳动生产率（全年营业收入/从业人员数）、总资产周转率（全年营业收入/实收资本总额）、固定资产周转率（全年营业收入/年末生产经营用固定资产原值）、人均总资产（实收资本总额/从业人员数）等；再如，可用投资回报率（年利润或年均利润/投资总额×100%）评价投资效率，可用资产负债率（负债总额/资产总额×100%）反映在总资产中有多大比例是通过借债筹资的，也可衡量企业在清算时保护债权人利益的程度，等等。

另外，数据分析过程中，有时并不直接采用原始变量建立模型，而是利用派生后的新变量。

例如，利用道格拉斯生产函数分析产出与资本投入和劳动力投入之间的关系时，往往建立对数模型，即 $\ln y = \ln \beta_1 + \beta_2 \ln x_1 + \beta_3 \ln x_2 + u$。其中，模型系数 β_2、β_3 是 y 对 x 的弹性系数，表示 x 变动 β_2、β_3 百分比引起的 y 变动的百分比。此时需要对 x 和 y 做对数变换生成新变量。

4.2.1 生成新变量

派生新变量是在原有变量的基础上，根据分析需要计算生成一系列新变量。
"字段选项"选项卡中的"导出"节点可实现派生新变量。

这里，以一份高中学生某学期期末各科考试成绩的数据（文件名为ReportCard.xls）为例，讨论生成新变量的操作。有以下4个操作目标：

- 第一，计算每个学生的总成绩。
- 第二，对每个学生的每门成绩进行两级评定计算，大于等于 60 分，则评定为合格，否则评定为不合格。
- 第三，对每个学生的每门成绩按 A、B、C、D、E 进行多级评定计算。
- 第四，为了强调学生的德育教育，根据思想品德课程的得分对每个学生的总成绩进行调整。

首先，选择"Excel"节点读入 ReportCard.xls 数据；然后，选择"字段选项"选项卡中的"导出"节点，将其连接到数据流的相应位置上。右击，选择弹出菜单中的"编辑"进行参数设置。"导出"节点的参数设置非常灵活，将针对以上分析目标分别进行说明。

1. 根据算术表达式派生新变量

本例的第一个操作目标是在学生各门课程成绩的基础上，计算每个学生的总成绩。该问题可通过给出一个算术表达式来实现。对此，"导出"节点的参数设置窗口如图 4.4 所示。

图 4.4 "导出"节点的参数设置窗口（一）

其中：
- 模式："单个"表示只派生一个变量；"多个"表示根据一个运算规则同时派生多个变量。
- 导出字段：输入新派生的变量名。如果同时派生多个变量，则需要给出新变量名的前缀或后缀。
- 导出为：在下拉框中选择"公式"，表示根据算术表达式计算派生新变量。
- 字段类型：指定新派生变量的计量类型。通常默认为"<缺省>"，实例化后会自动转为具体的计量类型。
- 公式：手工输入或利用 CLEM 面板输入 CLEM 算术表达式。

可通过"输出"选项卡中的"表格"节点浏览总成绩。

2. 二分组派生新变量

本例的第二个操作目标是对每个学生的每门成绩，根据是否大于等于 60 分分为两组。60 分以上的一组为合格，否则为不合格。该任务的特点是：同时派生多个新变量；新变量的取值是原有成绩二分组后的结果。对此，"导出"节点的参数设置窗口如图 4.5 所示。

图 4.5 "导出"节点的参数设置窗口（二）

其中：
- 因需对每门成绩进行评定，所以将计算生成多个变量，在"模式"中选择"多个"选项。
- 导出自：利用选择变量对话框，选择参与计算的原变量名。
- 字段名扩展：对派生的新变量名，指定统一的扩展名，作为原变量名的后缀或前缀。
- 由于评定只有合格与不合格两种结果，因此在"导出为"框中选择"标记"选项。在"字段类型"中指定新变量的计量类型为"标记"。
- 以下情况时为 true：输入评定依据@FIELD>=60，它是一个 CLEM 条件表达式，表示对任一变量，判断其取值是否大于等于 60。
- 在"true 值"和"false 值"框中分别输入合格和不合格，表示上述 CLEM 条件表达式为真时，新派生变量值取为合格，否则取为不合格。

可通过"输出"选项卡中的"表格"节点浏览各门课程的二级评定结果。

3. 多分组派生新变量

本例的第三个操作目标是对每个学生的每门成绩，给出优、良、中、及格和不及格的评定，且评定结果依次取 A、B、C、D、E。该任务的特点是：同时派生多个新变量；新变量的取值是原有成绩多分组后的结果。对此，"导出"节点的参数设置窗口如图 4.6 所示。

图 4.6 "导出"节点的参数设置窗口(三)

其中：
- 因需对每门成绩进行评定，所以将计算生成多个变量，因此在"模式"中选择"多个"选项。
- 导出自：利用选择变量对话框，选择参与计算的原变量名。
- 字段名扩展：对派生的新变量名，指定统一的扩展名，作为原变量名的后缀或前缀。
- 由于评定有多种结果，因此在"导出为"框中选择"名义"。在"字段类型"框中指定新变量的计量类型为"名义"。
- 在列表中依次给出多级评定的依据。在"将字段设为"列中给出分组后的取值；在"若此条件为 true"列中给出分组标准，应给出相应的 CLEM 条件表达式。对不满足任何一个 CLEM 条件表达式的变量，其分组后的值默认为 default，即系统缺失值$null$。

可通过"输出"选项卡中的"表格"节点浏览各门课程的多级评定结果。

4. 根据条件派生新变量

本例的第四个操作目标是根据思想品德课程得分，给不同的权数计算每个学生的总成绩。假设思想品德评定等级为 A，则总成绩上浮 1%。该问题本质是一个条件派生新变量的问题。对此，"导出"节点的参数设置窗口如图 4.7 所示。

其中：
- 因只需计算总成绩一个变量，所以在"模式"中选择"单个"选项。
- 导出字段：输入新派生的变量名。
- 导出为：在下拉框中选择"条件"项，表示根据条件计算派生新变量。
- 字段类型：指定新派生变量的计量类型。通常默认为"<缺省>"，实例化后会自动转为具体的计量类型。
- 在"如果"框中输入 CLEM 条件表达式，它是分数调整的依据。
- 在"则"框中输入 CLEM 条件表达式为真时的计算方法（是一个算术表达式）；在"否则"框中输入 CLEM 条件表达式为假时的计算方法。

图 4.7 "导出"节点的参数设置窗口（四）

可通过"输出"选项卡中的"表格"节点浏览总成绩。

学生成绩处理的数据流如图 4.8 所示。

图 4.8 学生成绩处理的数据流

总之，"导出"节点可以根据算术表达式计算生成新变量，对不同样本进行条件计算，可实现变量值的重新分组。此外，"导出"节点还可以生成状态变量和计数变量。计数变量可应用在时间序列数据的管理中。

4.2.2 生成服从正态分布的新变量

有的统计分析方法对变量的分布有限定，当不满足要求时，需首先将原始变量恰当转换成符合分布要求的新变量，然后才可参与建模。

统计建模中常常要求变量服从正态分布。如果不能满足分布要求，应在原有变量分布特点的基础上，选择恰当的方法，将原有变量值转换为服从正态分布的新变量。通常，需要反复试验才能确定最终的处理方法。SPSS Modeler 提供了直观的图形方式，使处理方法的选择过程得到大大简化。

"输出"选项卡中的"变换"节点可实现相应处理。

这里，以电信客户数据为例。操作目标是：分析客户的收入、开通月数及各种费用，确定应做怎样的转换处理才接近正态分布。

选择"输出"选项卡中的"变换"节点，将其添加到数据流的恰当位置。右击，选择弹出菜单中的"编辑"进行节点的参数设置，其中"字段"和"选项"选项卡是参数设置的重要选项卡，如图 4.9 和图 4.10 所示。

图 4.9 "变换"节点的"字段"选项卡　　　图 4.10 "变换"节点的"选项"选项卡

在"字段"选项卡中通过选择变量对话框选择数值型的变量。

"选项"选项卡用于指定生成新变量的方法。其中：

- 所有公式：表示采用 SPSS Modeler 内置的所有计算方法，包括对原变量取倒数、取自然对数、取以 10 为底的对数、指数、平方根。计算中如遇除 0、0 或负数取对数等无法计算的问题，则计算结果自动取系统缺失值$null$。
- 选择公式：表示自行指定计算公式。可在"偏移量"框中给出恰当的指定值，以避免除 0、0 或负数取对数等问题。

本例的结果如图 4.11（a）所示。

"变换"的执行结果由若干列图形组成。从第 2 列开始，各图依次为原始变量的直方图（当前分布）、原始变量计算倒数后的直方图（逆模型）、原始变量求自然对数后的直方图（LogN）、原始变量求以 10 为底的对数后的直方图（Log10）、计算指数的直方图（指数）、原始变量求平方根后的直方图（平方根）。第 1 列图形是用户最终选定的直方图（选定的变换），初始时默认为原始变量的直方图。各图形下方的数字为均值，括号中的数字为标准差。

经过观察可以看到，开通月数原本基本呈均匀分布，收入和基本费用呈右偏分布，免费部分和无线费用的分布不清晰。开通月数经过各种处理后与正态分布仍相距较大，但收入、基本费用、免费部分和无线费用经取对数处理后，已基本呈对称分布。因此，此时可以选择对这 4 个变量做对数转换。单击相应的图形，图形呈黄色背景显示，同时第一列图形也随之变化，如图 4.11（b）所示。

(a)"变换"的执行结果

(b)"变换"选定计算方法后的直方图

图 4.11 "变换"的执行结果和选定计算方法后的直方图

图 4.12 "变换"节点中的"导出节点"窗口

为生成服从正态分布的新变量,应选择窗口主菜单"生成"下的"导出节点",弹出如图 4.12 所示窗口。

其中:
● 非标准化变换:表示派生的新变量是有量纲的非标准化值。
● 标准变换(z 评分):表示派生的新变量是经过标准化处理的 Z 分数[①]。通常可选该选项。

于是,SPSS Modeler 将在数据流编辑区域自动生成一个由若干个"导出"节点组成的超节点。将超节点连接到数据流的恰当位置上,展开超节点可看到新变量的派生方法。

---

① Z 分数:统计中常用的变量标准化处理方法,计算方法是:$Z_i=(X_i-\mu)/\sigma$,μ 为均值,σ 为标准差。

此外，选择图 4.11（b）中窗口主菜单"生成"下的"图表输出"，可将指定的图形输出到一个单独窗口中，图中添加了正态分布曲线，如图 4.13 所示。

图 4.13 输出后的图形

4.2.3 派生哑变量

在后续的数据建模中，有些方法不能直接处理多分类型变量，需要先将它们转换成哑变量的形式。

对于有 k 个类别的多分类型变量，它的哑变量（也称虚拟变量）形式是：派生 k 个取值为 1 或 0 的二分类型变量，分别对应 k 个类别。取值为 1 表示属于相应类别，取值为 0 表示不属于相应类别。

例如，职称是一个多分类型变量，设有 A、B、C、D 四个级别。则职称的哑变量形式如表 4.2 所示。

表 4.2 职称的哑变量形式

职 称	X_1	X_2	X_3	X_4
A	1	0	0	0
B	0	1	0	0
C	0	0	1	0
D	0	0	0	1

其中，X_1 取值为 1 表示职称为 A，X_2 取值为 1 表示职称为 B，X_3 取值为 1 表示职称为 C，X_4 取值为 1 表示职称为 D。

这里，以电信客户数据为例进行说明。操作目标是：将服务套餐类型转换成哑变量的形式。

选择"字段选项"选项卡中的"设为标志"节点，将其添加到数据流的恰当位置上。右击，选择弹出菜单中的"编辑"进行节点的参数设置，如图 4.14（a）所示。

其中：

● 设置字段：指定将哪个变量转换成哑变量的形式。指定后，相应变量的所有类别值将列在"可用的设置值"框中。

● 字段名扩展：表示指定哑变量名称的前缀或后缀。默认为原变量名后跟下画线，再加类别值。

● 选中"可用的设置值"框的类别值，单击按钮，将其添加到"创建标志字段"框中，派生的哑变量名将列在"创建标志字段"框中。也可单击 ← 按钮取消选择。
- "true 值"和"false 值":指定哑变量的取值。默认为 T 和 F,可根据分析需要修改为 1 和 0 等。

本例的参数设置如图 4.14(b)所示。可选择"输出"选项卡中的"表格"节点浏览哑变量的取值情况。对选择"Basic service"的客户,在哑变量"套餐类型_Basic service"上取值为 1,在其他哑变量上取值均为 0,其他同理。

(a)"设为标志"的参数设置(一)　　　　　(b)"设为标志"的参数设置(二)

图 4.14　参数设置

> 需要说明的是,在后续的统计建模中,对具有 k 个类别的分类型变量,通常哑变量只设置 k-1 个,即只在 k 个类别中任选 k-1 个到图 4.14(b)所示的"创建标注字段"框中即可。

4.3　数 据 精 简

由于数据挖掘中的数据具有海量特征,会影响数据挖掘建模的效率。因此,数据精简是提高数据挖掘建模效率的有效途径,也是数据准备阶段的重要工作。

数据精简从三大方面入手:第一,从压缩样本入手,通过减少样本量,提高建模效率,主要借助概率抽样随机抽取样本,或选取特定样本;第二,从压缩变量取值入手,通过减少变量取值个数,提高建模效率,主要指变量值的分箱处理;第三,从压缩变量个数入手,通过减少变量维度,提高建模效率,主要借助统计方法降维,或依据相关性进行特征选择。

本节主要讨论第一方面。由于第二和第三方面内容涉及的专业知识较多,将在后续章节集中讲解。

4.3.1　随机抽样

数据挖掘的数据量通常比较庞大,海量数据的建模效率往往不高。一般可通过在全部数据集随机抽取较少样本并建模的方式解决这个问题。

随机抽样就是在现有样本量的基础上，根据随机原则，筛选出部分样本。可通过"记录选项"选项卡中的"样本"节点实现。

这里，以电信客户数据为例进行说明。操作目标是：第一，随机抽取 70%的客户数据；第二，对流失和未流失客户，分别抽取 70%的样本。

第一个操作目标是个简单随机抽样问题。简单随机抽样是从包括总体 N 个单位的抽样框中，随机抽取 n 个单位作为样本，每个单位抽入样本的概率是相等的。简单随机抽样是最基本的概率抽样方法，也是其他概率抽样方法的基础。

第二个操作目标是个分层抽样问题。分层抽样是首先将抽样单位按某种特征或某种规则划分为不同的层，然后在不同的层中独立、随机地抽取样本。

此外，常用的随机抽样方法还有整群抽样。整群抽样是将总体中若干个单位合并为组（群），抽样时直接抽取群，然后对选中群中的所有单位全部实施调查。

选择"记录选项"选项卡中的"样本"节点，将其添加到数据流的相应位置上。右击，选择弹出菜单中的"编辑"选项进行参数设置。选择"采样方法"后给出的抽样方法，"简单"表示简单随机抽样，"复杂"表示复杂抽样。

1. 简单随机抽样

本例第一个操作目标本质是个简单随机抽样问题。应选择"简单"选项，"样本"的"简单"采样方法参数设置如图 4.15 所示。

图 4.15 "样本"的"简单"采样方法参数设置

其中：
- 模式："包含样本"表示选用抽取的样本观测，"丢弃样本"表示剔除抽取的样本观测。
- 第一个：表示抽取前 n 个样本，应在后面的数字框中给出 n 的值。该方法不属于概率抽样。
- n 中取 1：表示按照样本顺序，每间隔 n 个样本观测选取 1 个样本观测。应在后面的数字框中给出 n 的值。该方法为系统抽样的简化，属于概率抽样的范畴。
- 随机%：表示进行概率抽样，按照简单随机抽样方法，抽取指定百分比的样本。应在后面的数字框中给出百分比值。

● 如果希望随机化抽样结果可以反复出现，应选择"可重复的分区分配"，并单击"生成"按钮生成随机数种子。

本例随机抽样70%的样本，结果可通过"输出"选项卡中的"表格"节点浏览。

2．分层抽样和整群抽样

本例第二个操作目标，即对流失和未流失客户，分别抽取70%的样本，本质是个分层抽样问题。分层抽样应选择"采样方法"后的"复杂"选项，并首先单击"聚类和分层"按钮，设置整群抽样和分层抽样的群或层，如图4.16所示。

图4.16 整群和分层抽样的群、层设置

其中：
- 聚类：选择一个分类型变量，作为群划分的依据。
- 分层方式：选择一个或多个分类型变量，作为层划分的依据。如果选择多个变量，最终将以多个变量类别值的组合划分层。如果此时也设置了群，则先分层，然后在各层内再选取群。
- 使用输入加权：指定一个数值型变量作为权重变量，每个样本观测被抽中的概率由权重变量的取值决定。例如，如果权重变量的取值范围是1~5，则取值为5的样本观测被抽中的概率是取值为1的样本观测的5倍。
- 新的输出加权：表示将自动生成一个默认名为SampleWeight的变量，标明被抽中的一个样本观测代表总体中的几个样本观测。例如，如果按10%简单随机抽样，则"新的输出加权"均为10，表示被抽中的1个样本观测代表总体中的10个样本观测。

"样本"的"复杂"采样方法参数设置如图4.17所示。

其中：
- 样本类型：指定抽样策略。"随机"表示在每个层内随机选取群或样本；"系统化"表示利用系统抽样方法随机抽取样本。系统抽样是将总体中的所有单位按一定顺序排列，在规定的范围内随机抽取一个单位作为初始单位，然后每间隔若干个单位选取一个样本。
- 样本单位："比例"表示给定抽样比例，"计数"表示给定抽取的样本量。
- 样本大小：指定抽取的样本量。如果在"样本单位"中选择了"比例"，则这里应给出抽样百分比。如果在"样本单位"中选择了"计数"，则这里应给出样本量。分层抽样中,如果各层的抽样百分比不同,则应选择"定制"项,并指定各层的百分比,如图 4.18 所示;否则,选择"固定"项并指定抽样比率。

本例的分层抽样结果可通过"输出"选项卡中的"表格"节点浏览。

图 4.17 "样本"的"复杂"采样方法参数设置　　图 4.18 指定各层抽样百分比

4.3.2 根据条件选取样本

分析有时只针对某类特征的样本进行,这时要给出条件,将满足条件的样本筛选出来。"记录选项"选项卡中的"选择"节点可实现样本的条件选取。

这里,以高中学生某学期期末各科考试成绩数据(文件名为 ReportCard.xls)为例进行说明。操作目标是:筛选出总成绩大于 500 分的所有男生(性别为 1)。

选择"记录选项"选项卡中的"选择"节点,右击,选择弹出菜单中的"编辑"进行参数设置,如图 4.19 所示。

图 4.19 "选择"节点的参数设置窗口

其中:
- 在"条件"框中输入 CLEM 条件表达式表示筛选条件。
- 模式:"包括"表示筛选出满足条件的样本;"丢弃"表示剔除满足条件的样本。

可通过"输出"选项卡中的"表格"节点浏览筛选结果。

4.4 建模中的数据集处理策略

建模中的数据集处理策略是指为服务于建模所进行的样本平衡处理和样本集划分等，是模型获得较好的整体预测效果，客观合理评价模型的基础。

4.4.1 样本的平衡处理

样本的平衡处理一般用于非平衡样本的建模准备。所谓的非平衡样本，是指样本中某一类或者某些类的样本量远远大于其他类的样本量。通常样本量多的一类或几类样本称为多数类，也称正类；样本量较少的类称为少数类或稀有类，也称负类。

例如，为研究某种儿童疾病的成因，以便尽早给家长提出警示，某机构对适龄儿童的健康状况进行了大规模调查，取得了有关儿童性别、居住地、饮食习惯、卫生习惯等方面的数据。假设该地区有适龄儿童 100000 人，其中只有 1% 的得病记录，这就意味着病儿样本只有 1000 个，而健康儿童达 99000 个。这就是一种典型的非平衡样本。

在非平衡样本基础上所建立的预测模型，由于总是力争追求预测的整体错误率最小，因此，整体的高预测正确率往往会掩盖负类的高预测错误率，即模型是偏向于正类，如例中是偏向于健康儿童的。这样的模型虽然对健康儿童（正类）的预测精度较高，但并没有实际意义，因为它无法对患病儿童（负类）进行准确预测。

为解决上述问题，对于非平衡样本建模时，可首先采用再抽样处理方法，改变非平衡数据正、负类分布，然后对再抽样后的样本建模。

再抽样方法大致分为两大类。第一类是过抽样，也称向上抽样（Over-sampling or Up-sampling）方法，即通过增加负类样本观测改变样本分布；第二类是欠抽样，也称向下抽样（Under-sampling 或 Down-sampling）方法，即通过减少正类样本观测改变样本分布。

SPSS Modeler 的样本平衡处理可以方便实现过抽样和欠抽样。采用方法是随机过抽样（Random Over-sampling）和随机欠抽样（Random Under-sampling）。

"记录选项"选项卡中的"平衡"节点用于实现样本的平衡处理。

1. 随机过抽样和随机欠抽样

随机过抽样是最简单的过抽样方法。它通过随机复制负类样本，即对负类做多次有放回的随机抽样，以达到增加少数类样本的目的。随机欠抽样是最简单的欠抽样方法。它通过随机去掉正类样本，即全抽样负类样本，在此基础上抽取与之相当的正类样本，以降低数据的不平衡程度。例如，对儿童疾病问题，在患病儿童中抽取 100% 的样本，并根据所获得的样本量计算出在健康儿童中的抽样比例，如 1%。

2. 样本平衡处理的操作

这里，以药物研究数据（文件名为 DRUG.txt）为例，说明样本平衡处理的具体操作。

● 首先，选择"源"选项卡中的"变量文件"节点读入数据 DRGU.txt。

观察数据发现，服用 drugY 和 drugX 药物的样本较多，服用其他药物的样本相对较少，可以进行样本平衡处理。

- 然后，在"记录选项"选项卡中选择"平衡"节点并与"变量文件"节点相连。右击，选择弹出菜单中的"编辑"进行参数设置，如图4.20所示。

图4.20 "平衡"节点的参数设置窗口

"平衡指令"框中：
- 在"条件"列，手工或借助 CLEM 面板输入一个 CLEM 条件表达式。

例如，本例的 Drug= "drugY"表示对 Drug 取值为 drugY 的样本做再抽样处理。同理，Drug= "drugX"表示对 Drug 取值为 drugX 的样本做再抽样处理。

- 在"因子"列给出抽取比例。小于1表示欠抽样，大于1表示过抽样。

例如，本例指定抽取 drugY 类和 drugX 类样本的比例分别是 0.3 和 0.5，总样本量会减少，且服用各类药物的样本比例会基本接近。

"仅平衡训练数据"：表示仅对训练样本集进行平衡处理。关于训练样本集的具体内容，可参见 4.4.2 节。

可通过"输出"选项卡中的"表格"节点浏览样本平衡处理结果。

4.4.2 样本子集的划分

样本子集划分是将所有样本数据按一定比例随机划分为两个样本子集，分别称为训练样本集和测试样本集。"字段选项"选项卡中的"分区"节点可实现样本子集的划分。

1. 样本子集划分的意义

样本子集划分在数据挖掘建模过程中有重要意义。众所周知，建立数据模型的目的，一方面是用于描述和反映事物各变量之间的内在结构关系，另一方面则可用于对未来新数据的预测。预测模型应重点关注模型的预测精度或模型误差，误差较小的模型在未来预测中会表现得更好。

计算模型的真实误差是数据挖掘无法回避的问题。所谓模型的真实误差是指模型在总体（全部数据）上的预测误差。如果能够拿到全部数据，计算真实误差便是手到擒来的事情。但遗憾的是，通常人们无法得到总体，只能得到总体中的部分数据，即样本。在这种情形下，可行的方式是利用样本计算模型真实误差的估计值。

那么，如何得到模型真实误差的准确估计？比较自然的想法是，用模型在样本上的误差作为模型真实误差的估计，但遗憾的是，这个误差往往是对模型真实误差的乐观估计。也就是说，模型在样本上的误差并不能作为模型真实误差的估计。

原因在于，模型是建立在已有样本上的，它必将最大限度地反映已有样本的"核心行为"，这是模型建立和参数估计的重要原则。但由于样本抽样的随机性，模型在已有样本上的优秀表现，并不一定意味着在其他样本或未来样本上仍然表现良好。因此，样本误差较真实误差是偏低的。

为了得到相对准确的误差估计，在建立模型前，往往需要将已有的样本集合随机划分成两部分。一部分用于建立和训练模型，称为训练样本集；另一部分用于模型误差的估计，称为测试样本集。建立于训练样本集上的模型，其在测试样本集上的误差，将作为模型真实误差的估计。如果模型在测试样本集上仍有较好的预测表现，模型误差仍可接受，就有理由认为该模型能够反映全部数据的"核心行为"，且具有一般性和稳健性，可用于对未来数据的预测；反之不可。样本子集划分的意义正在于此。

2．常见的样本子集划分方法

上述将全部样本集合随机划分为训练样本集和测试样本集的方法，称为旁置法。旁置法并不完美，原因是：

一方面，在样本集一次性随机划分基础上计算得到的误差估计仍不准确。因为这个误差估计会因样本集随机划分的变化而变化。直观的解决方法是，对样本集做多次随机分割，进而建立多个模型，由此得到的误差将作为模型真实误差的估计。这样的方法称为反复旁置法。

另一方面，当样本量不大时，划分为训练样本集和测试样本集后，样本量会更小，这无疑会给模型的建立带来很大影响。为此，人们提出了交叉验证法，以有效解决小样本集的划分问题。

交叉验证法又分为留一交叉验证法、N 折交叉验证法、重抽样自举法等。

● 留一交叉验证法

设总的样本容量为 n。留一交叉验证法规定，训练样本集有 $n-1$ 个样本观测，检验样本集只有 1 个样本观测，反复 n 次。于是，将有 n 组包含 $n-1$ 个样本观测的训练样本集用于建模，并有 n 组只包含 1 个样本观测的测试样本集用于计算模型误差。最终所得的误差即为真实误差的估计。留一交叉验证法的优点是尽可能多地利用样本数据，不足之处是无法保证测试样本集的总体代表性，且无法体现样本的分层特征。

● N 折交叉验证法

设总的样本容量为 n。N 折交叉验证法首先将样本随机划分成不相交的 N 组，称为 N 折，通常 N 取 10；令其中的 $N-1$ 组为训练样本集用于建立模型，剩余的一组为测试样本集用于计算模型误差。反复进行组的轮换。如图 4.21 所示，其中，N 为 5，依次令第一组至第五组为测试样本集，其余四组为训练样本集。最终，每个样本都有各自对应的模型预测值，由此计算出的预测误差即为真实误差的估计值。

1	2	3	4	5
测试样本集	训练样本集	训练样本集	训练样本集	训练样本集

图 4.21　5 折交叉验证法示例

● 重抽样自举法

设总的样本容量为 n。重抽样自举法从 n 个样本中随机有放回地抽取 n 个样本观测，这样得到的样本称为自举样本，其中有重复样本，构成训练样本集，用于建立模型。对于测试样本集合，可设为原来的总样本集。但由此计算的模型误差仍是偏乐观的，因为测试样本集与训练样本集存在交集。改进的策略是，由那些未进入训练样本集的样本观测组成测试样本集。上述过程重复 m 次，且以 m 个模型误差的平均值作为模型真实误差的估计值。

重抽样自举法也称 0.632 自举法。不难看到，重抽样自举法中，样本一次被抽中的概率为 $\frac{1}{n}$，未被抽中的概率为 $1-\frac{1}{n}$。n 次均未被抽中的概率为 $\left(1-\frac{1}{n}\right)^n \approx 0.368$（当 n 较大时）。这意味着，总体上测试样本集仅占总样本的 36.8%，训练样本集占 63.2%。也就是说，每次训练时样本所反映的信息仅为全部样本的 63.2%，与 N 折交叉验证法（当 N 取 10 时）相比，是比较小的，因而由此得到的误差估计是偏悲观的。

> 需要说明的是，有时也将样本集随机划分成 3 个样本子集，分别称为训练样本集、验证样本集和测试样本集。训练样本集用于训练模型，验证样本集用于调整模型超参数，测试样本集用于模型误差的计算。

3．样本子集划分的操作示例

这里，以电信客户数据为例进行说明。操作目标是：将样本集按 70%和 30%的比例，随机划分为训练样本集和测试样本集。

选择"字段选项"选项卡中的"分区"节点，将其连接到数据流的恰当位置上。右击，选择弹出菜单中的"编辑"进行参数设置，如图 4.22 所示。

图 4.22 "分区"节点的参数设置窗口

其中：
● 分区字段：当样本集被划分后，SPSS Modeler 将自动生成一个默认名为 Partition 的变量，用以标识哪些样本属于训练样本集，哪些样本属于测试样本集。也可以在后面的框中给出新的变量名。
● 分区："训练和测试"表示将样本随机划分成训练样本集和测试样本集；"训练、测试和验证"表示将样本随机划分成训练样本集、测试样本集和验证样本集。
- 训练分区大小、测试分区大小和验证分区大小：指定各样本集所占的样本比例，总和应等于100%。通常，训练样本集的样本比例为70%。
- 可重复的分区分配：如果希望随机的样本划分结果可以重复出现，则选择该选项，并单击"生成"按钮生成随机数种子。

可通过"输出"选项卡中的"表格"节点浏览样本集的划分结果。

> 需要说明的是，所生成的默认名为Partition的变量，其变量角色通常为"分区"，在后续的建模中会起到重要作用。

第 5 章 SPSS Modeler 的基本分析*

数据挖掘往往从数据的基本分析开始,它是了解数据分布特征、把握数据间相关性强弱的基本手段,也是后续模型选择和深入分析的基础。

数据的基本分析一般从单变量的分析入手,到多变量的相关性研究。通常,可通过描述性分析,计算关于数据分布特征的描述统计量,确切掌握数据的分布特点;两变量相关性研究是数据基本分析的另一个重要方面,可通过列联表揭示变量之间的内在联系,通过均值检验了解变量之间的相互影响作用。

数据的基本分析可通过具体数字实现,也可通过图形直观展示。相关节点放置在"输出"选项卡和"图形"选项卡中。

本章将以一份电信客户数据为例,该数据为 SPSS 格式,文件名为 Telephone.sav,包括居住地、年龄、婚姻状况、家庭月收入(百元)、受教育水平、性别、家庭人口、基本服务累计开通月数、是否申请无线转移服务、上月基本费用、上月限制性免费服务项目的费用、无线服务费用、是否电子支付、客户所申请的服务套餐类型、是否流失 15 个变量。利用这份数据,可分析流失客户的一般特征,并进一步建立模型进行客户流失的预测。本章进行数据的基本分析。

5.1 数值型变量的基本分析

数据分析通常从基本描述分析开始。对数值型变量,应计算一些基本描述统计量,以准确反映变量分布的集中趋势和离散程度。描述集中趋势的统计量一般有均值、中位数、众数等。描述离散程度的统计量一般有方差、标准差、极差等。进一步,为分析数值型变量之间的相关程度,还可计算简单相关系数或者绘制散点图等。

5.1.1 计算基本描述统计量

这里,对电信客户数据的分析目标是:计算基本服务累计开通月数、上月基本费用的基本描述统计量,并分析上述变量与年龄、家庭月收入(百元)、家庭人口,以及开通月数与基本费用之间的相关性。

选择"输出"选项卡中的"Statistics"节点,将其连接到数据流的恰当位置上。右击"Statistics"节点,选择弹出菜单中的"编辑"进行节点的参数设置,如图 5.1 所示。

其中:
- 检查:选择需计算描述统计量的变量。
- Statistics:选择计算哪些描述统计量,可以包括计数、平均值、合计、最小值、最大

---

* 本章的数据流文件:基本分析.str。

值、极差（范围）、方差、标准差、标准平均误差[①]（均值标准误）、中位数、众数。
- "相关"框：指定对"检查"框中的变量与哪些变量进行相关性分析。
- 相关设置：设置相关分析的输出内容，如图 5.2 所示。其中：
  - 在输出中显示相关强度标签：表示以直观易懂的文字方式说明变量间的相关性强弱。
  - 按绝对值定义相关强度：表示以简单相关系数的绝对值为标准。如果绝对值小于 0.33，为弱相关，默认标签为"Weak（弱）"；如果绝对值大于 0.33 小于 0.66，为中度相关，默认标签为"Medium（中）"；如果绝对值大于 0.66 小于 1，表示强相关，默认标签为"Strong（强）"。
  - 按重要性(1-p)定义相关强度：表示进行线性相关检验并以概率 P-值为标准。如果 1-概率 P-值小于 0.90，表示弱相关，默认标签为"Weak（弱）"；如果 1-概率 P-值大于 0.90 小于 0.95，表示中度相关，默认标签为"Medium（中）"；如果 1-概率 P-值大于 0.95，表示强相关，默认标签为"Strong（强）"。

图 5.1 "Statistics"节点的参数设置　　图 5.2 "Statistics"节点的"相关设置"

需要说明的是，相关分析是研究两数值型变量线性相关性的常用方法。通常需以下两个步骤：第一，计算 Pearson 样本相关系数 r；第二，对样本来自的两总体是否存在显著线性关系进行检验。

第一，计算 Pearson 样本相关系数 r，也称样本简单相关系数。

Pearson 样本相关系数反映了样本体现的两个变量 x 和 y 的线性相关程度的强弱，数学定义为

$$r = \frac{\sum_{i=1}^{n}(x_i - \bar{x})(y_i - \bar{y})}{\sqrt{\sum_{i=1}^{n}(x_i - \bar{x})^2 \sum_{i=1}^{n}(y_i - \bar{y})^2}} \tag{5.1}$$

其中，n 为样本量，$\bar{x}$ 和 $\bar{y}$ 分别为两变量的样本平均值，x_i 和 y_i 分别为两变量的变量值。

Pearson 样本相关系数的取值范围和含义是：相关系数 r 的取值在 $-1 \sim +1$ 之间；$r>0$ 表示两变量存在正的线性相关关系，$r<0$ 表示两变量存在负的线性相关关系；$r=1$ 表示两变量完全正相关，$r=-1$ 表示两变量完全负相关，$r=0$ 表示两变量不存在线性相关关系；$|r|>0.8$ 表示两

[①] 英文直译，专业术语为：均值标准误。

变量之间具有较强的线性关系，|r|<0.3 表示两变量之间的线性相关关系较弱。

第二，对样本来自的两总体是否存在显著线性关系进行检验。

由于存在抽样的随机性和样本量较少等原因，通常样本相关系数不能直接说明样本来自的两总体是否具有显著线性相关性，需要通过假设检验对样本来自的总体是否存在显著的线性相关性进行统计推断。基本步骤是：

- 提出原假设（H_0）：两总体零线性相关。
- 选择检验统计量。Pearson 相关系数的检验统计量为 t 统计量，其数学定义为

$$t = \frac{r\sqrt{n-2}}{\sqrt{1-r^2}} \tag{5.2}$$

其中，t 统计量服从 $n-2$ 个自由度的 t 分布。

- 计算检验统计量的观测值和对应的概率 P-值。
- 决策。如果检验统计量的概率 P-值小于等于给定的显著性水平 α（通常为 0.05），应拒绝原假设，认为两总体存在显著的线性关系；反之，如果检验统计量的概率 P-值大于给定的显著性水平 α，则不能拒绝原假设，不能认为两总体存在显著的线性关系。

本例的计算（按绝对值定义相关强度）结果如图 5.3 所示。

以开通月数为例，平均开通月数为 34.121，但由于数据的范围（71）和标准差（20.741）都比较大，说明开通月数的取值差异较大。另外，开通月数与年龄中度相关，与收入和家庭人数弱相关，简单相关系数分别为 0.463、0.294、-0.013。开通月数与基本费用间的正相关性较强，简单相关系数为 0.804。

进一步，选择图 5.3 窗口主菜单"生成"下的"过滤器"，SPSS Modeler 可筛选出相关性较高的变量，如图 5.4 所示。其中：

图 5.3 "Statistics"的运行结果   图 5.4 "Statistics"中的过滤器窗口

- 模式:"包括"和"排除"分别表示保留还是剔除相关性高的变量。
- 包括满足以下条件的字段:表示按简单相关系数降序,保留或剔除指定个数的变量对。"相关的最大编号":表示按相关性高低指定保留或剔除几个变量对;"相关的最高百分比(%)":表示按相关性高低指定保留或剔除前百分之几的变量对;"相关大于":表示保留或剔除相关性大于指定值的变量对。

于是,SPSS Modeler 将在数据编辑区中自动生成一个"过滤器"节点,将其连接到数据流中便可查看变量对的选择或剔除情况。本例,选出了开通月数和基本费用、开通月数和年龄两对变量。

> 需要说明的是,利用这个功能从众多输入变量中挑选出与数值型输出变量相关性较高的少数变量,这种应用会更有价值。

5.1.2 绘制散点图

数值型变量之间相关性的分析还可以通过散点图直观观察。

这里,为观察基本费用和开通月数的相关性,选择"图形"选项卡中的"散点图"节点,将其连接到数据流恰当的位置上。右击"散点图"节点,选择弹出菜单中的"编辑"进行节点的参数设置。"散点图"节点的主要参数设置包括"散点图""选项"两个主要选项卡。

1. "散点图"选项卡

"散点图"选项卡用于散点图绘制的基本参数设置,如图 5.5 所示。

图 5.5 "散点图"节点的"散点图"选项卡

其中:
- 在"X 字段"和"Y 字段"框中选择散点图中作为 X 轴和 Y 轴的变量(这里,X 轴表示开通月数,Y 轴为基本费用)。单击 按钮可绘制关于三个变量的三维散点图下的样本点分布特征,此时还应指定 Z 轴上的变量。
- 在"交叠字段"框中指定交叠变量(这里为流失)。如果希望在散点图中观察交叠变量不同取值时(如流失或不流失)两变量(基本费用与开通月数)的相关性,可选该项。"颜色""大小""形状"分别表示以不同颜色、大小、形状表示交叠变量不同取值下的样本观测点;"面板"表示绘制交叠变量多个取值下的多张散点图;"动画"表示以动画方式分别显示多张散点图。
- 交叠字段类型:指定是否在散点图上添加回归线。其中,"无"表示不添加回归线;"平滑器"表示采用局部加权迭代稳健最小二乘回归(LOESS)(Locally weighted iterative robust least squares regression)方法拟合样本数据得到回归线,并显示在散点图中;"函数"表示自行输入回归方程,对应的回归线将显示在散点图中。

2. "选项"选项卡

"选项"选项卡用于设置散点图绘制中的可选参数,如图 5.6 所示。

图 5.6 "散点图"节点的"选项"选项卡

其中:
- 样式:设置散点图的类型。"点"为经典散点图,每个样本观测点在图中以圈或叉等形式表示,如图 5.7(a)所示;"线"表示以线方式展示变量之间的相关性。对此将在后面用另一个案例数据进行说明。
- 自动 X 范围、自动 Y 范围:如果只展示 X 轴和 Y 轴变量在指定取值范围内的散点图,可分别给出取值范围。

图 5.7(a)中显示,基本费用与开通月数的线性相关程度较高。
- 散开:当散点图中存在大量相互覆盖的点(变量取值相同)时,为了更清晰地展示变量的相关性,可选择该项。SPSS Modeler 在原变量值上加上一个很小的随机数,通过增加数据的"随机噪声"以有效打散样本观测点。
- 当记录数大于:给定一个值以提高绘图效率。当样本量大于指定值(默认为 2000)时,SPSS Modeler 将采用默认的"分级"[①]策略,首先将邻近的样本观测点合并然后再以圈或叉的大小表示点附件点的多少。也可选择"采样",对样本数据随机抽样后再绘制散点图。

这里,将 2000 改为 500,并默认采用"分级",本例的散点图如图 5.7(b)所示。圈的大小代表不同个数的样本观测点。

---

① 英文直译。专业术语为:分箱或分组。

(a) 案例散点图（一） (b) 案例散点图（二）

图 5.7　案例散点图

3. SPSS Modeler 的图形与数据交互和编辑

SPSS Modeler 的图形与数据交互表现得非常优秀。打开主菜单中的"视图"下的"交互"开关选项，单击 ▦ 按钮激活区域选项，拖动鼠标选中图中感兴趣的矩形区域。右击，在弹出菜单中选择相应选项，便可方便得到图形所对应的数据，如图 5.8 所示。

图 5.8　SPSS Modeler 的图形与数据交互

其中：
- 重命名区域、删除区域：表示为所选择的图形矩形区域命名、删除矩形区域。
- 生成区域的选择节点：表示生成一个"过滤器"节点，自动挑出图形矩形区域中的样本数据。
- 生成区域的导出节点：表示通过一个"导出"节点派生一个二分类性新变量。如果样本点在矩形区域内，则新变量取值 T，否则取值 F。

可选择主菜单"编辑"下的"复制图形"或"复制图形数据"，将图形或图形数据复制到剪贴板中，进而方便通过粘贴方式共享数据和图形。

另外，图 5.8 中，选择主菜单"视图"下的"编辑模式"使图形进入编辑状态，编辑状态的散点图如图 5.9 所示。此时可对图中的各个部分进行修饰，如调整图形的边框颜色、填充颜色、填充模型、标题的字体和大小等。具体操作不一一解释。

图 5.9 编辑状态的散点图

需要说明的是，图形和数据的交互功能是 SPSS Modeler 图形的一大亮点。

5.1.3 绘制线图

1. 一般线图

在图 5.6 所示的"散点图"节点的"选项"选项卡中，选择"样式"中的"线"，表示以线方式展示变量之间的相关性。"X 模式"后提供的"排序""交叠字段""如所取值"3 个选项，分别表示 3 种形式的线图。

由于线图通常适合于时间序列的数据，这里，以某 3 年的鲜苹果出口的时间序列季度数据（文件名为 ExportApple.sav 数据）对相关操作加以说明。

- 选择"SPSS 文件"节点读入 ExportApple.sav 数据。
- 选择"图形"选项卡中的"散点图"节点，右击，选择弹出菜单中的"编辑"进行参数设置。指定 X 轴为时间（time），Y 轴为出口量（amounts）。线图的参数设置如图 5.10 所示。

图 5.10 线图的参数设置

指定"X 模式"为"排序"时，SPSS Modeler 首先按 X 轴变量的升序重新排序数据，然后从左往右依次将点连接起来，鲜苹果出口量的时序线图如图 5.11 所示。

图 5.11 鲜苹果出口量的时序线图

2. 多线图

若要在一张图上展示和对比多个变量的取值情况，可绘制多线图。

仍以鲜苹果出口的时间序列季度数据（文件名为 ExportApple.sav 数据），绘制随时间推移，鲜苹果出口量和出口额的线图。

选择"图形"选项卡中的"多重散点图"节点，右击，选择弹出菜单中的"编辑"进行参数设置，如图 5.12 所示。

图 5.12 "多重散点图"的参数设置

其中：
- 在"X 字段"框中指定 X 轴为时间（time），在"Y 字段"框中指定多个变量，这里为出口量（amounts）和出口额（money）。
- 交叠字段：在"面板"框中选择一个交叠变量，SPSS Modeler 将分别绘制交叠变量不同取值下的多线图；在"动画"框中选择一个交叠变量，SPSS Modeler 将分别绘制交叠变量不同取值下的多线图，并以动画方式分别显示。

● 标准化：当"Y 字段"中多个变量取值的数量级有较大差异时，一张图无法同时清晰展现各变量的变化趋势。此时，可选中该选项，表示将"Y 字段"中所有变量的取值全部映射到 0~1 的范围内，以便于多变量取值的对比。

本例的鲜苹果出口量和出口额的多线图如图 5.13 所示。

图 5.13　鲜苹果出口量和出口额的多线图

图形显示，随着时间的推移，鲜苹果出口量和出口额的变化趋势基本同步。也可通过"图形"选项卡中的"时间散点图"节点绘制该图。

5.2　两分类型变量相关性的研究

两分类型变量的相关性研究具有广泛的应用。例如，针对电信客户数据，分析客户流失与套餐类型、婚姻状况、是否采用电子支付方式等是否有关。

两分类型变量相关性研究可以从图形分析入手，然后采用数值方法分析。

5.2.1　两分类型变量相关性的图形分析

这里，对电信客户数据的分析目标是：分析客户所选的套餐类型与是否流失的关系，研究哪种套餐较为理想。套餐类型和流失均为分类变量。

可利用条形图和网络图对分类型变量间的相关性做粗略的直观分析。

1. 条形图

选择"图形"选项卡中的"分布"节点，将其连接到数据流的恰当位置上。右击，选择弹出菜单中的"编辑"进行参数设置，如图 5.14 所示。

图 5.14　"分布"节点的参数设置

其中：
- 散点图：选择"选定字段"表示用户自行指定绘图变量，并在"字段"框中选择变量。本例指定绘制套餐类型的条形图。"所有标志（true 值）"表示 SPSS Modeler 默认对数据流节点中所有二分类型变量绘图。
- 交叠字段：在"颜色"框后选择交叠变量，以不同颜色表示交叠变量各取值的占比。这里，观察选择不同套餐类型客户，其保留和流失的分布情况，流失变量为交叠变量，如图 5.14 所示。
- 比例尺：选中表示调整条形图的长短。它将频数最高的条形长度调整到最长，其他条形以它为标准按比例调整，如图 5.15（a）所示。选中该选项后的图形会更清晰。
- 按颜色标准化：该选项的作用是便于比较交叠变量在绘图变量不同取值上的分布。如图 5.15（a）中，由于选择不同套餐类型的人数不同，对比其客户保留和流失份额并不直观。如果选中该选项，SPSS Modeler 会自动将各条形调整为最长，然后再以不同颜色反映交叠变量不同取值的占比。但注意，如果这样设置将无法反映绘图变量自身取值的分布特点。

条形图的输出结果包括"表格"和"图形"两个选项卡。"表格"选项卡中，选择基本服务（Basic service）套餐的客户人数最高，为 258 人，占总人数的 27.62%，且其流失比例也比较高。选择附加服务（Plus service）套餐的客户流失比例最低。由于图形分析相对粗略，后面还将对该问题做数值上的进一步探讨。

SPSS Modeler 提供的条形图的后期应用功能较为丰富。主要体现在：

第一，图形和数据的交互方面。

在图 5.15（a）中，选中某个条形（为便于叙述称其为目标条形），选择窗口主菜单"生成"下的相应子菜单，SPSS Modeler 将自动在数据流编辑区域生成"过滤器""导出""平衡"等节点。其中：
- 选择表格的节点：表示从样本中自动挑选出目标条形所对应的样本数据。
- 导出表格的节点：表示派生一个二分类型的新变量，对目标条形所对应的样本观测，新变量默认取 T，否则默认取 F。
- 平衡节点（boost）和平衡节点（减少）：观察图形，当绘图变量各类别的频数差异很大时，如果需要可进行样本的平衡处理。"平衡节点（boost）"表示采用过抽样。SPSS Modeler 将自动选择频数最大的类别赋权数为 1，其他类别依频数大小自动赋一个大于 1 的权数。频数小的权数大些，频数大的权数小些，确保各类别样本量接近。"平衡节点（减少）"表示进行欠抽样。SPSS Modeler 将自动选择频数最小类别赋权数为 1，其他分类依频数大小赋予一个小于 1 的权数。频数小的权数大些，频数大的权数小些。

此外，在图 5.15（b）所示的"图形"选项卡中，在"交互"状态下，单击 按钮（激活魔棒选择）对条形中的某个子类别做标记，如标记基本服务套餐中的流失客户。右击，选择弹出菜单中的菜单子项，对标记进行管理。

其中，"切换所有标记的元素"表示给所有子类别做标记；"清除所有标记的元素"表示清除所有标记；对选中的子类别（标记），"生成已标记元素的选择节点"表示在数据流编辑区域自动生成一个"选择"节点挑出标记对应的样本；"生成已标记元素的导出节点"表示在数据流编辑区自动生成一个"导出"节点，派生一个二分类型的新变量，标记所对应的样本，新变量默认取 T，其余默认取 F。

第二，条形的合并与还原。

在图 5.15（a）中，按 Ctrl 键的同时单击鼠标，同时选中多个目标条形。右击，选择弹出菜单中的"分组"，表示将多个目标条形合并为一个，如图 5.15（c）所示；选择"取消分组"表示取消合并；选择"编辑组"表示利用对话框调整组（条形）的合并和还原，或给新合并的条形命名，如图 5.15（d）所示。

（a）案例的图表　　　　　　　　　　　　（b）案例的条形图

（c）条形的合并与还原　　　　　　　　　（d）条形的合并与还原对话框

图 5.15　条形图

对新合并的目标条形，选择窗口主菜单"生成"下的"重新分类节点（组）"，SPSS Modeler 将自动在数据流编辑区生成一个"重新分类"节点，便于用户重新调整类别值。

第三，图形数据的共享。

在图 5.15（a）中，选择窗口主菜单"编辑"下的"复制表格"或"复制表格（包括字段名）"，将图形数据复制到剪贴板中。后续可通过粘贴方式共享图形数据。

> 需要说明的是，SPSS Modeler 条形图的后期应用值得关注。

2．网络图

网络图是一种更为生动和直观的展示两个或多个分类型变量（尤其适合多分类型变量）联合分布特征的图形。图形由节点和节点连线组成。每个节点对应一个分类型变量，连线代表两个分类型变量不同类别值的组合。因图形整体呈网状结构得名网络图。

选择"图形"选项卡中的"网络"节点,将其连接到数据流的恰当位置上。右击,选择弹出菜单中的"编辑"进行节点的参数设置。这里重点讨论"网络"节点参数设置中的"散点图[①]"和"选项"选项卡。

"散点图"选项卡用于设置网络图形中的主要参数,如图 5.16 所示。

图 5.16 "网络"节点的"散点图"选项卡

其中:
- 网络:表示绘制反映多个分类型变量两两之间相关性强弱的网络图,同时还应在"字段"框中指定多个分类型绘图变量。本例,选择套餐类型和流失两个变量。
- 导向网络:表示绘制反映多个分类型变量与一个分类型变量之间相关性强弱的网络图。

例如,若对比居住地、婚姻状况、是否采用电子支付方式、套餐类型哪些因素对客户流失更有影响,应绘制该图形。此时,应在"源字段"框中指定居住地、婚姻状况、是否采用电子支付方式、套餐类型,在"目标字段"框中指定流失。

- 线值为:指定图中连线粗细的含义。"绝对"表示用连线的粗细反映两变量交叉分组下的频数大小;"总体百分比"表示用连线的粗细反映两变量交叉分组下的频数总百分比大小;"较小字段/值的百分比"和"较大字段/值的百分比"表示用连线的粗细反映两个相对百分比的大小。

例如,样本中共有 100 个客户选择了附加服务,有 10 个流失客户。那么,如果有 5 个流失客户选择了附加服务,则以上两个相对百分比分别为 50%和 5%。

- 强连接较粗:表示连线越粗代表的频数(或总百分比)越大,连线越细代表的频数(或总百分比)越小;"弱连接较粗"的意思相反,通常应用于欺诈甄别分析中。
- 仅显示 true 值标志:表示绘制精简网络图,对二分类型变量只显示取为真的连线。

"选项"选项卡用于设置"网络"节点中的其他可选参数,如图 5.17 所示。

其中:
- 链接数:用来控制显示的连线条数。其中,"可显示的最大链接数"表示最多显示 80(默认)条连线;"仅显示高于下值的链接"表示只显示对应频数大于指定值的连线;"显示所有链接"表示显示所有连线。
- 若记录过少则丢弃:表示不显示对应频数低于指定值的连线。

[①] 英文直译,准确翻译为:绘图。

- 若记录过多则丢弃：表示不显示对应频数高于指定值的连线。

图 5.17 "网络"节点的"选项"选项卡

- 弱链接上限：表示频数低于指定值的连线用弱连接线（点线）表示。
- 强链接下限：表示频数高于指定值的连线用强连接线（加粗线）表示。
- 链接大小：指定不同线型的含义。其中，"链接大小连续变化"表示连线的粗细随所对应的频数多少而连续变化；"链接大小显示强/正常/弱类别"表示频数低于指定值的连线用弱连接线（点线）表示，高于指定值的连线用强连接线（加粗线）表示，其余用正常线表示。
- 网络显示：4 种布局形式的网络图如图 5.18 所示。左上为"圆形布局"图，是标准的网络图；右上为"网络布局"图，它将频数接近的连线合并为一条线；左下为"定向布局"图，用于反映多个变量与一个变量间的关系；右下为"网格布局"图，是一种常见的空间网格图。

图 5.18 4 种布局形式的网络图

案例的网络图如图 5.19 所示。

图 5.19 案例的网络图

由图可知：最细线代表 42 人，最粗线代表 213 人。选择附加服务类型的客户，其客户保持最好，它的未流失线明显粗于流失线；选择基本服务类型的客户保持情况略差。

进一步，为了得到更准确的数据，可单击 ≫ （显示网络输出汇总和控件）按钮，显示图 5.19 右侧的表格数据。

5.2.2 两分类型变量相关性的数值分析

以上的图形方法并不能准确地反映两分类型变量之间的相关程度，精细的数值分析是必要的。

两分类型变量之间的相关性研究通常采用列联分析方法。列联分析包括两个方面：第一，计算两分类型变量的列联表；第二，在列联表的基础上分析表中行列变量之间的相关性。

"输出"选项卡中的"矩阵"节点可实现列联分析。

这里，对电信客户数据的分析目标是：分析客户流失与套餐类型是否相关。

1. 计算两分类型变量的列联表

选择"输出"选项卡中的"矩阵"节点，将其连接到数据流的恰当位置。右击，选择弹出菜单中的"编辑"进行节点的参数设置。"矩阵"节点参数设置的重点在"设置"和"外观"选项卡上。

"设置"选项卡用于设置列联分析的主要参数，如图 5.20 所示。

图 5.20 "矩阵"节点的"设置"选项卡

其中：
- 字段："选定"表示用户自行指定列联表中的行变量和列变量，即需在"行"和"列"框中选择变量得到相应的列联表；"所有标志（true 值）"表示 SPSS Modeler 默认选择数据流节点中所有二分类型变量，计算生成多张列联表。
- 包含缺失值：表示在行列变量上取缺失值的样本计入总计中，将对百分比结果产生影响。
- 单元格内容："交叉列表"表示列联表各单元格为频数（通常的列联表都是这样的）；"函数"表示列联表各单元格为汇总变量的分类描述统计量，应在"字段"框中指定汇总变量，在"函数"选项中选择描述统计量。

"外观"选项卡用于列联表其他参数的设置，如图 5.21 所示。

图 5.21 "矩阵"节点的"外观"选项卡

其中：
- 行和列：说明列联表行列的输出顺序。"不排序"表示按变量取值的自然顺序输出；"升序"表示按变量取值升序输出；"降序"表示按变量取值降序输出。
- 交叠字段："突出显示前几个值"表示频数较大的若干个单元格，数据以红字显示；"突出显示后几个值"表示频数较低的若干个单元格，数据以绿字显示。
- 交叉列表单元格内容：指定单元格包含的内容。可以有观测频数（计数）、期望频数（期望值）、残差、行百分比、列百分比、总百分比，以及包含行和列的总计。

案例的列联表计算结果如图 5.22（a）所示。
由表可知：
- 总共 934 个客户中，客户保持和流失人数分别为 667 人和 267 人，总维系率为 71.413%，总流失率为 28.587%。客户保持情况不很理想。
- 总共 934 个客户中，选择基本服务（Basic service）套餐的客户人数最多，达 258 人，占总人数的 27.623%。选择电子服务（E-service）的客户人数最少，为 205 人，占总人数的 21.949%。总体上，套餐类型分布差异不明显。
- 附加服务（Plus service）的客户忠诚度相对最高，255 人维系率为 83.529%，高于总维系率，流失率仅为 16.471%，低于总流失率；全套服务（Total service）的客户忠诚度相对最低，216 人维系率为 61.111%，低于总保持率，流失率为 38.889%高于总流失率。可见，不同类型套餐客户的保持和流失存在差异。

因此，从基本描述角度看，客户流失与套餐类型是有关联性的。

另外，通过"矩阵"节点还可以计算两分类型变量交叉分组下，另一个数值型汇总变量的基本描述统计量。例如，利用这个功能，对比不同服务套餐下的基本费用。图 5.20 中，选择"单元格内容"中的"函数"，并在"字段"框中指定基本费用，计算结果如图 5.22（b）所示。

（a）案例列联表计算结果（一） （b）案例列联表计算结果（二）

图 5.22 案例列联表计算结果

显然，无论选择哪种服务套餐，流失客户的上月基本费用均值都低于未流失的。

2．行列变量的相关性分析

本例的列联表反映出客户流失与套餐类型是有关联性的，现在的任务是考察这种关联性是由现有的特定数据造成的，还是在总体数据上均表现出关联性。对此，需利用统计学的卡方检验方法。

卡方检验方法属统计学的假设检验范畴，主要涉及以下 4 大步骤。

第一步，提出原假设（H_0）：卡方检验的原假设是行变量与列变量独立。

第二步，选择和计算检验统计量。

卡方检验的检验统计量是 Pearson 卡方统计量，其数学定义为

$$\chi^2 = \sum_{i=1}^{r}\sum_{j=1}^{c}\frac{(f_{ij}^o - f_{ij}^e)^2}{f_{ij}^e} \tag{5.3}$$

其中，r 为列联表的行数，c 为列联表的列数；f^o 为观察频数，f^e 为期望频数。为明确卡方统计量的含义，首先应明确期望频数的含义。

本例各单元格的期望频数是各单元格的第 2 个数字。例如，第 1 个单元格的期望频数为 191.508。

期望频数的计算方法为

$$f_e = \frac{RT}{n} \times \frac{CT}{n} \times n = \frac{RT \times CT}{n} \tag{5.4}$$

其中，RT 是指定单元格所在行的观测频数合计，CT 是指定单元格所在列的观测频数合计，n 是观测频数的总计。

例如，选择基本服务的保持客户，期望频数 191.508 的计算公式是：265×714÷988=191.508。这里的期望频数可以理解为：总共 988 个客户，保持和流失的分布是 72.3%：27.7%，如果遵从这种总体比例关系，选择基本服务套餐的 265 人中，保持和流失分布也应为 72.3%：27.7%，期望频数分别为 265×72.3%、265×27.7%。

可见，期望频数的分布与总体分布一致。也就是说，期望频数的分布反映的是行列变量不相关，即原假设成立条件下的分布。

分析式（5.3）不难看出，卡方统计量观测值的大小取决于两个因素：第一，列联表的单元格子数；第二，观测频数与期望频数的总差值。在列联表确定的情况下，卡方统计量观测值的大小仅取决于观测频数与期望频数的总差值。总差值越大，卡方值也越大，实际分布与期望分布的差距越大，表明行列变量之间越可能相关；反之，总差值越小，卡方值也就越小，实际分布与期望分布越接近，表明行列变量之间越可能独立。

那么，在统计上，卡方统计量观测值究竟大到怎样的程度才足够大，才能断定行列变量不独立呢？这就需要依据一个理论分布。由于该检验中的 Pearson 卡方统计量在原假设成立条件下近似服从（行数-1）×（列数-1）个自由度卡方分布，因此可依据卡方理论分布找到相应自由度和显著性水平下的卡方临界值。

第三步，确定显著性水平 α 和临界值。

显著性水平 α 是指原假设为真却将其拒绝的风险，即弃真的概率，通常设为 0.05 或 0.01。在卡方检验中，由于卡方统计量服从（行数-1）×（列数-1）个自由度的卡方分布，因此，在行列数目和显著性水平 α 确定时，卡方临界值是唯一确定的。

第四步，结论和决策。

决策通常有以下两种方式。

● 根据统计量观测值和临界值比较的结果进行决策。

在卡方检验中，如果卡方的观测值大于卡方临界值，则认为卡方值已经足够大，实际分布与期望分布之间的差距显著，应拒绝原假设，断定列联表的行列变量存在相关关系；反之，如果卡方的观测值不大于卡方临界值，则认为卡方值不足够大，实际分布与期望分布之间的差异不显著，不能拒绝原假设，不能拒绝列联表的行列变量相互独立。

● 根据统计量观测值的概率 P-值和显著性水平 α 比较的结果进行决策。

在卡方检验中，如果卡方观测值的概率 P-值小于等于 α，则认为在原假设成立的前提下，卡方观测值出现的概率很小，是一个本不应发生的小概率事件，应拒绝原假设，断定列联表的行列变量存在相关性；反之，如果卡方观测值的概率 P-值大于 α，则在原假设成立的前提下，卡方观测值出现的概率是非小概率的，是极可能发生的，没有理由拒绝原假设，即不能拒绝列联表的行列变量相互独立。

以上两种决策方式本质上是完全一致的。SPSS Modeler 中将自动完成上述的卡方检验过程，并会给出卡方统计量的观测值及相应的概率 P-值。在应用中，用户只要明确原假设，便可方便地按照第二种决策方式进行决策。

图 5.22（a）中，卡方统计量的观测值为 30.861，自由度为 3，概率 P-值近似为 0，说明如果假设客户流失与套餐类型不相关成立，则得到现有样本数据的可能性接近于 0。根据小概率原理，小概率事件在一次实验中原本是不可能发生的但却发生了，说明客户流失与套餐类型不相关的原假设是不成立的。

5.3 两总体的均值比较

两总体的均值比较以两组样本的对比为基础，最终目标是希望利用两组样本数据对样本来自的两个总体的平均值是否存在显著差异进行检验。

对此，可先从样本的图形分析入手，绘制费用的直方图并观察保持客户和流失客户的分布。进一步，应分析样本均值呈现出的差异性在总体数据上是否仍然显著，应通过统计检验实现。因此，两个总体的均值比较，通常可首先绘制图形对样本做一般的描述性分析，然后再利用相关统计检验方法进行检验。

5.3.1 两总体均值比较的图形分析

这里，对电信客户数据的分析目标是：分析保持客户与流失客户的基本费用总体均值是否存在显著差异。采用的图形分析工具是直方图。

选择"图形"选项卡中的"直方图"节点，将其连接到数据流的恰当位置上。右击，选择弹出菜单中的"编辑"进行节点的参数设置。"直方图"节点的参数设置主要包括"散点图[①]"和"选项"两个选项卡。

1．"散点图"选项卡

"散点图"选项卡用于设置绘制直方图的主要参数，如图 5.23 所示。

图 5.23 "直方图"节点的"散点图"选项卡

---
① 英文直译，准确翻译为：绘图。

其中：
- 在"字段"中选择一个数值型变量。
- 在"交叠字段"框中选择一个交叠变量。"颜色"表示在直方图中以不同颜色表示交叠变量的不同取值；"面板"表示分别绘制交叠变量不同取值下的多张直方图；"动画"表示以动画方式分别显示交叠变量不同取值下的多张直方图。

2."选项"选项卡

"选项"选项卡用于设置绘制直方图的其他可选参数，如图 5.24 所示。

图 5.24 "直方图"节点的"选项"选项卡

其中：
- 自动 X 范围：如果只展示变量在指定取值范围内的直方图，可给出取值范围。
- 分级[①]："按数量"表示将数值型变量分成指定组，应在"分级数"后的数字框中给出组数，组距根据变量取值的最大值和最小值，由 SPSS Modeler 自行计算确定；"按宽度[②]"表示将数值型变量以指定的组距分组，应在"分级宽度"后的数字框中给出组距，组数根据变量取值的最大值和最小值，由 SPSS Modeler 自行计算确定。
- 按颜色标准化：表示将直方图中反映各组频数（或频率）大小的条形调整为等长，且各条形图内以不同颜色表示交叠变量的取值分布。该选项适于对比不同分组中交叠变量的分布。"分隔每种颜色的带状区域"表示分别绘制交叠变量不同取值下的直方图。
- 显示标准曲线：表示在直方图中添加正态分布曲线，且分布曲线的均值和标准差分别等于样本均值和标准差。

本例的数值型变量为基本费用，且交叠变量为流失，表示要分别观察流失和保留客户的基本费用的分布。标准直方图、添加正态分布曲线直方图、按颜色标准化的直方图及交叠变量不同取值下的直方图如图 5.25 所示。

由图粗略可知，在基本费用的高分值区域中，流失客户分布很少，大多集中在低分值区域。而保持客户在高分值和低分值区域都有分布，仅从图形无法给出基本费用的均值是否存在显著差异的判断。

直方图的后期处理和应用可通过窗口主菜单的"编辑"和"生成"下的菜单实现。具体

[①] 英文直译，专业术语为：分箱或分组。
[②] 英文直译，专业术语为：组距。

含义同前，不再赘述。

图 5.25 案例各种设置参数下的直方图

> 需要说明的是，两总体均值的比较仅通过简单的图形分析是不充分的，还需要利用统计方法进行检验。
> 两总体均值检验是在样本数据的基础上，判断样本来自的两总体的均值是否存在显著差异，包括独立样本的均值检验和配对样本的均值检验。

5.3.2 独立样本的均值检验

独立样本均值检验的数据是独立样本。所谓独立样本，是指从一总体中抽取样本对从另一总体中抽取样本没有任何影响，两组样本的样本量可以不相等。

SPSS Modeler 两独立样本的均值检验采用方差分析方法。

例如，电信客户分为保持客户和流失客户，各组客户的基本费用数据可看作两个独立样本。

1. 方差分析的基本思路

为了了解方差分析的基本思路，应首先了解方差分析的基本概念。

方差分析将电信客户数据中的各种费用、家庭月收入、年龄等变量称为观测因素或观测变量；将客户是否流失等变量称为控制因素或控制变量；将控制变量的不同类别值（如保持、流失等）称为控制变量的不同水平。

方差分析从观测变量的方差入手，研究控制变量的不同水平是否对观测变量产生显著影响。方差分析认为，观测变量值的变化受两类因素的影响，第一类是控制因素（控制变量）不同水平产生的影响；第二类是随机因素（随机变量）产生的影响。这里随机因素主要指抽样误差。如果控制变量的不同水平对观测变量产生显著影响，那么，和随机变量共同作用必然使观测变量值在控制变量不同水平上变化明显；反之，如果控制变量的不同水平没有对观测变量产生显著影响，那么，观测变量值的变动就不会很明显，其变动可以归结为是由随机变量造成的。换句话说，如果观测变量值在控制变量的各个水平中出现了明显波动，则认为该控制变量是影响观测变量的主要因素。反之，如果观测变量值在某控制变量的各个水平中没有出现明显波动，则认为该控制变量没有对观测变量产生重要影响，其数据的波动是抽样误差造成的。

那么如何判断控制变量的不同水平上观测变量值是否产生了明显波动呢？原则是：如果控制变量各水平下的观测变量的总体分布出现了显著差异，则认为观测变量值发生了明显波动；反之，如果控制变量各水平下的各观测变量的总体分布没有显著差异，则认为观测变量值没有发生明显波动。

方差分析正是通过推断控制变量各水平下观测变量的总体分布是否有显著差异实现其分析目标的。与此同时，方差分析对控制变量不同水平下观测变量各总体的分布有以下两个基本假设。

● 第一，观测变量各总体应服从正态分布。
● 第二，观测变量各总体的方差相同。

基于上述两个基本假设，方差分析对各总体分布是否有显著差异的推断就转化为对各总体均值是否存在显著差异的推断。

由于方差分析认为，观测变量值的变动受到控制变量和随机变量两方面的影响，据此，它将观测变量总的离差平方和分解为组间离差平方和与组内离差平方和两部分，数学表述为

$$\text{SST} = \text{SSA} + \text{SSE} \tag{5.5}$$

其中，SST 为观测变量总离差平方和；SSA 为组间离差平方和，是由控制变量的不同水平和随机因素造成的变差；SSE 为组内离差平方和，是由抽样误差引起的变差。

SST 的数学定义为

$$\text{SST} = \sum_{i=1}^{k} \sum_{j=1}^{n_i} (x_{ij} - \bar{x})^2 \tag{5.6}$$

其中，k 为控制变量的水平数；x_{ij} 为控制变量第 i 水平下第 j 个样本观测值；n_i 为控制变量第 i 个水平下的样本量；$\bar{x}$ 为观测变量的样本均值。

SSA 的数学定义为

$$\text{SSA} = \sum_{i=1}^{k} n_i (\bar{x}_i - \bar{x})^2 \tag{5.7}$$

其中，$\bar{x}_i$ 为控制变量第 i 个水平下观测变量的样本均值。可见，组间离差平方和是各水平组均值与总均值离差的平方和，反映了控制变量不同水平和随机因素对观测变量的影响。

SSE 的数学定义为

$$\text{SSE} = \sum_{i=1}^{k} \sum_{j=1}^{n_i} (x_{ij} - \bar{x}_i)^2 \tag{5.8}$$

式（5.8）表明，组内离差平方和是每个样本观测数据与本水平组均值离差的平方和，反映了抽样误差的大小。数学上可以证明式（5.5）成立。

于是，可计算观测变量总离差平方和各部分所占的比例。容易理解：在观测变量总离差平方和中，如果组间离差平方和所占比例较大，则说明观测变量的变动主要由控制变量引起，可以主要由控制变量来解释，控制变量不同取值给观测变量带来了显著影响；反之，如果组间离差平方和所占比例较小，则说明观测变量的变动并非主要由控制变量引起，不能主要由控制变量来解释，观测变量值的变动是由随机变量造成的。

2. 方差分析的基本步骤

方差分析的基本步骤如下。

● 提出原假设（H_0）：方差分析的原假设是控制变量不同水平下观测变量各总体的均值

无显著差异。
- 选择检验统计量。

方差分析采用的检验统计量是 F 统计量，数学定义为

$$F = \frac{\text{SSA}/(k-1)}{\text{SSE}/(n-k)} = \frac{\text{MSA}}{\text{MSE}} \tag{5.9}$$

其中，n 为总样本数，k-1 和 n-k 分别为 SSA 和 SSE 的自由度；MSA 是平均组间平方和，MSE 是平均组内平方和，其目的是消除水平数和样本量对计算结果的影响。F 统计量服从 $(k$-$1, n$-$k)$ 个自由度的 F 分布。

- 计算检验统计量的观测值和概率 P-值。

SPSS Modeler 自动将相关数据代入式(5.9)，计算 F 统计量的观测值和对应的概率 P-值。不难理解，如果控制变量对观测变量造成了显著影响，观测变量的总变差中控制变量造成的影响相对于随机变量必然较大，F 值显著大于 1；反之，如果控制变量没有对观测变量造成显著影响，则观测变量的变差应归结为随机变量造成的，F 值接近 1。

- 给出显著性水平 α，并做出决策。

给出显著性水平 α，与检验统计量的概率 P-值做比较。如果概率 P-值小于显著性水平 α，应拒绝原假设，认为控制变量不同水平下观测变量各总体的均值存在显著差异，控制变量的不同水平对观测变量产生了显著影响；反之，如果概率 P-值大于显著性水平 α，则不应拒绝原假设，认为控制变量不同水平下观测变量各总体的均值无显著差异，控制变量的不同水平对观测变量没有产生显著影响。

3. 独立样本均值检验的示例

这里，对电信客户数据的分析目标是：分析保持客户与流失客户的各种费用的总体均值是否存在显著差异。

选择"输出"选项卡中的"平均值"节点，将其连接到数据流的恰当位置。右击，选择弹出菜单中的"编辑"进行节点的参数设置。"设置"和"选项"是参数设置中的主要选项卡。"设置"选项卡如图 5.26 所示。

图 5.26 "平均值"节点的"设置"选项卡

其中：
- 比较平均值："在字段的组之间"表示基于独立样本进行总体均值检验；"在字段对之间"表示基于配对样本进行总体均值检验，具体方法见后。

- 如果选择了"在字段的组之间",则应在"分组字段"中指定控制变量,在"测试字段"中指定观测变量。

"选项"选项卡如图 5.27 所示。

图 5.27 "平均值"节点的"选项"选项卡

其中:

- 重要性设置:用来设置 1-显著性水平 α,即置信水平。通常,置信水平设为 0.95,表示把握程度是 95%,即有 95% 的把握程度认为控制变量不同水平下观测变量的均值存在显著差异。从预测角度上看,如果将控制变量看成输入变量,观测变量看成目标变量,则可认为,控制变量对观测变量的预测有重要意义。同理,如果把握程度在 0.90~0.95 之间,则认为控制变量对观测变量的预测有中等重要意义;如果把握程度低于 0.90,则认为控制变量对观测变量的预测没有重要意义。重要程度用不同图标表示。

本例的控制变量是流失,观测变量是各种费用,独立样本均值检验结果如图 5.28 所示。

(a)独立样本均值检验结果(一)　　　　(b)独立样本均值检验结果(二)

图 5.28 独立样本均值检验结果

SPSS Modeler 默认输出图 5.28(a)所示的简要分析结果。单元格显示了相应观测变量在控制变量不同水平下的样本均值。例如,保留客户的免费部分的均值为 13.159,流失客户为 10.485;"重要性"列中的 0.985,表示方差分析 F 统计量的概率 P-值为 1-0.985=0.015。在图 5.28 所设置的显著性水平 α 下,免费部分的均值在流失客户和保留客户中存在显著差异,且该流失对预测免费部分费用有重要意义。其他结果同理。

单击列表标题，可重新对输出结果进行排序；选择"视图"下的"高级"，可显示如图 5.28（b）所示的详尽分析结果，单元格显示均值、标准差、均值标准误（标准误差）、样本量（计数），"F 检验"列为 F 统计量的观测值，"df"列为 F 统计量的两个自由度。

5.3.3 配对样本的均值检验

配对样本均值检验的数据是配对样本。所谓配对样本，可以是个案"前""后"状态下某属性的不同特征值，也可以是某事物不同侧面或方面的描述。

例如，为研究某种减肥茶是否有显著的减肥效果，需要对肥胖人群喝茶前与喝茶后的体重进行分析。收集数据时可以采用独立抽样方式，但这种抽样由于没有将肥胖者自身或其环境等其他因素排除出去，分析结果很有可能是不准确的。因此，通常要采用配对的抽样方式，即首先从肥胖人群中随机抽取部分志愿者并记录下他们喝茶前的体重。喝茶一段时间以后，重新测量这些肥胖志愿者喝茶后的体重。这样获得的两个样本就是配对样本。

再如，为了分析两种不同促销方式对商品销售额是否产生显著影响，需要分别收集任意几种商品在不同促销方式下销售额的数据。为保证研究结果的准确性，也应采用配对的抽样方式。即随机选取几种商品，并分别记录它们在两种不同促销方式下的销售额。这样的两个样本也是配对的。

再如，电信客户数据中，基本费用和免费部分两组数据也可看作配对样本。

1．配对样本均值检验的基本步骤

配对样本均值检验的基本步骤如下。

- 提出原假设（H_0）：配对样本均值检验的原假设为两总体均值无显著差异，表述为 H_0：$\mu_1-\mu_2=0$。μ_1、μ_2 分别为第一和第二总体的均值。
- 选择检验统计量。

基本思路是：首先，对两组配对样本分别计算出每对观察值的差值，得到差值样本；然后，利用差值样本，对差值总体的均值是否为 0 进行检验。显而易见，如果差值样本来自的总体，均值与 0 有显著差异，则可认为两配对样本来自的总体，其均值有显著差异；反之，如果差值样本来自的总体，均值与 0 无显著差异，则可认为两配对样本来自的总体，其均值不存在显著差异。检验统计量采用 t 统计量，数学定义为

$$t=\frac{\bar{D}}{\sqrt{\frac{S^2}{n}}} \tag{5.10}$$

其中，$\bar{D}$ 为差值样本的样本均值；S^2 为差值样本的样本方差；n 为样本量。该统计量服从 $n-1$ 个自由度的 t 分布。

- 计算检验统计量观测值和概率 P-值。

SPSS Modeler 将计算两组样本的差值，并将相应数据代入式（5.10），计算 t 统计量的观测值和对应的概率 P-值。

- 给出显著性水平 α，并做出决策。

给出显著性水平 α，与检验统计量的概率 P-值做比较。如果概率 P-值小于显著性水平 α，应拒绝原假设，认为差值的总体均值与 0 有显著不同，两配对样本来自的总体，均值有显著差异；反之，如果概率 P-值大于显著性水平 α，则不应拒绝原假设，认为差值的总体均值与

0 无显著不同，两配对样本来自的总体，均值不存在显著差异。

2．配对样本均值检验的示例

这里，对电信客户数据的分析目标是：分析客户基本费用的均值与免费部分的总体均值是否存在显著差异。

选择"输出"选项卡中的"平均"节点，将其连接到数据流的恰当位置。右击，选择弹出菜单中的"编辑"进行节点的参数设置。其中"设置"选项卡如图 5.29 所示。

图 5.29 "平均值"节点的"设置"选项卡

其中：
- 选择"在字段对之间"进行配对样本的均值检验。
- 在"字段 1"和"字段 2"中指定两个变量，单击"添加"按钮添加到"测试字段对"框中。
- 单击"相关设置"按钮进行相关分析，同图 5.2。

配对样本均值检验结果如图 5.30 所示。

(a) 配对样本均值检验结果（一）

(b) 配对样本均值检验结果（二）

图 5.30 配对样本均值检验结果

SPSS Modeler 默认输出图 5.30（a）所示的简要分析结果。表格依次列出了两配对样本的均值、简单相关系数、均值差、重要性。可见，基本费用和免费部分的样本平均值存在显著差异。同时，两者相关系数不高。

选择"视图"项下的"高级"可显示图 5.30（b）所示的详尽分析结果。单元格显示两配对样本的均值、标准差、均值标准误、样本量。其余列还包括两总体均值差的 95%置信区间，t 统计量的观测值为-4.217，自由度为 933。

5.4 RFM 分析

5.4.1 什么是 RFM 分析

RFM 是客户最近一次消费（Recency）、消费频率（Frequency）、消费金额（Monetary）的英文缩写，是企业顾客数据分析最重要的 3 个指标。

最近一次消费是顾客前一次消费时间距某个时点的间隔。理论上，最近一次消费很近的顾客应该是比较好的顾客，也是对提供即时商品或服务最有可能反应的顾客。从企业角度看，最近一次消费很近（如一个月）的顾客数量，及其随时间推移的变化趋势，能够有效揭示企业成长的稳健程度。消费频率是顾客在限定期间内消费的次数。消费频率较高的顾客，通常也是对企业满意度和忠诚度较高的顾客。从企业角度看，有效的营销手段能够提高消费频率，进而争夺更大的市场占有率。消费金额是顾客在限定期间内的消费总金额。

总之，最近一次消费、消费频率、消费金额是测算顾客价值的最重要也是最容易的方法。SPSS Modeler 的 RFM 分析包括两个方面：第一，RFM 汇总，即根据顾客消费的原始明细数据，汇总每个顾客的 RFM 值；第二，对现有客户的 RFM 值进行分组，计算得到每个顾客的 RMF 得分。

这里，以 SPSS Modeler 自带的顾客消费数据（文件名为 Transactions.txt）为例，就上述两个方面分别讲解 SPSS Modeler 的 RFM 分析。

5.4.2 RFM 汇总

RFM 汇总是根据顾客消费的原始明细数据，自动汇总计算每个顾客的 RFM 值。"记录选项"选项卡中的"RFM 汇总"节点用于实现 RFM 汇总。

具体分析步骤如下。

1．读入顾客消费的原始明细数据

选择"源"选项卡中的"变量文件"节点，读入顾客消费的原始明细数据。该数据包括 CardID（顾客卡号）、消费日期（Date）和消费金额（Amount）三个变量。其中，CardID 的存储类型为字符串，Date 为整型数（例如，如果消费日期是 2001 年 3 月 20 日，则变量值为 20010320），Amount 为实型数。利用"输出"选项卡中的"表格"节点浏览原始数据，共读入 69215 条原始明细数据。

2．对原始明细数据进行变量转换

为服务于后续的 RFM 汇总，选择"字段选项"选项卡中的"填充"节点，利用 CLEM 函数将消费日期的存储类型转换为日期型，如图 5.31 所示。

图 5.31 将消费日期的存储类型转换为日期型

选择"记录选项"选项卡中的"排序"节点,将明细数据按 CardID 的升序排序,并利用"输出"选项卡中的"表格"节点浏览数据。

3. 对原始明细数据进行 RFM 汇总

选择"记录选项"选项卡中的"RFM 汇总"节点,将其添加到数据流的恰当位置上。右击,选择弹出菜单中的"编辑"进行节点的参数设置,如图 5.32 所示。

图 5.32 "RFM 汇总"节点的参数设置

其中:
- 计算相对于此日期的近期:指定一个时间点,RFM 汇总时将在顾客消费明细数据中,找到距指定时间点最近的消费日期并计算最近一次消费。其中,选中"固定日期"并给定一个固定日期作为时间点;"今天的日期"表示以今天为时间点。
- 标识连续:如果明细数据已按"标识"框中指定的变量排序,则选中该项,可提高计算效率；否则不选。
- 标识：指定可识别客户的关键变量，通常为顾客卡号。
- 日期、值：分别指定表示消费日期和消费金额的变量。
- 新的字段名扩展：RFM 汇总将自动派生出代表 RFM 的 3 个变量，名称分别为 Recency、Frequency 和 Monetary。若需在这 3 个变量名上添加扩展名，则在该框后给出扩展名，并指定扩展名作为前缀还是后缀。
- 丢弃具有以下值的记录：表示消费金额低于指定值的明细数据将不参与 RFM 汇总，应在后面的数字下拉框中选择指定值。
- 只包含最近交易：当明细数据较大时，可指定仅最近的明细数据参与 RFM 汇总。其中，选中"以下日期后的交易日期"并给定一个日期（如 2007-06-06），表示该日期以后的明细数据参与 RFM 汇总；"最近的交易"指定上述时间点以前的若干年（或月或周或日）的明细数据参与 RFM 汇总。
- 保存第二个最近交易的日期：表示派生新变量，记录每个顾客上上次消费时间距指定时间点的间隔。"保存第三个最近交易的日期"表示派生新变量，记录每个顾客前三次消费时间距指定时间点的间隔。

图 5.33 是案例 RFM 汇总的部分结果。

	CardID	Recency	Frequency	Monetary
1	C0100000199	92	3	597.000
2	C0100000343	205	6	700.940
3	C0100000375	150	4	223.980
4	C0100000482	111	4	197.980
5	C0100000689	95	2	428.000
6	C0100000789	92	3	777.000
7	C0100000915	101	1	49.000
8	C0100001116	223	6	942.970
9	C0100001139	202	4	339.490
10	C0100001156	156	2	528.000

图 5.33 案例 RFM 汇总的部分结果

对 69215 条原始明细数据，RFM 汇总得到了 12589 个顾客 RFM 数据。以卡号为 C0100000199 的顾客为例，其最近一次消费距指定时间点 2002-03-31 相隔 92 天，在此期间共消费了 3 次，消费金额合计 597 元。

5.4.3 计算 RFM 得分

SPSS Modeler 中 RFM 得分的计算原理是：首先，将 R、F、M 值分组，每个样本观测在 R、F、M 上的分组结果（组号）即是它对应 R、F、M 上的分项得分；然后，计算 RFM 得分。计算方法是：R 得分×R 的权数+F 得分×F 的权数+M 得分×M 的权数。通常，RFM 得分较高的顾客应是比较理想的顾客。

"字段选项"选项卡中的"RFM 分析"节点用于计算 RFM 得分。

选择"字段选项"选项卡中的"RFM 分析"节点，将其添加到数据流的恰当位置上。右击，选择弹出菜单中的"编辑"进行节点的参数设置。"设置"和"分级[①]值"是参数设置中

---
① 英文直译，专业术语为：分箱或分组。

的两个重要选项卡。

1. "设置"选项卡

"设置"选项卡用于设置计算 RFM 得分中的主要参数，如图 5.34 所示。

图 5.34 "RFM 分析"节点的"设置"选项卡

其中：
- 上次消费时间、频率、货币：指定代表 RFM 的变量。
- 分级数：分别指定 RFM 的分组个数，默认均为 5 组。最小组数为 2，最大组数为 9。
- 结：指定"打结"样本观测的分组策略。

RFM 的分组默认采用统计上的分位数分组，即将样本数据等分为指定的组数，每组内的样本量理论上相等，具体见第 6 章。在实际应用中，对于变量值相同的样本观测，即"打结"样本观测，有两种分组策略：第一，变量值相同的样本观测分在同一组内，该策略不能完全满足各组样本量相等的要求；第二，按样本量相等原则，分到下一组中。"添加到下一个"为第二种策略，"处于最新状态"为第一种策略。

分级阈值："始终再计算"表示数据流的数据发生更新后，应重新自动进行分组；"如果可用，从'分级值'选项卡读取"表示用户可自行通过"分级值"选项卡，自动或手动指定各分组组限。

将离群值添加到最终分级：表示 RFM 值低于最小组限的样本归入最小组，高于最大组限的样本归入最大组。否则，分组结果取系统缺失值$null$。

2. "分级值"选项卡

"分级值"选项卡用于自动或手动指定 RFM 分组的组限，如图 5.35 所示。

其中：
- 分级字段：分别选择代表 R、F、M 的变量，并分别指定如何分组。
- "将使用表中显示的值创建分级"框中分别显示了分组组号（分级）和相应分组的下限和上限。可单击"读取值"按钮，由 SPSS Modeler 自行确定分组组限，也可手工修改组限值。

图 5.35 "RFM 分析"节点的"分级值"选项卡

> 需要说明的是，R、F、M 的 3 个分项得分应具有一致性。由于 R 是值越小越好，F 和 M 是值越大越好，因此，为保持得分含义的同向性，R 分组应是值越小组号越大，F 和 M 分组应是值越大组号越大。

图 5.36 是案例 RFM 得分的部分结果。

图 5.36 案例 RFM 得分的部分结果

以卡号为 C0100000199 的顾客为例，其在 R、F、M 上的分项得分分别为 5、2、4，消费频率得分不高，最终的 RFM 得分为 110。

后续，可将样本数据按 RFM 得分的降序重新排列，并挑出得分最高的前 10000 名顾客。从综合角度看，这些顾客应该是比较理想的顾客。案例 RFM 分析的数据流如图 5.37 所示。

图 5.37 案例 RFM 分析的数据流

第 6 章　SPSS Modeler 的数据精简[*]

数据精简在数据挖掘中至关重要。数据挖掘的分析对象是海量数据，其海量特征主要体现在两个方面：第一，样本量庞大；第二，变量个数较多。海量数据无疑会影响数据建模的效率。为此可采取的处理策略包括：第一，压缩样本量；第二，约简变量值；第三，减少变量个数，即变量降维。

对于压缩样本量的方法，已在第 4.3 节讨论过，本章将就第二和第三点做重点讨论。

6.1　变量值的离散化处理

变量值的离散化处理是变量值约简的一种方法。变量值约简的前提是：将数值型变量在较低数量级上的取值差异，看作可被忽略的小的随机波动，约简和消除这种小的随机波动对数据的分析没有影响。

一方面，为提高数据挖掘中海量数据的处理效率，通常要对连续数值型变量进行离散化处理，通过减少变量取值个数实现数据精简；另一方面，并非所有数据挖掘方法都支持对数值型变量的分析，因此为适应算法要求而进行的离散化处理也是必要的。

离散化处理的统计方法是变量值分组，数据挖掘中称为分箱。常用的分箱方法可大致分为两大类：第一类是无监督的数据分箱，主要包括组距分组、分位数分组、单变量值分组、均值－标准差分组等；第二类是有监督的数据分箱，主要指基于最短描述长度原则的熵分组方法。

"字段选项"选项卡中的"分级化"节点用来实现变量值的离散化处理。

6.1.1　无监督的数据分组

无监督的数据分组是指仅从分组对象——数值型变量自身出发进行分组，不考虑分组结果对其他变量的影响。换句话说，数值型变量的分组是在没有其他相关变量"监督"下进行的。

无监督的数据分组方法主要指统计上的组距分组、分位数分组、单变量值分组、均值－标准差分组等。它们依据不同的标准将数值型数据划分成不同的组别。

1. 组距分组

组距分组是数据分箱的最基本方法，又包括等距分组和非等距分组。

等距分组是指各个组别的上限与下限的差，即组距均是相等的。例如，对月收入数据按组距 500 元划分成若干组，就是等距分组。非等距分组是指各组别的组距不全相等。例如，通常人口研究中的年龄段分组就是典型的非等距分组。

---

[*] 本章的数据流文件：判别分析.str。

确定组数和组距是组距分组的关键，应对变量取值有全面的了解，同时还要满足数据分析的实际需要。

应注意的是，分组后的数据（即分组数据）如果在后续建模中将作为输入变量，用于对目标变量的分类预测，那么不恰当的组距分组可能会使某些组的样本量很多，而另一些组的样本量很少。这种情形对后续分类模型的建立是极为不利的，因为，模型对少量样本组的学习会存在"先天不足"。

2．分位数分组

分位数分组的基本思想是将样本等分成若干份，各组的样本量相同，且组限值是相应分位点上的分位值。

例如，将样本等分为 4 份，于是分位点依次是 25%、50%和 75%，在这些点上的变量值将分别作为 4 个组的组限。

分位数分组后，各组的样本量理论上是相同的，但有时也会出现例外。例如，进行 4 分位分组时，如果有 30%的样本观测的变量值都等于某个值，那么通常应将这 30%的样本观测划分在同一组内以确保取值相同的处在同一组。由此导致的必然结果是该组样本量偏大，虽然不尽理想，但仍是较为合理的策略。

另外，为解决某些现实问题，SPSS Modeler 还对分位数分组方法进行了拓展。拓展思路是：在指定组数的前提下，依据各组变量值总和近似的原则进行分组。于是，变量值较小的组，样本量较多；变量值较大的组，样本量相对较少。

例如，2,3,5,6,7,12 六个数，若分成 3 组，则分别是（2，3，5）、（6，7）、（12），各组的总和是最接近的。

这样的分组方法可解决某些现实问题。例如，西餐快餐店中多个窗口同时营业，各窗口排队的顾客人数大致相同，但各个窗口所对应的生产线上的服务生制作效率会有高有低。为保证各窗口服务速度基本持平，最简单的方法是将效率低的多个服务生安排在同一生产线上，而安排少数几个效率高的服务生在另外的生产线上。当然，出于生产线资源的限制，更现实的方式是高效率搭配低效率。但如果问题涉及的数据量极为庞大，则这种高低或大小搭配的解就会很多。

3．单变量值分组

单变量值分组也称为秩分组。它将所有变量值按升序或降序排序，排序名次即为分组结果，且变量值相同的归在同一组内。

例如，2,3,5,6,6,7,12 七个数，秩分组的结果依次是 1,2,3,4.5,4.5,6,7，变量值相同的取排位的平均数。

4．均值－标准差分组

均值－标准差分组以变量均值为中心，加减 1 个（或 2 个或 3 个）标准差的值为组限，将变量值分为 3 组（或 5 组或 7 组）。

6.1.2 有监督的数据分组

有监督的数据分组是指对数值型变量分组时，应考虑分组结果对其他变量的影响。换句话说，数值型变量的分组是在其他相关变量"监督"下进行的。

SPSS Modeler 中，有监督的数据分组方法主要指基于最短描述长度原则的熵分组。

基于最短描述长度原则（Minimum Description Length Principle，MDLP）的熵分组是 1993 年由 Fayyad 和 Irani 提出的一种有监督的数据分箱方法。其基本思想是，如果分组后的输入变量对目标变量取值的解释能力显著低于分组之前，那么这样的分组是没有意义的。所以，待分组变量（视为输入变量）应在目标变量的"监督"下进行分组。

基于 MDLP 的熵分组的核心测度指标是信息熵和信息增益。

1. 信息熵

信息熵（Entropy）是平均信息量的测度指标。从数据分析角度看，极端情况下如果某输入变量只有一个取值，也就是所有样本在该变量上取相同的值，没有差异，那么这个输入变量事实上并没有给目标变量的分类预测带来任何有意义的信息，可认为它所提供的信息量为 0。因此，信息量的多少代表了变量取值差异的程度，信息熵是分类型变量取值差异性的测度指标。

样本集合 S 中，对于一个具有 k 个类别的目标变量 C，设其取第 i 个类别的概率为 $P(C_i,S)$，则信息熵 $\text{Ent}(S)$ 定义为

$$\text{Ent}(S) = -\sum_{i=1}^{k} P(C_i,S) \log_2[P(C_i,S)] \tag{6.1}$$

其中，采用以 2 为底的对数是为了符合计算机二进制信息量的计量单位 bit，取负号是使熵取值为正。

如果目标变量 C 取第 i 个类别的概率为 1，其他类别的均为 0，即 $P(C_i,S)=1$，$P(C_j,S)=0 (j \neq i)$，则熵为 0，表示变量 C 取值不存在异质性，平均不确定性最小，包含的信息量最少；如果目标变量 C 取各个类别的概率相等，即 $P_i = \frac{1}{k}$（$i=1,2,\cdots,k$），则熵为 $-\log_2 \frac{1}{k}$，表示目标变量 C 取值的异质性最大，平均不确定性最大，包含的信息量最多。显然，信息熵值越大，目标变量 C 取值的异质性越大，平均不确定性越大，信息量越大。

2. 信息增益

进一步，对于输入变量 A（待分组变量），指定一个组限值 T，将样本集合 S 划分为 S_1 和 S_2。于是，信息熵 $\text{Ent}(A,T;S)$ 定义为

$$\text{Ent}(A,T;S) = \frac{|S_1|}{|S|}\text{Ent}(S_1) + \frac{|S_2|}{|S|}\text{Ent}(S_2) \tag{6.2}$$

其中，$|S_1|$、$|S_2|$、$|S|$ 为集合 S_1、S_2、S 的样本量。

于是，输入变量 A 的组限值 T 带来的信息增益 $\text{Gains}(A,T;S)$ 定义为

$$\text{Gains}(A,T;S) = \text{Ent}(S) - \text{Ent}(A,T;S) \tag{6.3}$$

3. 信息熵和信息增益的计算示例

例如，超市记录了 14 名顾客在某类商品前停留挑选的时间（秒钟）及其年龄段、性别和最后是否购买的数据，目的是研究挑选时间和其他因素对顾客的购买决策有怎样的影响。数据按停留时间排序后的结果如表 6.1 所示。

表6.1 顾客情况和是否购买的数据（文件名为 Purchase.xls）

挑选时间（s）	64	65	68	69	70	71	72	72	75	75	80	81	83	85
年龄段	B	A	A	C	B	B	C	C	C	A	B	A	A	C
性别	1	1	0	1	0	0	0	0	1	0	1	1	0	0
是否购买	yes	yes	yes	no	yes	yes	yes	yes	no	no	yes	no	no	yes

这里，对停留时间（输入变量）进行有监督分组。样本集合 S 包含 14 个样本观测，挑选时间记为输入变量 A，是否购买记为目标变量 C。

● 首先，计算分组前变量 C 的熵。

$$\text{Ent}(S) = -\sum_{i=1}^{k} P(C_i, S) \log_2 [P(C_i, S)]$$

$$= -\frac{9}{14} \log_2 \frac{9}{14} - \frac{5}{14} \log_2 \frac{5}{14} = 0.9402$$

● 然后，计算分组后目标变量 C 的熵。

设组限值 $T=80.5$，通常组限值可设为两相邻值的平均。小于等于 80.5 的为一组，大于 80.5 的为另一组，有

$$\text{Ent}(A,T;S) = \frac{|S_1|}{|S|} \text{Ent}(S_1) + \frac{|S_2|}{|S|} \text{Ent}(S_2)$$

$$= \frac{11}{14}\left[-\frac{8}{11}\log_2\left(\frac{8}{11}\right) - \frac{3}{11}\log_2\left(\frac{3}{11}\right)\right] + \frac{3}{14}\left[-\frac{1}{3}\log_2\left(\frac{1}{3}\right) - \frac{2}{3}\log_2\left(\frac{2}{3}\right)\right]$$

$$= 0.8609$$

● 最后，计算信息增益。

$$\text{Gains}(A,T;S) = \text{Ent}(S) - \text{Ent}(A,T;S) = 0.9402 - 0.8609 = 0.0793$$

容易理解，在组限值 T 值所划分的组 S_1 和 S_2 中，如果变量 C 分别均取 yes 和 no，那么这个组限值 T 对预测变量 C 的取值分类来说是最理想的。此时的熵最小，信息增益最大。可见，信息增益越大，说明依据组限值 T 分组输入变量 A 越有意义。

按照上述计算方法，可分别计算出组限值 T 取所有可能值分组后的熵 $\text{Ent}(A,T;S)$ 和信息增益。然后，选择信息增益最大且有"意义"的组限值 T 首先进行分组。这个过程可在所得的各个分组中不断重复。

不难想象，上述分组过程不断重复的最终结果是各样本观测自成一组。事实上这样的分组结果是没有意义的，也就是说，上述分组过程应依据某个原则或标准，在某个"时刻"停止，这个原则就是 MDLP。

4．MDLP

MDLP 是科学界公认的原则，即在条件相同的情况下，简单的理论比复杂的理论更可靠，最好的科学理论应该是最简单的。在数据挖掘中，大多数的算法都存在误差，事实上不存在一个完美的算法能够解释所研究的全部数据。但人们能够找到一种算法，它可以解释除例外数据以外的其他绝大部分数据。于是，要做的就是阐述清楚算法和算法的例外数据即可。尽管这个算法并不完美，但与更复杂的算法相比，它简洁的优势足以弥补其无法解释例外数据的缺陷。因为，从信息论角度看，只需要较短的信息就可以描述简单理论，简单理论所反映

的数据规律只需较短信息即可描述。

MDLP 最初是数据压缩的评价标准,数据挖掘中主要用于评价数据编码方案的优劣。从信息传递角度看,短小的数据编码比冗长的编码传输效率更高。MDLP 认为,数据编码应由描述数据规律的模型编码,以及对无法用模型解释的例外数据的编码两部分组成。前者编码越少,说明模型越精简;后者编码越少,说明模型对数据的概括能力越强。通常,无法保证前后两者的编码同时达到最少,因此希望寻找一种平衡点,使得编码的总长度达到最小。

MDLP 的编码问题较为复杂,这里只对分组问题中的编码加以说明。

一方面,分组的意义在于,当确定一个合理的组限值后,最理想的情况是,该小于等于组限值的样本,其目标变量均取同一类别;大于组限值的样本,其目标变量均取另一类别。例如,挑选时间长于 70s 的顾客都会购买,低于 70s 的都不购买。可见,这样的分组对目标变量的分类预测有重要意义,可看作是分组带来的"收益"。这里用信息增益作为"收益"的量化表示。

另一方面,从信息传输角度看,分组也是有"代价"的,即需要一定长度的编码来描述分组方案。分组方案越复杂,描述所用的编码长度就越长。这里的编码长度定义为

$$\frac{\log_2(N-1)}{N} + \frac{\Delta(A,T;S)}{N} \tag{6.4}$$

其中,N 为样本量,也记为$|S|$。

$$\Delta(A,T;S) = \log_2(3^k - 2) - [kEnt(S) - k_1 Ent(S_1) - k_2 Ent(S_2)] \tag{6.5}$$

其中,k_1、k_2 为集合 S_1、S_2 中目标变量 C 的类别数。

容易理解,判断上述分组过程是否应该继续的标准是:分组带来的"收益"应大于"代价",即

$$\text{Gains}(A,T;S) > \frac{\log_2(N-1)}{N} + \frac{\Delta(A,T;S)}{N} \tag{6.6}$$

也就是说,当信息增益不大于编码长度时,分组就不应再继续下去了。本例中,$\frac{\log_2(N-1)}{N} + \frac{\Delta(A,T;S)}{N} = 0.5825$,以 80.5 分组所得到的信息增益不大于标准,因此不能以此分组。

关于信息熵和信息增益后续还会讨论。

6.1.3 变量值离散化处理的应用示例

这里,以学生参加某次社会公益活动的数据(文件名为 Students.xls)为例,对家庭年收入变量做离散化处理。

首先,选择"字段选项"选项卡中的"分级化"节点,将其连接到数据流的恰当位置上。右击,选择弹出菜单中的"编辑"进行节点的参数设置。"分级化"节点参数设置中的主要选项卡是"设置"和"分级值"。

1. "设置"选项卡

"设置"选项卡用于设置分箱中的主要参数,如图 6.1 所示。

其中:

分级字段:选择一个或多个需分箱处理的数值型变量。

分级阈值："始终再计算"表示数据流的数据发生更新后，应重新自动进行分组；"如果可用，从'分级值'选项卡读取"表示可通过"分级值"选项卡自动指定各分组组限。

"分级方法"选项中提供了多种分箱方法。不同分箱方法的参数设置窗口不同。

- 固定宽度：表示等距分组，如图 6.1（a）所示。

应在"分级宽度"框中指定组距，或在"分级数"框中指定组数；在"名称扩展"框中指定存放分箱处理结果的变量名（分组变量名），即在原变量名前或后添加指定的前缀或后缀，默认为 BIN。

- 分位数（同等计数）选项：表示分位数分组，如图 6.1（b）所示。

其中：
  - 可选择分位数分组，包括四分位数（4）、五分位数（5）、十分位数（10）、二十分位数（20）、百分位数（100）分组。生成的分组变量名是在原变量前或后添加指定的前缀或后缀。
  - 可在"定制 N"的数字框中随意指定一个分位数。
  - 分位方法："记录计数"表示采用最常见的分位数分组方法；"值的和"表示采用前文所述的拓展分位数分组方法。
  - 结：指定"打结"样本的分组策略。分位数分组中，对变量值相同的样本观测，即"打结"样本观测，有两种分组策略：第一，变量值相同的样本观测分在同一组内，该策略不能完全满足各组样本量相同的要求；第二，按样本量相等原则，分到下一组中。"添加到下一个"为第二种策略，"处于最新状态"为第一种策略。

- 等级[①]：表示单变量值分组，如图 6.1（c）所示。

其中：
  - 排列顺序：指定按变量值升序或降序排序。不同排序方式下的秩不同，升序下最小值的秩等于 1，降序下最大值的秩为 1。
  - 选择单变量值分组的输出结果和相应变量名的后缀。"序"表示输出各个样本观测的秩；"分数排序"表示输出各样本观测秩/有效样本量；"百分比分数排序"表示输出各样本观测秩/有效样本量×100。

- 平均值/标准差：表示均值－标准差分组，如图 6.1（d）所示。

其中：
  - +/-1 标准差：表示以均值为中心，以±1 个标准差为组限将数据分为 3 组。
  - +/-2 标准差：表示以均值为中心，以±1 个和±2 个标准差为组限将数据分为 5 组。
  - +/-3 标准差：表示以均值为中心，以±1 个、±2 个和±3 个标准差为组限将数据分为 7 组。

- 最优：表示基于 MDLP 的熵分组，如图 6.1（e）所示。

其中：
  - 主管字段[②]：选择一个变量作为目标变量。
  - 对字段进行预分级以使用大数据集改进性能：表示可设置预分组数以提高计算效率。应在"最大分级数"框中指定预分组的最大组数。该选项适合大型数据集。

---

① 英文直译，专业术语为：秩。
② 英文直译，专业术语为：监督字段。

图 6.1 "分级化"节点的"设置"选项卡

- 用观测值计数较大的分级合并观测值计数相对较小的相邻分级：表示当一个样本量较小的组与一个较大组相邻时，将小组合并到大组中。应在"阈值"框中指定一个不大于1的比率，当较小组的样本量与较大组样本量的比率低于指定值时合并。
- "剪切点设置"按钮：指定开口组的设置，"剪切点设置"窗口如图6.2所示。

图6.2 "分级化"节点的"剪切点设置"窗口

2. "分级值"选项卡

"分级值"选项卡用来自动设置各组的组限值，如图6.3所示。

图6.3 "分级化"节点的"分级值"选项卡

单击"读取值"按钮，将自动按照前面指定的分组方法确定并显示各组的组限值。

本例中，从利于预测学生是否参加某次公益活动角度，以40940为组限将家庭年收入分为两组。第一组样本量为58个，占58%；第二组样本量为42个，占42%。可通过"输出"选项卡中的"表格"节点查看分组结果。

6.2 特征选择

数据挖掘的数据量较为庞大，减少变量个数、降低变量维度显得极为必要。特征选择是减少变量个数最直接的方法。

所谓特征选择，就是从众多的输入变量中，找出对目标变量分类预测有意义的重要变量。因此，如果数据挖掘后期要建立关于目标变量的分类或回归预测模型，那么建模前的特征选择通常是必要的。不经特征选择，所有输入变量全部参与建模，会影响模型计算效率，更重要的是，会因模型包含若干扰变量而不利于预测。

"建模"选项卡中的"特征选择"节点可实现特征选择。

6.2.1 特征选择的一般方法

特征选择的主要目的是寻找对目标变量预测有积极贡献的重要变量。变量的重要性可以从两个方面联合考察：第一，从变量本身考察；第二，从输入变量与目标变量相关性角度考察。

1. 从变量本身考察

从变量本身看，重要的变量应是携带信息较多，也就是变量值差异较大的变量。

容易理解，极端情况下，均取某个常数的变量应该是不重要的变量。例如，在预测某班学生的数学成绩时，班级的作用要小于性别。因为该班学生的班级都相同，取值没有差异，而性别则有男有女，存在差异。

统计上，测度数值型变量取值离散性的指标是标准差或变异系数。标准差越大，说明变量取值的离散程度越大，反之越小；变异系数在消除数量级影响的情况下，便于对多个变量的离散程度进行对比。对此，SPSS Modeler 的考察标准是：

- 如果某数值型变量的变异系数小于某个标准值，则该变量应视为不重要变量。
- 如果某数值型变量的标准差小于某个标准值，则该变量应视为不重要变量。

另外，对分类型变量取值差异性的测度，SPSS Modeler 采用的指标和标准是：

- 对某分类型变量，计算各个类别值的取值比例。如果最大比例大于某个标准值，则该变量应视为不重要变量。

例如，如果一个班级中男生的比例高达99%，那么性别对数学成绩的预测就不再有意义了。

- 对某分类型变量，计算其类别值个数。如果类别值个数占样本的比例大于某个标准值，则该变量应视为不重要变量。

例如，学生学号与样本的比例为100%，则学号对数学成绩的预测没有意义。

另外，如果某个变量中缺失值所占的比例大于某个标准值，则该变量也应视为不重要变量。

2. 从输入变量与目标变量相关性角度考察

不同计量类型的变量之间，测度相关性的方法存在差异。

- 输入变量和目标变量均为数值型变量

SPSS Modeler 将自动计算 Pearson 简单相关系数、t 检验统计量的观测值和对应的 1-概率 P-值。1-概率 P-值越高，输入变量与目标变量的总体线性相关性越强，输入变量对目标变量的预测越重要。

- 输入变量为数值型变量，目标变量为分类型变量

SPSS Modeler 利用方差分析方法，其中，设输入变量为观测变量，目标变量为控制变量，分析目标变量不同类别水平下输入变量的均值是否存在显著差异。

如果目标变量不同类别水平下输入变量的均值存在显著差异，则输入变量和目标变量之间的相关性较强；反之，SPSS Modeler 将自动计算方差分析中 F 检验统计量的观测值和对应的 1-概率 P-值。1-概率 P-值越高，输入变量与目标变量的相关性越强，输入变量对目标变量的预测越重要。

- 输入变量为分类型变量，目标变量为数值型变量

仍利用方差分析方法，其中，目标变量为观测变量，输入变量为控制变量，分析输入变量不同类别水平下目标变量的均值是否存在显著差异。

如果输入变量不同类别水平下目标变量的均值存在显著差异，则输入变量和目标变量之间的相关性较强；反之，SPSS Modeler 将自动计算方差分析中 F 检验统计量的观测值和对应的 1-概率 P-值。1-概率 P-值越高，输入变量与目标变量的相关性越强，输入变量对目标变量的预测越重要。

- 输入变量和目标变量均为分类型变量

利用卡方检验方法。略有不同的是，这里利用似然比卡方，其数学定义为

$$T = 2\sum_{i=1}^{r}\sum_{j=1}^{c} f_{ij}^{o} \ln \frac{f_{ij}^{o}}{f_{ij}^{e}} \tag{6.7}$$

其中，f^o 为观察频数，f^e 为期望频数。大样本数较大时，似然比卡方与 Pearson 卡方非常接近，检验结论通常也一致。

SPSS Modeler 将自动计算似然比卡方的观测值和对应的 1-概率 P-值。1-概率 P-值越高，输入变量与目标变量的相关性越强，输入变量对目标变量的预测越重要。

除此之外，SPSS Modeler 还计算 Cramer's V 系数，数学定义为

$$V = \sqrt{\frac{\chi^2}{n \min[(R-1)(C-1)]}} \tag{6.8}$$

其中，$\min[(R-1)(C-1)]$ 表示取（$R-1$）和（$C-1$）中的最小值（R、C 分别表示列联表的行数和列数）。V 系数是对 Pearson 卡方统计量的修正。由于 Pearson 卡方统计量受到样本量的影响，因此 V 系数对此进行了调整，同时还考虑了列联表的单元格数。

可以证明，V 系数的取值在 0～1 之间，越接近 1 表明输入变量与目标变量的相关性越强，输入变量对目标变量的预测越重要。

6.2.2 特征选择的应用示例

这里，利用电信客户数据进行特征选择。分析目标是：流失为目标变量，其他变量均视为输入变量，给出输入变量对目标变量重要性的排序。

选择"建模"选项卡中的"特征选择"节点，将其连接到数据流的恰当位置上。右击，选择弹出菜单中的"编辑"进行节点的参数设置。"特征选择"节点参数设置主要包括"模型"和"选项"选项卡。

1."字段"选项卡

"字段"选项卡用于指定参与分析的变量角色，如图 6.4 所示。

其中：
- 使用预定义角色：为默认选项，表示变量的角色取决于数据流中距"特征选择"节

点最近的"类型"节点，或数据读入时的"类型"选项卡。变量保持各自原有的角色不变。
- 使用定制字段分配：表示重新指定输入或目标变量。应在"目标"框中指定一个变量作为目标变量，在"输入"框中指定一个或多个变量作为输入变量。

图 6.4 所示的窗口以后会经常出现，后续不再赘述。

图 6.4 "特征选择"节点的"字段"选项卡

2. "模型"选项卡

"模型"选项卡用于设置从变量本身角度考察变量重要性的标准值，如图 6.5 所示。

图 6.5 "特征选择"节点的"模型"选项卡

窗口所列标准与前文讲解相对应，这里不再重复。实际中可以根据需要调整标准值，变量本身考察不重要的变量将被自动屏蔽。

另外，如果选中"使用分区数据"选项，表示数据流中的"类型"节点指定了"分区"变量，则将依该变量的取值进行样本集划分；否则，SPSS Modeler 自动将样本随机划分为训练样本集和测试样本集。变量重要性的考察将在训练样本上进行。

需要说明的是,在训练样本集上进行特征选择未必是最好的方案。尽管训练样本集是全部样本的简单随机抽样结果,但在训练样本集上重要的变量在全部样本集合上未必重要。同样,在训练样本集上不重要的变量在全部样本集合上未必仍不重要。因此,基于全部样本的特征选择更值得提倡。

3. "选项"选项卡

"选项"选项卡用于设置从输入变量和目标变量相关性角度考察变量重要性时,变量重要性的排序依据,如图 6.6 所示。

图 6.6 "特征选择"节点的"选项"选项卡

其中:
- "通过分类目标,类别预测变量的 p 值(重要性)的基础为":表示当输入和目标变量均为分类型变量时,可选择依据 Pearson 卡方(Pearson)、似然比卡方(似然比)或克莱姆系数等值的降序排列。否则,均按各检验的 1-概率 P-值的降序排列。
- 在两个"分界值"框中指定判断变量重要、一般、不重要的标准。默认,1-概率 P-值大于 0.95 重要,在 0.90~0.95 之间为一般,小于 0.9 为不重要。重要、一般和不重要的显示文字默认为"重要""边际"[①]"不重要",也可以修改。
- "所有排列的字段":表示按变量重要性降序显示所有输入变量,且默认在重要变量前打钩;"字段总数"表示仅显示前 n(默认为 10)个重要变量;"重要性大于"表示仅显示 1-概率 P-值大于指定值的重要变量。

本例的模型计算结果将显示在流管理器的"模型"选项卡中。选中模型结果,右击,选择弹出菜单中的"浏览"查看特征选择结果,如图 6.7 所示。

SPSS Modeler 以列表形式给出了变量重要性的排序结果。其中,"值"列给出了各变量统计检验的 1-概率 P-值。

可见,开通月数、基本费用、电子支付、年龄、受教育水平、套餐类型、无线服务和无线费用对预测客户是否流失均很重要。婚姻状况、性别、居住地、家庭人数等变量的作用不

---

① 英文直译,准确翻译为:一般或中等重要。

大。再有，在"筛选的字段"列表框中没有变量，即从变量本身角度考察，不存在不重要的变量。

图 6.7 案例的特征选择结果

单击各列标题可对结果重新排序。选择窗口主菜单"生成"下的"过滤器"，显示如图 6.8 所示的对话框。

其中：
- 模式："包括"表示保留相应变量；"排除"表示剔除相应变量。
- 选定字段：表示保留或剔除已手动选择的变量。
- 所有标记的字段：表示保留或剔除所有打钩的变量。
- 字段总数：表示保留或剔除前 n（默认为 10）个重要变量。
- 重要性大于：表示保留或剔除 1-概率 P-值大于指定值的重要变量。

图 6.8 "特征选择"中的"过滤器"对话框

于是，SPSS Modeler 将在数据流编辑区域自动生成一个 Filter 节点，保留或剔除指定的变量。

此外，实际应用中，当变量个数很多时，还可依据 SPSS Modeler 的建议，确定变量个数 L。其计算公式为

$$L = [\min(\max(30, 2\sqrt{L_0}), L_0)] \tag{6.9}$$

其中，L_0 为输入变量个数；[]表示取整数。

一般的标准见表 6.2。

表 6.2 确定变量个数参考表

L_0	L	$L/L_0(\%)$
10	10	100.00
15	15	100.00
20	20	100.00
25	25	100.00

续表

L_0	L	$L/L_0(\%)$
30	30	100.00
40	30	75.00
50	30	60.00
60	30	50.00
100	30	30.00
500	45	9.00
1000	63	6.30
1500	77	5.13
2000	89	4.45
5000	141	2.82
10000	200	2.00
20000	283	1.42
50000	447	0.89

可见，当变量多达 40 个时，选 75%的变量即可；而当变量个数再多，如达到 100 个时，选取 30%的变量就足够了。

> 需要说明的是，特征选择通过寻找对目标变量预测有意义的变量，简单剔除不重要变量的方式，实现了减少变量个数、降低变量维度的目的。

6.3 因子分析

因子分析是一种减少变量个数、降低数据维度的多元统计分析方法。

相对于特征选择方法，因子分析不再是对原有变量的简单削减，而是对它们进行有效的"综合"。因为，简单地削减变量，必然又会导致信息丢失。如何既能有效减少参与建模的变量个数，同时又不造成信息的大量丢失，是因子分析方法的核心所在。

6.3.1 什么是因子分析

因子分析以最少的信息丢失为前提，将众多的原有变量综合成较少几个综合指标，名为因子。通常，因子有以下几个特点：因子个数远远少于原有变量的个数；因子能够反映原有变量的绝大部分信息；因子之间的线性关系不显著；因子具有命名解释性。

1. 因子分析的特点

因子分析有以下主要特点。

- 因子个数远远少于原有变量的个数。将原有变量综合成少数几个因子后，可以用因子代替原有变量参与数据建模，这将大大减少分析过程中的计算工作量。
- 因子能够反映原有变量的绝大部分信息。因子并不是原有变量的简单取舍，而是原有变量重组后的结果，不会造成原有变量信息的大量丢失，并能反映原有变量的绝大部分信息。
- 因子之间的线性关系不显著。由原有变量重组出来的因子，相互之间的线性关系较弱。因子代替原有变量参与数据建模，将能有效克服变量相关性给分析方法应用带来的诸多问题。
- 因子具有命名解释性。通常，因子分析产生的因子能够通过各种方式最终获得命名解释性。因子的命名解释性有助于对因子分析结果的解释评价，对因子的进一步应用有重要意义。

总之，因子分析是研究如何以最少的信息丢失将众多原有变量浓缩成少数几个相关性较弱的因子，并使因子具有一定的命名解释性的多元统计分析方法。

2．因子分析的数学模型

因子分析的核心是用较少的互相独立的因子反映原有变量的绝大部分信息。可以将这一思想用数学模型来表示。

设有 p 个原有变量 $x_1, x_2, x_3, \cdots, x_p$，且各变量（经标准化处理后）的均值为 0，标准差为 1。将每个原有变量用 k（$k < p$）个因子 $f_1, f_2, f_3, \cdots, f_k$ 的线性组合来表示，有

$$\begin{cases} x_1 = a_{11}f_1 + a_{12}f_2 + a_{13}f_3 + \cdots + a_{1k}f_k + \varepsilon_1 \\ x_2 = a_{21}f_1 + a_{22}f_2 + a_{23}f_3 + \cdots + a_{2k}f_k + \varepsilon_2 \\ x_3 = a_{31}f_1 + a_{32}f_2 + a_{33}f_3 + \cdots + a_{3k}f_k + \varepsilon_3 \\ \cdots \\ x_p = a_{p1}f_1 + a_{p2}f_2 + a_{p3}f_3 + \cdots + a_{pk}f_k + \varepsilon_p \end{cases} \quad (6.10)$$

式（6.10）是因子分析的数学模型，矩阵形式表示为：$X = AF + \varepsilon$。

其中，F 称为因子，由于均出现在每个原有变量的线性表达式中，又称为公共因子；A 称为因子载荷矩阵，a_{ij}（$i = 1, 2, \cdots, p; j = 1, 2, \cdots, k$）称为因子载荷，是第 i 个原有变量在第 j 个因子上的相关性度量；ε 称为特殊因子，表示原有变量不能被因子解释的部分，其均值为 0。

3．因子分析的相关概念

由因子分析的数学模型可引入以下几个相关概念。理解这些概念不仅有助于理解因子分析的意义，更利于把握因子与原有变量间的关系，明确因子的重要程度及评价因子分析的效果。

- 因子载荷

可以证明，在因子不相关的前提下，因子载荷 a_{ij} 是变量 x_i 与因子 f_j 的相关系数，反映了变量 x_i 与因子 f_j 的相关程度。因子载荷 a_{ij} 的取值在 $-1 \sim +1$ 之间，绝对值越接近 1，表明因子 f_j 与变量 x_i 的相关性越强。同时，因子载荷 a_{ij} 也反映了因子 f_j 对解释变量 x_i 作用的方向和程度。

- 变量共同度

变量共同度也即变量方差，变量 x_i 的共同度 h_i^2 的数学定义为

$$h_i^2 = \sum_{j=1}^{k} a_{ij}^2 \quad (6.11)$$

变量 x_i 的共同度是因子载荷矩阵 A 中第 i 行元素的平方和。在变量 x_i 标准化时，由于变

量 x_i 的方差可以表示成 $h_i^2 + \varepsilon_i^2 = 1$，因此原有变量 x_i 的方差可由以下两部分解释。第一部分为变量共同度 h_i^2，是全部因子对变量 x_i 方差解释说明的比例，体现了因子对变量 x_i 的解释贡献程度。变量共同度 h_i^2 越接近 1，越说明因子全体解释了变量 x_i 的较大部分方差，如果用因子全体刻画变量 x_i，则变量 x_i 的信息丢失较少。第二部分为特殊因子 ε_i 的平方，反映了变量 x_i 方差中不能由因子全体解释说明的比例，ε_i^2 越小则说明变量 x_i 的信息丢失越少。

总之，变量 x_i 的共同度刻画了因子全体对变量 x_i 信息解释的程度，是评价变量 x_i 信息丢失程度的重要指标。如果大多数原有变量的变量共同度均较高（如高于 0.8），则说明提取的因子能够反映原有变量的大部分（如 80%以上）信息，仅有较少的信息丢失，因子分析的效果较好。因此，变量共同度是衡量因子分析效果的重要指标。

- 因子的方差贡献

因子 f_j 方差贡献的数学定义为

$$S_j^2 = \sum_{i=1}^{p} a_{ij}^2 \tag{6.12}$$

因子 f_j 的方差贡献是因子载荷矩阵 $\boldsymbol{A}$ 中第 j 列元素的平方和。因子 f_j 的方差贡献反映了因子 f_j 对原有变量总方差的解释能力。该值越高，说明相应因子的重要性越高。因子的方差贡献是一个绝对量，不直观，通常计算因子 f_j 的方差贡献率，即

$$r_j = \frac{S_j^2}{p} = \frac{\sum_{i=1}^{p} a_{ij}^2}{p} \tag{6.13}$$

方差贡献率越接近 1，表明 f_j 越重要。因子的方差贡献和方差贡献率是衡量因子重要性的关键指标。

4．因子分析的基本步骤

围绕浓缩原有变量提取因子的核心目标，因子分析主要涉及四个基本步骤：第一，因子分析的前提条件；第二，因子提取；第三，使因子具有命名可解释性；第四，计算各样本观测的因子得分。

- 因子分析的前提条件

因子分析的主要任务是对原有变量的浓缩，即将原有变量的信息重叠部分提取出来并综合成因子。对此应要求原有变量之间存在较强的相关关系。否则，如果原有变量相互独立，不存在信息重叠，就无法将其综合和浓缩，也无须进行因子分析。

通常，最简单的方法是计算原有变量的相关系数矩阵。不难理解，如果相关系数矩阵中的大部分相关系数值均小于 0.3，即各个变量间大多为弱相关，则原则上这些变量不适合进行因子分析。

- 因子提取

如何将原有变量综合成少数几个因子，是因子分析的核心内容。

- 使因子更具有命名可解释性

将原有变量综合为少数几个因子后，如果因子的实际含义不清，则不利于进一步的分析。本步正是希望通过各种方法使因子的实际含义更清晰，使因子具有命名可解释性。

- 计算各样本观测的因子得分

因子分析的最终目标是减少变量个数,便于后续分析中用较少的因子代替原有变量参与数据建模。本步通过各种方法计算各样本观测在各因子上的得分,为进一步的分析奠定基础。

由于第一步比较简单,以下将重点讨论第二、第三和第四步。

6.3.2 因子提取和因子载荷矩阵的求解

由上面的讨论可知,因子分析的关键是根据样本数据求解因子载荷矩阵。因子载荷矩阵的求解方法有基于主成分模型的主成分分析法、基于因子分析模型的主轴因子法、极大似然法、最小二乘法、α 因子提取法、映像分析法等。这里,仅对在因子分析中占有主要地位且使用最为广泛的主成分分析法做简单讨论。

主成分分析法能够为因子分析提供初始解,因子分析是对主成分分析结果的延续和拓展。主成分分析法通过坐标变换的手段,将原有 p 个相关变量 x_i 线性组合成另一组不相关的变量 y_i,于是有

$$\begin{cases} y_1 = \mu_{11}x_1 + \mu_{12}x_2 + \mu_{13}x_3 + \cdots + \mu_{1p}x_p \\ y_2 = \mu_{21}x_1 + \mu_{22}x_2 + \mu_{23}x_3 + \cdots + \mu_{2p}x_p \\ y_3 = \mu_{31}x_1 + \mu_{32}x_2 + \mu_{33}x_3 + \cdots + \mu_{3p}x_p \\ \cdots \\ y_p = \mu_{p1}x_1 + \mu_{p2}x_2 + \mu_{p3}x_3 + \cdots + \mu_{pp}x_p \end{cases} \quad (6.14)$$

式(6.14)是主成分分析的数学模型。其中,$\mu_{i1}^2 + \mu_{i2}^2 + \mu_{i3}^2 + \cdots + \mu_{ip}^2 = 1$($i=1,2,3,\cdots,p$)。式中系数应按照以下原则求解。

(1) y_i 与 y_j($i \neq j$;$i, j=1,2,3,\cdots,p$)相互独立。

(2) y_1 是 $x_1,x_2,x_3,\cdots,x_p$ 的一切线性组合(系数满足上述要求)中方差最大的;y_2 是与 y_1 不相关的 $x_1,x_2,x_3,\cdots,x_p$ 的一切线性组合中方差次大的;y_p 是与 $y_1,y_2,y_3,\cdots,y_{p-1}$ 都不相关的 $x_1,x_2,x_3,\cdots,x_p$ 的一切线性组合中方差最小的。

根据上述原则确定的变量 $y_1,y_2,y_3,\cdots,y_p$ 依次称为原有变量 $x_1,x_2,x_3,\cdots,x_p$ 的第1、第2、第3、……、第 p 个主成分。其中,y_1 在总方差中占比最大,综合原有 $x_1,x_2,x_3,\cdots,x_p$ 的能力最强,其余主成分 $y_2,y_3,\cdots,y_p$ 在总方差中占比依次递减,即其余主成分 $y_2,y_3,\cdots,y_p$ 综合原有变量 $x_1,x_2,x_3,\cdots,x_p$ 的能力依次减弱。在主成分分析的实际应用中,一般只选取前面几个方差较大的主成分。这样既减少了变量的数目,又能够用较少的主成分反应原有变量的绝大部分信息。

可见,主成分分析法的核心是通过原有变量的线性组合及各个主成分的求解实现变量降维。可从几何意义的角度理解这个核心原理。为易于理解,这里以二维空间为例进行讨论。

设有两个变量 x_1,x_2,n 个样本观测,可将这 n 个样本观测看成由 x_1 和 x_2 构成的二维空间上的 n 个点,如图 6.9(a)所示。

图 6.9(a)中,n 个数据点呈斜向上方的带状分布,表明 x_1 和 x_2 有较强的线性相关性,同时沿 x_1 和 x_2 轴方向,样本点都有较大的离散性。现将所有样本观测点投影到 y_1 和 y_2 方向上(是原坐标绕原点逆时针旋转 θ 夹角所得),如图 6.9(b)所示。于是 n 个数据点在新坐标轴中的坐标为

$$\begin{cases} y_1 = x_1 \cos\theta + x_2 \sin\theta \\ y_2 = -x_1 \sin\theta + x_2 \cos\theta \end{cases} \quad (6.15)$$

其中，μ_{ij} 满足 $\mu_{i1}^2+\mu_{i2}^2+\mu_{i3}^2+\cdots+\mu_{ip}^2=1$ $(i=1,2,3,\cdots,p)$ 的要求。变量 y_1 和 y_2 是原有变量 x_1 和 x_2 线性组合的结果，是对原有变量 x_1 和 x_2 的综合，分别为第 1 主成分和第 2 主成分。

（a）x_1 和 x_2 二维空间中的数据点　　　　（b）y_1 和 y_2 二维空间中的数据点

图 6.9　二维空间中的数据点

应该注意到，在新的坐标轴中，n 个数据点在 y_1 轴上的离散性较高，取值差异性高，在 y_2 轴上的离散性较小，取值差异性小，数据点在 y_1 上的方差远大于其在 y_2 上的方差。更极端的情况是，n 个数据点在 y_1 上有方差，而在 y_2 上的方差为 0。此时，y_2 可以略去。虽然这是一种极端，但它体现的基本思想是，选择一个合适的方向，使得样本观测点投影到该方向上的方差最大。然后，再选择与第一个方向垂直的另一个方向，使得样本观测点投影到该方向上的方差是次大的，依次类推。于是，可以略去后几个方差较小的成分。虽然存在一定的信息丢失，但整体上并无大碍，由此带来的是"实惠"，是高维空间到低维空间的转换及变量个数的减少。

基于上述基本原理，主成分数学模型的系数求解步骤归纳如下。

（1）将原有变量数据进行标准化处理。

（2）计算变量的简单相关系数矩阵 $\boldsymbol{R}$。

（3）求相关系数矩阵 $\boldsymbol{R}$ 的特征值 $\lambda_1 \geq \lambda_2 \geq \lambda_3 \geq \cdots \geq \lambda_p \geq 0$ 及对应的特征向量 $\mu_1,\mu_2,\mu_3,\cdots,\mu_p$。

于是，计算 $y_i=\mu_i'x$ 便得到各个主成分。p 个特征值和对应的特征向量是因子分析的初始解。

回到因子分析中来。因子分析利用上述 p 个特征值和对应的特征向量，并在此基础上计算因子载荷矩阵：

$$A=\begin{pmatrix} a_{11} & a_{12} & \cdots & a_{1p} \\ a_{21} & a_{22} & \cdots & a_{2p} \\ \cdots & \cdots & \cdots & \cdots \\ a_{p1} & a_{p2} & \cdots & a_{pp} \end{pmatrix}=\begin{pmatrix} u_{11}\sqrt{\lambda_1} & u_{21}\sqrt{\lambda_2} & \cdots & u_{p1}\sqrt{\lambda_p} \\ u_{12}\sqrt{\lambda_1} & u_{22}\sqrt{\lambda_2} & \cdots & u_{p2}\sqrt{\lambda_p} \\ \cdots & \cdots & \cdots & \cdots \\ u_{1p}\sqrt{\lambda_1} & u_{2p}\sqrt{\lambda_2} & \cdots & u_{pp}\sqrt{\lambda_p} \end{pmatrix} \quad (6.16)$$

由于因子分析的目的是减少变量个数，因此因子分析的数学模型中，因子数目 k 小于原有变量个数 p。所以在计算因子载荷矩阵时，只选取前 k 个特征值和对应的特征向量，得到式（6.17）所示的包含 k 个因子的因子载荷矩阵：

$$A = \begin{pmatrix} a_{11} & a_{12} & \cdots & a_{1k} \\ a_{21} & a_{22} & \cdots & a_{2k} \\ \cdots & \cdots & \cdots & \cdots \\ a_{p1} & a_{p2} & \cdots & a_{pk} \end{pmatrix} = \begin{pmatrix} u_{11}\sqrt{\lambda_1} & u_{21}\sqrt{\lambda_2} & \cdots & u_{k1}\sqrt{\lambda_k} \\ u_{12}\sqrt{\lambda_1} & u_{22}\sqrt{\lambda_2} & \cdots & u_{k2}\sqrt{\lambda_k} \\ \cdots & \cdots & \cdots & \cdots \\ u_{1p}\sqrt{\lambda_1} & u_{2p}\sqrt{\lambda_2} & \cdots & u_{kp}\sqrt{\lambda_k} \end{pmatrix} \tag{6.17}$$

这里的主要问题是如何确定因子个数 k。通常有以下两个标准。

1）根据特征值 λ_i 确定因子数

观察各个特征值，一般选取大于 1 的特征值。观察式（6.17）可知，λ_i 就是第 i 个因子的方差贡献，λ_i 测度了因子 i 的重要程度。被保留下来的因子至少应该能够解释贡献 1 个方差。

另外，如图 6.10 所示的因子个数（Component Number）与特征值（Eigenvalue）的碎石图（为软件输出结果），也能够帮助确定因子个数。

图 6.10　因子个数与特征值的碎石图

其中，横坐标为因子个数，纵坐标为特征值。图中的第一个特征值较大，很像"陡峭的高山"，第二个特征值次之，第三个以后的特征值都很小，图形平缓，很像"高山脚下的碎石"，可被丢弃。因此，"山脚"下的因子个数即为 k。例如，图 6.10 可尝试选取前两个因子。

2）根据因子的累计方差贡献率确定因子数

根据因子的方差贡献率，可计算第一个因子的累计方差贡献率，有

$$R_1 = S_1^2 / p = \lambda_1 / \sum_{i=1}^{p} \lambda_i \tag{6.18}$$

第一个因子的方差贡献率是它的方差贡献除以总方差。由于原有的 p 个变量是经标准化处理的（均值为 0，方差为 1），因此总方差为 p。

第二个因子的累计方差贡献率定义为

$$R_2 = (S_1^2 + S_2^2) / p = (\lambda_1 + \lambda_2) / \sum_{i=1}^{p} \lambda_i \tag{6.19}$$

前 k 个因子的累计方差贡献率定义为

$$R_k = \sum_{i=1}^{k} S_i^2 / p = \sum_{i=1}^{k} \lambda_i / \sum_{i=1}^{p} \lambda_i \tag{6.20}$$

通常，选取累计方差贡献率大于 0.80 时的 k。

6.3.3 因子的命名解释

因子的命名解释是因子分析的另一个重要问题。观察因子载荷矩阵，如果因子载荷 a_{ij} 的绝对值在第 i 行的多个列上都有较大的取值（通常大于 0.5），则表明原有变量 x_i 与多个因子同时有较大的相关性，即原有变量 x_i 的信息需要由多个因子来共同解释；如果因子载荷 a_{ij} 的绝对值在第 j 列的多个行上都有较大的取值，则表明因子 f_j 能够同时解释多个变量的信息，因子 f_j 不能典型代表任何一个原有变量 x_i。这种情况下的因子 f_j 的实际含义是模糊不清的。

实际分析工作中人们总是希望对因子的实际含义有比较清楚的认识。为解决这个问题，可通过因子旋转的方式使一个变量只在尽可能少的因子上有比较高的载荷。理想状态下，使某个变量 x_i 在某个因子 f_j 上的载荷趋于 1，在其他因子上的载荷趋于 0。这样，因子 f_j 便成为某个变量 x_i 的典型代表，其实际含义也就清楚了。

所谓因子旋转，就是将因子载荷矩阵 A 右乘一个正交矩阵 τ 后得到一个新的矩阵 B，如图 6.11（a）、(b) 所示。旋转并不影响变量 x_i 的共同度 h_i^2，即点到坐标原点的距离平方不变，却可重新分配因子的方差贡献 S_j^2，使因子更易于理解。

（a）因子载荷图　　　　　　　　　　（b）旋转后的因子载荷图

图 6.11　因子旋转

图 6.11（a）所示是以两个因子 f_1, f_2 为坐标轴的因子载荷图。图中的 10 个变量（10 个点）在因子 f_1, f_2 上均有一定的载荷，因子 f_1, f_2 的含义不清；图 6.11（b）中，在旋转后的新坐标中，10 个变量中，有 6 个变量在因子 f_1' 上有较高的载荷，在因子 f_2' 上的载荷几乎为 0。其余 4 个变量在因子 f_2' 上有较高的载荷，在因子 f_1' 上的载荷几乎为 0。此时，因子 f_1', f_2' 的含义就较为清楚，它们分别是对原有 6 个变量和剩余 4 个变量的综合。

可见，坐标旋转应尽可能使原有变量点出现在某个坐标轴的附近，并同时远离其他坐标轴。在某个坐标轴附近的变量只在该因子上有较高的载荷，而在其他因子上只有很低的载荷。

因子旋转方式有两种，一种为正交旋转，另一种为斜交旋转。正交旋转是指坐标轴始终保持垂直 90° 旋转，于是新生成的因子仍可保持不相关性；斜交旋转中坐标轴中的夹角可以是任意度数，因此新生成的因子之间不能保证不相关性。在使因子具有命名可解释性方面，斜交旋转通常会优于正交旋转，但却以不能保持因子的不相关性为代价。这里，仅对正交旋转进行简单论述。

正交旋转方式通常有最大四次方值法（也称四次方最大法，Quartimax）、最大方差法（也称方差极大法，Varimax）和最大平衡值法（也称等量最大法，Equamax）等。这些旋转方法的目标是一致的，只是策略不同，仅以方差极大法为例。

在方差极大法中，如果只考虑两个因子的正交旋转，因子载荷矩阵 A 右乘一个正交矩阵 τ 后的矩阵 B 为

$$B = \begin{bmatrix} b_{11} & b_{12} \\ b_{21} & b_{22} \\ \cdots \\ b_{p1} & b_{p2} \end{bmatrix}$$

为实现因子旋转的目标（一部分变量仅与第一个因子相关，另一部分变量与第二个因子相关），应要求（$b_{11}^2, b_{21}^2, \cdots, b_{p1}^2$）和（$b_{12}^2, b_{22}^2, \cdots, b_{p2}^2$）两组数据的方差尽可能地大，综合考虑即要求式（6.21）最大。

$$G = V_1 + V_2 = \frac{1}{p^2}\left[p\sum_{i=1}^{p}\left(\frac{b_{i1}^2}{h_i^2}\right)^2 - \left(\sum_{i=1}^{p}\frac{b_{i1}^2}{h_i^2}\right)^2\right] + \frac{1}{p^2}\left[p\sum_{i=1}^{p}\left(\frac{b_{i2}^2}{h_i^2}\right)^2 - \left(\sum_{i=1}^{p}\frac{b_{i2}^2}{h_i^2}\right)^2\right] \quad (6.21)$$

6.3.4 计算因子得分

因子得分是因子分析的最终体现。

在因子分析的实际应用中，当因子确定以后，便可计算各因子在每个样本上的具体数值，这些数值称为因子得分，形成的变量称为因子变量。于是，在以后的分析中就可以因子变量代替原有变量进行数据建模，或利用因子变量对样本进行分类或评价等研究，进而实现降维和简化问题的目标。

计算因子得分的途径是用原有变量来描述因子，第 j 个因子在第 i 个样本上的值可表示为

$$F_{ji} = \varpi_{j0} + \varpi_{j1}x_{1i} + \varpi_{j2}x_{2i} + \varpi_{j3}x_{3i} + \cdots + \varpi_{jp}x_{pi} \quad (6.22)$$
$$(j=1,2,3,\cdots,k)$$

其中，$x_{1i}, x_{2i}, x_{3i}, \cdots, x_{pi}$ 分别是第 1、2、3、……、p 个原有变量在第 i 个样本上的取值，$\varpi_{j1}, \varpi_{j2}, \varpi_{j3}, \cdots, \varpi_{jp}$ 分别是第 j 个因子和第 1、2、3、……、p 个原有变量间的因子值系数。

可见，因子得分可看作各变量值的加权（$\varpi_{j1}, \varpi_{j2}, \varpi_{j3}, \cdots, \varpi_{jp}$）总和，权数的大小表示了因子的重要程度。式（6.23）是因子得分函数：

$$F_j = \varpi_{j0} + \varpi_{j1}x_1 + \varpi_{j2}x_2 + \varpi_{j3}x_3 + \cdots + \varpi_{jp}x_p \quad (6.23)$$
$$(j=1,2,3,\cdots,k)$$

由于因子个数 k 小于原有变量个数 p，因此式（6.23）中方程的个数少于变量的个数。因子值系数通常采用最小二乘意义下的回归法进行估计。可将式（6.23）看作因子变量 F_j 对 p 个原有变量的线性回归方程。

可以证明，式（6.23）中回归系数的最小二乘估计满足：

$$W_j \boldsymbol{R} = S_j \quad (6.24)$$

其中，$W_j = (\varpi_{j1}, \varpi_{j2}, \varpi_{j3}, \cdots, \varpi_{jp})$；$\boldsymbol{R}$ 为原有变量的相关系数矩阵；$S_j = (s_{1j}, s_{2j}, s_{3j}, \cdots, s_{pj})$，是第 1、2、3、……、$p$ 个变量与第 j 个因子的相关系数，是不可见的。但当各因子解正交时有 $S_j = A_j' = (a_{1j}, a_{2j}, a_{3j}, \cdots, a_{pj})$，$a_{1j}, a_{2j}, a_{3j}, \cdots, a_{pj}$ 为第 1、2、3、……、p 个变量在第 j 个因子上的因子载荷，于是有

$$W_j = A_j' \boldsymbol{R}^{-1} \quad (6.25)$$

其中，R^{-1} 为相关系数矩阵的逆矩阵。

根据式（6.25）计算因子变量 F_j 的因子值系数，再利用式（6.23）计算出第 j 个因子在各个样本上的因子得分。

6.3.5 因子分析的应用示例

这里，利用电信客户数据，对所有数值型输入变量进行因子分析。

选择"建模"选项卡中的"主成分分析/因子"节点，将其连接到数据流的恰当位置上。右击，选择弹出菜单中的"编辑"进行节点的参数设置。"模型""专家"选项卡是参数设置中的重要选项卡。

1."模型"选项卡

"模型"选项卡用于设置因子分析中的因子提取方法，如图 6.12 所示。

图 6.12 "主成分分析/因子"节点的"模型"选项卡

其中：
- 使用分区数据：表示如果数据流中的"类型"节点指定了"分区"变量，则将依该变量的取值进行样本集划分，否则 SPSS Modeler 将自动随机将样本划分为训练样本集和测试样本集。因子分析将在训练样本上进行。
- 提取方法：给出了多种因子提取的方法，默认的方法为主成分分析法。

2."专家"选项卡

"专家"选项卡用来设置主成分分析法提取因子的相关参数，如图 6.13 所示。

其中：
- 模式："简单"表示采用 SPSS Modeler 默认的参数进行因子分析；"专家"表示可对默认参数进行调整。
- 字段："相关性矩阵"表示以原始变量的相关系数矩阵为基础计算；"协方差矩阵"表示以原始变量的协方差矩阵为基础计算。
- 提取因子："特征值超出"表示提取大于指定值（默认为 1）的特征值；"最大数"表示提取指定个数的因子。

- 成分/因子矩阵格式：指定因子载荷矩阵的输出样式。"按值进行排序"表示将因子载荷排序后输出因子载荷矩阵；"隐藏小于"表示不显示小于指定值（默认为 0.3）的因子载荷。

图 6.13 "主成分分析/因子"节点的"专家"选项卡

- "旋转"按钮：选择因子旋转的方法，如图 6.14 所示。

因子分析模型计算结果将列在流管理器的"模型"选项卡中。右击，选择弹出菜单中的"浏览"查看结果。因子分析的计算结果主要包括"模型""摘要""高级"3 个选项卡。

- "摘要"选项卡

"摘要"选项卡给出了模型的简单说明，案例因子分析结果如图 6.15 所示。

图 6.14 因子旋转的方法

图 6.15 案例因子分析结果

本例参与分析数值型变量共 7 个，提取了 3 个因子。

● "高级"选项卡

"高级"选项卡给出了因子的详细信息。本例因子分析的主要结果如表 6.3～表 6.8 所示（为软件输出结果）。

表 6.3　因子分析的变量共同度（一）

Communalities

	Initial	Extraction
年龄	1.000	.643
收入	1.000	.426
家庭人数	1.000	.782
开通月数	1.000	.864
基本费用	1.000	.834
免费部分	1.000	.691
无线费用	1.000	.752

Extraction Method: Principal Component Analysis.

表 6.3 给出了因子分析中，各个变量的变量共同度。当采用主成分分析作为因子分析的初始解，即提取 7 个因子时，各变量的共同度均为 1（Initial 列）。应重点关注提取 3 个因子后的变量共同度（Extraction）。提取 3 个因子后，变量共同度最低的是收入，它的信息丢失高达 1-0.426=0.574，不太理想。

表 6.4　因子的方差贡献（一）

Total Variance Explained

Component	Initial Eigenvalues			Extraction Sums of Squared Loadings			Rotation Sums of Squared Loadings		
	Total	% of Variance	Cumulative %	Total	% of Variance	Cumulative %	Total	% of Variance	Cumulative %
1	2.512	35.890	35.890	2.512	35.890	35.890	2.159	30.841	30.841
2	1.384	19.767	55.656	1.384	19.767	55.656	1.567	22.387	53.228
3	1.098	15.679	71.336	1.098	15.679	71.336	1.268	18.108	71.336
4	.774	11.059	82.395						
5	.546	7.796	90.191						
6	.496	7.092	97.283						
7	.190	2.717	100.000						

Extraction Method: Principal Component Analysis.

表 6.4 给出了关于因子的方差贡献情况。该表数据 3 列一组，第一组为因子分析初始解（Initial Eigenvalues）的情况，第二组为提取 3 个因子（Extraction Sums of Squared Loadings）时的情况，第三组为因子旋转（Rotation Sums of Squared Loadings）后的情况。其中，Total 为特征值（方差贡献），% of Variance 为方差贡献率，Cumulative %为累计方差贡献率。可见，第一个因子的方差贡献为 2.512，方差贡献率为 35.890%，累计方差贡献率为 35.890%。同理，第二个因子的方差贡献为 1.384，方差贡献率为 19.767%，目前累计方差贡献率为 55.656%。提取 3 个因子时的累计方差贡献率为 71.336%，也不理想。因此，结合前面的变量共同度，

可考虑提取 4 个因子。

提取 4 个因子后的各个变量共同度和方差贡献如表 6.5 和表 6.6 所示。

表 6.5 因子分析的变量共同度（二）
Communalities

	Initial	Extraction
年龄	1.000	.650
收入	1.000	.929
家庭人数	1.000	.933
开通月数	1.000	.883
基本费用	1.000	.871
免费部分	1.000	.734
无线费用	1.000	.767

Extraction Method: Principal Component Analysis.

表 6.6 因子的方差贡献（二）
Total Variance Explained

Component	Initial Eigenvalues			Extraction Sums of Squared Loadings			Rotation Sums of Squared Loadings		
	Total	% of Variance	Cumulative %	Total	% of Variance	Cumulative %	Total	% of Variance	Cumulative %
1	2.512	35.890	35.890	2.512	35.890	35.890	2.024	28.907	28.907
2	1.384	19.767	55.656	1.384	19.767	55.656	1.483	21.179	50.087
3	1.098	15.679	71.336	1.098	15.679	71.336	1.153	16.476	66.563
4	.774	11.059	82.395	.774	11.059	82.395	1.108	15.832	82.395
5	.546	7.796	90.191						
6	.496	7.092	97.283						
7	.190	2.717	100.000						

Extraction Method: Principal Component Analysis.

收入的变量共同度得到了显著提高。同时，因子的累计方差贡献率为 82.395%。因子载荷矩阵和旋转后的因子载荷矩阵如表 6.7 和表 6.8 所示。

表 6.7 因子载荷矩阵
Component Matrix

	Component			
	1	2	3	4
开通月数	.840	−.222	.331	−.136
基本费用	.807	−.212	.370	−.193
年龄	.681	−.311	−.287	.083
无线费用	.309	.795	−.155	−.122
免费部分	.494	.662	−.098	−.207
家庭人数	−.142	.341	.804	.389
收入	.576	.079	−.298	.709

Extraction Method: Principal Component Analysis.

表 6.8 旋转后的因子载荷矩阵
Rotated Component Matrix

	Component			
	1	2	3	4
基本费用	.926	.090	.072	.015
开通月数	.924	.084	.147	−.001
年龄	.503	−.004	.472	−.417
无线费用	−.041	.870	.082	.043
免费部分	.198	.830	.075	−.022
收入	.130	.148	.944	−.003
家庭人数	.023	.019	−.022	.965

Extraction Method: Principal Component Analysis.
Rotation Method: Varimax with Kaiser Normalization.[a]
a. Rotation converged in 4 iterations.

比较表 6.7 和表 6.8 发现，因子的命名可解释性提高了，第一个因子是对基本费用和开通月数的综合，第二个因子主要反映无线费用和免费部分，第三个因子主要解释收入，第四个因子反映的是家庭人数的情况。

- "模型"选项卡

"模型"选项卡给出了 4 个因子得分函数，如图 6.16 所示。

图 6.16　案例因子得分函数

可依次写出各个因子得分函数，并计算各个样本观测在各个因子上的得分。

将模型计算结果添加到数据流中，选择"输出"选项卡中的"表格"节点，浏览各样本观测在因子变量上的得分。因子得分变量名以$F-因子开头，后跟下画线和因子编号。4 个因子变量关于是否流失的因子得分直方图如图 6.17 所示。

图 6.17　因子得分直方图

图形显示，流失客户在第一、三个因子上得分普遍较低，低于平均值；流失和保留客户在其余两个因子得分上的分布差异不明显。

第 7 章　分类预测：SPSS Modeler 的决策树*

分类预测是指通过归纳和提炼现有数据中目标变量和输入变量的取值规律，建立分类预测模型，用于对未来新数据的预测。

从学习角度看，分类预测属于数据挖掘中的有监督学习，它要求参与建模的变量应包括作为输入角色的输入变量，以及作为目标角色的目标变量，且目标变量值在现有数据上已知。分类预测模型能够反映怎样的输入变量取值应有怎样的目标变量结果。

分类预测包含分类和回归两方面的含义。目标变量为分类型的预测模型称为分类模型，目标变量为连续数值型的预测模型称为回归模型。

分类预测在数据挖掘中的应用最为广泛。本书前面所谈及的药物研究、学生参加公益活动及电信客户流失的例子，都是典型的分类预测应用问题。

SPSS Modeler 的分类预测算法极为丰富，其中的决策树算法尤为经典。决策树最早起源于人工智能的机器学习技术，用以实现数据内在规律的探究和新数据对象的分类预测。因其核心算法较为成熟，很早就被各类智能决策系统所采纳。后来，由于决策树算法具有出色的数据分析能力和直观易懂的结果展示等特点，被纳入数据挖掘的范畴之中，并成为备受广大数据挖掘用户青睐、使用最为广泛的分类预测算法之一。

7.1　决策树算法概述

7.1.1　什么是决策树

决策树算法的目标是建立分类模型或回归模型。决策树得名于其分析结论的展示方式类似一棵倒置的树。

例如，图 7.1 所示就是一棵典型的决策树。出于版面空间的考虑，这里将它进行了转置。

1．相关基本概念

决策树涉及以下基本概念。
- 根节点

图 7.1 中最左侧的一个节点（节点 0）称为根节点。一棵决策树只有一个根节点。未转置的决策树，根节点在最上层。
- 叶节点

没有下层的节点称为叶节点。一棵决策树可以有多个叶节点。未转置的决策树，叶节点在最下层。如图 7.1 中的节点 1、5、3、4 均为叶节点。

---

* 本章的数据流文件：决策树.str。

图 7.1 典型的决策树

- 中间节点

位于根节点下且还有下层的节点称为中间节点。中间节点可分布在多个层中。如图 7.1 中的节点 2 为中间节点。

同层节点称为兄弟节点,如节点 1、2、5 互为兄弟节点。上层节点是下层节点的父节点,如节点 2 是节点 3、4 的父节点。下层节点是上层节点的子节点,如节点 3、4 是节点 2 的子节点。根节点没有父节点,叶节点没有子节点。

- 二叉树和多叉树

若树中每个节点最多只能生长出两个分支(分组),即父节点只能有两个子节点,则这样的决策树称为二叉树。若能够长出不止两个分支,即父节点有两个以上的子节点,则这样的决策树称为多叉树。如图 7.1 所示为多叉树。

2. 决策树的特点

决策树有以下特点。

- 决策树体现了对样本数据的不断分组过程

每个节点均包含一定数量的样本观测。根节点包含所有样本,其他节点的样本量依层递减。

例如,图 7.1 中根节点(节点 0)包含全部共 9 个样本观测。对样本按消费频率分为 3 组,分别是节点 1、节点 2 和节点 5,样本量依次为 3、5 和 1。对节点 2 继续按照收入水平分成两组,分别是节点 3 和节点 4,样本量依次为 3 和 2。

- 决策树分为分类树和回归树

分类树和回归树分别用于对分类型和数值型目标变量值的预测,预测结果体现在决策树的每个叶节点上。对于分类树,叶节点的预测值是它所含样本的目标变量值的众数类别;对于回归树,叶节点的预测值是它所含样本的目标变量值的平均值。

例如,图 7.1 所示是一棵分类树。树中叶节点 1 的预测值是不打算购买,叶节点 3 的预测值是打算购买。

- 决策树体现了输入变量和目标变量取值的逻辑关系

与很多同样可以实现分类预测的算法相比,决策树算法的最大特点是:分类预测是基于逻辑的，即利用 IF … THEN …的形式，通过输入变量取值的布尔比较（逻辑比较），预测目标变量的取值。

例如，图 7.1 所示决策树体现的逻辑关系有：

IF(消费频率=经常) THEN 打算购买；
IF(消费频率=偶尔) 且 (收入水平=高收入 或 中收入) THEN 打算购买；
IF(消费频率=从未) THEN 不打算购买；
IF(消费频率=偶尔 且 收入水平=低收入) THEN 不打算购买；

逻辑比较形式表述的是一种推理规则，每个叶节点都对应一条推理规则，是对新数据分类预测的依据。对于一个新的数据对象，预测只需按照决策树的层次，从根节点开始依次根据其输入变量取值，进入决策树的不同分支，直至叶节点。

决策树的直观性和易懂性是其他算法无法媲美的。

7.1.2 决策树的几何理解

对于分类树，可将训练样本集中的每一个样本观测看成 p 维（p 个输入变量）特征空间上的一个点，目标变量取不同类别的点以不同形状表示（如圆圈或三角形）。

决策树建立的过程就是决策树各个分支依次形成的过程。从几何意义上理解，就是决策树的每个分支在一定规则下完成对 p 维特征空间的区域划分。决策树建立好后，p 维特征空间会被划分成若干个小的矩形区域。矩形区域的边界平行或垂直于坐标轴。

通常，由于特征空间的维度较高，不直观且不易于理解，因此采用树形方式展现决策树。图 7.2 所示是一个二维特征空间划分和相应决策树的示例。

图 7.2 二维特征空间划分和相应决策树的示例

决策树在确定每一步的特征空间划分标准时，都同时兼顾由此将形成的两个区域，希望划分形成的两个区域所包含的样本观测点尽可能同时"纯正"，即一个区域中多数样本观测点有相同的形状，尽量少掺杂其他形状的点。换言之，就是同一区域中样本目标变量应尽可能取同一类别值。

对于回归树，本质也是特征空间的区域划分。其确定划分标准的原则与分类树类似，即同一区域中样本目标变量取值的离散程度应尽可能低。

7.1.3 决策树的核心问题

决策树主要围绕两大核心问题展开：第一，决策树的生长，即利用训练样本集完成决策树的建立过程；第二，决策树的剪枝，即利用测试样本集对所形成的决策树进行精简。

1. 决策树的生长

决策树的生长过程是对训练样本集的不断分组过程。决策树上的各个分支是在数据不断分组的过程中逐渐生长出来的。当对某组数据的继续分组不再有意义时，它所对应的分支便不再生长；当所有数据组的继续分组均不再有意义时，决策树的生长过程结束。此时，一棵完整的决策树便形成了。因此，决策树生长的核心算法是确定决策树的分支准则。

图 7.3 所示为决策树生长过程的示意图。

图 7.3 决策树生长过程的示意图

图 7.3 中：

- 差异下降是否显著是指分组样本中目标变量取值的差异性是否随决策树的生长（分组的进行）而显著减小。有效的决策树分支（分组）应当使枝（组）中样本的目标变量取值尽快趋同，差异迅速下降。
- 达到叶节点的一般标准是，节点中样本的目标变量均为相同类别，或达到用户指定的停止生长标准。

分支准则的确定涉及两方面问题：第一，如何从众多的输入变量中选择一个当前最佳的分组变量；第二，如何从分组变量的众多取值中找到一个最佳的分割点。不同决策树算法，如 C5.0、CHAID、QUEST、CART 等采用不同的策略，具体将在后面讨论。

2. 决策树的修剪

完整的决策树并不一定是分类预测的最佳树。主要原因是，完整的决策树对训练样本特征的描述"过于精细"。

从决策树建立过程看，随着决策树的生长，因所处理的样本量在不断减少，决策树对数据总体规律的刻画程度在不断下降。对于所有根节点，处理对象是训练样本集中的全体样本，此时样本量是最大的。当第二层分支形成后，全部样本被分成若干组，于是再下层的分支准则将基于各分组内的样本，样本量相对第一层根节点要少许多。这样的过程会不断重复，后续分支准则的确定依据必然是分组再分组又分组后的极少样本。可见，随着决策树的生长和样本量的不断减少，越深层处的节点所体现的数据特征就越个性化，一般性就越差。极端情况下可能产生这样的推理规则："年收入大于 50000 元且年龄大于 50 岁且姓名是张三的人购买某种商品"。这条规则的精确性是毋庸置疑的，但却失去了一般性。

虽然完整的决策树能够准确反映训练样本集中数据的特征，但很可能因其失去一般代表性而无法用于对新数据的分类预测，这种现象在数据挖掘中称为"过拟合"。解决这个问题的主要方法是决策树修剪。

常用的修剪技术有预修剪（pre-pruning）和后修剪（post-pruning）两种。预修剪技术主要用来限制决策树的充分生长，后修剪技术则是待决策树充分生长完毕再进行剪枝。

预修剪的最直接方法主要有：第一，事先指定决策树生长的最大深度，决策树生长到指定深度后就不再继续生长；第二，事先指定样本量的最小值，节点所含样本量不应低于该值，否则相应节点不能继续分支。预修剪技术能够有效阻止决策树的充分生长，但要求对变量取值分布有较为清晰的把握，参数需反复尝试。否则很可能因参数值不合理而导致决策树深度过浅，使得决策树的代表性"过于一般"，同样也无法实现对新数据的准确预测。

后修剪技术从另一个角度解决过度拟合问题。它在允许决策树充分生长的基础上，再根据一定的规则，剪去决策树中那些不具一般代表性的子树，是一个边修剪边检验的过程。用户可以事先指定一个允许的最大误差值。剪枝过程将不断计算当前决策子树的预测误差。当误差高于允许的最大值时，则应停止剪枝，否则可以继续剪枝。

基于训练样本集的后修剪并不恰当。较为合理的做法是利用测试样本集评价决策树的剪枝效果。当决策树在测试样本集上的错误率开始增大时，应停止剪枝。决策树的修剪如图 7.4 所示。

图 7.4　决策树的修剪

图 7.4 中，在决策树生长初期，决策树在训练样本集和测试样本集上的预测误差会快速减小。随着树深度的继续增加，决策树在训练样本集和测试样本集上的预测误差减小速度开始放平缓。当树生长到达一定深度后，决策树在训练样本集上的误差仍继续减小，但在测试样本集上的误差则开始增大，表明出现了过拟合。后修剪应停止于预测误差较低，且过拟合现象未出现时。

不同决策树算法采用的剪枝策略不尽相同，将在后面详细讨论。

> 需要说明的是，SPSS Modeler 提供了包括 C5.0、CART、CHAID、QUEST 在内的经典决策树算法。

7.2　SPSS Modeler 的 C5.0 算法及其应用

C5.0 是在决策树的鼻祖算法 ID3 基础上发展起来的。ID3 算法是 J. R. Quinlan 于 1979 年提出的，后来经过不断改善形成了具有决策树里程碑意义的 C4.5 算法。C5.0 是 C4.5 算法的商业化版本，其核心与 C4.5 相同，只是在执行效率和内存使用方面有所改进。由于 C5.0 的算法细节尚未公开，这里只对 C4.5 算法进行讨论，但出于与软件操作一致的考虑，称谓上仍沿用 C5.0。

C5.0 用于建立多叉的分类树。它要求输入变量是分类型或数值型，目标变量为分类型。C5.0 以信息增益率为标准，确定决策树分支准则，寻找最佳分组变量和分割点。

SPSS Modeler 的 C5.0 算法通过"建模"选项卡中的"C5.0"节点实现。

7.2.1　信息熵和信息增益

1. 信息熵

信息熵是信息论中的基本概念。信息论是 C.E.Shannon 于 1948 年提出并后续发展起来的，主要用于解决信息传递过程中的问题，也称统计通信理论。

信息论的基本出发点认为：

第一，信息传递（信息通信）是通过一个由信源、信道和信宿组成的传递系统实现的。其中，信源是信息的发送端，信宿是信息的接收端。

第二，传递系统存在于一个随机干扰环境之中，因此传递系统对信息的传递是存在随机误差的。如果将发送的信息记为 U，接收的信息记为 V，那么信道可看作一个信道模型，记为 $P(U|V)$。

信道理想模型是一个条件概率矩阵，称为信道传输概率矩阵，记为

$$\begin{bmatrix} P(u_1|v_1) & P(u_2|v_1) & ... & P(u_r|v_1) \\ P(u_1|v_2) & P(u_2|v_2) & ... & P(u_r|v_2) \\ ... & ... & ... & ... \\ P(u_1|v_q) & P(u_2|v_q) & ... & P(u_r|v_q) \end{bmatrix}$$

其中，$P(u_i|v_j)$ 表示信宿收到信息 v_j 而信源发出信息 u_i 的概率，且 $\sum P(u_i|v_j)=1$（$i=1,2,\cdots,r$，$j=1,2,\cdots,q$）。

在这个通信系统中，不仅干扰被理解为某种随机序列，信源也同样被看作某种随机过程。信息 u_i（$i=1,2,\cdots,r$）的发生概率 $P(u_i)$ 组成信源的数学模型，且 $\sum P(u_i)=1$（$i=1,2,\cdots,r$）。

以二元信道模型为例，其信道传输概率矩阵为

$$\begin{bmatrix} P(u_1|v_1) & P(u_2|v_1) \\ P(u_1|v_2) & P(u_2|v_2) \end{bmatrix} = \begin{bmatrix} P_{11} & P_{21} \\ P_{12} & P_{22} \end{bmatrix}$$，如图 7.5 所示。

在通信发生之前，信宿无法判断信源处于怎样的状态，无法确切了解信源究竟会发出什么样的信息，这种情形称为信宿对信源的状态具有不确定性。由于这种不确定性是存在于通信之前的，因而称为先验不确定性。

图 7.5　二元信道模型示意

在通信发生之后,当信宿收到发自信源的信息,不确定性可能被消除或减小。如果干扰很小且不对传递的信息产生有效影响,则信源发出的信息将被信宿全部收到,信宿的不确定性将被完全消除。通常情况下,干扰总会对信源发出的信息造成某种破坏,使信宿收到的信息不完整。因此,不确定性不可能全部被消除,只能部分被消除。也就是说,通信结束后,信宿对信源仍有一定程度的不确定性,称为后验不确定性。

如果后验不确定性等于先验不确定性,表示信宿没有收到信息;如果后验不确定性等于零,表示信宿收到了全部信息。因此,信息是用来消除随机不确定性的,信息量的大小可由所消除的不确定性大小来计量。

信息量的数学定义为

$$I(u_i) = \log_2 \frac{1}{P(u_i)} = -\log_2 P(u_i) \tag{7.1}$$

信息量的单位是 bit,是以 2 为底的对数形式。

信息熵是信息量的数学期望,数学定义为

$$\text{Ent}(U) = \sum_i P(u_i) \log_2 \frac{1}{P(u_i)} = -\sum_i P(u_i) \log_2 P(u_i) \tag{7.2}$$

如果信息熵等于 0,则表示只存在唯一的信息发送可能,即 $P(u_i)=1$,没有发送的不确定性;如果信源的 k 个信号有相同的发送概率,即对所有的 u_i 都有 $P(u_i)=1/k$,则信息发送的不确定性最大,信息熵达到最大。所以,信息熵越大,平均不确定性越大;信息熵越小,平均不确定性就越小。通常称信源发出信息前的平均不确定性为先验熵。

2. 信息增益

当已知信号 U 的概率分布为 $P(U)$ 且收到信号 $V=v_j$ 时,发出信号的概率分布为 $P(U|v_j)$。于是,信源的平均不确定性为

$$\text{Ent}(U|v_j) = \sum_i P(u_i|v_j) \log_2 \frac{1}{P(u_i|v_j)} = -\sum_i P(u_i|v_j) \log_2 P(u_i|v_j) \tag{7.3}$$

称为条件熵,是信宿收到 v_j 后获得的对信号 U 的信息度量值。由于收到信号 V 是个随机变量,因而条件熵期望为

$$\begin{aligned} \text{Ent}(U|V) &= \sum_j P(v_j) \sum_i P(u_i|v_j) \log_2 \frac{1}{P(u_i|v_j)} \\ &= \sum_j P(v_j) \left[-\sum_i P(u_i|v_j) \log_2 P(u_i|v_j) \right] \end{aligned} \tag{7.4}$$

称为信道疑义度,表示信宿收到 V 后,对信号 U 仍存在的不确定性(后验不确定性),这是由随机干扰引起的。

通常 $\text{Ent}(U|V) < \text{Ent}(U)$。于是,$\text{Gains}(U,V) = \text{Ent}(U) - \text{Ent}(U|V)$,称为信息增益,反映的是信息消除随机不确定性的程度。

7.2.2 C5.0 决策树的生长算法

决策树的生长过程是对训练样本集的不断分组过程,涉及两方面问题:第一,如何从众多输入变量中选择一个当前最佳分组变量;第二,如何从分组变量的众多取值中找到一个最佳的分割点。

1. 从众多输入变量中选择一个当前最佳分组变量

C5.0 以信息论为指导,以信息增益率为标准确定最佳分组变量和分割点。

这里,以第 6 章 14 名超市顾客的数据为例,设变量 T_1、T_2、T_3 分别代表年龄段、挑选时间和性别,作为输入变量;变量 Y 代表是否购买,为目标变量,如表 7.1 所示。

表 7.1　顾客特征和是否购买的数据(文件名为 Purchase.xls)

挑选时间(T_2)	64	65	68	69	70	71	72	72	75	75	80	81	83	85
年龄段(T_1)	B	A	A	C	B	B	C	C	C	A	B	A	A	C
性别(T_3)	1	1	0	1	0	0	0	0	1	0	1	1	0	0
是否购买(Y)	yes	yes	yes	no	yes	yes	yes	no	no	yes	no	no	no	yes

决策树将目标变量(Y)看作信源发出的信息 U,将输入变量(T_1、T_2、T_3)看作信宿收到的一系列信息 V。在实际通信之前,也就是在决策树建立之前,目标变量对信宿来讲是完全随机的,其平均不确定性为

$$\text{Ent}(U) = \sum_i P(u_i) \log_2 \frac{1}{P(u_i)} = -\sum_i P(u_i) \log_2 P(u_i)$$

$$= -\frac{9}{14} \log_2 \left(\frac{9}{14}\right) - \frac{5}{14} \log_2 \left(\frac{5}{14}\right) = 0.940$$

在实际通信过程中,也就是在决策树建立过程中,随着信宿接收到信息,也就是考察了输入变量,如变量 T_1,则 T_1 的条件熵期望为

$$\text{Ent}(U|T_1) = \sum_j P(t_{1_j}) \left[-\sum_i P(u_i|t_{1_j}) \log_2 P(u_i|t_{1_j}) \right]$$

$$= \frac{5}{14}\left[-\frac{2}{5}\log_2\left(\frac{2}{5}\right) - \frac{3}{5}\log_2\left(\frac{3}{5}\right)\right] + \frac{4}{14}\left[-\frac{4}{4}\log_2\left(\frac{4}{4}\right) - \frac{0}{4}\log_2\left(\frac{0}{4}\right)\right] +$$

$$\frac{5}{14}\left[-\frac{3}{5}\log_2\left(\frac{3}{5}\right) - \frac{2}{5}\log_2\left(\frac{2}{5}\right)\right]$$

$$= 0.694$$

于是,T_1 的信息增益为

$$\text{Gains}(U, T_1) = \text{Ent}(U) - \text{Ent}(U|T_1) = 0.940 - 0.694 = 0.246$$

同理,还可以计算变量 T_3 的条件熵期望和信息增益为

$$\text{Ent}(U|T_3) = \sum_j P(t_{3_j}) \left[\sum_i P(u_i|t_{3_j}) \log_2 P(u_i|t_{3_j}) \right]$$

$$= \frac{6}{14}\left[-\frac{3}{6}\log_2\left(\frac{3}{6}\right) - \frac{3}{6}\log_2\left(\frac{3}{6}\right)\right] + \frac{8}{14}\left[-\frac{6}{8}\log_2\left(\frac{6}{8}\right) - \frac{2}{8}\log_2\left(\frac{2}{8}\right)\right] = 0.892$$

$$\text{Gains}(U, T_3) = \text{Ent}(U) - \text{Ent}(U|T_3)$$
$$= 0.940 - 0.892 = 0.048$$

容易理解,应选择信息增益最大的输入变量(这里为 T_1)作为最佳分组变量,因为其消除信宿对信源的平均不确定性的能力最强。或者说,由此进行的样本分组,目标变量在两组内部取值的趋同程度最高。一方面,这正是人们所期望的结果;另一方面,这种思路也体现了前面谈到的同时兼顾两个划分区域的问题。

应该看到，这个选择以信息增益值的大小为标准，但事实上，这种方式存在一定的问题，主要表现在：类别值多的输入变量比类别值少的输入变量有更多的机会成为当前最佳分组变量。

如例中变量 T_1 比变量 T_3 具有作为最佳分组变量的"先天"优势。为有助于理解，将表 7.1 中变量 T_1 的取值进行调整，将 A 拆成 A1 和 A2，相当于增加了一个类别，如表 7.2 所示。

表 7.2 调整的顾客情况和是否购买数据

挑选时间（T_2）	64	65	68	69	70	71	72	72	75	75	80	81	83	85
年龄段（T_1）	B	A1	A2	C	B	B	C	C	C	A1	B	A1	A2	C
性别（T_3）	1	1	0	1	0	0	0	0	1	0	1	1	0	0
是否购买（Y）	yes	yes	yes	no	yes	yes	yes	yes	no	no	yes	no	no	yes

由此，计算变量 T_1 的条件熵期望为

$$\text{Ent}(U\mid T_1) = \sum_j P(t_{1_j})\left[-\sum_i P(u_i\mid t_{1_j})\log_2 P(u_i\mid t_{1_j})\right]$$

$$= \frac{3}{14}\left[-\frac{1}{3}\log_2\left(\frac{1}{3}\right)-\frac{2}{3}\log_2\left(\frac{2}{3}\right)\right]+\frac{2}{14}\left[-\frac{1}{2}\log_2\left(\frac{1}{2}\right)-\frac{1}{2}\log_2\left(\frac{1}{2}\right)\right]+$$

$$\frac{4}{14}\left[-\frac{4}{4}\log_2\left(\frac{4}{4}\right)-\frac{0}{4}\log_2\left(\frac{0}{4}\right)\right]+\frac{5}{14}\left[-\frac{3}{5}\log_2\left(\frac{3}{5}\right)-\frac{2}{5}\log_2\left(\frac{2}{5}\right)\right]$$

$$= 0.686867$$

T_1 的信息增益为

$$\text{Gains}(U,T_1) = \text{Ent}(U) - \text{Ent}(U\mid T_1)$$
$$= 0.940 - 0.686867 = 0.253133$$

可见，这个结果比数据调整前增大了。

为解决上述问题，C5.0 以信息增益率作为选择标准，即不仅考虑信息增益的大小，还兼顾为获得信息增益所付出的"代价"。信息增益率的数学定义为

$$\text{Gains}R(U,V) = \text{Gain}(U,V)/\text{Ent}(V) \tag{7.5}$$

如果输入变量 V 有较多的分类值，则它自身的信息熵会偏大，而信息增益率会随之降低，从而消除了类别数目所带来的影响。

例如，表 7.1 中 T_1 的信息增益率为

$$\text{Gains}R(U,T_1) = 0.246 / \left[-\frac{5}{14}\log_2\left(\frac{5}{14}\right)-\frac{4}{14}\log_2\left(\frac{4}{14}\right)-\frac{5}{14}\log_2\left(\frac{5}{14}\right)\right] = 0.246/1.577 \approx 0.156$$

表 7.2 中 T_1 的信息增益率为

$$\text{Gains}R(U,T_1) \approx 0.2531 / \left[-\frac{3}{14}\log_2\left(\frac{3}{14}\right)-\frac{2}{14}\log_2\left(\frac{2}{14}\right)-\frac{4}{14}\log_2\left(\frac{4}{14}\right)-\frac{5}{14}\log_2\left(\frac{5}{14}\right)\right]$$

$$\approx 0.2531/1.924174 \approx 0.132$$

信息增益率没有增大。

T_3 的信息增益率为

$$\text{Gains}R(U,T_3) = 0.048 / \left[-\frac{6}{14}\log_2\left(\frac{6}{14}\right)-\frac{8}{14}\log_2\left(\frac{8}{14}\right)\right] = 0.048/0.985 \approx 0.049$$

由于 T_3 的信息增益率仍然低于 T_1 的信息增益率，因此，还应选择 T_1 作为当前最佳分组变量。

应如何评价数值型输入变量（如 T_2）消除平均不确定性的能力呢？通常的做法是首先进行分箱处理，然后再根据上述方法判定。分箱采用第 6 章基于 MDLP 的熵分组方法。SPSS Modeler 的 C5.0 节点本身包含了 MDLP 算法，它将自动完成数值型输入变量的分箱，无须用户干预。

2. 输入变量带有缺失值时如何选择最佳分组变量

数据中的缺失值是很常见的，最理想的情况是在建模之前，利用已讨论过的方法和 SPSS Modeler 的操作对缺失值进行插补处理，或者将带有缺失值的样本剔除。但无论怎样，缺失值的处理总是无法令人十分满意，算法内部增加缺失值的处理策略是明智的。

C5.0 选择最佳分组变量时，通常将带有缺失值的样本当作临时剔除样本看待，并进行权数调整处理。

仍以表 7.1 所示数据为例。将第一个样本观测的 T_1（年龄段）改为缺失值，如表 7.3 所示。

表 7.3 带有缺失值的顾客情况和是否购买的数据

挑选时间（T_2）	64	65	68	69	70	71	72	72	75	75	80	81	83	85
年龄段（T_1）	?	A	A	C	B	B	C	C	C	A	B	A	A	C
性别（T_3）	1	1	0	0	0	0	0	1	0	1	1	1	0	0
是否购买（Y）	yes	yes	yes	no	yes	yes	yes	yes	no	no	yes	no	no	yes

计算步骤是：

● 首先，计算目标变量的平均不确定性：

$$\text{Ent}(U) = \sum_i P(u_i) \log_2 \frac{1}{P(u_i)} = -\sum_i P(u_i) \log_2 P(u_i)$$

$$= -\frac{8}{13} \log_2 \left(\frac{8}{13}\right) - \frac{5}{13} \log_2 \left(\frac{5}{13}\right) = 0.961$$

● 其次，计算关于变量 T_1 的条件熵期望：

$$\text{Ent}(U|T_1) = \sum_j P(t_{1_j}) \left[-\sum_i P(u_i|t_{1_j}) \log_2 P(u_i|t_{1_j}) \right]$$

$$= \frac{5}{13} \left[-\frac{2}{5} \log_2 \left(\frac{2}{5}\right) - \frac{3}{5} \log_2 \left(\frac{3}{5}\right) \right] + \frac{3}{13} \left[-\frac{3}{3} \log_2 \left(\frac{3}{3}\right) - \frac{0}{3} \log_2 \left(\frac{0}{3}\right) \right] +$$

$$\frac{5}{13} \left[-\frac{3}{5} \log_2 \left(\frac{3}{5}\right) - \frac{2}{5} \log_2 \left(\frac{2}{5}\right) \right]$$

$$= 0.747$$

● 然后，计算经权数调整的变量 T_1 的信息增益：

$$\text{Gains}(U, T_1) = \frac{13}{14} [\text{Ent}(U) - \text{Ent}(U|T_1)]$$

$$= \frac{13}{14} (0.961 - 0.747) \approx 0.199$$

信息增益的取值比原来减小了。

- 最后，计算信息增益率：

$$GainsR(U, T_1) = 0.199 / \left[-\frac{5}{13} \log_2\left(\frac{5}{13}\right) - \frac{3}{13} \log_2\left(\frac{3}{13}\right) - \frac{5}{13} \log_2\left(\frac{5}{13}\right) \right] = 0.199 / 1.549 \approx 0.128$$

3. 从分组变量的众多取值中找到一个最佳分割点

确定了最佳分组变量后，C5.0 不再继续确定关于分组变量的最佳分割点，而默认采用以下策略。

- 如果最佳分组变量是具有 k 个类别的分类型变量，则依据 k 个取值将样本分成 k 组，形成树的 k 个分支。

如上，将 14 个样本按变量 T_1 分成 A、B、C 三个组，形成决策树的第一层（除根节点以外），是一个三叉树。

这样处理的好处是：在后续的决策树生长中将不会再涉及该变量。也就是说，决策树基于该变量的分支节点只出现一次，由此形成的推理规则的逻辑是比较清楚的，但可能会因分支较多而导致树比较庞大。

- 如果最佳分组变量是数值型变量，则以 MDLP 分箱所得的最小组限值为界，将小于组限的样本划为一组，将大于组限的样本划为另一组，形成两个分叉。

SPSS Modeler 默认以上处理策略，但出于算法多适用性的考虑，也允许用户指定是否需要寻找最佳分割点。如果用户指定了，SPSS Modeler 将采用 ChiMerge 分箱法将分组变量的多个类别合并，然后再分支。这种做法无疑有效减少了树的分支，得到的树相对精简。但基于某个分组变量的分支节点在树中只会出现多次，所形成的推理逻辑会比较混乱。

> 需要说明的是，如果某样本观测在最佳分组变量上取缺失值，则无法确定该样本应被分配到哪个组中。C5.0 的处理策略是将该样本观测同时分配到各个组中，但它不再是"完整的 1 个"样本观测，而是"小于 1"的。也就是说，如果将组中其他样本观测的权重看作 1，则该样本观测的权重应小于 1，权重值取决于各组样本所占的比例。

例如，以表 7.3 所示的数据为例，第 1 个样本观测在 T_1 上取缺失值。如果以 T_1 作为最佳分组变量，则应形成 A、B、C 三个组，不包括第 1 个样本观测在内，3 组的样本数分别为 5、3、5。于是，第 1 个样本观测分配到各组中的权重分别为 5/13、3/13、5/13，之后各组的样本数分别为 5+5/13、3+3/13、5+5/13。

决策树生长过程将反复上述过程，直到整个树各个分支的继续分组不再有意义为止。于是一棵完整的决策树便形成了。

4. ChiMerge 分箱法

分箱法是一种典型的有指导的分箱方法，主要特点是：输入变量分箱时不仅关注该输入变量自身的取值，同时更关注分箱处理是否影响对目标变量的分析。即输入变量所具备的对目标变量的解释能力不能因分箱处理而降低。这里的解释能力可理解为对目标变量取值的预测能力。基本思路是：

(1) 将输入变量按变量值升序排列。

(2) 定义初始区间，使输入变量的每个取值均单独落入一个区间内。或者，为提高效率，以分位数（如十分位数）为初始组限，将输入变量值分成若干组（如10组）。

（3）计算输入变量相邻两组与目标变量的列联表。

（4）在列联表的基础上计算卡方观测值。根据显著性水平和自由度得到卡方临界值。如果卡方值观测小于临界值，说明输入变量在该相邻区间上的划分对目标变量取值没有显著影响，可以合并。首先合并卡方观测值最小的区间。

（5）重复（3）、（4）步，直到任何两个相邻组无法合并，即卡方观测值都不小于临界值为止。

例如，表7.4中的Y是目标变量，X是输入变量，数据已按输入变量的升序排列。

表7.4 ChiMerge分箱法示例数据

Y	1	2	1	1	1	2	2	1	2	1	1
X	1	3	7	8	9	11	23	37	39	45	46	59

首先，以中间值（2,5,7.5,8.5,10,…,42,45.5,52.5）为组限，定义X的初始区间，使X的每个变量值均单独落入初始区间中；然后，计算X相邻两组和Y的列联表；最后，计算卡方观测值，并判断是否可以合并。

以X相邻两组[3.5,7.5]、[7.5,8.5]与Y的列联表为例。计算的卡方观测值为0.00，小于自由度为1、显著性水平为0.1下的卡方临界值2.706，应将[3.5,7.5]与[7.5,8.5]合并。再考察[2,3.5]与[3.5,10]组是否可以合并，计算卡方观测值为4，大于卡方临界值2.706，不应合并。该过程不断反复，直到没有可合并的组为止。上述计算数据见表7.5。

表7.5 ChiMerge分箱法计算示例

	$Y=1$	$Y=2$	合计		$Y=1$	$Y=2$	合计
[3.5,7.5]	1	0	1	[2,3.5]	0	1	1
[7.5,8.5]	1	0	1	[3.5,10]	3	0	3
合计	2	0	2	合计	3	1	4
卡方观测值=0.00				卡方观测值=4			

可见，ChiMerge分箱法是一种在目标变量监督下的分箱策略，注重分析分箱结果与目标变量间的相关性。

7.2.3 C5.0决策树的剪枝算法

完整的决策树因过于"依赖"训练样本会出现过拟合问题，导致在测试样本上不能有令人满意的预测表现，因此决策树的剪枝是必需的。C5.0采用后修剪方法从叶节点向上逐层剪枝，其关键问题是误差的估计及剪枝标准的设置。

1. 误差估计

通常，应估计决策树在测试样本集上的预测误差并以此为依据剪枝。C5.0则不然，而是利用统计学置信区间的估计方法，直接在训练样本集上估计误差。基本思路是：

- 针对决策树的每个节点，以目标变量的众数类别为预测类别。
- 设第i个节点包含N_i个样本观测，其中有E_i个被预测错误。观测到的样本错误率，即误差为$f_i = E_i/N_i$。

- 在近似服从正态分布假设的基础上,对第 i 个节点的真实误差 e_i 进行区间估计。给出置信度 $1-\alpha$,有

$$P\left[\frac{f_i - e_i}{\sqrt{\frac{f_i(1-f_i)}{N_i}}} < |z_{\frac{\alpha}{2}}|\right] = 1-\alpha \tag{7.6}$$

其中,$z_{\frac{\alpha}{2}}$ 为临界值。于是,第 i 个节点 e_i 的置信上限,即悲观估计为

$$e_i = f_i + z_{\frac{\alpha}{2}}\sqrt{\frac{f_i(1-f_i)}{N_i}} \tag{7.7}$$

C5.0 默认置信度为 1-0.25=0.75,当 α 为 0.25 时,$z_{\frac{\alpha}{2}} = 1.15$。

2. 剪枝标准

在误差估计的基础上,C5.0 将依据"减少-误差"法判断是否剪枝。

首先,计算待剪子树中叶节点的加权平均误差;然后,与父节点的误差进行比较,如果大于则可以剪掉,否则不能剪掉。表示为

$$\sum_{i=1}^{k} p_i e_i > e \quad (i=1,2,\cdots,k) \tag{7.8}$$

其中,k 为待剪子树中叶节点的个数;p_i 为第 i 个叶节点所含样本占子树样本的比例;e_i 为第 i 个叶节点的估计误差;e 为父节点的估计误差。

例如,图 7.6 中方框为叶节点,圆圈为中间节点。括号中第一个数字表示本节点所含的样本量 N,第二个数为错判样本数 E。

图 7.6 决策树剪枝示例

判断是否应剪掉 C 节点下的 3 个叶节点(E、F、G)。

- 首先,估计 3 个节点的误差。

根据式(7.7),叶节点 E、F、G 的误差估计分别为 0.55、0.91、0.55。

- 其次,计算加权平均。

根据式(7.8)计算得:$0.55 \times \frac{6}{14} + 0.91 \times \frac{2}{14} + 0.55 \times \frac{6}{14} \approx 0.60$。

- 然后,计算父节点的误差估计。

根据式(7.7),父节点 C 的误差估计为 0.50。

● 最后，判断是否应剪枝。

根据式（7.8），由于 0.60>0.50，应剪掉叶节点 E、F、G。

进一步，还需考虑是否应剪掉节点 C 和兄弟节点 D。同理，计算 B 的子节点的加权平均误差为：$0.50 \times \frac{14}{16} + 0.91 \times \frac{2}{16} \approx 0.55$。由于父节点 B 的误差估计为 0.51，可以剪掉。

> 需要说明的是，置信度可以根据实际需要进行调整。置信度越大，所允许的悲观误差估计越高，被剪去的子树越大，最终的决策树越小；置信度越小，所允许的悲观误差估计越低，被剪去的子树越小，最终的决策树越大。

7.2.4 C5.0 决策树的基本应用示例

以学生参加某次社会公益活动的数据（文件名为 Students.xls）为例。分析目标是：利用 C5.0 算法，研究哪些因素是显著影响学生是否参与社会公益活动的因素。其中，是否参加为目标变量，除编号以外的变量为输入变量。

1. 具体操作

选择"建模"选项卡中的"C5.0"节点，将其添加到数据流的恰当位置上。右击，选择弹出菜单中的"编辑"进行节点的参数设置。"C5.0"节点的参数设置主要包括"模型""成本""分析"3 个选项卡。本节只讨论"模型"和"分析"选项卡。

"模型"选项卡用于设置 C5.0 算法的主要参数，如图 7.7 所示。

(a)"C5.0"节点的"模型"选项卡（一）　　　　(b)"C5.0"节点的"模型"选项卡（二）

图 7.7　"C5.0"节点的"模型"选项卡

其中：

● 使用分区数据：表示利用分区变量划分样本集，且在训练样本集上建立模型。
● 由于 C5.0 误差估计并不基于测试样本集，因此此处样本集划分的目的是用于模型在不同数据集上的效果对比，以间接评价模型的稳健性。
● 输出类型：指定分析结果。可以输出决策树和由决策树直接得到的推理规则，也可以只输出推理规则集。该推理规则集并非由决策树直接得到，具体算法见 7.2.5 节。
● 组符号：表示利用 ChiMerge 分箱法检查当前分组变量的各个类别能否合并，如果可以应先合并后再分支。这种方式所得到的树将比较精简。否则，对有 k 个类别的分类型分组变量将长出 k 个分支，对数值型分组变量将长出两个分支。

- 使用 boosting：表示采用提升方式建立模型以提高模型预测的稳健性。应在"试验次数"框中指定迭代次数。
- 交叉验证：选择表示采用交叉验证法建立模型，应在"折叠次数"框中指定折数 N。根据交叉验证法，将分别在 $1-1/N$ 份数据集上建立 N 个模型，模型误差是 N 个模型预测结果的综合。
- 模式：指定决策树建模中的参数设置方式。"简单"表示取 SPSS Modeler 的默认参数；"专家"表示手工指定参数。

若选择"简单"，则窗口如图 7.7（a）所示。"支持"选项用来指定参数设置的原则，其中，"准确性"表示取以高预测精度（或低预测错误率）为原则的默认参数（如树深度、节点允许的最小样本量、决策树修剪时的置信度等），可能导致过拟合问题；"普遍性"表示决策树相对较小，从而减少了模型对数据的过度"依赖"。另外，还可在"预期噪声（%）"后的数字框中指定数据所含噪声样本的比例选项，通常可不指定。

若选择"专家"，则窗口如图 7.7（b）所示。其中，在"修剪严重性"框中输入决策树修剪时的置信度，默认为 75；在"每个子分支的最小记录数"框中指定每个节点允许的最小样本量。

"分析"选项卡用于设置计算输入变量重要性的指标，如图 7.8 所示。

图 7.8 "C5.0"节点的"分析"选项卡

其中：
- 计算预测变量重要性：表示以图形方式显示输入变量对建模的重要性。

输入变量的重要性测度方法同第 6 章的特征选择，结果是各个统计检验的 1-概率 P-值。在此基础上，这里给出的重要性测度指标是一个相对值，第 i 个输入变量的重要性定义为：$\text{Evaluation}_i = \dfrac{1-P_i}{\sum_i (1-P_i)}$，于是所有进入模型的输入变量重要性之和等于 1。

- 倾向评分（仅对标志目标有效）框，指定计算变量的倾向性得分的方法。"计算原始倾向评分"：表示计算对每个样本观测给出预测值为真的概率，此概率是基于训练样本集计算的；"计算调整倾向评分"：表示计算对每个样本观测给出预测值为真的调整概率，此概率是基于测试样本集或验证样本集计算的，应在"基于"选项中指定样本集合。

2. 模型计算结果

C5.0 的模型计算结果将列示在流管理器的"模型"选项卡中。右击 C5.0 模型结果，选择弹出菜单中的"浏览"，可浏览分析结果。

C5.0 的模型计算结果以文字和图形两种形式分别显示在"模型"和"查看器"选项卡中。

C5.0 计算结果的"模型"选项卡如图 7.9（a）所示，其中包括两部分：左侧是决策树的文字结果，右侧是输入变量倾向性得分的图形表示。

左侧的文字结果是从决策树上直接获得的推理规则。单击工具栏上的 % 按钮，可得到每个节点的样本量及置信度。本例共有 100 个样本观测参与分析，训练样本集的样本量为 69 (30+39)，分析结论是：

- 如果家长不鼓励（30 人），则不参加社会公益活动，置信度为 93.3%。
- 如果家长鼓励（39 人），且在校综合评价指数小于等于 48.052 分（15 人），则不参加社会公益活动，置信度为 80%。
- 如果家长鼓励（39 人），且在校综合评价指数大于 48.052 分（24 人），则参加社会公益活动，置信度为 83.3%。

（a）C5.0 计算结果的"模型"选项卡

（b）C5.0 计算结果的"查看器"选项卡

图 7.9　C5.0 计算结果的"模型"和"查看器"选项卡

单击工具栏上的 ① 按钮,相关详细信息将显示在窗口左下侧。选择某条推理规则,可显示其具体的层次关系(历史)、样本分布(频数)、代理变量(代理变量的意义在分类回归树中讨论)。例如,选择第一条推理规则后显示 No 类别样本量为 28,占节点总样本的 93.33%。由于以众数类别作为预测类别,该规则的结论是 No,且置信度为 93.33%。

右侧是输入变量倾向性得分的图形显示,本例中家长是否鼓励的重要性最高,得分为 0.79,其次是在校综合评价指数,得分为 1-0.79。其他变量没有进入决策树模型。

C5.0 计算结果的"查看器"选项卡如图 7.9(b)所示。

窗口工具栏上的几个按钮提供了决策树展示的几种不同形式,读者可以自行操作。

本例所得是一棵两层决策树,根节点的样本量为 69,不参与和参与的人数分别为 44 人、25 人,相应的百分比约为 63.8%和 36.2%。决策树的第一个最佳分组变量是家长是否鼓励,以此长出两个分支。家长不鼓励(Not Encouraged)节点的样本量为 30(约占总样本的 43.5%),其中不参与的 28 人,约占 93.3%(28/30,推理规则的置信度)。该节点是叶节点,预测结果为不参与(众数类)。家长鼓励(Encouraged)节点下的最佳分组变量为在校综合评价指数,根据 MDLP 熵分组结果,小于等于 48.052 分的为一组 15 人(约占总样本的 21.7%),其中不参与的 12 人,占 80%(12/15,推理规则的置信度)。该节点是叶节点,预测结果为不参与(众数类)。另外,大于 48.052 分的有 24 人(约占总样本的 34.8%),其中参与的 20 人,约占 83.3%(20/24,推理规则的置信度)。该节点是叶节点,预测结果为参与(众数类)。

总之,家长是否鼓励是学生参加社会公益活动的最关键因素,其次是学生的在校综合表现。学生的家庭人均年收入、是否参加过无偿献血没有进入决策树,对是否参与社会公益活动的影响很小。

3. 预测结果

为观测 C5.0 对每个样本观测的预测结果,在流管理器的"模型"选项卡中,右击 C5.0 模型结果,选择弹出菜单中的"添加到流",将模型结果连接到数据流中。选择"输出"选项卡中的"表格"节点查看预测结果。

预测结果列表包括了训练样本集和测试样本集在内的所有数据。其中,以$C 和$CC 开头的变量为模型给出的预测分类值和预测置信度。预测分类值是从决策树上得到的,符合相应的推理规则;置信度是相应规则的置信度经拉普拉斯估计器(Laplace estimator)调整后的结果。

拉普拉斯估计器是法国数学家拉普拉斯于 18 世纪提出的经典方法,其标准算法是

$$\frac{N_j(t)+1}{N(t)+k} \tag{7.9}$$

其中,$N(t)$ 是节点 t 的样本量;$N_j(t)$ 是节点 t 包含第 j 类的样本量;k 是目标变量的类别个数。如果目标变量为数值型,则不存在拉普拉斯调整问题。

拉普拉斯调整通常用在朴素贝叶斯(Naïve Bayes)分类方法(详见第 12 章)中,主要解决估计过程中输入和目标变量联合分布下概率为 0 时后验概率无法计算的问题。事实上,分子部分的加 1 并没有特别的理由,对此的改进可以是

$$\frac{N_j(t)+kp}{N(t)+k} \tag{7.10}$$

当 $p=\frac{1}{k}$ 时就是式(7.9)。调整 p 意味着调整相应类别的权数,是一个很好的思路。

例如本例中，如果家长不鼓励，则不参加社会公益活动，规则置信度为 93.3%。相应决策树的节点中包含 30 个样本，28 个预测正确，规则置信度的拉普拉斯调整结果为：(28+1)/(30+2)≈0.906，该值就是相应样本的预测置信度。其他计算同理。

如果在图 7.8 所示"C5.0"节点的"分析"选项卡中指定"计算原始倾向评分"，则预测结果列表中还将包含以$CRP 开头的变量，存储各样本观测的倾向性得分。本例中，如果某样本的预测值为真（这里为 Yes），且预测置信度为 0.808，则该样本的倾向性得分为 0.808；如果某样本的预测值为假（这里为 No），且预测置信度为 0.906，则该样本的倾向性得分为 1−0.906=0.094。

7.2.5 C5.0 的推理规则集

C5.0 不但能够建立决策树，同时还可以生成推理规则集。

决策树与推理规则有着极为紧密的联系。正如 7.1.1 节所述，决策树的文字形式是逻辑比较，本质就是一组推理规则集，表达了输入变量取值，以及不同输入变量之间的逻辑与（并且）、逻辑或（或者）与目标变量取值的内在联系，直观易懂。

直接从决策树得到推理规则是很容易的，沿着树根向下到每个叶节点，都对应一条推理规则。决策树有几个叶节点，对应的推理规则就有几条。同时，由此产生的多个推理规则之间是相互独立的，其排列的前后顺序不会对新数据的分类预测结果产生影响。

但是，直接来自决策树的推理规则数量往往比较庞大。由于每个叶节点都对应着一条推理规则，规则之间很可能存在重复和冗余部分，会使原本直观易懂的推理规则变得杂乱无章。其主要原因是：决策树对逻辑关系的表述并非是最简洁的。

以图 7.10 所示的决策树为例，虽然它反映的是一种极端情况，但却有很强的说服力。

图 7.10 一棵示例的决策树

图 7.10 中，方框为叶节点。从根节点开始分别沿着各个分支走到叶节点，可得到 7 条推理规则。事实上，这些规则所表达的意思与以下 3 条规则是等价的：

```
IF a AND b THEN yes
ELSE IF c AND d THEN yes
OTHERWISE no
```

表示如果 a 和 b 均为真，则预测为 yes；否则，如果 c 和 d 均为真，则也预测为 yes。其他情况均预测为 no。

该规则集只包含 3 条规则，与直接从决策树得到的包含 7 条规则的规则集相比，显然要简洁许多，但规则之间并不独立。

正是由于决策树对逻辑推理的表述较为烦琐，因此，推理规则集通常并不直接来自决策树，而另有生成算法。

1. 规则集的生成算法

生成推理规则的一般算法是 PRISM（Patient Rule Induction Space Method），由 Cendrowska 于 1987 年提出。该算法是一种"覆盖"算法，所生成的规则在训练样本集上有 100% 的正确性。

算法的基本思路是：首先确定目标变量中的一个类别为期望类别，然后完成以下步骤。

- 第一步，在当前样本范围内（开始时为全部样本），寻找一条能最大限度"覆盖"属于该类别样本的推理规则。

所谓最大限度，是指规则尽可能多地"覆盖"属于期望类别的样本，同时尽量不"覆盖"或少"覆盖"属于其他类别的样本。如果推理规则共覆盖 M 个样本观测，其中有 N 个属于期望类别，确定规则的标准是使正确覆盖率（N/M）达到最大。当两条规则有相等的正确覆盖率时，应选择正确覆盖率大的规则。当然，一个条件规则通常是不充分的，因为它可能"覆盖"了属于其他类别的 $M-N$ 个样本观测，需要在此基础上继续附加逻辑与条件。

- 第二步，在 M 个样本观测范围内，按照正确覆盖率最大原则确定附加条件，得到一个再小些的样本范围。在此基础上不断附加逻辑与条件，不断缩小样本范围，直到推理规则不再"覆盖"属于其他类别的样本，一条推理规则便形成了。

- 第三步，从当前样本集合中剔除已经被正确"覆盖"的样本，并检查剩余样本中是否还有属于期望类别的样本。如果有，则回到第一步，否则结束。

PRISM 算法通过逐步缩小样本范围，最后定位到属于期望类的样本，并得到相应的推理规则，如图 7.11 表示。

图 7.11 PRISM 算法示意

图 7.11 中，虚线矩形框中的实心圆样本点属于一类，其他样本点为另一类。通过不断增加逻辑与条件，逐渐缩小样本范围，最后得到只属于实心圆类别的样本及其推理规则。

以表 7.1 中的数据为例，只考虑年龄段和性别两个输入变量，并指定是否购买的 yes 类别为期望类别。

计算可得，年龄段为 A 的规则共覆盖 5 个样本观测，正确覆盖 2 个，正确覆盖率为 2/5。同理，其他规则为：年龄段=B(4/4)，年龄段=C(3/5)，性别=0(6/8)，性别=1(3/6)，括号中为正确覆盖率。根据正确覆盖率最大原则，选出的推理规则为：IF 年龄段=B THEN 是否购买=yes。由于该规则不覆盖是否购买取 no 的样本，则该规则生成完毕。剔除已被正确覆盖的 4 个样本观测，此时的样本范围如表 7.6（a）所示。

由于表 7.6（a）中仍包括属于期望类别的样本，因此继续生成下一条推理规则。此时的规则有：年龄段=A(2/5)，年龄段=C(3/5)，性别=0(4/6)，性别=1(1/4)，括号中为正确覆盖率。根据正确覆盖率最大原则，选出的推理规则为：IF 性别=0 THEN 是否购买=yes。

由于该规则仍覆盖了错误样本（是否购买取 no），需附加逻辑与条件，此时的样本范围为表中灰色部分。待选的推理规则有：年龄段=A(1/3)，年龄段=C(3/3)。于是，推理规则修正为：IF 性别=0 AND 年龄段=C THEN 是否购买=yes。

由于上述规则已不覆盖错误样本，规则生成完毕。剔除已被正确覆盖的 3 个样本，此时的样本范围如表 7.6（b）所示。

表 7.6 缩小范围的样本

（a）

年龄段	A	A	C	C	C	C	A	A	A	C
性别	1	0	1	0	0	1	0	1	0	0
是否购买	yes	yes	no	yes	yes	no	no	no	no	yes

（b）

年龄段	A	A	C	C	A	A	A
性别	1	0	1	1	0	1	0
是否购买	yes	yes	no	no	no	no	no

由于表 7.6（b）中仍包括属于期望类别的样本，继续生成下一条推理规则。此时的规则有：年龄段=A(2/5)，年龄段=C(0/2)，性别=0(1/3)，性别=1(1/4)，括号中为正确覆盖率。根据正确覆盖率最大原则，选出的推理规则为：IF 年龄段=A THEN 是否购买=yes。

同理，由于该规则仍覆盖错误样本，需附加逻辑与条件，此时的样本范围是表中灰色部分。待选的推理规则有：性别=0(1/3)，性别=1(1/2)。于是，推理规则修正为：IF 年龄段=A AND 性别=1 THEN 是否购买=yes。

由于上述规则仍覆盖错误样本，应继续附加逻辑与条件，但此时已无法继续，因此该规则无法实现 100%正确，是无效规则，应略去。

经过上面的步骤，可以生成关于目标变量一个类别的推理规则集。本例为：

IF 年龄段=B THEN 是否购买=yes

IF 性别=0 AND 年龄段=C THEN 是否购买=yes

同理，可生成目标变量为其他类别的推理规则集。

类似于决策树的剪枝，规则集通常也需要精简。精简过程应基于测试样本集。通常的算法是：首先，对每条推理规则，找出它所覆盖的测试集中的所有样本，暂时去掉其中的一个逻辑与条件，计算此时的正确覆盖率和误差率。如果误差率低于原规则的误差率，则去掉相应的逻辑与条件，并继续再暂时剔除其他的逻辑与条件，直到剔除后的规则误差率高于剔除前的为止。最后，还需要查看所有已被精简的推理规则中是否有重复的规则，如果有，则剔除。

规则集的精简还有许多有效方法，这里不再展开讨论。

> 需要说明的是，推理规则的生成策略与决策树的构建策略并不相同。推理规则总是以期望类别的最大正确覆盖率为标准，在一个时刻只考虑一个类别，决策树则同时兼顾变量的各个类别。
>
> 另外，推理规则的生成是有先后顺序的，规则集本质是一个决策序列。依次执行推理规则，一旦满足规则就不再考察下一条规则。
>
> 精简的规则可以看作是相互独立的，但可能会出现某个样本观测同时满足多条推理规则的条件，但结论却相互冲突，或没有任何规则适于它的情况。对前者，通常的做法是进行规则投票，样本所属的类别应是得票最多或平均置信度最高的类别；对后者，通常令其类别为样本中的众数类别。
>
> 对于数值型变量，应先经分箱处理后再采用 PRISM 算法。

2．具体操作

如果希望由决策树直接生成推理规则集，则具体操作步骤为：

- 在流管理器的"模型"选项卡中，右击 C5.0 模型结果，选择弹出菜单中的"添加到流"，将模型结果添加到数据流中。
- 右击数据流中的模型结果节点，选择弹出菜单中的"编辑"选项，选择窗口主菜单"生产"下的"规则集"，显示如图 7.12 所示的生成规则集对话框。

图 7.12 生成规则集对话框

其中，应在"规则集名称"框中输入规则集名称；在"在以下位置创建节点"中，指定推理规则集放置的位置，可以是"画布"（数据流编辑区）、"GM 选项板"（在流管理器的"模型"选项卡中）或同时放置于两处；"最小实例数"表示只有当规则所适用的样本个数大于指定值时才进入推理规则集；"最低置信度百分比"表示只有规则的置信度大于指定值时才进入规则集。当规则集较大时，这些参数的设置会有效减少推理规则集中的规则数量。

双击生成的规则集节点可浏览由决策树直接生成的规则集。本例生成的推理规则集如图 7.13 所示。

图 7.13 由决策树生成的推理规则集

规则集包括两部分规则，分别对应目标变量的两个类别，规则没有覆盖的样本默认（缺省）预测为 No。第一条规则覆盖 30 个样本观测，正确预测率（规则置信度）为 93.3%；第二条规则覆盖 15 个样本观测，正确预测率为 80%；第三条规则覆盖 24 个样本观测，正确预测率为 83.3%。

> 需要说明的是，由于上述推理规则集直接来自决策树，因此，与决策树的分析结果是完全一致的。另外，由决策树生成的规则集能够覆盖所有样本，所以，缺省部分可以省略。

如果希望采用 PRISM 算法生成规则集，则具体操作步骤为：
- 选择图 7.7（a）中"输出类型"选项中的"规则集"。
- 在流管理器的"模型"选项卡中，右击 C5.0 模型结果，选择弹出菜单中的"浏览"浏览规则集。

本例生成的推理规则集如图 7.14 所示。

利用 PRISM 算法得到的规则集与直接来自决策树的规则集存在一定差异，规则分别覆盖 Yes 和 No 两个类别。例如，本例规则"如果在校综合评价指数小于等于 48.052 分，则不参与"，是决策树规则集中没有的，覆盖了 29 个样本观测。对不满足所给规则的样本，其预测分类为 No。

> 需要说明的是，规则集中的规则是经过精简处理的，正确率并非 100%。括号中给出的规则置信度是经拉普拉斯调整后的结果。

图 7.14 由 PRISM 算法生成的推理规则集

7.2.6 损失矩阵

分类模型给出的分类预测结果可能是错误的，不同错误类型所造成的实际损失可能是不同的。

例如，股票市场中，股票价格实际上涨但被错误地判断为下跌，或者实际下跌却被错误地判断为上涨，都会给投资者带来损失。在这种情况下，投资决策时不仅要考虑价格上涨和下跌的可能性，更要评估不同类型的错误判断所造成的损失差异。如果实际下跌被错误地判断为上涨所导致的损失远远大于实际上涨但被错误地判断为下跌所导致的损失，即使后者的置信程度较低，但从规避更大损失的角度考虑，也可能倾向选择后者。因此，不仅预测的置信度会影响决策，错判的损失同样会影响决策，两者兼顾考虑是必要的。

1. 基于损失矩阵的决策树

在二分类模型中，判断错误包括两类：一类是实际为真却预测为假，称为弃真错误；另一类是实际为假却预测为真，称为取伪错误。给出这两类错误的损失可得到相应的损失矩阵，如表 7.7 所示。

表 7.7　二分类的损失矩阵

		预　测　值	
		Yes	No
实　际　值	Yes	0	m
	No	n	0

其中，m 和 n 分别是弃真和取伪的单位损失，可以是具体的财务数据。多分类问题的损失矩阵同理。

有两种使用损失矩阵的策略：第一，数据建模阶段使用损失矩阵；第二，样本预测时使用损失矩阵。

SPSS Modeler 的 "C5.0" 节点采用第一种方式,但损失矩阵并不影响决策树的生长,而是在剪枝过程中加以考虑。不考虑损失矩阵,或者说,在各类错误造成的损失相同时,C5.0 按照 "减少-误差" 法判断子树能否被修剪,即 $\sum_{i=1}^{k} p_i e_i > e$ ($i=1,2,\cdots,k$)。当考虑损失矩阵时,是将 "减少-误差" 法调整为 "减少-损失" 法,即判断待剪子树中叶节点的加权损失是否大于父层节点的损失,如果大于则可以剪掉。以二分类问题为例表示为

$$\sum_{i=1}^{k} p_i e_i c_i > ec \quad (i=1,2,\cdots,k) \tag{7.11}$$

其中,k 为待剪子树中叶节点的个数;p_i 为第 i 个叶节点样本量占子树样本量的比例;e_i 为第 i 个叶节点的估计误差;c_i 为第 i 个叶节点的错判损失;e 为父节点的估计误差;c 为父节点的错判损失。

由于定义了损失矩阵,使得决策树的剪枝会更加慎重。不仅要考虑允许的误差大小,还要考虑误差带来的损失为多少。如果剪枝造成的损失较大,则宁可选择不剪枝。

第二种损失矩阵的使用方式很容易理解。节点的预测分类结果不再由众数类别决定,即不单纯以置信度为依据,而将错判损失也考虑进来,以式(7.12)取最小为标准:

$$\min_i [\sum_j c(i|j) p(j|t)] \tag{7.12}$$

其中,$c(i|j)$ 是损失矩阵中将 j 类错判为 i 类的损失;$p(j|t)$ 是被节点 t 判为 j 类的归一化概率,定义为

$$p(j|t) = \frac{p(j,t)}{\sum_j p(j,t)}, \quad p(j,t) = \frac{N_{j,t}}{N_j} \tag{7.13}$$

其中,$p(j,t)$ 是节点 t 包含第 j 类的概率;$N_{j,t}$ 是节点 t 包含第 j 类的样本量;N_j 是全部样本包含第 j 类的样本量。归一化处理是使各个叶节点的概率值具有可比性。

2. 具体操作

在图 7.7(a)所示的窗口中,选择 "成本[①]" 选项卡,如图 7.15 所示。

图 7.15 "C5.0" 节点的 "成本" 选项卡

[①] 英文直译,专业术语为:损失。

首先，选中"使用错误分类成本"；然后，给出损失矩阵的单位损失值。

对于上述案例，假设指定弃真损失为1，取伪损失为2。从模型的计算结果看，由于取伪损失较大，所以模型给出 Yes 判断的置信度都很高，较为谨慎，模型较以前复杂，决策树修剪程度低。如果取伪损失指定为10，则模型都判为 No，以避免高额的损失惩罚。

7.2.7 N 折交叉验证和 Boosting 技术

1. 偏差和方差

不存在一个能够精确描述和完美反映数据蕴涵规律的完全"正确"的模型，现实世界中的很多特征是无法用模型精确描述的，所谓模型形式仅仅是对"真实"情况的近似。

如果在来自同一总体、具有相同样本容量的多组独立样本集上建立具有相同形式的多个预测模型，那么，对于任意给定的输入变量值，并无法保证这些模型给出的目标变量的预测期望值与其实际值完全一致，即模型存在偏差。同时，建立在多个独立样本集上的多个模型所给出的预测也存在差异，此即为模型的方差。可以认为，预测的差异性来自两个方面，定义目标变量 Y 的均方误差（Mean Squared Error）为

$$\text{MSE}(Y) = E[\hat{y} - \mu_y]^2 = E[E(\hat{y}) - \mu_y]^2 + E[\hat{y} - E(\hat{y})]^2 \tag{7.14}$$

其中，$\hat{y}$ 为预测值；μ_y 为真值。式（7.14）的第一部分即为偏差，是预测值的期望与真值之间的平均差异；第二部分为方差，是预测值与预测值的期望之间的平均差异。

模型复杂度是导致偏差大小的重要因素。如果忽略所有数据和模型，仅采用一个常数作为预测值，那么偏差无疑会很大，这当然不是人们所期望的。而如果采用一个极为复杂的模型，虽然其平均预测值接近真实值，偏差较小，是人们所期望的，但代价却是：高复杂度的模型往往过于"依赖"训练样本，产生过拟合，会导致基于差异很小的不同训练样本集的模型所给出的预测值差异很大，即方差很大。方差较大的预测仍是无法令人满意的。因为尽管预测值的期望与真值很接近，但由于基于特定样本的模型给出的预测与其平均值相距甚远，一次特定的预测结果是没有太大意义的。事实上，方差测度了模型对训练样本的敏感程度，而敏感程度的强弱取决于模型的复杂度。如果方差为 0，极端情况下可认为是忽略所有数据和模型，采用一个常数作为预测的结果。虽然这样的预测不会随训练样本的变化而变化，对样本的敏感度最低，但由于其偏差较大，仍然是没有意义的。

总之，偏差和方差同时达到最小当然是最理想的，但在建模中却是无法实现的。降低偏差会引起方差增大，减小方差又会导致偏差上升。因此，偏差和方差之间的平衡折中是极为必要的。

由于偏差总是未知的，方差的测度显得较为重要。

2. N 折交叉验证

N 折交叉验证可使模型真实误差的估计相对准确。其主要原理在第 4 章已经讨论过，此处不再赘述。

SPSS Modeler 中 C5.0 的 N 折交叉验证操作相对比较简单，只需在图 7.7（a）所示的窗口中选择"交叉验证"，并在"折叠次数"框中指定折数（如10，表示进行 10 折交叉验证）即可。如果同时选中了"使用分区数据"，那么 N 折交叉验证只在训练样本集上进行。

SPSS Modeler 并没有给出 N 折交叉验证中各模型的具体情况，以及相应的误差估计，只是在模型计算结果的"摘要"选项卡中，输出了 N 个模型预测精度的分布参数，如图 7.16 所示。

图 7.16　模型计算结果的"摘要"选项卡

其中,"交叉验证"下的"平均值"表示 N 个模型的平均预测精度为 80.0,预测精度的标准差为 4.4。由于 SPSS Modeler 没有允许 N 折交叉验证中样本的随机划分结果重复出现,因此,每次建模的样本会不同,平均预测精度和标准差也有所差别。

此外,"摘要"选项卡还给出了决策树深度、目标变量和输入变量列表等内容。

3. Boosting 技术

由于偏差和方差的存在,建立在一组训练样本集上的一个模型所给出的预测往往缺乏稳健性。最简单的解决方式就是多增加几组独立样本并尝试建立多个模型,让多个模型对预测结果进行投票。对于分类问题,以模型分类结果的众数类作为最终分类;对于预测问题,以多个模型预测的平均值作为最终的预测。

但数据挖掘的实际应用中,多增加几组独立样本是不现实的,因为要考虑数据获得的成本和可行性。同时,多个模型在投票中有同等的地位也过于粗糙,因为要考虑模型预测精度的差异性。Boosting 技术是解决上述问题的一种现实有效的技术,它在建模和模型投票过程中都有其特点和优势。

Boosting 技术用于机器学习中的有监督学习算法,包括建模和投票两个阶段。

第一,建模阶段。

在建模过程中,Boosting 技术通过对现有加权样本的重复抽样,模拟增加样本集。整个过程需要 k 次迭代,或者说需要建立 k 个模型。

建立第一个模型时,训练样本集中的每个样本观测有相同的权重,即每个样本观测对模型的影响程度是相同的。模型建立完毕,Boosting 技术需重新调整各个样本观测的权重,对第一个模型未能正确预测的样本观测给予较高的权重,对正确预测的样本给予较低的权重。

准备建立第二个模型,根据权重重新构造训练样本集,权重越大的样本观测出现在训练样本集中的可能性越高,权重越小的样本观测出现在训练样本集中的可能性越低。由于每个样本观测对模型的作用是不同的,因而第二个模型重点关注的是第一个模型未能正确预测的样本。建模完成后,Boosting 技术需再次调整权重。对第二个模型未能正确预测的样本观测给予较高的权重,对正确预测的样本给予较低的权重。

同理，准备建立第三个模型，着重考虑第二个模型未能正确预测的样本。依次进行下去。

设初始训练样本集为 T，样本量为 N，迭代 k 次，Boosting 的建模过程为：首先，初始化样本权重 $w_j(i)=1/N$（$w_j(i)$表示第 j 个样本观测在第 i 次迭代中的权重）；然后，对每次迭代：

- 根据样本权重 $w_j(i)$，从 T 中随机有放回地抽取 N 个样本观测形成训练样本集 T_i。
- 根据训练样本集 T_i 得到模型 C_i。
- 计算模型 C_i 的误差 $e(i)$。
- 如果 $e(i)>0.5$ 或者 $e(i)=0$，则终止建模过程。否则，根据误差更新权重，正确分类的样本权重调整为：$w_j(i+1)= w_j(i)*\beta(i)$，其中$\beta(i)=e(i)/[1-e(i)]$；错误分类的样本权重保持不变，为 $w_j(i+1)= w_j(i)$。
- 归一化处理，调整 $w_j(i+1)$ 使各样本观测的权重之和等于 1，即

$$w_j(i+1) = \frac{w_j(i+1)}{\sum_{j=1}^{N} w_j(i+1)} \qquad (7.15)$$

这样经过 k 次迭代后，将得到 k 个模型和 k 个误差。

上述过程可用图 7.17 形象表示。其中，不同灰度的点代表属于不同类别的样本。点的大小代表样本被抽入训练样本集的权重，点越大被抽到的可能性越大，点越小被抽到的可能性越小。

图 7.17 Boosting 建模过程示意图

建立模型的目的是要找到区分两类样本的边界。图 7.17 中，左上图表示第 1 次迭代时样

本权重相同。由于错判样本点通常在类的交界处，所以，后续迭代中交界处的多数样本点的权重都增大了。右上图是第 3 次迭代时的情景。左下图和右下图分别是第 20 次迭代和第 100 次迭代时的情况，与周围的点相比，边界上点的权重要大得多。

可见，Boosting 是一种嵌套建模技术。建模中得到的每个模型，因给出的预测与真实值之间可能存在较大的差异而被称为弱（Weak）模型。但一组弱模型的组合最终将成为一个强（Strong）模型。

第二，投票阶段。

强模型是通过 Boosting 的投票实现的。在模型投票过程中，Boosting 技术采用加权投票方式。不同的模型具有不同的权重，权重大小与模型的误差成反比。误差较小的模型有较高的投票权重，误差较大的模型有较低的投票权重。权重越高的模型，对决策结果的影响越大。对新样本 X 的投票过程具体为：

- 对新样本 X，每个模型 C_i（$i=1,2,\cdots,k$）都给出一个预测值 $C_i(X)$，每个预测值都有一个权重：$W_i(X) = -\log\left[\dfrac{e(i)}{1-e(i)}\right]$。于是，$k$ 个模型将有 k 个 $C_i(X)$ 和 $W_i(X)$。

- 依预测类别分别计算权重的总和。权重和最高的类别即为该样本 X 的最终分类结果。

图 7.18 所示是 k 个模型共同投票后的分类结果，它有较强的稳健性。

图 7.18 Boosting 的投票结果

4．具体操作

SPSS Modeler 中 C5.0 的 Boosting 技术的实现操作是：选中图 7.7（a）中的"使用 boosting"选项，并在"试验次数"框中输入迭代次数 k。

对于上述案例，如果指定迭代 5 次，则模型 Boosting 计算结果如图 7.19 所示。

本例建立了 5 个相关联的模型，SPSS Modeler 仅给出了来自 5 个决策树模型的 5 组推理规则。每个模型均有自己的预测精度。例如，第一个模型的精度为 88.41%，第二个为 81.07%。迭代计算过程中，每次训练样本集是不完全相同的，因此每次计算过程所选择的最佳分组变量也会变化。

SPSS Modeler 没有给出各个模型具体预测和权重等信息。[boost 88.4%]是全体样本参与建模的预测精度。应用 Boosting 策略后，样本的预测分类结果是多个模型的投票结果，它更加稳健，预测置信度也更加客观全面。

图 7.19 Boosting 计算结果

7.3 SPSS Modeler 的分类回归树及其应用

分类回归树（Classification And Regression Tree，CART）是由美国斯坦福大学和加州大学伯克利分校的 Breiman 等人于 1984 年提出的，同年他们出版了相关专著 *Classification and Regression Trees*。

分类回归树算法同样包括决策树生长和决策树剪枝两个过程，这点与 C5.0 算法的思路相同，其主要差别体现在以下方面：

- C5.0 中的目标变量只能是分类型，即只能建立分类树。而 CART 中目标变量可以是分类型也可以是数值型，也就是说，CART 既可建立分类树也可建立回归树。
- C5.0 以信息熵为基础，通过计算信息增益率确定最佳分组变量和分割点，而 CART 以 Gini 系数和方差作为选择依据。
- 对于在分组变量上取缺失值的样本，C5.0 采用加权处理，而 CART 则采用代理（Surrogate）变量的方式。
- C5.0 依据训练样本集，通过近似正态分布确定决策树的标准，而 CART 则依据测试样本集进行剪枝。

7.3.1 分类回归树的生长过程

分类回归树的生长过程本质仍是对训练样本集的反复分组过程，同样涉及如何从众多输入变量中选择当前最佳分组变量、如何从分组变量的众多取值中找到一个最佳分割点两大问题。

1. 从众多输入变量中选择当前最佳分组变量

在分类回归树生长过程中，对每个输入变量都需进行相应计算以确定最佳分组变量。但分类树和回归树的计算策略有所不同，且数值型输入变量和分类型输入变量的计算策略也存在差异。

第一，对于分类树。

● 数值型输入变量

首先，将数据按升序排列；然后，从小到大依次以相邻数值的中间值作为组限，将样本分成两组，并计算两组样本目标变量值的差异性，也称异质性。

理想的分组应该尽量使两组中样本目标变量取的平均异质性达到最小，即"纯度"最大，也就是使两组目标变量值的异质性随着分组而快速下降，"纯度"快速增加。

CART 采用 Gini 系数来测度目标变量的异质性，其数学定义为

$$G(t) = 1 - \sum_{j=1}^{k} p^2(j|t) \tag{7.16}$$

其中，t 为节点；k 为目标变量的类别个数；$p(j|t)$ 是节点 t 中样本目标变量取第 j 类的归一化概率，同式（7.13）。

可见，当节点样本的目标变量均取同一类别值时，目标变量取值的差异性最小，Gini 系数为 0；而当各类别取值概率相等时，目标变量取值的差异性最大，Gini 系数也最大为 $1-1/k$。

Gini 系数也可表示为

$$G(t) = \sum_{j \neq i} p(j|t)p(i|t) \tag{7.17}$$

CART 采用 Gini 系数的减小量测度异质性下降的程度，其数学定义为

$$\Delta G(t) = G(t) - \frac{N_r}{N} G(t_r) - \frac{N_l}{N} G(t_l) \tag{7.18}$$

其中，$G(t)$ 和 N 分别为分组前目标变量的 Gini 系数和样本量；$G(t_r)$、N_r 和 $G(t_l)$、N_l 分别为分组后右子树的 Gini 系数和样本量及左子树的 Gini 系数和样本量。

按照这种计算方法，反复计算便可得到异质性下降最大的分割点（组限），即使 $\Delta G(t)$ 达到最大的组限应为当前最佳分割点。

● 分类型输入变量

由于 CART 只能建立二叉树，对于多分类型输入变量，首先需将多类别合并成两个类别，形成"超类"；然后，计算两"超类"下样本目标变量值的异质性。

理想的"超类"也应使两组目标变量取异质性总和达到最小，即"纯度"最大，仍可采用式（7.16）和式（7.20）的测度方法。除此之外，还可采用两分策略和有序策略。

两分策略中，节点目标变量差异性的测度仍采用 Gini 系数，不同的是，不再以使 Gini 系数减小最快为原则，而是要找到使合并形成的左右子节点（两个超类）中 Gini 系数差异足够大的合并点 s，即

$$\Phi(s,t) = p_l p_r \left[\sum_j |p(j|t_l) - p(j|t_r)| \right]^2 \tag{7.19}$$

其中，t_l 和 t_r 分别表示左、右子节点；p_l 和 p_r 分别为左、右子节点所含样本量占父节点的比例；$p(j|t_l)$ 和 $p(j|t_r)$ 分别为左、右子节点中目标变量值为第 j 类的归一化概率。超类的合并点 s 应是 $\Phi(s,t)$ 最大的，体现了类间差异大、类内差异小的分类原则。

有序策略适用于顺序型输入变量，它限定只有两个连续的类别才可合并成超类，因此可

选择的超类合并点会大大缩减。

重复这个过程，最终得到最理想的两个"超类"。

利用同样的原则和计算方法，可得到当前最佳分组变量。

第二，对于回归树。

回归树确定当前最佳分组变量的策略与分类树相同，主要不同是测度目标变量取值异质性的指标。由于回归数的目标变量为数值型，方差是最理想的指标，其数学定义为

$$R(t) = \frac{1}{N-1} \sum_{i=1}^{N} [y_i(t) - \overline{y}(t)]^2 \quad (7.20)$$

其中，t 为节点；N 为节点 t 所含样本量；$y_i(t)$ 为节点 t 中目标变量值；$\overline{y}(t)$ 为节点 t 中目标变量的平均值。于是，异质性下降的测度指标为方差的减小量，其数学定义为

$$\Delta R(t) = R(t) - \frac{N_r}{N} R(t_r) - \frac{N_1}{N} R(t_1) \quad (7.21)$$

其中，$R(t)$ 和 N 分别为分组前目标变量的方差和样本量；$R(t_r)$、N_r 和 $R(t_1)$、N_1 分别为分组后右子树的方差和样本量及左子树的方差和样本量。

使 $\Delta R(t)$ 达到最大的变量应为当前最佳分组变量。

2. 从分组变量的众多取值中找到一个最佳分割点

最佳分割点的确定方法与最佳分组变量的确定方法相同，这里不再赘述。

> 需要说明的是，如果样本在最佳分组变量上取缺失值，则无法确定该样本应被分配到哪个组中。与 C5.0 的处理策略不同，CART 采用的是代理变量法，即寻找最佳分组变量的替补变量，并根据替补变量值决定样本应归属的组。其实这个道理很简单，就像本应依据身高进行人群分组，但因身高缺失姑且以鞋子的尺码进行分组，虽然鞋子尺码不如身高合适，但可以起到近似的效果。

7.3.2 分类回归树的剪枝过程

分类回归树采用预修剪和后修剪结合的方式剪枝。

1. CART 的预修剪策略

预修剪的目标是控制决策树充分生长，可以事先指定一些控制参数，包括：

- 决策树最大深度：如果决策树的层数已经达到指定深度，则停止生长。
- 树中父节点和子节点所包含的最少样本量或比例：对父节点，如果节点所包含的样本量已低于最少样本量或比例，则不再分组；对于子节点，如果分组后生成的子节点所包含的样本量低于最小样本量或比例，则不必进行分组。
- 树节点中目标变量的最小异质性减小量：如果分组后所产生的目标变量异质性变化量小于一个指定值，则不必进行分组。

2. CART 的后修剪策略

后修剪技术允许决策树先充分生长，然后在此基础上根据一定的规则，剪去决策树中那些不具有一般代表性的叶节点或子树，是一个边修剪边检验的过程。在剪枝过程中，应不断计算当前决策子树对测试样本集的预测精度或误差，并判断是应继续剪枝还是停止剪枝。

CART 采用的后修剪技术称为最小代价复杂度剪枝法（Minimal Cost Complexity Pruning, MCCP）。MCCP 有这样的基本考虑：首先，复杂的决策树虽然对训练样本有很好的预测精度，但在测试样本和未来新样本上不一定仍有令人满意的预测效果；其次，理解和应用一棵复杂的决策树是一个复杂的过程。因此，决策树剪枝的目标是希望得到一棵"恰当"的树，它首先具有一定的预测精度，同时决策树的复杂程度应是恰当的。

通常，预测的高精度往往是以决策树的高复杂度为代价的，而简单易应用的决策树又无法得到一个令人满意的预测效果。因此，决策树修剪中复杂度和精度（或误差）之间的权衡是必要的，既要保证修剪后的决策子树，其误差不明显高于复杂的决策树，还要尽量使决策子树没有很高的复杂度。

一般可借助叶节点的个数测度决策树的复杂程度，通常叶节点个数与决策树的复杂程度成正比。于是，如果将决策树的误差看作代价，以叶节点的个数作为复杂程度的度量，则决策树 T 的代价复杂度 $R_\alpha(T)$ 可表示为

$$R_\alpha(T) = R(T) + \alpha |\tilde{T}| \qquad (7.22)$$

其中，$R(T)$ 表示 T 在样本集上的预测误差；$|\tilde{T}|$ 表示 T 的叶节点数目；α 为复杂度系数，表示每增加一个叶节点所带来的复杂度。

当 α 等于 0 时，表示不考虑复杂度对 $R_\alpha(T)$ 的影响，基于最小代价复杂度原则，算法倾向于选择叶节点最多的决策树，因为此时的预测误差是最小的；当 α 逐渐增大时，复杂度对 $R_\alpha(T)$ 的影响也随之增加；当 α 足够大时，$R(T)$ 对 $R_\alpha(T)$ 的影响可以忽略，此时算法倾向于选择只有一个叶节点的决策树，因为它的复杂度是最低的。因此应选择恰当的 α，权衡误差和复杂度，使 $R_\alpha(T)$ 达到最小。

当判断能否剪掉一个内部节点 $\{t\}$ 下的子树 T_t 时，应计算内部节点 $\{t\}$ 和其子树 T_t 的代价复杂度。树结构如图 7.20 所示。

图 7.20 树结构

- 对内部节点 $\{t\}$ 的代价复杂度 $R_\alpha(\{t\})$ 进行测度，其定义为

$$R_\alpha(\{t\}) = R(t) + \alpha \qquad (7.23)$$

其中，$R(t)$ 为内部节点 $\{t\}$ 在测试样本集上的预测误差。内部节点 $\{t\}$ 的代价复杂度可看作减掉其所有子树 T_t 后的代价复杂度。

- 进一步，内部节点 $\{t\}$ 的子树 T_t 的代价复杂度 $R_\alpha(T_t)$ 表示为

$$R_\alpha(T_t) = R(T_t) + \alpha |\tilde{T}_t| \qquad (7.24)$$

- 判断是否可以修剪。

如果内部节点 $\{t\}$ 的代价复杂度大于它的子树代价复杂度，即 $R_\alpha(\{t\}) > R_\alpha(T_t)$，则应该保留子树 T_t。将式（7.22）和式（7.23）代入不等式，可得

$$a < \frac{R(t) - R(T_t)}{|\tilde{T}_t| - 1} \qquad (7.25)$$

当 $a = \frac{R(t) - R(T_t)}{|\tilde{T}_t| - 1}$ 时，内部节点 $\{t\}$ 的代价复杂度等于子树 T_t 的代价复杂度，但由于 $\{t\}$ 的节点少于子树 T_t，因此 $\{t\}$ 更可取，可以剪掉子树 T_t；当 $a > \frac{R(t) - R(T_t)}{|\tilde{T}_t| - 1}$ 时，内部节点 $\{t\}$ 的代价复杂度小于子树 T_t 的代价复杂度，$\{t\}$ 更可取，可以剪掉子树 T_t。

基于这样的思路，$\dfrac{R(t)-R(T_t)}{|\tilde{T}_t|-1}$ 越小，且小于某个指定的 α 时，说明 $\{t\}$ 的代价复杂度比子树 T_t 的代价复杂度小得越多，剪掉子树 T_t 越有把握。因此，关键的问题是如何确定 α。

确定 α 是一个不断调整的过程。首先，令 $\alpha=0$，此时 $R_\alpha(\{t\}) > R_\alpha(T_t)$；然后，逐渐增大 α，此时 $R_\alpha(\{t\})$ 和 $R_\alpha(T_t)$ 会同时增大，但由于子树 T_t 的叶节点多，因此 $R_\alpha(T_t)$ 增加的幅度大于 $R_\alpha(\{t\})$；最后，当继续增大 α 至 α' 时，$R_\alpha(\{t\}) \le R_\alpha(T_t)$，说明子树 T_t 的代价复杂度开始大于 $\{t\}$，此时 α' 即为所得，应剪掉子树 T_t。

CART 的后剪枝过程是：

- 第一步，产生子树序列，分别表示为 $T_1, T_2, T_3, \cdots, T_k$。其中，$T_1$ 为充分生长的最大树，以后各子树所包含的节点数依次减少，T_k 只包含根节点。

CART 产生子树序列的过程是：首先，对于最大树 T_1，令 $\alpha=0$；然后，按照上述方法计算代价复杂度，并逐步增加 α 直到有一个子树可以被剪掉，得到子树 T_2；重复上述步骤，直到决策树只剩下一个根节点；最后得到子树序列 $T_1, T_2, T_3, \cdots, T_k$ 及它们的代价复杂度。

- 第二步，根据一定标准在 k 个子树中确定一个代价复杂度最低的子树作为最终的剪枝结果。

CART 选择最终子树 T_{opt} 的标准是

$$R(T_{\text{opt}}) \le \min_k R_\alpha(T_k) + m \times \text{SE}[R(T_k)] \tag{7.26}$$

其中，m 为放大因子；$\text{SE}[R(T_k)]$ 为子树 T_k 预测误差的标准误差，定义为

$$\text{SE}[R(T_k)] = \sqrt{\dfrac{R(T_k)[1-R(T_k)]}{N}} \tag{7.27}$$

这意味着，如果 m 为 0，最终子树 T_{opt} 是 k 个子树中代价复杂度最小者，对应图 7.21 中代价复杂度曲线的最低点。

图 7.21 代价复杂度剪枝

通常要考虑标准误差，m 代表需考虑几个标准误。当 m 不为 0 时，满足上述标准的子树并非代价复杂度最小的子树。m 越大，最终所选择子树的误差（代价）越高，复杂度越小，为图 7.21 中 T_{opt} 圈内的子树。合理的决策是树的复杂度相对较小，且预测误差在用户可容忍的范围内。

7.3.3 损失矩阵对分类回归树的影响

如果用户明确了模型的错判损失并定义了损失矩阵,则在决策树建立过程中,Gini 系数的计算调整为

$$G(t) = \sum_{j \neq i} c(i|j) p(j|t) p(i|t) \quad (7.28)$$

其中,$c(i|j)$ 为将 j 类错误预测为第 i 类的错判损失。

此外,损失矩阵还可以通过权重形式影响模型的建立。对损失较大的类别给较高的权重,对损失较小的类别给较小的权重,进而使模型更多地向损失大的类别数据学习,"偏向"损失大的类别。具体细节不再展开讨论。

如果定义了损失矩阵,在决定分类树叶节点的预测类别时,不但需考虑置信程度,还应兼顾错判损失,即

$$\min_i \left[\sum_j c(i|j) p(j|t) \right] \quad (7.29)$$

其中,$p(j|t)$ 为节点 t 预测类别为第 j 类的置信度。

损失矩阵不对分类回归树产生影响。

7.3.4 分类回归树的基本应用示例

以电信客户数据(文件名为 Telephone.sav)为例,讨论分类回归树的具体操作,以及如何通过交互操作控制决策树的生长和剪枝过程。分析目标是:找到影响客户流失的重要因素以辅助实现客户流失的事前控制。

1. 具体操作

这里,训练样本集的样本量为 654,其中流失人数 187 人,保留人数 467 人。选择"建模"选项卡中的"C&RT 树",将其连接到数据流的恰当位置上。右击,选择弹出菜单中的"编辑"进行参数设置。C&RT 节点参数设置的主要选项卡是"构建选项"和"模型选项"。

● "构建选项"选项卡

"构建选项"选项卡用于设置分类回归树的主要参数,如图 7.22 所示。

图 7.22 "C&RT 树"的"构建选项"选项卡(一)

其中,"构建单个树"的"模式":指定决策树的建立方式。"生成模型"表示自动建立和剪枝分类回归树;"启动交互会话"表示通过用户交互方式建立和剪枝分类回归树。此外,还可以采用 boosting 策略或 bagging 策略建立组合预测模型。

bagging 策略是 bootstrap aggregating 的缩写,也称重抽样自举法,与 boosting 策略有类似的思想。对样本量为 N 的样本集 S,重抽样自举法的做法是:对 S 做 k 次有放回的重复抽样,得到 k 个样本容量仍为 N 的随机样本 S_i($i=1,2,\cdots,k$),称自举样本。建模阶段,首先获得自举样本 S_i,并视为一个训练样本集;然后基于自举样本 S_i,建立分类回归树(一般不剪枝条,目的是使决策树给出的预测偏差较小),记为 T_i。上述两步重复 k 次,最终将得到基于 k 个自举样本 $S_1, S_2, \cdots, S_k$ 的 k 棵决策树 $T_1, T_2, \cdots, T_k$,也即 k 个预测模型。预测时也采用多棵决策树投票或计算平均值的方式进行。

在图 7.22 中分别选择左侧的"基本""中止规则"选项卡,如图 7.23 所示。

图 7.23 "C&RT 树"的"构建选项"选项卡(二)

图 7.23 左图中,默认的最大树深度为 5,可以自行指定;"修剪树以防止过拟合"表示采用最小代价复杂度剪枝法进行后修剪。选择"设置最大风险差(标准误差)"后,默认式(7.26)中的放大因子 m 等于 1;"最大代用项"[①]默认为 5,表示最多找 5 级代理变量。当样本在分组变量上取缺失值时,可通过它的一级代理变量的实现分组。如果一级代理变量仍然取缺失值,则可通过二级代理变量,以此类推。这里指定最多允许几级代理,从效率角度考虑,该值不应较大。

图 7.23 右图中,中止规则意味指定决策树停止生长的条件。"使用百分比""使用绝对值"分别表示以样本百分比或样本量为标准设置预剪枝策略。其中,"父分支中的最小记录数(%)":表示当父节点中的样本百分比(占总样本量的百分比)低于指定值(默认 2%)时则不进行分组;"子分支中的最小记录数(%)"表示当分组后产生的子节点中的样本百分比低于指定值(默认 1%)时则不进行分组。

在图 7.23 中分别选择左侧的"高级""整体"选项卡,如图 7.24 所示。

图 7.24 左图中,"最小杂质[②]改变"框通过控制分支过程中节点内目标变量取值异质性的减小程度,阻止决策树的进一步生长。应在该框中输入一个最小改变值,意味着当目标变量

---

① 英文直译,专业术语为:代理变量。
② 英文直译,专业术语为:异质性。

取值异质性的减小程度小于指定值时决策树就不再生长。"分类目标的杂质测量"指定分类树中目标变量取值异质性的测度指标（回归树默认为方差）。"Gini"表示采用 Gini 系数，为默认选项；"两分法"和"有序"为前文所述的超节点合并策略。

图 7.24 "C&RT 树"的"构建选项"选项卡（三）

图 7.24 右图中，指定利用多个预测模型实现组合预测的方式。对于分类树，默认采用多个模型的投票结果；对于回归树，默认采用多个模型的预测均值。

在图 7.22 中选择左侧的"成本和先验"选项卡，如图 7.25 所示。

图 7.25 "C&RT 树"的"构建选项"选项卡（四）

"成本和先验"选项卡用来指定损失和先验分布。这里，先验分布的意义在于，在模型训练前，以样本观测的目标变量取值类别，给样本观测以不同的权重，使得模型训练时"偏向"高权数的类别。此外，"使用错误分类成本调整先验"即定义损失矩阵，模型训练时将依损失矩阵自动调整目标变量各类别的权重。损失大的类别权重较大，损失小的类别权重较小。由于模型总是倾向于高权重类别的，所以这种方式能够有效避免大损失的惩罚。

通常，先验分布可以是基于样本的经验分布，也可以指定为等概率分布，或自行给出类别及概率值。"均衡"表示强行令各个类别的先验概率相等；"标准化"是各类别概率之和不等于 1 时进行的归一化调整。

$$\pi'(j) = \frac{\pi(j)}{\sum_j \pi(j)} \tag{7.30}$$

其中，$\pi(j)$ 为用户指定的第 j 类的先验概率；$\pi'(j)$ 为调整后的先验概率。

指定先验概率后，计算 Gini 系数时，节点 t 中样本目标变量取第 j 类的归一化概率 $p(j|t)$ 的计算调整为

$$p(j|t) = \frac{\pi_j p(j,t)}{\sum_j p(j,t)}, \quad p(j,t) = \frac{N_{j,t}}{N_j} \tag{7.31}$$

2. 分析结论

首先，得到最小代价复杂度子树，如图 7.26 所示。

图 7.26 分类回归树的计算结果（一）

图中推理规则及括号中数字的含义同 C5.0 节点，下方给出了"开通月数"的 5 个代理变量和最佳分割点。这里重点关注影响因素。可以看到，该模型中影响客户是否流失的主要因素有开通月数、套餐类型、基本费用、无线费用、婚姻状况、年龄等多个变量。由于模型找出的影响因素较多，并不利于营销措施的制定和实施，因此可适当减小模型复杂性，降低精度，以便于找到更重要的影响因素。于是，在图 7.23 左图的"设置最大风险差（标准误差）"中指定放大因子 m 为 1.5，所得的决策树如图 7.27 所示。

图 7.27 分类回归树的计算结果（二）

显然，该模型因剪去了一些小的分支复杂度降低了。影响流失的最重要因素为开通月数、套餐类型。从分析结果看，为实现客户流失的事前控制，应首先关注新客户。由于老客户的入网时间较长，对企业的忠诚度较高，有 86.4%的把握不流失。对新客户做具体分析可知，新客户有不同类型，那些申请附加服务套餐的客户，可能由于企业提供了别人无法提供的个性化服务，有 77.1%的把握会保持下来。但申请其他套餐的客户的维系率不理想，企业更应关注其费用，并从调整改善服务类型上多做文章。

7.3.5 分类回归树的交互建模

通过交互操作的方式，SPSS Modeler 允许用户对分类回归树的建模过程进行直接干预。

对没有选择附加服务的客户，例中给出分析结论，由于推理规则两次涉及了开通月数，因此不太容易理解。对此，可考虑自行指定分组变量。这里，假设更关心无线费用的影响，则可强行指定无线费用为分组变量。

重新设置图 7.22 中的参数，选择"模式"选项中的"启动交互会话"进行交互建模。执行数据流后将出现"交互树"窗口，如图 7.28 所示。

图 7.28 "交互树"窗口

决策树的生长和剪枝过程需要用户手工操作。首先，选择"查看器"选项卡，窗口下工具栏上各个功能按钮的含义如下。

▦：建立完整的分类回归树，树深度不大于指定的最大深度；▦：建立分类回归树并依据用户设置的参数自动进行剪枝；▦：长出一层节点；▦：剪掉底层节点；▦：在指定节点下长出一棵子树（分支）；▦：在指定节点下长出一层节点；▦：剪掉指定节点下的子树（分支）；▦：在指定节点下按照用户指定的分组变量分支。

这里，选择树最下层右端的叶节点，单击▦按钮自行指定分组变量，如图7.29所示。

图 7.29 自行指定分组变量

其中，"拆分"选项中，"自动"表示SPSS Modeler自动选择分组变量，默认以开通月数作为下层分组变量。单击"预测变量"按钮可见，如果按开通月数分组产生两个子节点，将使目标变量的平均异质性改善（下降）0.007（改进），是目前改善效果最明显的。

这里，在"拆分"选项中选择"定制"并自行指定无线费用为当前分组变量。虽然从算法角度看，无线费用作为分组变量不是最优的，但如果它符合实际业务分析需要，则是人们所关心的，是可以采纳的。

选择分组变量后，SPSS Modeler将自动给出最佳分割点的建议。例如，无线费用的分组组限为34.9。用户可以修改，也可以自行指定组成两个超类的类别。单击"生长"按钮将在当前节点的下面长出新的一层。

树的生长和剪枝过程中，SPSS Modeler将自动计算各节点样本占总样本的百分比，以及节点中各类别占节点样本的百分比。用户可随时单击工具栏上的▦（Training）和▦（Testing）按钮查看决策树在训练样本集和测试样本集上的样本百分比的变化情况。另外，单击▦（Show Split Information）按钮，可查看分组变量的各级代理变量的分割条件和差异性改善情况，以及代理变量与被代理变量的相关程度等数据。

按无线费用分组后，可以看到，无线费用高于34.9的客户有7.5成流失了，可能是无线服务不能满足频繁使用客户的需求所致。

7.3.6 交互建模中分类回归树的评价

在交互建模过程中，时时关注分类回归树的预测性能是极为必要的。分类回归树的评价包括效益评价和风险评价两个方面。

1．效益评价

数据挖掘的核心是反复不断地向训练样本学习。评价学习的效益可从收益和利润两个方面入手。收益是对模型提炼特征和规律能力的测度，利润则更多地从财务角度反映模型的价值。

SPSS Modeler 可方便地对分类回归树每个叶节点的收益和利润进行评价，也可对决策树的整体及样本分位点上的效益和利润进行评价。

> 需要说明的是，收益是针对用户关心的"目标"类别的。

例如，上述案例中，如果关注模型是否有效捕捉了流失客户的特征和规律，则"目标"类别是"Yes"（流失）；如果考察模型是否有效概括了保持客户的特征和规律，则"目标"类别是"No"（保持）。

浏览模型收益的具体操作是：选择图 7.28 中的"收益"选项卡，模型收益的评价结果如图 7.30 所示。

图 7.30　模型收益的评价结果

图 7.30 显示了分类回归树在数据集的收益情况。应在"目标类别"下拉框中指定所关注的类别。将默认显示每个叶节点（按钮）对"目标类别"预测的收益。此外，可单击工具栏中的、按钮，分别显示累计和样本分位点的收益数据；也可单击▲或▼按钮对列表数据按升序或降序排列；当列表中的行数较多，即决策树的叶节点较多时，可单击按钮，选择（呈反黄显示）满足指定条件的叶节点，如图 7.31 所示。

图 7.31　选择叶节点

其中：
- "仅选择"选项中，"匹配节点"表示选择满足指定条件的叶节点；"非匹配节点"表示选择不满足条件的叶节点。
- "按收益信息匹配"框中，"节点位置"表示选择节点收益或其他指标大于等于指定值的叶节点；"顶端"表示选择前 n（默认为 2）个高收益的叶节点；"顶部节点最多为"表示选择若干个高收益叶节点，可覆盖默认 100 个样本观测，或覆盖默认前 50% 的样本观测。

第一，浏览分类回归树每个叶节点的收益。

由于分类回归树的每个叶节点都对应一条推理规则，因此，对每个叶节点收益的评价就是对每个推理规则收益的评价，目的是考察每个推理规则概括能力的强弱。

首先，在"目标类别"下拉框中指定目标类别。这里，希望关注模型对流失客户的预测收益，所以选择"Yes"，否则选择"No"。

现以图 7.30 中的 6 号节点数据为例，说明列表各列数据的含义。
- 节点：节点编号，与决策树图形展示中的节点编号相对应。

这个号码是 SPSS Modeler 自动分配的，每次运行时会不同。
- 节点:n：节点包含的样本量。

6 号节点的样本量为 32。
- 节点（%）：节点样本量占总样本量的百分比。

6 号节点的样本量占总样本量的 4.89%。
- 增益:n：节点中目标变量值为目标类别（这里为 Yes）的样本量。

6 号节点中有 24 个样本观测的目标变量值为 Yes。高收益的节点，尽可能多地包含目标类别的样本。由于该指标是一个绝对量，不利于比较。
- 增益（%）：节点中目标变量值为目标类别（这里为 Yes）的样本量占相应类别总样本量的百分比。

6 号节点中有 24 个样本观测的目标变量值为 Yes，占 Yes 类别总样本量的 12.83%。显然，该指标比前一个指标更直观，利于叶节点间的对比。叶节点的增益越高，体现在增益（%）上越大；增益（%）越大，说明叶节点对应的推理规则对目标类样本蕴含规律的概括能力越强。
- 响应（%）：节点中目标变量值为目标类别（这里为 Yes）的样本量占本节点样本量的百分比。

6 号节点中有 24 个样本的目标变量值为 Yes，占本节点样本量的 75%。

增益（%）指标虽然直观，但单纯比较节点增益仍存在明显缺陷，需兼顾响应（%）。因为增益（%）仅体现了规则概括能力的强弱，并不反映其置信度的高低，而置信度是通过响应（%）度量的。一个高收益（%）但低响应（%）的规则并不总是比低收益（%）但高响应（%）的规则更好，这取决于实际问题的需要。

当然，更多情况下人们可能更关注收益问题。如果一条规则的增益很小，尽管它有很高的置信度，但对企业来说也可能是没有意义的。一条置信度较低但增益较高的规则，如果由于置信度低而造成的错判损失远远小于它带来的效益，那么这个模型仍可能是有价值的。
- 指标（%）：节点的响应（%）是同类别样本占总样本比例的百分之几倍，这个值也称为提升度（lift）。

6 号节点的响应（%）是 75%，它是所有 Yes 类别样本占总样本比例 28.593% 的 262.3% 倍，即 6 号节点的提升度为 262.3%。

提升度是数据挖掘中最重要且应用最广的评价指标，其定义为

$$\text{lift} = P(\text{class}_t \mid \text{sample}) / P(\text{class}_t \mid \text{population}) \tag{7.32}$$

其中，$P(\text{class}_t \mid \text{sample})$ 表示在特定样本集合内目标变量值为 t 类的概率；$P(\text{class}_t \mid \text{population})$ 表示在全体样本内目标变量值为 t 类的概率。

6 号节点对应的特定样本集合是"开通月数小于 30.5 且套餐类型为 Basic Service 或 E-Service 或 Total Service 且无线费用大于 34.9"，其流失客户的比例为 75%。全部样本中流失客户占总样本的比例为 28.593%，两者相除结果为 262.3%。

显然，提升度是收益（%）和响应（%）的综合，提升度较大说明规则的置信度较高，同时对 t 类样本所具特征的概括和捕捉能力较强。

本例中，5、6 号节点对应的规则对流失客户的特征概括是较为理想的。

第二，浏览分类回归树每个叶节点的利润。

利润评价是模型效益评价的另一方面。需要说明的是，利润是针对目标变量所有类别计算的。

为计算分类回归树中节点的利润，应单击图 7.30 中的 按钮，给出节点的单位收入及单位支出，得到单位利润，利润定义窗口如图 7.32 所示。

图 7.32　利润定义窗口

假设 1 名客户可以使企业获得 100 元的收入，为挽回 1 名流失客户所需支出为 80 元，则他带来的利润为 20 元；保持住 1 名忠诚客户所需支出为 25 元，则他带来的利润为 75 元。从图 7.30 所示窗口中间下拉框中选择"利润"项，分类回归树各叶节点的利润数据如图 7.33 所示。

图 7.33　分类回归树各叶节点的利润数据

图 7.33 显示了分类回归树在数据集上的利润情况。仍以 6 号节点为例，说明列表各列数据的含义。其中，节点、节点:n、节点（%）的含义同前。

● 利润：节点的平均利润。

平均利润的定义为

$$\frac{1}{N_j}\sum_{i=1}^{k}(N_j \times p_i \times \pi_i) \qquad (7.33)$$

其中，目标变量有 k 个类别；N_j 为节点 j 的样本量；p_i 为节点 j 对第 i 类的响应（%）；π_i 为第 i 类的单位利润。6 号节点的利润为：(32×75%×20+32×25%×75)/32=33.75。

● 投资回报率：节点的投资回报率=总利润/总投资。

6 号节点的投资回报率为：33.75/(75%×80+25%×25)≈50.94%。

6 号节点的投资回报率在所有节点中是最低的一个。其原因是，6 号节点对应的规则有效概括了流失客户的特征（提升度为 262.3%），这势必导致它无法反映留存客户的特点。而投资回报率是兼顾两个类别的，受两个类别在节点中分布的影响。6 号节点对留存客户特征的概括能力很低（提升度仅为 35.01%），虽然留存客户的单位利润很高，但仍无法获得较高的总体投资回报率。因此，在单位利润差别较大时，利润高的节点通常是对单位利润高的类别特征提取出色的节点。

● 指标（%）：节点的投资回报率是总投资回报率的倍数。

6 号节点的指标（%）为 56.94%。

第三，浏览分类回归树的整体收益。

分类回归树是否有意义还应从整体收益角度评价。可浏览其累计和样本分位点上的收益数据。前者通常因叶节点个数有限而不经常被引用，人们往往利用样本分位点的数据，并采用百分位点指标。

首先，按提升度降序重新排列叶节点；然后，单击图 7.30 中的 按钮，并在后面的下拉框中选择"百分位"，于是列表将依次显示 1%、2%、3%，直至 100%分位点上样本所在节点的累计效益评价数据，如图 7.34 所示。

图 7.34 分类回归树的整体收益

由于此时数据较多不利观察，所以一般借助图形方式。单击图 7.30 中的 按钮，在中间的下拉框中选择绘制累计收益图、累计响应图。

累计收益图的横坐标为百分位数，纵坐标是收益（%）。理想的累计收益图应在前期快速达到较高点，然后快速趋于100%并平稳。累计响应图的横坐标为百分位数，纵坐标是响应（%）。理想的累计响应图应在较高的累计响应（%）上保持一段，然后迅速下降。本例的累计收益图、累计响应图如图7.35（a）、（b）所示。

(a) 案例的累计收益图　　　　　　　　(b) 案例的累计响应图

图7.35　案例的累计收益图和累计响应图

第四，浏览分类回归树的整体利润。

分类回归树的整体利润以累计或样本分位点上的利润形式体现。通常采用百分位点指标。在图 7.34 所示窗口的中间下拉框中选择"利润"或"投资回报率"，分别绘制累计利润图或累计投资回报率图。

累计利润图的横坐标为百分位数，纵坐标是利润。累计利润图反映了样本不断增加过程中利润的变化情况。累计投资回报率图的横坐标为百分位数，纵坐标是投资回报率。理想的累计投资回报率图应在较高水平保持一段，然后迅速下降至一般水平。本例的累计利润图和累计投资回报率图如图7.36（a）、（b）所示。

(a) 案例的累计利润图　　　　　　　　(b) 案例的累计投资回报率图

图7.36　案例的累计利润图和累计投资回报率图

2. 风险评价

风险主要是指模型误差，对于分类树是模型的错判率，对于回归树是预测值的方差。

风险评价的具体操作是：选择图7.30中的"风险"选项卡，模型风险的评价结果如图7.37所示。

图 7.37 显示了模型预测的混淆矩阵,反映了模型正确和错误分类的分布情况。行向上为实际值,列向上为预测值。本例中,模型的取伪错误为 8 个,弃真错误为 163 个,共错判 171 个;左侧是模型的风险估计和风险估计的标准误差。风险估计即错判数占总样本的比例,这里为 0.261=171/654;风险估计的标准误差为 $\sqrt{\dfrac{p(1-p)}{N}}$,其中,p 为风险估计,N 为样本量,这里为 0.017。模型的总体精度不是很理想。

图 7.37 模型风险的评价结果

7.4 SPSS Modeler 的 CHAID 算法及其应用

CHAID 是卡方自动交互诊断器(CHi-squared Automatic Interaction Detector)的英文缩写,是 1980 年由 Kass 等人提出的。目前,CHAID 广泛应用于市场研究和社会调查研究中。

作为一种决策树算法,CHAID 的主要特点是:
- CHAID 的输入变量和目标变量可以是分类型变量也可以是数值型变量。
- CHAID 能够建立多叉树。
- 从统计显著性检验角度确定当前最佳分组变量和分割点。

最后一个特点体现了 CHAID 算法的独到之处,以下对此做重点讨论。

7.4.1 CHAID 算法

CHAID 的核心算法仍然是最佳分组变量和分割点的确定问题,其基本处理思路与 C5.0 和分类回归树类似,特点是:
- 对输入变量进行预处理,即对数值型输入变量值进行分箱处理,合并分类型输入变量的取值,形成"超类"。预处理的目的是减少输入变量的取值个数,减少决策树的分支,使决策树不会过于"茂盛"。
- 依据统计检验结果确定最佳分组变量和分割点,且对数值型和分类型输入变量采用不同的统计检验方法。

1. 输入变量的预处理

数值型输入变量的预处理主要是分箱,即首先按分位点分箱,然后根据统计检验结果合并对目标变量取值没有显著影响的组;分类型输入变量的预处理是通过统计检验,在多个类别水平中找到对目标变量取值影响不显著的类别并合并它们,形成"超类"。

目标变量为分类型的采用卡方检验；目标变量为数值型的采用 F 检验。具体如下。
● 目标变量为分类型，输入变量为数值型
采用 ChiMerge 分箱策略，对输入变量实施分箱处理。
● 目标变量和输入变量均为分类型
如果目标变量和输入变量均为分类型，则直接采用卡方检验的方法，反复检验与合并，形成"超类"，直到输入变量的"超类"无法再合并为止。对于顺序型分类输入变量，只能合并相邻的类别。
● 目标变量和输入变量均为数值型
如果目标变量和输入变量均为数值型，则采用方差分析的方法。将经过初始分组的输入变量作为方差分析中的控制变量，目标变量为观测变量，检验输入变量初始分组下目标变量的分布是否存在显著差异，并进行多重比较检验，合并分布差异不显著的相邻组。如此反复，直到无合并的组为止。
● 目标变量为数值型，输入变量为分类型
如果目标变量为数值型，输入变量为分类型，则仍采用方差分析方法。将输入变量作为方差分析中的控制变量，目标变量为观测变量，检验输入变量各类别下目标变量的分布是否存在显著差异，并进行多重比较检验，合并分布不存在显著差异的相邻类别，形成"超类"。如此反复，直到输入变量的"超类"无法再合并为止。对于顺序型输入变量，只能合并相邻的类别。

2．最佳分组变量的选择

对于经过预处理的输入变量，计算与目标变量相关性检验的统计量的概率 P-值。

同理，对于数值型目标变量，采用 F 统计量。对于分类型目标变量采用卡方或似然比卡方。显然，概率 P-值最小的输入变量与目标变量的联系最紧密，应作为当前最佳分组变量。当概率 P-值相同时，应选择检验统计量观测值最大的输入变量。

可见，CHAID 与 C5.0 和 CART 算法的区别在于，其分组变量确定的依据是输入变量与目标变量之间的相关程度。最佳分组变量是与目标变量相关性最强的变量，而非使目标变量取值的差异性下降最快的变量。

CHAID 方法不再重新确定分割点，而自动将分组变量的各个类别作为树分支，长出多个分叉，处理方式同 C5.0。

上述过程将反复进行，直到决策树生长完毕为止。

7.4.2 穷举 CHAID 算法

CHAID 算法中，当前最佳分组变量选择的依据是相关性检验的概率 P-值。应注意到，无论是似然比卡方还是 F 检验，其概率 P-值都与检验统计量分布的自由度密切相关。不同输入变量经预处理后形成的分组数目不可能全部相同，使得检验统计量所服从分布的自由度不全相同，这将直接影响概率 P-值的大小。所以，在无法确保输入变量的分组数目完全一致的条件下，该方法存在不足。

穷举 CHAID 算法是 CHAID 的改进算法，由 Biggs、De Ville 等人在 1991 年提出。它的改进主要集中在如何避免自由度的影响上。为此，算法选择最佳分组变量时采用了"将分组进行到底"的策略。也就是说，在计算检验统计量的概率 P-值时，将继续合并输入变量的分组,直到最终形成两个组或两个"超类",以确保所有输入变量的检验统计量的自由度都相同。最后,比较概率 P-值,取概率 P-值最小的输入变量为当前最佳分组变量。但在决策树生长分支时,仍保持 CHAID 算法的原有分组结果。

可见,穷举 CHAID 算法在组的合并上较 CHAID 算法更加"彻底",利于更准确地选择分组变量,但算法的执行效率比较低。

7.4.3 CHAID 算法的剪枝

CHAID 采用预剪枝策略,通过参数控制决策树的充分生长。基本参数包括:
- 决策树最大深度:如果决策树的层数已经达到指定深度,则停止生长。
- 树中父节点和子节点所包含的最小样本量或比例:对于父节点,如果节点的样本量已低于最小样本量或比例,则不再分组;对于子节点,如果分组后生成的子节点中的样本量低于最小样本量或比例,则不必进行分组。
- 当输入变量与输出变量的相关性小于一个指定值时,不必进行分组。

7.4.4 CHAID 算法的应用示例

这里仍以电信客户数据(文件名为 Telephone.sav)为例讨论 CHAID 的具体操作。

选择"建模"选项卡中的"CHAID"节点,将其连接到数据流的恰当位置上。右击,选择弹出菜单中的"编辑"进行节点的参数设置。参数设置的选项卡与"C&RT 树"基本相同,这里只讨论"构建选项"中的"基本"和"高级"选项卡。"基本"选项卡如图 7.38 所示。

图 7.38 "构建选项"中的"基本"选项卡

其中,"树生长算法"提供了"CHAID"和"穷举 CHAID"两种算法;"最大树深度"是不包括根节点在内的最大树层数,控制决策树生长过于"茂盛",避免过拟合,默认值为 5。"高级"选项卡如图 7.39 所示。

其中:
- "在节点内允许重新拆分合并类别":新近合并的组中,如果包括 3 个以上的原始分组,允许将它再拆分成两个组。例如,可以将[1,2,3]组拆分为[1,2]和[3]组,或是[1]和[2,3]组。
- "合并的显著性水平":表示指定输入变量分组合并时的显著性水平,默认值为 0.05,

表示当检验统计量的概率 P-值大于 0.05 时，认为输入变量目前的分组对输出变量取值没有显著影响，可以合并，否则不能合并。该参数的值越大，输入变量各类别的合并就越不容易，树就会越庞大；"分割的显著性水平"：若允许分组合并过程中重新拆分新近合并的包含 3 个以上类别水平的组，此时应指定拆分的显著性水平，默认值为 0.05，表示当检验统计量的概率 P-值小于 0.05 时，认为输入变量目前的分组水平对输出变量取值有显著影响，可以拆分，否则不能拆分。

图 7.39 "构建选项"中的"高级"选项卡

- "用于类别目标的卡方"：可以指定采用 Pearson 卡方或似然比卡方。

本例采用穷举 CHAID 算法，计算结果如图 7.40 所示。

图 7.40 穷举 CHAID 算法的计算结果

穷举 CHAID 算法首先确定开通月数为最佳分组变量，并将其分成 3 组。与 CART 算法相比，它的分组更加细致，但有些推理规则没有太大的参考价值。例如，对于开通月数大于 31 个月的客户，无论是否采用电子支付方式，年龄和婚姻状况如何，最终都是未流失。尽管如此，这样的分组还是具有总体的统计显著性的。

对于 CHAID 算法，SPSS Modeler 允许采用交互方式建模。具体操作包括决策树的生长和剪枝、模型效益的评估、风险的测度等，指标含义与"C&RT 树"节点相同，不再赘述。另外，损失矩阵也将影响预测值的确定，但不影响决策树分组变量的选择。

7.5 SPSS Modeler 的 QUEST 算法及其应用

QUEST 算法是快速无偏有效统计树（Quick Unbiased Efficient Statistical Tree）的英文缩写，是 Loh 和 Shih 在 1997 年提出的一种较为新颖的二叉树建立方法。作为一种决策树方法，QUEST 算法的特点是：
- QUEST 的输入变量可以是分类型变量也可以是数值型变量，输出变量为分类型变量，即只用于建立分类树。
- QUEST 用于建立二叉树。
- QUEST 算法的最佳分组变量和分割点的确定方式吸纳了许多统计学的经典方法。

最后一个特点体现了 QUEST 算法的独到之处，以下将重点讨论。

7.5.1 QUEST 算法

1. 确定当前最佳分组变量

QUEST 算法确定最佳分组变量的基本思路与 CHAID 算法非常相似，不同点在于，QUEST 算法不对输入变量进行预处理。基本思路是：
- 首先，直接采用卡方检验或 F 检验方法，分别检验各输入变量与输出变量的相关性。如果输入变量为分类型，则采用卡方检验；如果输入变量为数值型，则采用 F 检验。
- 然后，选择检验统计量概率 P-值最小，且小于显著性水平 α 的输入变量作为当前最佳分组变量。
- 如果最小的概率 P-值尚不小于显著性水平 α，则需分别考虑：
    - 卡方检验表明，所有输入变量与输出变量的相关性都不显著，树节点无法继续分支。
    - F 检验表明，在显著性水平 α 下，输出变量不同类别水平下输入变量分布不存在显著差异。此时，应再利用 Levene'F 检验方法，对输出变量不同类别水平下输入变量的方差进行齐性检验，并选择方差齐性最不显著的变量作为当前最佳分组变量，因为，此时该变量所提供的利于输出变量分析的"信息"是最多的；如果检验结果是所有输入变量各分组下分布的方差均齐性，则树节点无法继续分支。

2. 输出变量的超类预处理

QUEST 算法通常首先对输出变量进行预处理，将输出变量合并成两个超类。在此，QUEST 算法更多运用了多元统计分析方法，解决问题的视角尤为独特，具体为：
- 分别计算输出变量 k 个类别水平下 p 个输入变量的均值，得到 k 个包含 p 个元素的均值向量。
- 如果输出变量 k 个均值向量均相等，则将样本量最多（权重最大）的组作为一组，其余的各组合并为另一组，形成两个超类。
- 如果输出变量 k 个均值向量不全相等，则将 k 个均值向量看成 p 维空间上的 k 个点，采用 K-Means 聚类方法，将均值点聚成两类。其中，两个类的初始类中心分别是两个极端点。按照距类中心最近的原则，将各均值点分配到两个类中。最终，输出变量分别取相应的类标记值，形成两个超类。关于 K-Means 聚类方法见第 14 章。

通过这样的方式，输出变量的多个类别合并成了包含两个类别的超类，旨在方便最佳分组变量的最佳分割点的选择。

3．确定当前最佳分割点

由于 QUEST 算法用于建立二叉树，因此在确定分割点时，需将数值型输入变量分成两组，将分类型输入变量合并成两个超类。不同类型的分组变量应采用不同的处理策略。

- 对于数值型分组变量

首先，计算输出变量两类别（超类）下分组变量的均值和标准差，分别记为 $\bar{x}_1$ 和 $\bar{x}_2$、$\bar{s}_1$ 和 $\bar{s}_2$；如果 $\bar{s}_1 \leq \bar{s}_2$，则分割点记为 d，具体为

$$d = \begin{cases} \bar{x}_1(1+\varepsilon) & \bar{x}_1 < \bar{x}_2 \\ \bar{x}_1(1-\varepsilon) & \end{cases} \quad (7.34)$$

其中，$\varepsilon = 10^{-12}$，即以小标准差组调整后的均值为分割点。

- 对于分类型分组变量

仍采用与上述数值型分组变量相同的方法确定分割点，但首先需将分类型分组变量转换为数值型，新变量记为 ξ。具体方法为：

第一，将当前最佳分组变量的 m 个类别转换为哑变量形式。

哑变量通常取值为 0 或 1。设分类变量有 m 个类别，通过 $m-1$ 个哑变量即可描述各类别取值。

例如，表 7.8 中的 4 个样本观测，分类型变量分别有 A、B、C、D 四个类别，用 3 个哑变量就可以表示它们。如哑变量 1 的含义为"取 A 类吗？"，是则为"1"否则为"0"。哑变量 2 和哑变量 3 的含义分别为"取 B 类吗？""取 C 类吗？"。对于第 4 个样本观测，哑变量 1、2、3 均为 0，表示取 D 类。

表 7.8 分类变量和它的哑变量

样 本 号	分类变量	哑变量 1	哑变量 2	哑变量 3
1	A	1	0	0
2	B	0	1	0
3	C	0	0	1
4	D	0	0	0

第二，利用 Fisher 判别方法，建立关于输出变量的若干个判别函数，并取第一个典型判别函数；计算各样本观测的第一个判别函数值作为 ξ 值。这种通过将数据投影到新坐标轴上，减少输入变量原有类别个数的做法，能够有效综合出对输出变量取值最具影响的类别（ξ 值）。

第三，依据前述方法确定分割点。

SPSS Modeler 中 QUEST 算法的决策树剪枝方法与 CART 算法相同，不再重复。

7.5.2 QUEST 算法的应用示例

仍以电信客户数据（文件名为 Telephone.sav）为例讨论 QUEST 算法的具体操作。

选择"建模"选项卡中的"Quest"节点，将其连接到数据流的恰当位置上。右击，选择弹出菜单中的"编辑"进行节点的参数设置。参数设置的选项卡与"C&RT 树"基本相同，这里只讨论"构建选项"中的"高级"选项卡，如图 7.41 所示。

图 7.41 "构建选项"中的"高级"选项卡

其中，"分割的显著性水平"：指定确定最佳分组变量的显著性水平 α，默认值为 0.05，表示当卡方统计量或 F 统计量的概率 P-值小于 0.05 时，认为输入变量与输出变量有显著相关性，可以作为最佳分组变量的候选。此外，为防止过拟合，可指定随机抽取默认 30%的样本组成测试样本集。

Quest 的模型计算结果如图 7.42 所示。

图 7.42 Quest 的模型计算结果

从决策树看到，流失的重要影响因素是电子支付和开通月数。SPSS Modeler 还允许采用交互方式建模。具体操作包括决策树的生长和剪枝、模型效益的评估、风险的测度等，指标含义与"C&RT 树"节点相同，不再赘述。另外，损失矩阵也将影响预测值的确定，但不影响决策树分组变量的选择。

7.6 模型的对比分析

以上针对电信客户数据采用了三种决策树的算法进行研究,每个算法都有自己的特点。CART 从使目标变量取值差异性快速减小的角度选择最佳分组变量,而 CHAID 和 QUEST 则更多地从输入变量与目标变量的相关性角度进行选择。因为算法的研究角度不同,各有千秋,不存在哪种好哪种不好的问题。

现实应用中,模型优劣的对比问题是无法回避的。通常的做法是选择一些通用指标,比较不同模型在通用指标上的高低优劣,以帮助确定最终模型。一般通用性的评价指标包括误差、收益率、提升度等。

7.6.1 不同模型的误差对比

在 SPSS Modeler 中,当多个模型建立完成后,可通过"输出"选项卡中的"分析"节点,对各种模型进行统一评估。

前面对电信客户数据已经建立了 3 个决策树模型,现利用"分析"节点对 3 个模型的误差进行对比,建立的数据流如图 7.43 所示。

图 7.43 建立的数据流

图中深色节点均为模型计算结果节点,将它们连在一起后与"分析"节点相连。

1. "分析"节点

选择"输出"选项卡中的"分析"节点,将其连接到模型计算结果节点的后面。右击,选择弹出菜单中的"编辑"进行参数设置,如图 7.44 所示。

其中:

- $R-流失、$R1-流失、$R2-流失这 3 个变量,在本例中分别存放 C&RT、CHAID、QUEST 算法给出的预测结果。
- "重合矩阵(用于字符型目标字段):表示输出混淆矩阵,该选项只对分类型目标变量有效。
- "置信度图(如果可用)":表示输出有关预测置信度的评价指标。其中,"阈值用于":表示给定一个百分比,SPSS Modeler 将自动找到一个置信度,高于该置信度的样本中有指定百分比的样本,其预测值是正确的;"改善准确性":表示给定一个折数,SPSS Modeler 将自动找到一个置信度,高于该置信度的样本中,其预测正确率比总正确率提高指定折数。

图 7.44 "分析"节点的参数设置

例如,设总正确率为 90%,则错误率为 10%。如果指定折数为 2,则高于该置信度的样本的预测正确率为 95%(2 折是错误率下降一半为 5%,则正确率为 95%。同理,3 折是错误率下降 1/3,则正确率为 93.3%)。

- "使用以下内容查找目标/预测变量字段":指定存放目标变量实际值的变量。"模型输出字段元数据"表示模型中的目标变量即为存放实际值的变量;"字段名格式(例如,'$<X>-<target field>')"表示变量名形为$<X>-<target field>的变量是存放目标变量的变量。
- "按字段分解分析":指定一个分类型变量,分别评价模型在该变量不同类别下的效果。

例如,如果在此指定了居住地,则首先将样本按居住地分组,然后再计算模型在不同组(居住地)中的评价指标。

2. "分析"的结果

"分析"节点的输出结果包括两部分:第一部分是对每个模型的评价;第二部分是对不同模型的对比。

以 CHAID 算法的评价结果为例,如图 7.45 所示。

图 7.45 CHAID 算法的评价结果

● 图中第①部分

该部分显示了模型在训练样本集（1_Training）和测试样本集（2_Testing）上的表现。测试样本集的样本量为 280，其中模型正确预测了 204 个，错误预测了 76 个，正确率为 72.86%，错误率为 27.14%。

● 图中第②部分

该部分显示了模型在训练样本集（1_Training）和测试样本集（2_Testing）上的混淆矩阵。行向为实际值。在测试样本集上，实际值为 Yes 预测值也为 Yes 的有 22 个，实际值为 No 预测值也为 No 的有 182 个，实际值为 Yes 预测值为 No 的有 58 个，实际值为 No 预测值为 Yes 的有 18 个。

● 图中第③部分

该部分显示了模型在训练样本集（1_Training）和测试样本集（2_Testing）上的模型置信度。以测试样本集为例。"范围"是预测置信度的取值范围，最小置信度为 0.638，最大置信度为 0.864；"平均正确性 0.808"，表示所有正确预测的样本（204 个），其预测置信度的平均值为 0.808；"平均不正确性 0.738"，表示所有错误预测的样本（76 个），其预测置信度的平均值为 0.738；"正确性始终高于 0.864（观测值的 0%）"，表示预测置信度在 0.864 以上的样本，其预测值都是正确的，但包含了 0% 的样本，说明本例找不出一个置信度，高于该置信度的所有样本，其预测值均正确；"不正确性始终低于 0.638（观测值的 0%）"，表示预测置信度在 0.638 以下的样本，其预测值都是错误的，但包含了 0% 的样本，说明本例找不出一个置信度，低于该置信度的所有样本，其预测值均错误；"90% 以上的准确性，从未达到需求等级"，表示预测置信度高于 0.9 的样本中，没有样本被预测正确；"2.0 以上的折叠正确性，0.864（观测值的 0%）"，表示预测置信度高于 0.864 的样本中，0 个样本观测，其预测正确率比总体正确率提高了 2 折，应为 86.43%（86.43%=72.86%+(100%-72.86%)÷2）。

> 需要说明的是，不要将预测置信度混同于倾向性得分。倾向性得分越接近 1，意味着预测为 Yes 的置信度越高，预测为 No 的置信度越低。而预测置信度越接近 1，意味着预测为目标类别的置信度越高，目标类别可能是 Yes 也可能是 No。所以，仅根据预测置信度并无法判断预测类别。而通常倾向性得分高于 0.5，则可判断其预测类别为 Yes。

不同模型的对比分析结果如图 7.46 所示。

● 图中第①部分

该部分显示了在训练样本集（1_Training）和测试样本集（2_Testing）上，3 个模型给出一致性预测结果的情况。以测试样本集为例，有 233 个样本观测，3 个模型给出的预测值相同，占 83.21%，有 47 个样本观测，3 个模型给出的预测值是不同的，占 16.79%。

● 图中第②部分

该部分显示了在训练样本集（1_Training）和测试样本集（2_Testing）上，3 个模型所给的一致性预测结果中，正确和错误的分布情况。以测试样本集为例，3 个模型对 233 个样本观测给出了相同的预测值，其中有 186 个预测正确，占 79.83%；有 47 个预测错误，占 20.17%。

图 7.46 不同模型的对比分析结果

- 图中第③部分

该部分显示了在训练样本集（1_Training）和测试样本集（2_Testing）上，3 个模型所给一致性预测结果的混淆矩阵。例如，3 个模型对测试样本集中的 233 个样本观测给出了相同的预测值，其混淆矩阵显示两类预测正确的样本量分别为 169 和 17。

- 图中第④部分

该部分显示了在训练样本集（1_Training）和测试样本集（2_Testing）上，3 个模型所给一致性预测结果的预测置信度情况，具体含义同前，这里不再赘述。

7.6.2 不同模型的收益对比

前面已经对模型收益的评价指标进行了讨论。在多模型对比评价时，单个节点收益的逐一对比意义不大，更多的是模型整体性能的比较，绘制不同模型的收益图形并进行对比，无疑是一个很好的选择。

选择"图形"选项卡中的"评估"节点，将其连接到模型计算结果的节点之后。右击，选择弹出菜单中的"编辑"进行参数设置，其中"散点图[①]"是最重要的选项卡，如图 7.47 所示。

其中：
- 在"图表类型"选择绘制"收益""响应""增益""投资收益率"等图形。
- "累计散点图"：表示图形的纵坐标为累计值。
- 在"散点图"下拉框选择分位点，通常可选"百分位数"。
- "包含基线"表示在图中显示随机预测下的参考线。
- "包含最佳线"表示在图中显示最佳模型的参考线。
- "使用以下内容查找目标/预测变量字段"：指定存放目标变量实际值的变量。含义同前。
- "其他评分字段"框中：选中"绘制评分字段"，表示指定一个评分变量（如 RFM 分析中的顾客 RFM 得分）和目标变量。于是，SPSS Modeler 将自动绘制评分变量在目标变量不同类别间的取值变化曲线。

---

① 英文直译，更准确的翻译为：绘图。

图 7.47 "评估"节点的"散点图"选项卡

以收益图为例,不同模型的效果对比图如图 7.48 所示。

图 7.48 不同模型的效果对比图

在客户流失的分类预测中,3 个模型的总体性能差异不大,且与最优模型都有一定差距,需进一步改善。

总之,分类回归树、CHAID 和 QUEST 三大算法中,分类回归树以减小目标变量取值差异最大化为基本思路。CHAID 算法则以统计检验为基础,利用概率 P-值进行变量筛选,且算法处理分类型输入变量较为理想,对于数值型输入变量只能将其转换为分类型变量再进行分析,有丢失数据信息的遗憾。同时,如果筛选出的最佳分组变量为多分类型变量,则长出多个分叉,当样本数量有限时,会使得后续节点中的样本量大大减少,可能导致小样本检验的效能损失。QUEST 算法在思路上类似于 CHAID 算法,但弥补了后者的缺陷,对数值型输入变量采用方差分析进行检验,特别是随后又采用方差齐性检验,进一步发现变量在变异程度上的差异。这是其余算法均未考虑的，因而在分组变量的选择上充分做到了无偏。同时，在分割点的选择上充分利用了聚类分析和判别分析技术，均以二叉树方式进行分组，客观揭示了多分类型变量各类别间的关联性。

至此，决策树算法的讨论基本结束。需说明的是，决策树算法的应用过程中还应注意以下问题。

第一，决策树算法是面向单变量的。

通过以上的讨论可见，决策树在选择最佳分组变量时，每个时刻都只针对单个变量，不能同时根据多个输入变量的取值情况进行判断，这在一定程度上限制了决策树算法的应用。

第二，决策树算法在处理不同类型数据时的优势和劣势。

决策树所处理的输入变量可以是数值型变量也可以是分类型变量，各有优点和不足。

当输入变量是数值型变量时，决策树技术的主要优势是当数据采用不同的计量单位或当数据中存在异常值时，不会给决策树带来显著影响，因而不会给数据的准备工作增加额外负担；缺点是忽略了数据中所蕴涵的分布信息。

当输入变量是分类型变量时，决策树的建树效率会较高。但主要问题是，当输入变量的分类值很多且分布极为分散时，决策树会过于"茂盛"，使得树节点上的样本量随着树层数的增加而快速下降，不利于决策树的合理生长。改进的方法是将样本量较少的类合并，但由于类间合并有很多可选择的方案，其可行性会受到实际应用的限制。

第 8 章 分类预测：SPSS Modeler 的人工神经网络*

神经网络起源于生物神经元的研究，研究对象是人脑。人脑是一个高度复杂的非线性并行处理系统，具有联想推理和判断决策的能力。对人脑活动机理的研究一直是一种挑战。

研究发现，人脑大约拥有 10^{11} 个相互连接的生物神经元，如图 8.1 所示。

图 8.1 生物神经元

婴儿出生后大脑不断发育，外界刺激信号会不断调整或加强神经元之间的连接及强度，最终形成成熟稳定的连接结构。通常认为，人脑智慧的核心在于其连接机制。大量神经元的巧妙连接，使得人脑成为一个高度复杂的大规模非线性自适应系统。

人工神经网络（Artificial Neural Network，ANN）是一种人脑的抽象计算模型，是一种模拟人脑思维的计算机建模方式。自 20 世纪 40 年代开始，人们对人工神经网络的研究已达半个多世纪。随着计算机技术的迅猛发展，人们希望通过计算机程序实现对人脑系统的模拟。通过类似于生物神经元的处理单元，以及处理单元之间的有机连接，解决现实世界的模式识别、联想记忆、优化计算等复杂问题。

目前，人工神经网络已大量应用于商业数据的分类预测和聚类分析中。本章将重点讨论分类预测问题，对于人工神经网络的聚类应用将在第 14 章讨论。

8.1 人工神经网络算法概述

8.1.1 人工神经网络的概念和种类

与人脑类似，人工神经网络由相互连接的神经元（也称处理单元）组成。如果将人工神经网络看作一张图，则处理单元也称为节点。节点之间的连接称为边，反映了各节点之间的

---

* 本章的数据流文件：判别分析.str。

关联性，关联性的强弱体现在边的权值上。

人工神经网络的种类繁多，可以从拓扑结构和连接方式等角度进行划分。

1. 从拓扑结构角度划分

根据网络的层次数，神经网络可分为两层神经网络、三层神经网络和多层神经网络。图 8.2（a）、（b）所示就是典型的两层神经网络和三层神经网络。

图 8.2 典型的两层神经网络和三层神经网络

神经网络的底层称为输入层，顶层称为输出层，中间层称为隐层。神经网络的层数和每层的处理单元的数量，决定了网络的复杂程度。为防止混乱，以后针对多层神经网络，统称接近输入层的层为上层，接近输出层的层为下层。

人工神经网络中的处理单元通常按层次分布于神经网络的输入层、隐层和输出层中，因而又分别称为输入节点、隐节点和输出节点。其中：

- 输入节点负责接收和处理训练样本集中各输入变量值。输入节点的个数取决于输入变量的个数。
- 隐节点负责实现非线性样本的线性变换，隐层的层数和节点个数可自行指定。
- 输出节点给出关于目标变量的分类预测结果，输出节点个数依具体问题而定。

例如，在神经网络的分类预测应用中，SPSS Modeler 规定，如果目标变量为取值 A 和 B 的二分类型变量，则输出节点个数为 1，输出节点的输出为 1 表示 A 类，0 表示 B 类；如果目标变量为取值 A、B、C 的多分类型变量，则输出节点个数可为 3，每个节点输出 1 或 0。3 个输出节点的结果排列成二进制数，如 100 表示 A，010 表示 B，001 表示 C 等。如果目标变量为数值型，只设置一个输出节点即可。

2. 从连接方式角度划分

神经网络的连接包括层间连接和层内连接，连接强度用权值表示。

根据层间连接方式，神经网络可分为：

- 前馈式神经网络：其连接是单向的，上层节点的输出是下层节点的输入。B-P（Back-Propagation）反向传播网络和 Kohonen 网络都属于前馈式神经网络。目前数据挖掘软件中的神经网络大多为前馈式神经网络。
- 反馈式神经网络：除单向连接外，输出节点的输出又作为输入节点的输入。如 Hopfield 网络，包括离散型反馈神经网络（Discrete Hopfield Neural Network，DHNN）和连续型反馈神经网络（Continuous Hopfield Neural Network，CHNN）等。

层内连接方式是指神经网络同层节点之间相互连接，如 Kohonen 网络。

8.1.2 人工神经网络中的节点和意义

节点是人工神经网络的重要元素。输入节点只负责数据输入，且没有上层节点与之相连，因而比较特殊。除此之外的其他节点，都具有这样的共同特征，即接收上层节点的输出作为本节点的输入，对输入进行计算后给出本节点的输出。

将神经网络放大去看，完整的节点由加法器和激活函数（activation function）组成。

例如，图 8.3 所示是一个包含 4 个输入节点、2 个隐节点和 1 个输出节点的三层神经网络，其中的大圆圈内是一个节点。

图 8.3　神经网络中的处理单元

1. 加法器

如果节点的输入用 x 表示，节点的输出用 y 表示，节点与上层连接的网络权值用 w 表示，节点的偏差用 θ 表示，则第 j 个节点的加法器 U_j 定义为

$$U_j = \sum_{i=1}^{p} w_{ij} x_i + \theta_j \tag{8.1}$$

其中，p 表示上层节点的个数；x_i 为上层第 i 个节点的输出，由于上层每个节点的输出都作为本节点的输入，因此有 p 个输入；w_{ij} 为上层第 i 个节点与本层第 j 个节点的连接权值。从定义可知，加法器的作用是对自身输入的线性组合，θ_j 可看成线性组合中的常数项。其中的关键是系数 w_{ij} 的确定。

2. 激活函数

第 j 个节点的激活函数定义为

$$y_j = f(U_j) \tag{8.2}$$

其中，y_j 是激活函数值，也是节点的输出。函数 f 的参数是加法器 U_j，f 的具体形式通常如下。

- [0,1]阶跃函数：

$$f(U_j) = \begin{cases} 1 & (U_j > 0) \\ 0 & (U_j \leq 0) \end{cases} \tag{8.3}$$

- [-1,+1]阶跃函数：

$$f(U_j) = \begin{cases} 1 & (U_j > 0) \\ -1 & (U_j \leq 0) \end{cases} \tag{8.4}$$

- (0,1)型 Sigmoid 函数：

$$f(U_j) = \frac{1}{1+e^{-U_j}} \tag{8.5}$$

- (-1,1)型 Sigmoid 函数：

$$f(U_j) = \frac{1-e^{-U_j}}{1+e^{-U_j}} \tag{8.6}$$

各激活函数的图形如图 8.4 所示。

图 8.4 各激活函数的图形

可见，激活函数的作用是将加法器的结果映射到一定的取值范围内。

用一个简单例子说明上述问题。在图 8.5 中，设节点 1、2、3 的偏差均为 0，激活函数为(0,1)型 Sigmoid 函数。x_1、x_2 分别为上层节点的输出，均被分成两条连接，值不变但连接权值不同，权值为相应边上的数字。则：

图 8.5 神经网络节点计算示例

- 节点 1，加法器 U：1×0.2+0.5×0.5=0.45；激活函数：$y_1=f(0.45)=0.61$。
- 节点 2，加法器 U：1×(-0.6)+0.5×(-1.0)=-1.1；激活函数：$y_2=f(-1.1)=0.25$。
- 节点 3，加法器 U：0.61×1.0+0.25×(-0.5)=0.485；激活函数：$y_3=f(0.485)=0.618$。

可见，神经网络在处理单元上的计算很简单。但随着处理单元个数和层数的增多，计算工作量将剧增。因此，神经网络的处理难度取决于网络结构的复杂程度。

3. 节点的意义

在加法器和激活函数的共同作用下，节点将起到一个超平面的作用。

从几何意义上讲，如果将训练样本集中的每个样本观测看作 p 维特征空间（p 个输入变量）上的点，那么，一个节点就是一个超平面。一个超平面将 p 维特征空间划分成两个部分。理想情况下，处于超平面一侧的所有样本观测点为一类，处于超平面另一侧的所有点为另一类，可实现二值分类。多个节点是多个超平面，它们相互平行或相交，将 p 维特征空间划分成若干区域。理想情况下，处于不同区域的样本点均分属不同的类别，可实现多值分类。

为此，将涉及以下两个问题。

第一，如何定位一个超平面。

由前面的讨论可知，超平面是由加法器 $U_j = \sum_{i=1}^{n} w_{ij} x_i + \theta_j$ 确定的。其中，网络权值非常关键，它能够描述超平面，区分不同的超平面。由于超平面的最终目标是正确划分样本观测点，为此应找到该目标下的最恰当的网络权值。通常，由随机的网络权值所确定的超平面无法实现既定目标，所以，神经网络需要不断地向训练样本学习，进而不断地调整网络权值，使超平面不断地向正确的方向移动，以最终定位到期望的位置上。

节点中激活函数的作用是数值映射，它决定了超平面两侧的类别值，或者决定了取类别值的概率。

总之，人工神经网络模型的训练过程是一个寻找最佳超平面的过程，也是一个不断调整网络权值的过程。

第二，如果 p 维特征空间中的样本点线性不可分，也就是说，没有任何一个超平面能够将不同类别的样本点划分开将会怎样。关于这个问题将在 8.2.2 节讨论。

8.1.3　人工神经网络建立的一般步骤

人工神经网络建立的一般步骤是：第一，数据准备；第二，确定网络结构；第三，确定网络权值。

1．数据准备

人工神经网络中输入变量的取值范围通常要求在 0~1 之间，否则输入变量的不同数量级别将直接影响权值的确定、加法器的计算结果及最终的分类预测结果。因此，对数值型变量数据的标准化处理是数据准备阶段的主要任务之一。

数据标准化处理采用的一般处理策略是极差法，即

$$x_i' = \frac{x_i - x_{\min}}{x_{\max} - x_{\min}} \tag{8.7}$$

其中，$x_{\max}$ 和 $x_{\min}$ 分别为输入变量 x 的最大值和最小值。

另外，神经网络只能处理数值型输入变量。对分类型输入变量，SPSS Modeler 的处理策略是：对具有 k 个类别的分类型变量，将转换成 k 个取值为 0 或 1 的数值型变量后再处理，k 个数值型变量的组合将代表原来的分类值。

这样的处理策略会使神经网络的输入节点增加很多，模型训练效率下降。对此，SPSS Modeler 采用了二进制编码（Binary set encoding）策略以减少变量的个数，具体做法是：

- 首先，各个类别按照二进制编码。例如，分类变量有 A、B、C、D 四个类别，二进制编码可依次为 001、010、011、100。
- 然后，按照以下公式确定变量的个数：

$$n = \log_2(k+1) \tag{8.8}$$

例如，有 4、5、6 个类别的分类变量都只需 3 个变量即可表示，见表 8.1。

表 8.1 分类变量和二进制编码变量

样 本 号	分 类 变 量	变量 1	变量 2	变量 3
1	A	0	0	1
2	B	0	1	0
3	C	0	1	1
4	D	1	0	0

对于二分类型变量，只需转换成 1 个取值为 0 或 1 的数值型变量即可。

> 需要说明的是，合理减少输入变量个数（输入节点个数）对神经网络的训练和分类预测很有意义。二进制编码是一种方式，还可以通过已讨论过的各种方法，筛选出对目标变量有重要作用的输入变量，然后再建立神经网络模型。

2. 确定网络结构

通常，神经网络的层数和每层的节点数决定了网络的复杂程度，其中的关键是隐层层数和隐层包含的隐节点的个数。隐层层数和隐节点个数越多，网络的复杂程度也越高。

对于隐层，层数较少的简单网络结构学习时收敛速度较快，但分类预测的准确度较低；而层数较多的复杂网络结构，分类预测的准确度较高，但存在无法收敛的可能。因此，网络结构的复杂度和模型训练效率上的权衡是值得关注的。理论上，虽然多层网络能够获得更精准的分析结果，但实验表明，除非实际问题需要，使用两个以上隐层的网络会使问题的解决变得更为复杂，而且多个隐层的网络有时更不易得到最优解。所以，选择具有一个隐层的网络往往是最合算的。

对于隐节点的个数，目前尚没有权威的确定准则。通常，问题越复杂需要的隐节点就越多。从另一个角度讲，对于同一个问题，隐节点越多学习过程就越容易收敛，但会增加计算量，而且可能产生过拟合问题。

因此，在很多数据挖掘软件中，网络结构不一定在模型建立之前就完全确定下来，可以先给出一个粗略的网络结构，然后再在模型训练过程中逐步调整。

3. 确定网络权值

人工神经网络建立的过程是通过恰当的网络结构，探索输入和目标变量间复杂关系的过程，这是实现对新数据对象分类预测的前提。神经网络能够通过对已有样本的反复分析和学习，掌握输入和目标变量间的数量关系规律，并将其体现到网络权值中。因此，网络结构确定后，神经网络训练的核心便是如何确定网络权值。

对网络权值的确定，基本步骤通常如下。

第一步，初始化网络权值。

一般网络权值的初始值默认为一个随机数，该随机数通常来自均值为 0，取值范围为 $-0.5 \sim 0.5$ 的正态分布。

网络初始值接近 0 的原因是，对于 Sigmoid 型的激活函数，开始时神经网络会退化为近似线性的模型。因此，模型训练的思路是从简单的接近线性的模型开始，然后随网络权值的增加调整再变成复杂的非线性模型。

给定一个初始权值的小的区间而非较大区间的原因是防止各网络权值的差异过大。如果某些权值很小，则在有限次迭代过程中，相应节点中的激活函数可能只采用线性模型；如果某些权值很大，则相应节点可能只通过很少次的迭代过程权值就基本稳定。于是产生的后果是所有权值无法几乎同时达到最终的稳定，而是有的达到了，对目标变量某类别的预测精度较高；而另一些还没有达到，对目标变量另一些类别的预测精度较低，无法实现各节点的均衡学习。

第二步，计算各处理单元的加法器和激活函数值，得到样本的分类预测值。

第三步，比较样本的预测值与实际值并计算误差，根据误差值重新调整各网络权值。

第四步，返回第二步。

网络权值的调整和相应的计算过程将反复进行，直到预测结果与目标变量实际值的误差达到一个较小值为止。此时，一组相对合理的网络权值便被确定下来，超平面也被确定下来。因此，网络权值的确定是一个不断迭代的过程。

8.2 SPSS Modeler 的 B-P 反向传播网络

B-P 反向传播网络是一种前馈式的多层感知机。前馈式、多层很容易理解，这里重点讨论感知机问题。

感知机是一种最基本的神经网络模型，其基本思路体现在很多的神经网络算法中。为更好地理解 B-P 反向传播网络，首先讨论感知机模型。

8.2.1 感知机模型

感知机模型属于前馈式神经网络，它是一个相对简单的双层网络模型，仅由输入层和输出层构成，所有输入节点和输出节点全部连接在一起。虽然感知机模型处理问题的能力有限，但其核心思想却在神经网络的众多改进模型中得到广泛应用。如图 8.6 所示便是一个最简单的感知机模型。

图 8.6 感知机模型

神经网络的训练过程是一个不断向样本学习的过程，学习的目的是通过不断调整网络权值以得到较小的预测误差。由于每个样本观测都会提供关于输入目标变量数量关系的信息，因此神经网络需依次向每个样本观测学习。当向所有样本学习结束后，如果模型所给出的预测误差仍然较大，则需重新开始新一轮的学习。如果经过第二轮的学习仍然不能给出理想的预测精度,则需进行第三轮、第四轮等的学习,直到满足学习的终止条件为止。无论感知机还是 B-P 反向传播网络,都遵循这样的学习模式。

为准确阐述这个过程,做以下符号说明。
- 有 p 个输入节点,p 取决于输入变量的个数。输入节点值记为 $x=(x_1,x_2,\cdots,x_p)$。
- 输出节点实现二分类目标变量的分类或数值型目标变量值的预测。输出节点 j 的实际(期望)值记为 y_j,输出节点的预测值记为 y'_j,偏差记为 θ_j。
- 输入节点 i 和输出节点 j 之间的权值用 w_{ij} 表示。图 8.6 中 j 只取 1。
- 由于不同时刻的学习对象不同(即样本观测不同),因此 t 时刻的输入节点值记为 $x=(x_1(t),x_2(t),\cdots,x_p(t))$,输出节点的期望值记为 $y_j(t)$,预测值记为 $y'_j(t)$,偏差记为 $\theta_j(t)$,输入节点 i 和输出节点 j 之间的权值用 $w_{ij}(t)$ 表示。

感知机的学习过程如下。

第一步,开始时(即 0 时刻),初始化各个网络权值和输出节点的偏差,初始默认-0.5~0.5 之间的随机数,即
$$w(0) = \{w_{ij}(0)\ 1 \leq i \leq n, 1 \leq j \leq k\};\quad \theta_j(0)\ (1 \leq j \leq k)$$

第二步,输入训练样本,t 时刻,根据样本输入变量值 $x=(x_1(t),x_2(t),\cdots,x_p(t))$ 和网络权值 $w(t) = \{w_{ij}(t)\ 1 \leq i \leq n, 1 \leq j \leq k\}$,计算输出节点的预测值为

$$y'_j(t) = f\left(\sum_{j=1}^{p} w_{ij}(t) x_i(t) + \theta_j(t)\right) \tag{8.9}$$

其中,f 为激活函数。通常,目标变量为数值型采用 Sigmoid 函数,为分类型一般采用[0,1]阶跃函数。

第三步,t 时刻样本目标变量对应的输出节点上的期望值为 $y(t)$,计算输出节点期望值与预测值的误差:

$$e_j(t) = y_j(t) - y'_j(t)\quad (1 \leq j \leq k) \tag{8.10}$$

显然,对于二分类型目标变量,如果错判为 0,则 $e_j(t)$ 为 1;如果错判为 1,则 $e_j(t)$ 为-1。

第四步,调整第 i 个输入节点和第 j 个输出节点之间的网络权值,以及第 j 个输出节点的偏差。

$$\begin{aligned} w_{ij}(t+1) &= \alpha \times w_{ij}(t) + \eta \times e_j(t) \times x_i(t) \\ \theta_j(t+1) &= \alpha \times \theta_j(t) + \eta \times e_j(t) \end{aligned} \tag{8.11}$$

其中,α 称为冲量项,通常为常数;η 为学习率。令 $\Delta w_{ij}(t) = \eta \times e_j(t) \times x_i(t)$,表示权值的调整幅度,有

$$w_{ij}(t+1) = \alpha \times w_{ij}(t) + \Delta w_{ij}(t) \tag{8.12}$$

这种权值调整策略遵从 Delta 规则,即权值的调整与误差及所连接的输入成正比。本质上,$t+1$ 时刻的权值是 t 时刻的权值加上一个误差调整项。

如果将偏差看作一个输入总为 1 的特殊输入节点与输出节点的网络权值,则偏差的调整方法与网络权值的调整相同。

第五步,判断是否满足迭代终止条件。如果满足,则算法终止;否则,重新回到第二步,直到满足终止条件为止。

迭代终止条件一般为:预测误差达到一个指定的较小值;或正确分类的样本达到一定比

例；或已迭代次数等于指定的迭代次数；或网络权值基本稳定。

用一个简单例子说明以上计算过程。表 8.2 中，x_1、x_2、x_3 为输入变量，y 为数值型目标变量，现有 3 个样本。

表 8.2 网络权值计算示例数据

样 本	x_1	x_2	x_3	y
1	1	1	0.5	0.7
2	−1	0.7	−0.5	0.2
3	0.3	0.3	−0.3	0.5

设 α 为 1，η 为 0.1，θ 为 0，激活函数 $f=U$，则对图 8.7 中的节点，$t=1$ 时刻，网络权值的调整过程为：

$U(1)=0.5\times1+(-0.3)\times1+0.8\times0.5=0.6$

$y'(1)=f(0.6)=0.6$

$e(1)=y(1)-y'(1)=0.7-0.6=0.1$

$\Delta w_1(1)=0.1\times0.1\times1=0.01$，

$w_1(2)=1\times w_1(1)+\Delta w_1(1)=0.5+0.01=0.51$

$\Delta w_2(1)=0.1\times0.1\times1=0.01$

$w_2(2)=1\times w_2(1)+\Delta w_2(1)=-0.3+0.01=-0.29$

$\Delta w_3(1)=0.1\times0.1\times0.5=0.005$

$w_3(2)=1\times w_3(1)+\Delta w_3(1)=0.8+0.005=0.805$

图 8.7 网络权值调整示例

同理，可依据第 2、3 个样本进行第 2、3 次迭代，后续可能还需新一轮的学习等。

网络权值的调整是基于预测误差的，网络权值的调整过程是超平面的不断移动过程。对二分类型目标变量，如果超平面将本应在平面上方的样本观测点错误地"指派"到平面下方，则应使超平面移动靠近或跨越错判的点。例如，对于错判为 0 的观测点，因输出节点的加法器结果小于等于 0，所以网络权值应加上一个误差调整项 $\eta\times(+1)\times x_i(t)$；反之，如果超平面将本应在平面下方的样本点错误地"指派"到平面上方，则也应使超平面移动靠近或跨越错判的点。例如，对于错判为 1 的观测点，因输出节点的加法器结果大于 0，所以网络权值应加上一个负的误差调整项 $\eta\times(-1)\times x_i(t)$。同理，对于数值型目标变量，如果预测误差 $e(t)$ 为正，为减小误差，网络权值应加上一个误差调整项 Δw_{ij}；反之，如果预测误差 $e(t)$ 为负，为减小误差，网络权值应减去一个误差调整项 Δw_{ij}，也即加上一个负的误差调整项。

可见，超平面初始位置由网络的初始权值决定，它通常无法实现正确分类。在学习过程中，超平面会不断地向错判的样本点靠近，向着正确的方向靠近。虽然过程中正反方向的移动会相互抵消，但只要样本是线性可分的，那么在若干次迭代后，超平面的移动就会减小，网络权值稳定，算法收敛。此时的超平面就是人们所期望的。

> 需要说明的是，超平面的移动幅度受到学习率和冲量项的影响，对此将在后面讨论。超平面的移动与样本进入模型的顺序有关，对此也有很多改进算法。这里的感知机只有一个输出节点，其预测误差的计算只体现在一个节点上；如果有多个输出节点，则应将所有输出节点的误差合并起来。

8.2.2 B-P 反向传播网络的特点

B-P 反向传播模型属前馈式神经网络,是一种最为常见且较为复杂的神经网络模型。B-P 反向传播模型为多层感知机结构,其中不仅包含输入和输出节点,而且还有一层或多层隐层,又称多层感知机模型(MultiLayer Perception, MLP)。图 8.2(b)所示就是一个标准 B-P 反向传播网络的拓扑图。

B-P 反向传播网络的主要特点是:包含隐层;反向传播;激活函数采用 Sigmoid 函数。
这些特点都使 B-P 反向传播网络较感知机更复杂,下面将针对这些特点进行讨论。

1. 隐层的作用

神经网络中的隐层位于输入层和输出层中间,可以是一层也可以是多层。隐层在 B-P 反向传播模型中起着非常重要的作用,能够实现非线性样本的线性化转换。

所谓线性样本,简单讲是指对 p 维特征空间的两类样本,若能找到一个超平面将两类分开,则样本为线性样本,否则为非线性样本。

实际问题中的非线性样本是普遍存在的。例如,表 8.3 所示就是典型的二维非线性样本。

表 8.3 二维非线性样本

输入变量 x_1	输入变量 x_2	目 标 变 量
0	0	0
0	1	1
1	0	1
1	1	0

在 x_1、x_2 特征空间中的样本点如图 8.8 所示,其中实心点为一类(0 类),空心点为另一类(1 类)。

解决非线性样本的分类问题,可将样本观测点放置到更高维的空间中使其转换为线性样本,然后再分类。神经网络的解决方法也是试图首先将原空间中的非线性样本放置到一个新空间中,使其成为线性样本。实现途径是:将多个感知机模型按层次结构连接起来,形成隐层,让隐层节点完成非线性样本到线性样本的转换任务。

为阐明这个问题,仍以表 8.3 所示的数据为例。设网络结构是:2 个输入节点,分别接收 x_1、x_2;1 个隐层,包含 2 个隐节点,分别以 y_1、y_2 表示;1 个输出节点,以 z 表示,3 个偏差节点,均看作输入为 1 的特殊节点,如图 8.9 所示。

图 8.8 非线性样本示例

图 8.9 非线性样本转换

设网络权值是经过若干次迭代以后的结果。以样本观测点(1,1)为例，有：
- y_1 节点的输出为：$U_{y1}=1×(-1)+1×1.5+1×0.5$，因为 $U_{y1}>0$，结果为 1。
- y_2 节点的输出为：$U_{y2}=1×(-1)+1×1.5+1×(-1.2)$，因为 $U_{y2}<0$，结果为 0。
- z 节点的输出为：$z=1×(-1.5)+0×1+1×1.2$，因为 $z<0$，结果为 0。

所以，点(1,1)经过隐节点的作用，最终节点 z 的输出为 0。

根据上述逻辑，隐节点 y_1 和 y_2 分别代表的是两个超平面。经过若干次迭代后，特征空间的变换及超平面如图 8.10 所示。

图 8.10 特征空间的变换及超平面

在 x_1、x_2 特征空间中，直线 y_1、y_2 将 4 个样本观测点划分在 3 个区域内：
- 点(0,0)和点(1,1)落在直线 y_1、y_2 的中间区域，两个隐节点的输出为(1,0)。
- 点(1,0)和点(0,1)落入直线 y_1、y_2 的外侧区域，两个隐节点的输出分别为(0,0)和(1,1)。

在 y_1、y_2 特征空间中，x_1、x_2 特征空间中的点(0,0)和点(1,1)合并为一个点(1,0)。直线 z 将两类样本分开：
- 点(1,0)落在直线 z 的下方，输出结果为 0，也就是说，x_1、x_2 特征空间中的点(0,0)和点(1,1)，输出结果为 0。
- 点(0,0)和点(1,1)落在直线 z 的上方，输出结果为 1，也就是说，x_1、x_2 特征空间中的点(1,0)和点(0,1)，输出结果为 1。

依据同样的道理，多个隐节点和隐层可实现更复杂的非线性样本的线性转换。

2. 反向传播

反向传播是 B-P 反向传播网络的重要特点。

由前面的讨论可知，输入节点和输出节点之间网络权值的调整依据之一是预测误差。在无隐层的简单网络结构中，目标变量的期望值是已知的，因此预测误差可直接计算并用于网络权值调整。但该策略无法直接应用于 B-P 反向传播网络中。原因在于，如果姑且利用感知机的方法调整隐层与输出层之间的网络权值，但却无法应用于输入层和隐层之间的权值调整，因为隐层的期望输出是未知的，误差也就无法计算。所以，B-P 反向传播网络需要引入一种新机制实现权值调整，这就是反向传播。

反向传播的道理很简单。虽然 B-P 反向传播网络无法直接计算隐节点的预测误差，但可利用输出节点的预测误差来逐层估计隐节点的误差，即将输出节点的预测误差反向逐层传播到上层隐节点，逐层调整网络权值，直至输入节点和隐节点的权值得到调整为止，最终使网络输出值越来越逼近期望值。

由此，B-P 反向传播网络算法包括正向传播和反向传播两个阶段。所谓正向传播阶段，是指样本信息从输入层开始，由上至下逐层经隐节点计算处理，上层节点的输出为下层节点的输入，最终样本信息被传播到输出层节点，得到预测结果。正向传播期间所有网络权值保持不变。预测误差计算出来后便进入反向传播阶段，即误差又被逐层反向传回输入节点。传播期间所有网络权值均得到调整。这种正向传播和反向传播过程将不断重复，直到满足终止条件为止。B-P 反向传播网络正得名于此。

3．采用 Sigmoid 激活函数

B-P 反向传播模型采用(0,1)型 Sigmoid 函数作为激活函数，于是节点输出总被约束在 0～1 区间内。当目标变量为数值型时，输出节点给出的是标准化处理后的预测值，只需还原处理即可；当目标变量为分类型时，输出节点给出的是输出为 1 的概率值。

B-P 反向传播网络采用 Sigmoid 函数更重要的意义在于：模型训练开始阶段，由于网络权值在 0 附近，使得节点加法器结果也在 0 附近，此时 Sigmoid 函数的斜率近似为一个常数，输入、输出间呈近似线性关系，模型比较简单；随着模型训练的进行，网络权数不断调整，节点加法器结果逐渐远离 0，输入、输出逐渐呈非线性关系，模型相对复杂，且输入变化对输出的影响逐渐减小；模型训练的后期，节点加法器结果远离 0，此时输入的变化将不再引起输出的明显变动，输出基本趋于稳定，神经网络的分类预测误差不再随网络权值的调整而明显改善，分类预测结果稳定，模型训练结束。可见，Sigmoid 函数较好地体现了网络权值修正过程中，模型从近似线性到非线性的渐进转变进程。

另外，Sigmoid 函数不但具有非线性、单调的特点，还具有无限次可微的特点，这使 B-P 反向传播网络采用梯度下降法调整网络权值成为可能。

8.2.3　B-P 反向传播算法

B-P 反向传播算法的特点是采用梯度下降法，每一时刻都本着使损失函数减小最快的原则调整网络权值。不同类型问题的损失函数形式是不同的。一般预测问题的损失函数主要取决于预测模型和误差函数。

1．参数优化

B-P 反向传播网络采用参数优化方法实现网络权值的调整。参数优化是在一个特定模型结构 M 中，利用数据 D 优化模型参数，目标是求得使损失函数 $L(w) = L(w|D,M)$ 达到最小时的模型参数 w。

不同类型问题，其损失函数的形式也会不同。一般预测问题中，如果样本是独立的，损失函数通常是 n 个样本观测误差函数和的形式，即

$$L(w) = L(w|D,M) = \sum_{i=1}^{n} E(y(i), f(x(i), w)) \tag{8.13}$$

其中，$E(y(i), f(x(i),w))$ 为误差函数；$f(x,w)$ 为预测模型；x 和 y 分别为节点的输入和输出。因此，损失函数的复杂度主要取决于误差函数和预测模型的复杂度。

B-P 反向传播网络中的基本模型是多个包含加法器和激活函数的节点，其损失函数是 k

个输出节点的误差函数之和：$L(\boldsymbol{w}) = \sum_{i=1}^{n}\sum_{j=1}^{k}E(y_j(i), f(\boldsymbol{x}_j(i), \boldsymbol{w}))$。第 j 个输出节点 t 时刻的误差函数定义为

$$E(y_j(t), y'_j(t)) = \frac{1}{2}(e_j(t))^2 = \frac{1}{2}(y_j(t) - y'_j(t))^2 \tag{8.14}$$

如果将加法器和激活函数代入式（8.14），则 t 时刻输出节点 j 的误差函数为

$$E(t) = \frac{1}{2}[y_j(t) - y'_j(t)]^2 = \frac{1}{2}[y_j(t) - f(U_j(t))]^2 = \frac{1}{2}\left[y_j(t) - f\left(\sum_{i=1}^{m}w_{ij}(t)O_i(t) + \theta_j(t)\right)\right]^2 \tag{8.15}$$

其中，$U_j(t)$ 为加法器计算结果；$O_i(t)$ 表示上层第 i 个隐节点的输出，上层共有 m 个隐节点。对多层网络，$O_i(t)$ 可进一步表示成再上层输出的加法器和激活函数的形式等。可见，B-P 反向传播网络中的损失函数是关于参数 $\boldsymbol{w}$ 的函数。

损失函数的复杂度取决于模型结构和误差函数的形式。如果模型是关于参数 $\boldsymbol{w}$ 的线性函数，误差函数为误差平方，则损失函数 L 是 $\boldsymbol{w}$ 的二次函数。此时的参数优化问题较为简单，只存在唯一最值。但如果模型结构和误差函数的形式较为复杂，则损失函数 L 不一定是关于 $\boldsymbol{w}$ 的简单平滑函数，极可能是多峰的，此时，求解使 $L(\boldsymbol{w})$ 最小时的参数 $\boldsymbol{w}$ 的问题等价于在高维空间中最小化一个多元复杂函数的问题。

B-P 反向传播网络中，由于损失函数 $L(\boldsymbol{w})$ 是参数 $\boldsymbol{w}$ 的平滑非线性复杂函数，没有闭合形式（Closed form）的解，因此，其优化是一个以迭代方式，在损失函数 $L(\boldsymbol{w})$ 曲率的局部信息引导下，在 $L(\boldsymbol{w})$ 曲面上搜索局部最小值的问题。迭代算法的步骤如下。

- 初始化：为参数向量 $\boldsymbol{w}$ 选取初始值 $\boldsymbol{w}^0$。
- 第 i 次迭代，令 $\boldsymbol{w}^{i+1} = \boldsymbol{w}^i + \lambda^i \boldsymbol{v}^i$。其中，$\boldsymbol{v}^i$ 是参数空间中的 $\boldsymbol{w}^i$ 下一步的移动方向，λ^i 是移动的步长。
- 重复上一步直到 $L(\boldsymbol{w})$ 达到局部最小值。
- 多次重复启动，以避免局部而非全局最小。

上述参数求解过程可用图 8.11 形象表示。

图 8.11 参数求解过程

图 8.11 中，起点位置即参数初始值确定后，每步都沿着曲面向使损失函数下降最快的方向移动。另外，两次起点位置即参数初始值不同，最终所得的参数解也不同。右上图为全局最优解，右下图只是局部最优解。因此，迭代的重复启动是必要的。

2. B-P 网络权值 w 的调整

t 时刻，B-P 反向传播网络的损失函数为

$$L(\boldsymbol{w}) = \sum_{j=1}^{k} E_j(t) = \frac{1}{2}\sum_{j=1}^{k}(e_j(t))^2 \tag{8.16}$$

网络权值调整的目标是使损失函数达到最小。t 时刻网络权值调整应沿着损失函数曲面下降最快的方向，即负梯度方向进行。计算损失函数的方向导数，找到函数下降最快的方向和最大值，确定负梯度方向及梯度模。可以证明，如果 t 时刻网络权值 w 的偏导数存在，则 w 的方向导数就是损失函数对 w 的偏导。由于 Sigmoid 激活函数处处可微，满足该条件。

根据微分链式法则，t 时刻上层第 i 个节点与第 j 个输出节点的网络权值调整量 $\Delta w_{ij}(t)$ 为

$$\Delta w_{ij}(t) = -\eta \frac{\partial E_j(t)}{\partial w_{ij}(t)} = -\eta \frac{\partial E_j(t)}{\partial e_j(t)} \times \frac{\partial e_j(t)}{\partial y'_j(t)} \times \frac{\partial y'_j(t)}{\partial U_j(t)} \times \frac{\partial U_j(t)}{\partial w_{ij}(t)} \tag{8.17}$$

$$= -\eta \times e_j(t) \times (-1) \times f'(U_j(t)) \times O_i(t)$$

其中，η 为学习率，负号表示负梯度方向。由于采用 Sigmoid 激活函数，有

$$f'(U_j(t)) = f(U_j(t)) \times (1 - f(U_j(t))) \tag{8.18}$$

所以

$$\Delta w_{ij}(t) = \eta e_j(t) \times f(U_j(t))(1 - f(U_j(t))) \times O_i(t) \tag{8.19}$$

- 令 $\delta_j(t) = e_j(t) \times f(U_j(t))(1 - f(U_j(t)))$，称为第 j 个输出节点 t 时刻的局部梯度，则

$$\Delta w_{ij}(t) = \eta \delta_j(t) \times O_i(t) \tag{8.20}$$

- t 时刻第 l 隐层的第 j 个节点的局部梯度定义为

$$\delta_j^l(t) = f'(U_j(t))\sum_{i=1}^{q}\delta_i^{l+1}(t)w_{ji}(t) \tag{8.21}$$

其中，$w_{ji}(t)$ 为 t 时刻 $l+1$ 层第 i 个单元与 l 层第 j 个节点的网络权值，第 j 个节点与第 $l+1$ 层的 q 个节点相连；δ_i^{l+1} 为 $l+1$ 层第 i 个节点的局部梯度。于是，第 l 个隐层第 j 个节点的局部梯度会受到其上层 q 个节点局部梯度的共同影响，定义为第 j 个节点连接的上层所有节点局部梯度的加权平均，再乘以激活函数的导数，仍有式（8.20）成立。

于是，$t+1$ 时刻节点 j 的网络权值调整为

$$w_{ij}(t+1) = \alpha \times w_{ij}(t) + \eta \times \delta_j(t) \times O_i(t) \tag{8.22}$$

可见，B-P 反向传播网络的网络权值的调整策略与感知机类似。遵循 Delta 规则，权值的调整与局部梯度及所连接的输入成正比，$t+1$ 时刻的网络权值是 t 时刻的网络权值加上一个基于误差的调整项，即 $w_{ij}(t+1) = \alpha \times w_{ij}(t) + \Delta w_{ij}(t)$。

总之，B-P 反向传播网络的最大特点就是反向传播，它体现在：输出误差经过神经网络依次反向传递，体现在每个节点的局部梯度上。网络权值按照 Delta 规则调整，直到所有隐层都被覆盖，所有网络权值都被调整。之后，B-P 反向传播网络继续使用下一个训练样本。当再没有新的训练样本时，第一轮学习结束。对同样的样本数据，可能会进行第二次、第三次或更多轮的迭代学习，直到达到收敛标准为止。

8.2.4 B-P 反向传播网络的其他问题

1. 学习率 η 和冲量项 α

学习率 η 和冲量项 α 对神经网络的权值调整有较为明显的影响。

如上所述,网络权值的不断调整过程可比喻为超平面不断向正确位置移动的过程,而每次移动的距离与学习率 η 有关。通常,人们并不希望超平面一次移动过大或过小,也就是说,学习率 η 不能太大也不能太小。学习率 η 如果过大,网络权值改变量就较大,可能导致网络工作的不稳定,且当问题的解逼近误差最小点时可能会因振荡而永远达不到最小值的位置;学习率 η 如果过小,超平面逼近正确目标的进程可能会很漫长。

以图 8.12 所示的简单损失函数 $L=w^2+1$ 为例,令每一时刻的输入均等于 1。

图 8.12 学习率 η 对网络权值调整的影响

如果参数 w 的初始值为 4,即 $w(0)=4$,学习率 η 为 0.1,则 3 次迭代结果为

$$w(1)=4-0.1\times(2\times4)=3.2$$
$$w(2)=3.2-0.1\times(2\times3.2)=2.56 \tag{8.23}$$
$$w(3)=2.56-0.1\times(2\times2.56)=2.048$$

可见,随着参数 w 的不断调整,损失函数逐渐逼近最低点。

如果将学习率 η 调整为一个较大值,图中参数 w 的点会在 0 左右跳跃,损失函数可能永远达不到最低点;如果将学习率 η 调整为一个较小值,则损失函数逼近最低点的速度会很缓慢。

怎样的学习率是合理的需要在模型训练中不断调整。SPSS Modeler 学习率 η 的设置策略是:学习率 η 不是一个常数,它会在模型训练过程中自动调整,即第 t 次训练的学习率 η 与 $t-1$ 次的学习率有关。自动调整的计算公式为

$$\eta(t) = \eta(t-1) \times \exp\left[\log\left(\frac{\eta_{\text{low}}}{\eta_{\text{high}}}\right)/d\right] \tag{8.24}$$

其中,η_{low} 和 η_{high} 分别表示学习率的最小值和最大值;d 为衰减量。由于式(8.24)的最后一项是一个小于 1 的数,因此第 t 次的学习率总小于 $t-1$ 次的学习率。

学习过程中,学习率 η 将由一个初始值(Initial Eta)逐渐减小,至最小值后重新设为最大值,完成一个周期的变化;然后,再从最大值逐渐减至最小值。如此反复直到训练完毕。SPSS Modeler 中学习率的设置如图 8.13 所示。

冲量项 α 的概念来源于物理学。一般情况下,损失函数曲面会存在一些平坦区域。B-P 反向传播网络中,引入冲量项的目的是加快处于平坦区域时模型的学习速度,平滑学习过程中

网络权值的随机更新,增加网络的稳定性。冲量项 α 的经验值通常为 0.9。

图 8.13 SPSS Modeler 中学习率的设置

学习率和冲量项对参数调整的影响如图 8.14 所示。

图 8.14 学习率和冲量项对参数调整的影响

图 8.14 中,球的大小表示冲量项的高低,曲线的变化幅度代表不同学习率下的参数变化轨迹。高学习率下的参数增减变化幅度较大,可能最终都无法达到最优解;低学习率下参数的变化幅度较小,达到最优解的过程可能会较为缓慢。冲量用于解决可能只能获得局部最优解而无法得到全局最优解的问题。高冲量项意味着球有较大的动能,可以有效避免小球"卡在局部最优解的峡谷里"进而"冲向"全局最优解。

2. 敏感性分析(Sensitivity Analysis)

神经网络中的敏感性分析用来研究输入变量对目标变量的影响程度。通常称影响程度的大小为敏感性系数。敏感性系数越大,则输入变量对目标变量的影响越大,反之影响就越小。敏感性分析的目的是要得到各输入变量对目标变量的敏感性系数,以及敏感性系数的排序结果。

一方面,由于神经网络的内部计算对用户来讲是一个"黑匣子",这样的特点会使人们在应用神经网络模型时感到信心不足。敏感性分析的优势在于,能够在一定程度上打开这个"黑匣子",使人们对神经网络模型的分析结果有更加直观的认识。另一方面,敏感性分析能够帮助人们确定对目标变量影响大的输入变量,剔除影响很小的输入变量,从而有效减少输入变量的个数以提高模型精度。

有很多敏感性分析的方法,如基于数理统计的分析方法和基于神经网络的分析方法等。同时,敏感性分析有针对单个输入变量的局部敏感性分析,也有同时针对两个和多个输入变量及其交互影响的全局敏感性分析。通常，由于局部敏感性分析的计算相对简单，因而应用较为广泛。神经网络中的局部敏感性分析一般有基于网络权值的敏感性分析方法、基于目标变量对输入变量偏导的敏感性分析方法、与统计方法相结合的敏感性分析方法及基于输入变量随机噪声的敏感性分析方法。相关的研究包括 Garson 在 1991 年提出的 Garson 算法、Olden 和 Jackson 在 2002 年提出的随机化检验方法，以及 Muriel Gevery 在 2005 年提出的 PaD2 方法等。这里，仅讨论基于网络权值的算法。

● 基于网络权值的 Garson 算法

基于网络权值的 Garson 算法用网络权值的乘积计算输入变量对目标变量的影响程度或相对贡献值。输入变量 x_i 对目标变量 y_k 的敏感性系数定义为

$$Q_{ik} = \frac{\sum_{j=1}^{L}\left(|w_{ij}v_{jk}|/\sum_{r=1}^{N}|w_{rj}|\right)}{\sum_{i=1}^{N}\sum_{j=1}^{L}\left(|w_{ij}v_{jk}|/\sum_{r=1}^{N}|w_{rj}|\right)} \tag{8.25}$$

其中，w_{ij} 表示第 i 个输入节点（第 i 个输入变量）与第 j 个隐节点之间的网络权值，共有 N 个输入节点和 L 个隐节点；v_{jk} 表示第 j 个隐节点与第 k 个输出节点之间的网络权值；$\sum_{r=1}^{N}|w_{rj}|$ 表示所有输入节点与第 j 个隐节点之间的网络权值绝对值之和。取绝对值的目的是消除网络权值总和计算时正负抵消的问题。

分子反映的是第 i 个输入变量与第 k 个目标变量的基于权值的相关程度，分母反映的是所有输入变量与第 k 个目标变量的相关程度的总和，两者相除便得到第 i 个输入变量与第 k 个目标变量的相关程度的相对指标，所有相对指标的总和为 1。该指标越接近于 1，说明第 i 个输入变量对第 k 个目标变量越重要。于是，可得到输入变量对目标变量的重要程度的排序。

● 基于网络权值的 Tchaban 算法

基于网络权值的 Garson 算法没有直接使用输入变量值，采用的是最终调整后的网络权值，因而无法确定目标变量对输入变量的哪些点（变量值）或区域尤为敏感。基于网络权值的 Tchaban 算法将输入变量值引入进来，利用权积（Weight Product）进行敏感性分析。输入变量 x_i 对目标变量 y_k 的敏感性系数定义为

$$Q_{ik} = \frac{x_i(t)}{y_k'(t)}\sum_{j=1}^{L}w_{ij}(t)v_{jk}(t) \tag{8.26}$$

其中，t 表示 t 时刻。为了全面衡量输入变量的敏感性，SPSS Modeler 选取 t 的原则是：对于分类型输入变量，取遍所有分类值；对数值型输入变量，分别取 0、0.25、0.5、0.75 和 1；输出值为模型给出的分类预测值。对输入变量的所有取值组合都可以计算出敏感性系数，最终以其均值作为输入变量的敏感性系数。

8.3 SPSS Modeler 的 B-P 反向传播网络的应用

这里，以电信客户数据（文件名为 Telephone.sav）为例，讨论 SPSS Modeler 神经网络的具体操作。分析目标：建立客户流失的预测模型。

8.3.1 基本操作

选择"建模"选项卡中的"类神经网络"节点,将其连接到数据流的恰当位置上。右击,选择弹出菜单中的"编辑"进行节点的参数设置。其中的主要选项卡是"构建选项",如图 8.15 所示。

图 8.15 "类神经网络"节点的"构建选项"选项卡

只需在"神经网络模型"下拉框中选择"多层感知器(MLP)"即可。若要自行指定网络结构,则选择"定制单元格数",并分别指定第一、二隐层包含的隐节点个数。

8.3.2 结果说明

本例的神经网络模型结果如图 8.16 所示。

(a)

图 8.16 神经网络模型结果

流失 的分类
总体正确率 = 73.5%

观测值	预测值		行百分比
	No	Yes	
No	92.5%	7.5%	
Yes	73.8%	26.2%	

(b)

图 8.16 神经网络模型结果（续）

本例构建的是一个三层神经网络，有 1 个隐层，包含 5 个隐节点。经敏感性分析，较为重要的输入变量是收入、基本费用、开通月数、无线费用等。此外，模型的混淆矩阵如图 8.16（b）所示。

模型总的预测正确率是 73.5%，模型不太理想，主要表现在对流失类的预测精度低上。可尝试增加隐层和隐节点个数。

对数值型目标变量，SPSS Modeler 定义预测精度为

$$\frac{1-|y_i - y'_i|}{y_{\max} - y_{\min}} \times 100\% \tag{8.27}$$

其中，$|y_i - y'_i|$ 表示第 i 个样本观测实际值与预测值的绝对误差；$y_{\max}$ 和 $y_{\min}$ 分别表示目标变量的实际最大值和最小值。注意，这里均是标准化处理以后的值。

将数据流管理器"模型"选项卡中神经网络的模型计算结果添加到数据流编辑区域中，与"表格"节点相连接，可得到各个样本观测的预测结果。以\$N、\$NC 开头的变量分别存放分类预测值和预测置信度。

● 对于二分类型目标变量，如果输出节点的计算值大于 0.5，则预测分类值为 1；如果小于 0.5，则预测分类值为 0。第 i 个样本观测的预测置信度计算方法为

$$C_i = |0.5 - y'_i| \times 2 \tag{8.28}$$

其中，y'_i 为对第 i 个样本观测的输出节点计算结果（激活函数值）。

● 对于多分类型目标变量，其预测类别取决于计算结果最大的输出节点，该节点预测分类值为 1，其余为 0。预测置信度是最大值与次大值的差。

例如，如果目标变量有红、蓝、白、黑 4 类取值，则用 4 个输出单元的组合结果值表示 4 类。如果 0100 代表蓝，且神经网络给出的相应 4 个输出节点计算结果为 0.32、0.85、0.04、0.27，则预测分类值为 0100，即为蓝，且置信度为 0.85-0.32=0.53。

● 对于数值型目标变量，将不计算预测置信度。

以上的预测置信度是依据"差距"原则计算的，即以预测类别最大可能和次大可能之间的差距作为度量。其实还有其他计算原则，如"对数"原则。对于二分类型目标变量，预测置信度计算方法为：$\frac{1}{1+e^{-y'}}$；对于多分类型目标变量，预测置信度计算方法为：$\frac{e^{y'}}{\sum_k e^{-y'}}$。

8.4 SPSS Modeler 的径向基函数网络及其应用

径向基函数（Radical Basic Function，RBF）网络是一种前馈式网络，起源于数值分析中

多变量插值的径向基函数方法,是 Moody 和 Darken 在 1988 年提出的。径向基函数网络具有较高的学习速度和良好的非线性转换能力,在很多领域得到广泛应用。

与 B-P 反向传播网络相比,径向基函数网络有以下特点。
- B-P 反向传播可以是更多层的网络结构,而径向基函数网络是三层网络结构,除输入层和输出层外,只包含一个隐层,因此网络结构相对简单。
- B-P 反向传播网络中,隐节点和输出节点均有相同的加法器和激活函数,而径向基函数网络则不同,其中的隐节点采用径向基函数(因而得名径向基函数网络),输出节点采用线性加法器和 Sigmoid 激活函数,因此两者的分类预测机理有差异。
- B-P 反向传播网络输入层和隐层、隐层和输出层之间网络权值都需调整,而径向基函数网络的输入层和隐层之间的网络权值固定为 1,无须调整。只有隐层和输出层之间的网络权值需在学习过程中调整,因此学习效率相对较高。

正是由于径向基函数网络具有上述特点,使得其分类预测原理较为独特。

8.4.1 径向基函数网络中的隐节点和输出节点

径向基函数网络中的隐节点采用径向基函数。径向基函数是某种沿径向对称的标量函数,通常定义为空间中任意一点 x 到某中心 x_c 之间欧氏距离的单调函数,记为 $\ker(\|x-x_c\|)$。径向基函数网络中,隐节点采用高斯核函数,数学定义为

$$\ker(\|x-x_c\|) = e^{-\frac{\|x-x_c\|^2}{2\sigma^2}} \tag{8.29}$$

其中,σ 为核宽,控制函数的径向作用范围;$\|x-x_c\|^2$ 为点 x 到某中心 x_c 的平方欧氏距离。SPSS Modeler 采用调整的高斯核函数,数学定义为

$$\ker(\|x-x_c\|) = e^{-\frac{\|x-x_c\|^2}{2h\sigma^2}} \tag{8.30}$$

其中,h 为径向覆盖长度,h 为 1 时即为标准高斯核函数。

可见,径向基函数网络中隐节点采用的是非线性函数,实现了输入层到隐层的非线性映射。同时,样本点 x 距核中心 x_c 越近,隐层的输出就越大;样本点 x 距核中心 x_c 越远,隐层的输出就越小。所以,核函数本质上看是一个带有某种数学特性的反映相似特征的函数。径向基函数的关键是核中心 x_c 和核宽 σ 的估计。

径向基函数网络中的输出节点与 B-P 反向传播网络相同,仍包括加法器和激活函数。所不同的是,输出节点的输入,即隐节点的输出是径向基函数。于是,第 j 个输出节点的输出表示为

$$y_j = f\left(\sum_{i=1}^{k} w_{ij} e^{-\frac{\|x-x_{ic}\|^2}{2\sigma_i^2}}\right) \tag{8.31}$$

其中,w_{ij} 为第 i 个隐节点与第 j 个输出节点之间的网络权值;有 k 个隐节点,对应有 k 个核中心 x_c 和核宽 σ。激活函数 f 的具体形式是 (0,1) 型 Sigmoid 函数。

可见,输出节点加法器反映了隐层到输出层的线性映射关系,Sigmoid 函数实现对加法器输出的非线性转换。

8.4.2 径向基函数网络的学习过程

径向基函数网络的学习过程将涉及两个方面:

第一，隐节点中的核中心 x_c 和核宽 σ 的估计。

第二，隐节点和输出节点间网络权值的调整。

与一般神经网络的学习略有不同的是，核函数参数的确定与网络权值的调整不在同一个学习阶段中进行，它们分别通过两个独立的学习阶段来实现。

1. 第一个学习阶段

第一个学习阶段的目标是确定隐节点中核函数的中心 x_c 和核宽 σ。

确定核函数中心 x_c 有许多方法，如随机选取法、正交最小二乘法等。SPSS Modeler 采用的是 K-means 聚类法，核心步骤是：

- 第一步，指定聚类数目 K，即用户自行给出聚类数目。在径向基函数网络中，就是给定隐节点的个数。
- 第二步，确定 K 个初始类中心样本点，即由 SPSS Modeler 随机指定 K 个样本观测点作为 K 个初始类中心。
- 第三步，根据距离最近原则进行分类，即分别计算每个样本观测点到 K 个类中心点的欧氏距离，然后按照距离最短的原则，将每个样本观测分配到距自己最近的类中，形成 K 个类。
- 第四步，重新确定 K 个类中心，即分别计算 K 类中输入变量的均值，并将类中心调整到 K 个均值点上，完成一次迭代过程。
- 第五步，判断是否满足终止迭代的条件。

径向基函数网络中 SPSS Modeler 规定的终止条件是：目前的迭代次数等于 10 次，或者新确定的类中心点距上个类中心点的最大偏移率小于 0.000001。适当的迭代次数或合理的中心点偏移，能够有效克服初始类中心点可能存在的偏差，提高聚类的准确性。两个条件中任意一个满足则结束聚类；如果均不满足，则返回第三步。

通过 K-means 聚类，K 个核中心 x_c 被估计出来。值得说明的是，需反复试验才可确定一个合理的 K。

核宽 σ 可采用高斯核函数的标准差，即 $\sigma = \dfrac{d}{\sqrt{2K}}$，其中 d 为本类中心与最近类中心之间的欧氏距离，K 为聚类个数，即隐节点个数。SPSS Modeler 中采用的核宽 σ 为

$$\sigma = \sqrt{\dfrac{d_1 + d_2}{2}} \tag{8.32}$$

其中，d_1 是本类中心与最近类中心之间的欧氏距离；d_2 是本类中心与次近类中心之间的欧氏距离。

可见，第一个学习阶段结束后会得到 K 个核函数的中心和宽度。

2. 第二个学习阶段

第二个学习阶段的目标是根据预测误差调整隐节点和输出节点间的网络权值，即 $w_{ij}(t+1) = \alpha \times w_{ij}(t) + \Delta w_{ij}(t)$。$\Delta w_{ij}(t)$ 仍可沿用 B-P 反向传播网络中梯度下降的方法确定。SPSS Modeler 采用的策略与感知机类似，为

$$\Delta w_{ij}(t) = \eta(y_j - y_j')\mathrm{e}^{-\dfrac{\|x - x_{jc}\|^2}{2\sigma_i^2 h}} + \alpha \Delta w_{ij}(t-1) \tag{8.33}$$

其中，η 为学习率，α 为冲量项。由于引入了 $\alpha \Delta w_{ij}(t-1)$，权值调整的平均作用更明显，网络

学习更稳定。

总之，第一个学习阶段给出了 K 个核函数的中心等参数，第二个学习阶段给出了恰当的网络权值。

从应用角度讲，由于 K 个核函数中心是由训练样本输入变量的联合分布决定的，如果输入变量表示企业客户的特征属性，目标变量表示客户的消费行为，那么第一个学习阶段给出的就是 K 个客户群特征的典型代表；第二个学习阶段可看作基于客户特征相似性的消费行为规律的探索过程。模型训练过程中，隐节点的输出可作为样本观测与类相似性的测度，目的就是寻找相似程度对输出值的影响规律，并将其体现在网络权值上。

8.4.3 径向基函数网络的应用示例

以电信客户数据（文件名为 Telephone.sav）为例，讨论 SPSS Modeler 径向基函数网络的具体操作。分析目标：对客户流失和基本费用进行预测。

在数据流中添加"类神经网络"节点，右击，选择弹出菜单中的"编辑"进行参数设置。在如图 8.15 所示的"构建选项"选项卡的"神经网络模型"下拉选项中，选择"径向基函数（RBF）"，表示采用径向基函数网络。在"字段"选项卡中指定两个目标变量为流失和基本费用，径向基函数网络的模型计算结果如图 8.17 所示。

图 8.17　径向基函数网络的模型计算结果

这里，隐节点个数为 8，即首先将数据聚成 8 类。然后，调整隐节点与两个输出节点间的网络权值，得到相应的径向基函数网络。其中较为重要的变量依次为开通月数、年龄、收入、免费部分等。将模型计算结果添加到数据流，通过"表格"节点可浏览具体的分类和预测结果。

需要说明的是，神经网络是一个解决多目标预测问题的比较好的策略。多目标预测问题在现实应用中极为普遍。例如，在企业生产能力的评价中，要同时测度产品的数量和质量；在商品需求研究中，应同时考虑商品的销售量和销售价格；在环境污染研究中，应同时关注污染物的排放量和浓度等。神经网络可以同时评价多个输入变量对多个目标变量的影响，比分别建立多个预测模型更有效。

总之，与决策树算法相比，神经网络在研究输入变量和目标变量之间的关系时，同时兼顾了多个输入变量对输出的共同影响。如果说决策树对样本特征空间的划分是平行于坐标轴的，那么神经网络则有效实现了"斜线"划分；另外，神经网络的网络权值虽然没有明确的经济含义，但间接体现了输入变量对目标变量取值的非线性影响程度。

第 9 章　分类预测：SPSS Modeler 的支持向量机*

支持向量机（Support Vector Machine，SVM）是在统计学习理论（Statistical Learning Theory，SLT）基础上发展起来的一种数据挖掘方法，1992 年由 Boser、Guyon 和 Vapnik 提出，在解决小样本、非线性和高维的回归及二分类问题上有许多优势。

支持向量机分为支持向量分类机和支持向量回归机。顾名思义，支持向量分类机用于研究输入变量与二分类型目标变量的关系及预测，简称支持向量分类（Support Vector Classification，SVC）；支持向量回归机用于研究输入变量与数值型目标变量的关系及预测，简称支持向量回归（Support Vector Regression，SVR）。

9.1　支持向量分类的基本思路

支持向量分类以训练样本集为数据对象，通过分析输入变量和二分类型目标变量之间的数量关系，对来自训练样本集同分布的新样本的目标变量值进行分类预测。

9.1.1　支持向量分类的数据和目标

设支持向量分类的分析对象是包含 n 个观测的训练样本，每个观测有 p 个输入（特征）变量和一个输出变量。

将输入变量全体记为 $\boldsymbol{X}=(\boldsymbol{X}_1,\boldsymbol{X}_2,\cdots,\boldsymbol{X}_p)$，第 i 个观测的输入变量值以列向量 $\boldsymbol{X}_i=(x_{i1},x_{i2},x_{i3},\cdots,x_{ip})^\mathrm{T}$（其中 $i=1,2,\cdots,n$）表示，每个元素均为标准化值。观测的输出变量是取值为+1 或-1 的二值变量，记为 y_i。训练样本集 $\boldsymbol{D}$ 是一个 $n\times(p+1)$ 的矩阵：

$$\boldsymbol{D}=\begin{pmatrix} x_{11},x_{12},x_{13},\cdots,x_{1p},y_1 \\ x_{21},x_{22},x_{23},\cdots,x_{2p},y_2 \\ \cdots \\ x_{n1},x_{n2},x_{n3},\cdots,x_{np},y_n \end{pmatrix}$$

可将训练样本中的 n 个观测看成 p 维特征空间上的 n 个点，以点的不同形状（或颜色）代表输出变量的不同类别取值。支持向量分类的建模目的，就是以训练样本为研究对象，在 p 维特征空间中找到一个超平面，能将两类样本有效分开。

以二维特征空间为例，超平面为一条直线，如图 9.1 中的虚线所示。

图 9.1　支持向量分类的目标示意图

---

* 本章的数据流文件：判别分析.str。

图9.1中，方块代表的观测，输出变量 y=1；圆点代表的观测，输出变量 y=-1；三角形对应的观测，输出变量取值未知，输出变量的预测值取决于这些点位于虚线的哪一侧。图9.1中，位于虚线右上方的三角形所代表的观测，输出变量的类别预测值为-1；虚线左下方三角形所代表的观测，输出变量的类别预测值为+1；位于虚线延长线上的三角形所代表的观测，其输出变量的类别预测值暂无法判断。

可见，支持向量分类的基本目标与实现分类的神经网络具有一致性。所以，这里的超平面定义也与神经网络的分类节点的加法器相同，即 $b+W^\mathrm{T}X=0$。其中，参数 b 为截距，参数

$$W=\begin{pmatrix}w_1\\w_2\\\vdots\\w_p\end{pmatrix}$$

决定了超平面的位置。超平面将 p 维特征空间划分为两部分。

将观测的输入变量值代入 $b+W^\mathrm{T}X$。显然，$b+W^\mathrm{T}X\neq 0$ 的观测应位于超平面的两侧。这里规定：$b+W^\mathrm{T}X>0$ 的观测（位于超平面的一侧），输出变量 y 的预测值等于 1；$b+W^\mathrm{T}X<0$ 的观测（位于超平面的另一侧），输出变量 y 的预测值等于-1；$b+W^\mathrm{T}X=0$ 的观测（落在超平面上），无法确定输出变量 y 的预测值。

参数的确定可按照神经网络的一般方法，通过不断迭代找到最优解。然而，这样的超平面确定方式可能出现的问题是：如果训练样本中的两类观测点能够被超平面分开，而且建模的唯一目标就是将两类观测点分开，那么可能找到多个这样的超平面。

以二维特征空间为例，可以有多条能够将方块和圆点分开的直线，多个超平面示意图如图9.2所示。

图9.2 多个超平面示意图

那么，其中的哪个超平面应是支持向量分类的超平面？答案是：最大边界超平面是支持向量分类的超平面。最大边界超平面，简单来讲就是距两个类别（-1类和1类）的边界观测点最远的超平面。

具体来讲，对于图9.2中的任一条直线，计算训练样本中所有观测点到直线的垂直距离。两类中各自距离最短的观测点（如图9.3中的1、2和3及a、b和c），视为处在平行于该直

线的两条边界线上(如图 9.3 所示的两条实线)。可能有多对平行的边界线,如图 9.3(a)、(b)中的两对实线,可形象地将它们比喻为两块"厚板"。找到相距最远的一对平行边界线,即最大边界线(最厚的"厚板")。最大边界超平面就是这对最大边界线垂直连线的垂直平分线,如图 9.3(a)所示的虚线。两类别的边界观测点 1、2 和 3 距它是最远的。

图 9.3 支持向量分类的最大边界超平面示意图

找到最大边界超平面 $b+\boldsymbol{W}^T\boldsymbol{X}=0$ 之后,预测新观测 $\boldsymbol{X}^*$ 的输出变量 y^* 时,只需将输入变量值 $\boldsymbol{X}^*=(x_1^*,x_2^*,\cdots,x_p^*)^T$ 代入 $b+\boldsymbol{W}^T\boldsymbol{X}$ 并判断计算结果的正负符号即可。若 $b+\boldsymbol{W}^T\boldsymbol{X}^*>0$,则 $\hat{y}^*=1$;若 $b+\boldsymbol{W}^T\boldsymbol{X}^*<0$,则 $\hat{y}^*=-1$。

最大边界超平面的特点在于:

第一,它不仅是距训练样本集中的边界观测点最远的(应对输入变量做预处理以消除输入变量不同数量级对距离计算的影响),也是距测试样本集中的边界观测点最远的。

如果将"厚板"一半的"厚度"记为 d,对测试样本集中的观测 $\boldsymbol{X}_i$,若其输出变量 $y_i=1$,则不仅有 $b+\boldsymbol{W}^T\boldsymbol{X}_i>0$ 成立,也有 $b+\boldsymbol{W}^T\boldsymbol{X}_i\geq 0+f(d)$ 成立;若其输出变量 $y_i=-1$,则不仅有 $b+\boldsymbol{W}^T\boldsymbol{X}_i<0$ 成立,也有 $b+\boldsymbol{W}^T\boldsymbol{X}_i\leq 0-f(d)$ 成立。同理,对新观测 $\boldsymbol{X}^*$,若 $b+\boldsymbol{W}^T\boldsymbol{X}^*>0$,则意味着 $b+\boldsymbol{W}^T\boldsymbol{X}^*\geq 0+f(d)$;若 $b+\boldsymbol{W}^T\boldsymbol{X}^*<0$,则意味着 $b+\boldsymbol{W}^T\boldsymbol{X}^*\leq 0-f(d)$。$f(d)$ 是 d 的函数。可见,采用这种方式做出正确预测的把握程度较高。

第二,最大边界超平面仅取决于两类别的边界观测点。例如,图 9.3(a)中仅取决于观测点 1、2、3。最大边界超平面对这些观测的位置移动极为"敏感",且仅"依赖"于这些数量极少的观测。这些观测称为支持向量。

9.1.2 支持向量分类的三种情况

确定最大边界超平面时,会有如下情况。

第一,线性可分样本。

线性可分样本即样本观测点可被超平面线性分开的情况。进一步,还需考虑样本完全线性可分,以及样本无法完全线性可分两种情况。

前者意味着特征空间中的两类样本观测点彼此不"交融",可以找到一个超平面将两类样本百分之百正确分开,如图9.3所示。这种情况称为线性可分问题。

后者表示特征空间中的两类样本点彼此"交融",无法找到一个超平面将两类样本观测点百分之百正确分开,如图9.4所示。这种情况称为广义线性可分问题。

第二,线性不可分样本。

线性不可分样本即样本观测点无法被超平面线性分开,如图9.5所示。

图9.4　无法完全线性可分情况示意图　　　　图9.5　线性不可分情况示意图

图9.5中,在 x_1 和 x_2 特征空间中,无论是否允许错分,均无法找到能将两类样本分开的直线,只能是曲线。

以下将就上述三种情况分别讨论。

9.2　线性可分问题下的支持向量分类

9.2.1　如何求解超平面

在完全线性可分的情况下,以二维特征空间为例,可通过以下途径确定并求解超平面。

- 分别将两类的最"外围"样本观测点连线,形成两个多边形,它是关于各类样本点集的凸包(Convex Hull),即为最小凸多边形,各自类的样本观测点均在多边形内或边上。
- 以一类凸包边界为基准线,找到另一类凸包边界上的点,过该点作基准线的平行线,得到一对平行线。

可以有多条这样的基准线和对应的平行线,找到能正确分割两类且相距最远的一对平行线并作平行线的垂线。最大边界超平面(线)即是该垂线的垂直平分线。

凸包和超平面示意图如图9.6所示。

由此可见,找到凸多边形上的点,得到相距最远的一对平行线是关键。

图9.6　凸包和超平面示意图

若以 $y_i=1$ 类凸包边界为基准线（其上的观测点记为 X^+），令该直线方程为：$b+W^TX^+=1$。令其平行线方程为：$b+W^TX^-=-1$，$y_i=-1$ 类凸包边界上的观测点 X^- 在该直线上。于是，两平行直线间的距离为：$\lambda=\dfrac{2}{\|W\|}$，距离的一半为 $d=\dfrac{1}{\|W\|}$。依据上述思想，最大边界超平面方程即为：$b+W^TX=0$。

不仅要找到 d 最大的一对平行线，同时还要求 $b+W^TX=0$ 能够正确分类，意味着：
- 对 $y_i=1$ 的观测 X_i，$b+W^TX_i\geq 1$ 成立，$\hat{y}_i=1$，预测正确。
- 对 $y_i=-1$ 的观测 X_i，$b+W^TX_i\leq -1$ 成立，$\hat{y}_i=-1$，预测正确。

即对于任意观测 X_i，有式（9.1）成立：

$$y_i(b+W^TX_i)\geq 1 \tag{9.1}$$

综上所述，从支持向量分类的基本思路可知：超平面参数求解的目标是使 d 最大，且需满足式（9.1）的约束条件，表述为

$$\max_{b,w} d \\ y_i(b+W^TX_i)\geq 1 \quad (i=1,2,\cdots,n) \tag{9.2}$$

从几何角度理解，要求 $b+W^TX=0$ 能够正确分类意味着：凸多边形内或边上的观测点 X_i 到超平面的距离 M_i 应大于等于 d：$M_i=\dfrac{|b+W^TX_i|}{\|W\|}\geq d$，也即 $y_i\dfrac{b+W^TX_i}{\|W\|}\geq d$ 成立。由于 $\lambda=\dfrac{2}{\|W\|}$，$d=\dfrac{1}{\|W\|}$，有式（9.3）成立：

$$y_i(b+W^TX_i)\geq 1 \tag{9.3}$$

式（9.3）的含义是，对于训练样本集中的任意观测 X_i：
- 若观测 X_i 的输出变量 $y_i=1$，则正确的超平面应使 $b+W^TX_i\geq 1$ 成立，观测点落在如图 9.6 所示的边界 $b+W^TX_i=1$ 的外侧。
- 若观测 X_i 的输出变量 $y_i=-1$，则正确的超平面应使 $b+W^TX_i\leq -1$ 成立，观测点落在如图 9.6 所示的边界 $b+W^TX_i=-1$ 的外侧。

根据支持向量分类的研究思路，使 d 最大即边界 λ 最大，则要使 $\|W\|$ 最小。为求解方便，即为 $\tau(W)=\dfrac{1}{2}\|W\|^2=\dfrac{1}{2}W^TW$ 最小。所以，支持向量分类的参数求解目标是最大边界，其目标函数为

$$\min\ \tau(W)=\min\ \dfrac{1}{2}\|W\|^2=\min\ \dfrac{1}{2}W^TW \tag{9.4}$$

约束条件为

$$y_i(b+W^TX_i)-1\geq 0 \quad (i=1,2,\cdots,n) \tag{9.5}$$

上述问题是一个典型的凸二次型规划求解问题。

采用拉格朗日乘子法，引入拉格朗日乘子 $a_i\geq 0$（$i=1,2,\cdots,n$），通过拉格朗日函数将目标函数与约束条件连接起来，有

$$L(W,b,a)=\dfrac{1}{2}\|W\|^2-\sum_{i=1}^n a_i\left[y_i(b+W^TX_i)-1\right] \tag{9.6}$$

这里 L 的极值点为鞍点，求取 L 对 W 和 b 的极小值及对 a 的极大值。

从经济学角度来看，a 代表当约束条件变动时，目标函数极值的变化。

对参数求偏导，且令偏导数为 0，即 $\frac{\partial L(W,b,a)}{\partial W}=0$，$\frac{\partial L(W,b,a)}{\partial b}=0$，有式（9.7）和式（9.8）成立：

$$\sum_{i=1}^{n} a_i y_i X_i = W \tag{9.7}$$

$$\sum_{i=1}^{n} a_i y_i = 0 \tag{9.8}$$

式（9.7）表明，因为 $a_i \geq 0$，超平面系数向量是训练样本中所有 $a_i>0$ 的观测的输入和输出变量的线性组合。$a_i=0$ 的观测对超平面没有作用，也就是说，只有 $a_i>0$ 的观测点才对超平面的系数向量产生影响，这样的观测点即为前述的支持向量。最大边界超平面完全由支持向量决定。

将式（9.7）和式（9.8）代入式（9.6），整理得到其对偶问题：

$$\max L(a) = \max \sum_{i=1}^{n} a_i - \frac{1}{2} \sum_{i=1}^{n} \sum_{j=1}^{n} a_i a_j y_i y_j (X_i^T X_j) \tag{9.9}$$

在满足 $a_i \geq 0$（$i=1,2,\cdots,n$）和式（9.5）、式（9.7）、式（9.8）的条件下，对涉及含有不等式约束的优化，还需满足 KKT（Karush-Kuhn-Tucker）条件，即

$$a_i \left[y_i(b + W^T X_i) - 1 \right] = 0 \quad (i=1,2,\cdots,n) \tag{9.10}$$

$a_i>0$ 的观测点也即支持向量，因需满足式（9.10），意味着 $y_i(b+W^T X_i)-1=0$。这说明支持向量均落在类边界线上。

如果有 l 个支持向量，则 $W = \sum_{i=1}^{l} a_i y_i X_i$。可从 l 个支持向量中任选一个，代入边界方程，计算得到 $b = y_i - W^T X_i$。

至此，参数求解过程结束，超平面被确定下来。

综上所述，支持向量是位于平行类边界上的样本观测点，决定了最大边界超平面。支持向量分类能够有效避免过拟合问题，原因是：过拟合表现为模型"过分依赖"训练样本。训练样本的微小变动便会导致模型参数的较大变动，在支持向量分类中即表现为超平面出现较大移动。由于最大边界超平面仅依赖于少数的支持向量，所以只有当增加或除去支持向量时，最大边界超平面才会移动，否则不发生变化。相对于其他分类预测模型，最大边界超平面的预测稳健性较高。

9.2.2 如何利用超平面进行分类预测

支持向量分类对新观测输出变量类别值的预测依据是如下决策函数：

$$\begin{aligned} h(X) &= \text{Sign}(b + W^T X) \\ &= \text{Sign}\left[b + \sum_{i=1}^{l}(a_i y_i X_i^T) X \right] \\ &= \text{Sign}\left[b + \sum_{i=1}^{l}(a_i y_i X_i^T X) \right] = \text{Sign}\left[b + \sum_{i=1}^{l} a_i y_i (X^T X_i) \right] \end{aligned} \tag{9.11}$$

其中，X_i 为支持向量。

第 9 章 分类预测：SPSS Modeler 的支持向量机

对于一个新观测 X^*，其输出变量的类别预测值由决策函数值的正负符号决定。如果 $\text{Sign}(b+\mathbf{W}^T\mathbf{X}^*) = \text{Sign}\left[b+\sum_{i=1}^{l}a_i y_i(\mathbf{X}^{*T}\mathbf{X}_i)\right]$ 的符号为正，则 $\hat{y}^* = 1$；如果符号为负，则 $\hat{y}^* = -1$。

9.3 广义线性可分下的支持向量分类

广义线性可分问题下的支持向量分类解决特征空间中两类样本点彼此"交融"，无法找到一个超平面将两类样本观测点百分之百正确分开的情况，如图 9.4 所示。

9.3.1 如何求解超平面

在无法完全线性可分的情况下，由于训练样本集中的两类样本相互"交融"，两个凸包重叠，超平面无法将它们全部正确分开，此时超平面的确定应采用"宽松"策略。广义线性支持向量分类示意图如图 9.7 所示。

图 9.7 广义线性支持向量分类示意图

图 9.7 中，两个边界内部允许有样本观测点存在，同时也允许样本观测点位于超平面的"错误"的一侧。例如，1 号观测点错误地"跨越"了本类的边界，错"跨出"的距离等于 ξ_1，但因 $\xi_1 < d$，预测类别不会错误；2 号观测点不仅错误地"跨越"了本类的边界，而且错误地"跨越"了超平面。因 $\xi_2 > d$，预测类别出错。3 号观测点因 $\xi_3 > d$，预测类别也会出错。可见，$\xi_i - d < 0$ 并不导致预测错误，$\xi_i - d > 0$ 将导致预测错误。

上述情况下的支持向量分类称为广义线性支持向量分类或线性软间隔支持向量分类。由于广义线性可分问题无法要求所有观测点均满足线性可分问题中的约束条件 $M_i = \dfrac{|b+\mathbf{W}^T\mathbf{X}_i|}{\|\mathbf{W}\|} \geq d$，妥协的做法是允许"错跨"并引入非负的 ξ_i，ξ_i 称为松弛变量（Slack Variable）。此时，应要求凸多边形内或边上的观测点 $\mathbf{X}_i$ 到超平面的距离 M_i 大于等于 $d-\xi_i$，即 $M_i = \dfrac{|b+\mathbf{W}^T\mathbf{X}_i|}{\|\mathbf{W}\|} \geq d-\xi_i$（非负数），有 $y_i \dfrac{b+\mathbf{W}^T\mathbf{X}_i}{\|\mathbf{W}\|} \geq d-\xi_i$ 成立。因 $d = \dfrac{1}{\|\mathbf{W}\|}$，若记

$\varepsilon_i = \xi_i \|W\| = \dfrac{\xi_i}{d}$,则式(9.5)的约束条件调整为

$$y_i(b + W^T X_i) \geq 1 - \varepsilon_i \quad (\varepsilon_i \geq 0, \ i = 1, 2, \cdots, n) \tag{9.12}$$

可见,ε_i 是相对 d 的"错跨"比例,能够告之观测点 X_i 与边界和超平面的位置关系:
- $\varepsilon_i = 0$:观测点 X_i 位于所属类别边界的外侧。
- $0 < \varepsilon_i < 1$:观测点 X_i "跨域"了本类边界但没有"错跨"到超平面的错误一侧。
- $\varepsilon_i > 1$:观测点 X_i 不仅"跨域"了本类边界且"错跨"到了超平面的错误一侧。

$\sum\limits_{i}^{n} \varepsilon_i$ 是总"错跨"程度的度量。

9.3.2 可调参数的意义:把握程度和精度的权衡

由式(9.12)可得 $y_i(b + W^T X_i) + \varepsilon_i \geq 1$,只要 ε_i 足够大,总能满足约束条件。事实上应避免 ε_i 过大,需在式(9.12)的基础上再增加一个约束条件,引入一个非负的可调参数 E,控制所能容忍的最大"错跨"程度:$\sum\limits_{i=1}^{n} \varepsilon_i \leq E$。

显然,$E = 0$,即要求 $\varepsilon_1 = \varepsilon_2 = \cdots = \varepsilon_n = 0$,表示不允许任何一个观测点"错跨",等同于完全线性可分下的支持向量分类。$E > 0$ 表示允许出现观测点"错跨"现象。较小的 E 意味着不能容忍较多的观测点"跨入"错误的区域或"错跨"距离较大。为此,模型倾向于尽量减小两条平行边界所夹"厚板"的厚度。反之,较大的 E 意味着能够允许更多的观测点"跨入"错误的区域或"错跨"距离较大,两条平行边界所夹"厚板"的厚度可以更大些。

广义线性可分问题下的支持向量分类,根据 KKT 条件可知,超平面不仅取决于两类边界上的观测点,也受"厚板"上观测点(观测点个数与可调参数 E 有关)的影响,它们都是支持向量。当 E 较小时,允许的预测偏差较小,处在"厚板"上的观测点也较少;当 E 较大时,允许的预测偏差较大,处在"厚板"上的观测点较多。由此决定了前者的预测方差相比于后者要更大些。

事实上,参数 E 起到了平衡模型预测误差和复杂度的作用。通常,模型的预测误差越小,其复杂度越高,预测值越易受训练样本微小变动的影响,预测方差越大,此时的参数 E 较小;模型的复杂度低,虽然模型的预测误差较大,但预测方差较小,此时的参数 E 较大。所以,太小或太大的参数 E 都是不恰当的。

广义线性可分问题下的支持向量分类的优化求解中,并没有直接引用参数 E,取而代之的是引入了另一个大于零的可调参数 C。目标函数调整为

$$\min \ \tau(W, \varepsilon) = \min \ \dfrac{1}{2} \|W\|^2 + \dfrac{C}{n} \sum_{i=1}^{n} \varepsilon_i \tag{9.13}$$

约束条件为

$$y_i(b + W^T X_i) \geq 1 - \varepsilon_i \quad (\varepsilon_i \geq 0, \ i = 1, 2, \cdots, n) \tag{9.14}$$

这里的可调参数 C 是一种损失惩罚参数,用于平衡模型复杂度和预测误差。当可调参数 C 较大时,意味着将对错判给予较高的惩罚,允许的 $\sum\limits_{i=1}^{n} \varepsilon_i$ 较小(参数 E 较小)。从另一个角度看,当可调参数 C 极大时,式(9.13)的第二项远大于第一项,从而导致第一项可近乎忽

略,于是极小化函数 τ 即意味着极小化 $\sum_{i=1}^{n}\varepsilon_i$。此时模型较为复杂,"厚板"较薄;反之,当可调参数 C 较小时,意味着对错判的惩罚较低,允许 $\sum_{i=1}^{n}\varepsilon_i$ 稍大(参数 E 较大)。此时模型较为简单,"厚板"较厚。所以,太小或太大的参数 C 都是不恰当的,一般可通过 N 折交叉验证方式确定参数 C。

上述问题的对偶问题为

$$\max L(a) = \max \sum_{i=1}^{n} a_i - \frac{1}{2}\sum_{i=1}^{n}\sum_{j=1}^{n} a_i a_j y_i y_j (\boldsymbol{X}_i^{\mathrm{T}} \boldsymbol{X}_j) \tag{9.15}$$

约束条件为

$$0 \leqslant a_i \leqslant \frac{C}{n}$$
$$\sum_{i=1}^{n} a_i y_i = 0 \tag{9.16}$$

广义线性可分问题下的支持向量分类预测与线性可分问题下的支持向量分类预测方法完全相同,只需计算式(9.11)的决策函数并判断函数值的正负符号即可。

9.4 线性不可分下的支持向量分类

9.4.1 线性不可分的一般解决途径和维灾难问题

线性不可分问题的一般解决方式是特征空间的非线性变换。其核心思想认为,低维空间中的线性不可分问题,通过非线性变换,可转化为高维空间中的线性可分问题。即一切线性不可分问题都可通过适当的非线性空间变换转化为线性可分问题。空间变换前后的样本观测点分布示意图如图9.8所示。

图 9.8 空间变换前后的样本观测点分布示意图

图 9.8 中,在原来 x_1、x_2 的二维特征空间中,无法找到一条直线将两类样本分开。但如果放到 y_1、y_2、y_3 的一个三维空间中,便可找到一个平面划分开两类样本。

所以,可首先通过特定的非线性映射函数 $\varphi()$,将原来低维空间中的样本观测 $\boldsymbol{X}$ 映射到

高维空间 H 中；然后，沿用前文所述的方法，在高维空间 H 中寻找最大边界超平面。由于采用了非线性映射函数，新空间中的一条直线在原空间中看起来却是不直的。新空间中的一个超平面在原空间看起来是一个曲面。

最常见的非线性映射可以是原有输入变量组成的所有 n 阶交乘形式。例如，原有两个输入变量 x_1、x_2，组成的所有 3 阶交乘项为 x_1^3、$x_1^2 x_2$、$x_1 x_2^2$、x_2^3，超平面为 $b + w_1 x_1^3 + w_2 x_1^2 x_2 + w_3 x_1 x_2^2 + w_4 x_2^3 = 0$。

为此，最直接的做法是：对于训练样本中的所有观测，首先计算相应的交乘项，将它们映射到新空间中；然后，再进行超平面的参数估计。对新观测进行预测时，也需首先计算其相应的交乘项后，再计算决策函数和判断正负符号。

如果说这种做法在较低的维度空间中姑且可行的话，那么，在高维空间中则会遭遇严重的维灾难（Curse of Dimensionality）问题。随着特征空间维度的不断升高，超平面被估参数个数的增长是极其惊人的。p 维特征空间产生 d 阶交乘时，需估的模型参数个数为 $\dfrac{(p+d-1)!}{d!(p-1)!}$。例如，在原有两个输入变量 x_1、x_2 的二维特征空间中，超平面的参数个数为 2（不考虑常数项）。当多项式阶数为 3 时，超平面的被估参数个数增加到 4。如果有 10 个输入变量，进行 5 阶交乘，则需估计 2002 个参数，等等。可见，高维度将导致计算的复杂度急剧增加，且模型的参数估计在小样本下几乎是无法实现的，这就是所谓的维灾难问题。

支持向量分类的特色在于通过核函数克服维灾难问题。

9.4.2 支持向量分类克服维灾难的途径

线性不可分问题下的支持向量分类，整体解决思路与 9.2 节和 9.3 节相同。其核心技巧是从内积入手解决线性不可分问题。

一方面，由支持向量分类求解的拉格朗日函数 $L(a) = \sum\limits_{i=1}^{n} a_i - \dfrac{1}{2}\sum\limits_{i=1}^{n}\sum\limits_{j=1}^{n} a_i a_j y_i y_j (\boldsymbol{X}_i^\mathrm{T} \boldsymbol{X}_j)$ 可知，训练样本输入变量的内积决定了超平面的参数。

另一方面，由支持向量分类的决策函数 $h(\boldsymbol{X}) = \mathrm{Sign}(b + \boldsymbol{W}^\mathrm{T}\boldsymbol{X}) = \mathrm{Sign}\left[b + \sum\limits_{i=1}^{l} a_i y_i (\boldsymbol{X}^\mathrm{T}\boldsymbol{X}_i)\right]$ 可知，决策结果取决于新观测 $\boldsymbol{X}$ 与 l 个支持向量的输入变量的内积。

如果利用非线性映射函数 $\varphi()$ 事先对训练样本集中的所有观测和新观测做低维空间到高维空间的映射处理，此时，拉格朗日函数表述为 $L(a) = \sum\limits_{i=1}^{n} a_i - \dfrac{1}{2}\sum\limits_{i=1}^{n}\sum\limits_{j=1}^{n} a_i a_j y_i y_j (\phi(\boldsymbol{X}_i)^\mathrm{T} \phi(\boldsymbol{X}_j))$，决策函数为 $h(\boldsymbol{X}) = \mathrm{Sign}(b + \boldsymbol{W}^\mathrm{T}\boldsymbol{X}) = \mathrm{Sign}\left[b + \sum\limits_{i=1}^{l} a_i y_i (\phi(\boldsymbol{X})^\mathrm{T} \phi(\boldsymbol{X}_i))\right]$。可知，参数和决策结果取决于变换后观测的输入变量内积。可见，内积的计算是问题的关键。

支持向量分类的思路是：希望找到一个函数 $K(\boldsymbol{X}_i, \boldsymbol{X}_j)$，其函数值恰好等于变换后的观测内积：$K(\boldsymbol{X}_i, \boldsymbol{X}_j) \equiv \phi(\boldsymbol{X}_i)^\mathrm{T} \phi(\boldsymbol{X}_j)$。对于拉格朗日函数，有式（9.17）成立：

$$L(a) = \sum_{i=1}^{n} a_i - \dfrac{1}{2}\sum_{i=1}^{n}\sum_{j=1}^{n} a_i a_j y_i y_j (\phi(\boldsymbol{X}_i)^\mathrm{T} \phi(\boldsymbol{X}_j)) = \sum_{i=1}^{n} a_i - \dfrac{1}{2}\sum_{i=1}^{n}\sum_{j=1}^{n} a_i a_j y_i y_j K(\boldsymbol{X}_i, \boldsymbol{X}_j) \quad (9.17)$$

对决策函数,有式(9.18)成立:

$$h(\boldsymbol{X}) = \text{Sign}(b + \boldsymbol{W}^{\text{T}}\boldsymbol{X}) = \text{Sign}\left[b + \sum_{i=1}^{l} a_i y_i (\varphi(\boldsymbol{X})^{\text{T}} \varphi(\boldsymbol{X}_i))\right]$$
$$= \text{Sign}\left[b + \sum_{i=1}^{l} a_i y_i K(\boldsymbol{X}, \boldsymbol{X}_i)\right] \quad (9.18)$$

于是,所有超平面的参数估计和决策函数的计算便可依式(9.17)和式(9.18)在原来的低维空间中进行。即极大化式(9.17)求解参数,依据式(9.18)的决策函数对新观测类别进行预测。

对于是否存在这样的函数 $K(\boldsymbol{X}_i, \boldsymbol{X}_j)$,可看一个简单示例。设输入变量 $\boldsymbol{X} = (x_1, x_2)^{\text{T}}$,有 $\boldsymbol{X}_1$、$\boldsymbol{X}_2$ 两个观测点。存在一个非线性映射函数 $\varphi(x_1, x_2) = (x_1^2, \sqrt{2}x_1 x_2, x_2^2)^{\text{T}}$,以及函数 $K(\boldsymbol{X}_2, \boldsymbol{X}_1) = (\boldsymbol{X}_2^{\text{T}} \boldsymbol{X}_1)^2$,是一个 2 阶多项式。现分别对 $\boldsymbol{X}_1$、$\boldsymbol{X}_2$ 做非线性变换:$\varphi(\boldsymbol{X}_1) = (x_{11}^2, \sqrt{2}x_{11}x_{12}, x_{12}^2)^{\text{T}}$,$\varphi(\boldsymbol{X}_2) = (x_{21}^2, \sqrt{2}x_{21}x_{22}, x_{22}^2)^{\text{T}}$,并计算变换后的内积为

$$\varphi(\boldsymbol{X}_2)^{\text{T}} \varphi(\boldsymbol{X}_1) = (x_{21}^2 x_{11}^2 + 2x_{21}x_{22}x_{11}x_{12} + x_{22}^2 x_{12}^2)$$
$$= (x_{21}x_{11} + x_{22}x_{12})^2$$
$$= [(x_{21}, x_{22})(x_{11}, x_{12})^{\text{T}}]^2 = (\boldsymbol{X}_2^{\text{T}} \boldsymbol{X}_1)^2 = K(\boldsymbol{X}_2, \boldsymbol{X}_1)$$

可见,$\boldsymbol{X}_2$、$\boldsymbol{X}_1$ 经非线性映射函数 $\varphi()$ 变换到高维空间后的内积,恰好等于 2 阶多项式 $K(\boldsymbol{X}_2, \boldsymbol{X}_1) = (\boldsymbol{X}_2^{\text{T}} \boldsymbol{X}_1)^2$ 的函数值。这样的函数 $K(\boldsymbol{X}_i, \boldsymbol{X}_j)$ 一般为核函数。

核函数是对两个具有 p 维特征的观测 $\boldsymbol{X}_i$、$\boldsymbol{X}_j$ 相似性的测度。例如,最常见的核函数是线性核函数 $K(\boldsymbol{X}_i, \boldsymbol{X}_j) = (\boldsymbol{X}_i^{\text{T}} \boldsymbol{X}_j) = \sum_{k=1}^{p} x_{ik} x_{jk}$,它即为观测 $\boldsymbol{X}_i$、$\boldsymbol{X}_j$ 的简单相关系数(特征已标准化处理,均值为 0,标准差为 1)。常见的其他核函数还有:

● 多项式核(Polynomial Kernel)

$$K(\boldsymbol{X}_i, \boldsymbol{X}_j) = (c + \gamma \boldsymbol{X}_i^{\text{T}} \boldsymbol{X}_j)^d \quad (9.19)$$

其中,关键参数是阶数 d,它决定了新空间的维度,一般不超过 10。d 越大,新空间中的超平面在原空间中看来曲面就越灵活复杂。

● 径向基核(Radial Basis Function,RBF Kernel)

$$K(\boldsymbol{X}_i, \boldsymbol{X}_j) = e^{\frac{-\|\boldsymbol{X}_i - \boldsymbol{X}_j\|^2}{2\sigma^2}} = e^{-\gamma \|\boldsymbol{X}_i - \boldsymbol{X}_j\|^2}, \quad \gamma = \frac{1}{2\sigma^2} \quad (9.20)$$

其中,$\|\boldsymbol{X}_i - \boldsymbol{X}_j\|^2$ 为观测 $\boldsymbol{X}_i$、$\boldsymbol{X}_j$ 的平方欧氏距离;σ^2 为广义方差;γ 也称为 RBF γ。增大 γ 可提高预测精度,但可能导致过拟合。

支持向量分类中的核函数极为关键。一旦核函数确定下来,在参数估计和预测时,就不必事先进行特征空间的映射变换处理,更无须关心非线性映射函数 $\varphi()$ 的具体形式。只需计算相应的核函数,便可完成所有计算,从而间接实现低维空间向高维空间的映射,有效克服维灾难问题。但选择怎样的核函数及参数并没有唯一确定的准则,需要经验和反复尝试。不恰当的核函数可能将低维空间中原本关系并不复杂的样本间接映射到维度过高的新空间中,从而导致过拟合问题等。

可见,若引入线性核函数,则线性不可分下的支持向量分类便等同于线性可分下的支持向量分类,而线性可分下的支持向量分类可视为线性不可分下的支持向量分类的特例。此外,

因引入损失惩罚参数 C,上述方法统称为 C-SVM。除 C-SVM 之外,还有名为 v-SVM 的支持向量分类,可调参数是 v。v 一方面用于控制训练样本集中总"错跨"$\sum_{i=1}^{n}\varepsilon_i$ 的上限,另一方面也控制支持向量占比的下限,起到了平衡模型预测误差和预测方差的作用。对于 v-SVM 这里不做讨论。

9.5 支持向量回归

支持向量回归以训练样本集为数据对象,通过分析输入变量和数值型输出变量之间的数量关系,对新观测的输出变量值进行预测。

9.5.1 支持向量回归与一般线性回归:目标和策略

支持向量回归与统计学的回归分析一脉相承,有共同的分析目标。

回归分析以样本数据为研究对象,分析输入变量(自变量)和输出变量(因变量)之间的数量变化关系,并用回归直线或回归平面直观展示这种数量关系,用回归方程准确量化这种数量关系。回归分析的目标就是要通过样本数据估计回归方程的参数,进而确定回归直线或回归平面的位置。支持向量回归也是如此。一元线性回归与多元线性回归如图 9.9 所示。

图 9.9 一元线性回归与多元线性回归

图 9.9 (a) 展示的是只考虑一个输入变量的情况。图中的虚线为一元回归分析中的回归直线。在支持向量回归中的一般表示形式为:$y = b + wx$,其中 y 为输出变量,x 为输入变量,b 为截距,w 为斜率。图 9.9 (b) 展示的是两个输入变量的情况。此时,一元回归中的回归直线变成了回归平面,也就是支持向量回归中的超平面,一般形式为:$y = b + w_1 x_1 + w_2 x_2$。类似地,当有 p 个输入变量时,线性回归平面或支持向量回归超平面为

$$y = b + \sum_{i=1}^{p} w_i x_i = b + \boldsymbol{W}^\mathrm{T} \boldsymbol{X} \tag{9.21}$$

如果在 p 维特征空间中无法找到一个对样本数据拟合良好的超平面,则需沿用线性不可分问题下的支持向量分类思想,通过核函数间接将样本非线性映射到高维空间中,并在其中寻找超平面,这个平面在原来的低维空间中看起来是一个曲面。

与回归分析的预测类似,支持向量回归中,对于新样本 $\boldsymbol{X}^*$,其输出变量的预测值为 $\hat{y}^* = b + \boldsymbol{W}^\mathrm{T} \boldsymbol{X}^*$。

9.5.2 支持向量回归的基本思路

支持向量回归与统计中的回归分析有相同的分析目标,但在超平面的参数确定策略上有所不同。

在满足残差零均值和等方差的前提下,回归方程的参数估计通常采用最小二乘法,以使输出变量的实际值与预测值间的离差平方和最小为原则,求解回归方程的参数,即求解损失函数达到最小值时的参数:

$$\min_{b,w} \sum_{i=1}^{n} e_i^2 = \sum_{i=1}^{n}(y_i - \hat{y}_i)^2 = \sum_{i=1}^{n}\left(y_i - b - \sum_{j=1}^{p} w_j x_{ij}\right)^2 \tag{9.22}$$

其中,$\hat{y}_i$ 为第 i 个观测的输出变量预测值;$e_i^2 = (y_i - \hat{y}_i)^2$($i=1,2,\cdots,n$)为误差函数,是样本输出变量实际值与其预测值(回归线上的点)的偏差 $e_i = y_i - \hat{y}_i$ 的平方,偏差 e_i 如图 9.10 所示。

图 9.10 输出变量实际值与预测值的偏差

支持向量回归同样遵循损失函数最小原则下的超平面参数估计,但为降低过拟合风险,采用 ε-不敏感损失函数。回归分析中,每个观测的误差函数都计入损失函数;而支持向量回归中,误差函数值小于指定值 $\varepsilon>0$ 的观测,给损失函数带来的"损失"将被忽略,不对损失函数做出贡献。这样的损失函数称为 ε-不敏感损失函数。

所谓 ε-不敏感损失函数,是指当观测 $\boldsymbol{X}$ 输出变量的实际值与其预测值的绝对偏差不大于事先给定的 ε 时,则认为该观测不对损失函数贡献"损失",损失函数对此呈不敏感"反应"。ε-不敏感损失函数的损失如图 9.11 所示。

图 9.11 ε-不敏感损失函数的损失

图 9.11 中,当绝对偏差 $|e_i|$ 大于 ε 时,损失贡献随 $|e_i|$ 呈二次型增加;否则,误差函数为 0。第 i 个观测对损失函数的贡献为 $L_i = [\max(0, |e_i| - \varepsilon)]^2$。损失函数为 $L = \sum_{i=1}^{n} L_i$。

直观来讲,图 9.12 中的虚线表示支持向量回归超平面。超平面两侧竖直距离为 2ε 的两平行实线的中间区域称为 ε-带。落入 ε-带中的观测,其误差将被忽略。ε-带是不为损失函数贡献任何损失的区域。

图 9.12 ε-带和松弛变量

超平面的参数求解以损失函数最小化为原则,由于落入 ε-带中的样本不计入损失函数,因而对超平面没有影响。而那些未落入 ε-带中的观测将决定超平面,是支持向量,其拉格朗日乘子 a_i 不等于 0。推而广之,在多输入变量的情况下,ε-带会演变为一个柱形"管道","管道"内样本的误差将被忽略,支持向量是位于"管道"外的样本,其拉格朗日乘子 a_i 不等于 0。

这里,"管道"内的 ε 很重要。一方面,ε 过大的极端情况是"管道"过宽,所有样本观测均位于"管道"内,没有一个支持向量。此时,超平面应位于输出变量的均值位置上,垂直于 y 轴,是一个"最平"的超平面。该情况下,无论输入变量如何取值,所有样本的预测值均取训练样本输出变量的均值,超平面的预测偏差大,不具实用价值。

另一方面,ε 过小的极端情况是"管道"过窄,所有样本均位于"管道"之外,都是支持向量,影响回归超平面,即为普通回归。这显然违背了支持向量回归降低过拟合风险的设计初衷。

所以,需要权衡过拟合风险和预测偏差。一方面通过适当增加"管道"内的 ε 尽量降低过拟合风险,另一方面损失函数值也不能过高。

为此,类似于广义线性可分下的支持向量分类,支持向量回归引入松弛变量 ξ_i 测度偏差。ξ_i 是样本观测点距管道的竖直方向上的距离,定义为 $\xi_i = \max(0, |e_i| - \varepsilon)$。此时,"管道"内部观测的松弛变量 ξ_i 为 0,预测偏差较小,不贡献损失,不对回归超平面产生影响,不是支持向量,如图 9.12(a)所示。

参照广义线性可分问题中的目标函数,支持向量回归的目标函数一般定义为

$$\min \quad \frac{1}{2} \|W\|^2 + \frac{C}{n} \sum_{i=1}^{n} (\xi_i^2 + \xi_i^{*2}) \tag{9.23}$$

其中，ξ_i 和 ξ_i^* 分别表示当超平面位于第 i 个观测点上方和下方时的松弛变量值。

在上述松弛变量定义下约束条件为

$$(b+\boldsymbol{W}^{\mathrm{T}}\boldsymbol{X}_i)-y_i \leqslant \varepsilon+\xi_i \quad (i=1,2,\cdots,n) \tag{9.24}$$

$$y_i-(b+\boldsymbol{W}^{\mathrm{T}}\boldsymbol{X}_i) \leqslant \varepsilon+\xi_i^* \quad (i=1,2,\cdots,n) \tag{9.25}$$

$$\xi_i \geqslant 0, \quad \xi_i^* \geqslant 0 \quad (i=1,2,\cdots,n) \tag{9.26}$$

根据 KKT 条件可知，松弛变量 ξ_i 体现了 ε-不敏感损失函数的基本应用思想。

松弛变量 ξ_i 一般采用 $\xi_i = \max(0, \varepsilon-|e_i|)$ 的定义，如图 9.12（b）所示。此时，"管道"外部观测的松弛变量 ξ_i 为 0，且目标求解的约束条件为

$$(b+\boldsymbol{W}^{\mathrm{T}}\boldsymbol{X}_i)-y_i \leqslant \varepsilon-\xi_i \quad (i=1,2,\cdots,n) \tag{9.27}$$

$$y_i-(b+\boldsymbol{W}^{\mathrm{T}}\boldsymbol{X}_i) \leqslant \varepsilon-\xi_i^* \quad (i=1,2,\cdots,n) \tag{9.28}$$

$$\xi_i \geqslant 0, \quad \xi_i^* \geqslant 0 \quad (i=1,2,\cdots,n) \tag{9.29}$$

目标函数中的可调参数 C（大于零）是一种损失惩罚参数，用于平衡模型复杂度和损失。参数 C 较大或极大时，式（9.23）的第二项远大于第一项，从而导致第一项可近乎忽略。于是，极小化目标函数即为极小化 $\sum_{i=1}^{n}(\xi_i^2+\xi_i^{*2})$，此时"管道"窄；参数 C 较小或接近 0 时，极小化目标函数即为极小化 $\|\boldsymbol{W}\|$，时此"管道"宽。太小或太大的参数 C 都是不恰当的，一般可通过 N 折交叉验证方式确定参数 C。

9.6 支持向量机的应用

这里，以电信客户数据（文件名为 Telephone.sav）为例，讨论 SPSS Modeler 支持向量机的具体操作。分析目标一：建立客户流失的分类预测模型，是支持向量分类的应用；分析目标二：建立保留客户的基本费用预测模型，是支持向量回归的应用。

9.6.1 基本操作

选择"建模"选项卡中的"SVM"节点，将其连接到数据流的恰当位置上。右击，选择弹出菜单中的"编辑"进行节点的参数设置，"专家"选项卡是其中最重要的选项卡，如图 9.13 所示。

图 9.13 "SVM"节点的"专家"选项卡

其中：

- "模式"中，"简单"表示按照 SPSS Modeler 的默认参数建模，选中"专家"选项后可手工设置模型参数，以下参数呈可修改状态。
- 追加所有概率（仅对于分类目标有效）：在支持向量分类中，该选项表示计算输出样本目标变量取各类别的概率，否则只计算输出一个类别的概率。
- 停止标准：指定参数求解过程中迭代停止的条件。默认为 0.001，最小值为 0.000001。

由于采用经典的二次规划方法求解参数时，同时求解 n 个拉格朗日乘子将涉及很多次迭代，计算开销很大，因此 SPSS Modeler 采用 SMO（Sequential Minimal Optimization）算法求解。其基本思路是每次只更新两个乘子，迭代获得最终解。该选项指定乘子更新小于该值时，迭代停止。减小该值，模型精度将得到改善，但建模时间会增长。

- 规则化参数：指定支持向量机目标函数中参数 C 的值，默认为 10，较为合理的值在 1～10 之间。增加该值将改善模型精度，但可能导致过拟合。
- 回归精确度（epsilon）：指定支持向量回归中的 ε 值。
- 内核类型：指定核函数，默认为 RBF 核函数。
- RBF 伽马：指定 RBF γ，其经验值在 $3/n$～$6/n$ 之间，n 为输入变量个数。增大 γ 可提高预测精度，但可能导致过拟合。
- 伽马：当选择的核函数为多项式核函数或 Sigmoid 核函数时，应指定参数 γ 的值。
- 偏差：当选择的核函数为多项式核函数或 Sigmoid 核函数时，应指定偏差 r 的值。
- 度：当选择的核函数为多项式核函数时，应指定阶数 d 的值，以确定映射空间的维度，通常该值不应大于 10。

9.6.2 结果解读

比较遗憾的是，SPSS Modeler 支持向量机的计算结果输出很少，模型计算结果中没有给出具体参数及模型的预测误差等指标，只给出了输入变量重要性的排序，如图 9.14 和图 9.15 所示。

图 9.14 案例计算结果（一）   图 9.15 案例计算结果（二）

图 9.14 和图 9.15 分别是预测客户是否流失和基本费用时变量重要性的排序情况。

将模型计算结果节点连接到数据流，并用"输出"选项卡中的"表格"节点浏览。以$S

开头的变量给出了目标变量的预测值。支持向量分类中，以$SP 开头的变量给出了类别预测值的置信水平。置信水平采用以下方法计算：

$$p(y=1|\boldsymbol{X}) \approx \frac{1}{e^{A(b+\boldsymbol{W}^\mathrm{T}\boldsymbol{X})+B}} \tag{9.30}$$

其中，参数 A 和 B 为以下似然函数的极大似然估计：

$$-\sum_{i=1}^{n}[t_i \log(p_i) + (1-t_i)\log(1-p_i)] \tag{9.31}$$

其中

$$p_i = \frac{1}{e^{A(b+\boldsymbol{W}^\mathrm{T}\boldsymbol{X}_i)+B}} \tag{9.32}$$

$$t_i = \begin{cases} \dfrac{N_+ + 1}{N_+ + 2}, & y_i = +1 \\ \dfrac{N_- + 1}{N_- + 2}, & y_i = -1 \end{cases} \quad (i=1,2,\cdots,n) \tag{9.33}$$

其中，N_+ 和 N_- 分别为目标变量 y 取+和-时的样本量。

> 需要说明的是，本章重点讨论了支持向量机的基本原理，涉及的公式也是为说明基本原理而列出的。事实上，支持向量机还有极为丰富的内容，涉及规划求解中的许多定理和优化求解问题。如果读者更多关注的是如何应用支持向量机解决实际数据挖掘问题，则可略去相关优化算法的细节；否则，请参阅其他相关书籍。

第10章 分类预测：SPSS Modeler 的 Logistic 回归分析*

数据挖掘的实际应用中，分类预测问题极为普遍，分析方法种类繁多，如前面讨论的决策树、神经网络、支持向量机等。统计学对该类问题也有一套严谨的研究思路和方法，如 Logistic 回归分析和判别分析等。本章将重点讨论 Logistic 回归分析。

10.1 Logistic 回归分析概述

回归分析作为标准的统计分析方法，在诸多行业和领域的数据分析应用中发挥着极为重要的作用，并已被人们所广泛接受与熟悉。尽管如此，在运用回归分析方法时仍不应忽略方法应用的前提条件。如果违背某些关键前提而机械地建立模型，则得到的分析结论很可能是不合理和不可信的。

回归分析探索目标变量与输入变量之间的相关性，一般线性回归模型揭示目标变量与输入变量之间的数量变化规律，其基本要求是：目标变量应是数值型变量。例如，在利用回归分析方法研究收入水平对支出的影响时，支出作为一般回归分析中的目标变量应是数值型变量。

遗憾的是，实际应用中并非所有的目标变量都是数值型，还有相当多的问题是分析一个或多个变量怎样对一个非数值型的分类变量产生影响。

例如，在利用回归分析方法研究消费者的不同特征如何影响是否购买某奢侈品时，消费者的职业、年收入、年龄等因素将作为输入变量，而是否购买（如1表示购买，0表示不购买）则作为目标变量，但它是一个典型的二分类型变量。再如，研究吸烟、性别、年龄等对患肺癌的影响时，是否患肺癌（如1表示患，0表示未患）作为目标变量也是二分类型变量。又如，在研究消费者对某种商品的品牌选择取向时，品牌作为目标变量，是一个多分类型变量。

当二分类型或多分类型变量以目标变量的角色出现在回归分析中时，一方面，不满足一般线性回归模型对目标变量的取值要求，由于线性回归分析中输入变量的取值是没有限制的，这必然使得由输入变量的线性组合计算得到的目标变量，理论上取到$-\infty \sim +\infty$的所有可能值；另一方面，将违背回归模型的前提假设。如果目标变量为二分类型变量，那么建立一般的线性回归模型将出现诸多问题。例如，残差不再服从正态分布。由于目标变量只有0和1两个取值，对于任一给定的 x_i，残差 ε_i 本身只有两个取值，服从离散型分布而非正态分布。由于残差项服从正态分布，因而才能保证模型的回归系数 β_i 服从正态分布，才能进行回归系数的假设检验和建立置信区间。因此，当该条件无法满足时，就无法进行相应的统计推断。再如，不满足回归分析的同方差假定。

---

* 本章的数据流文件：判别分析.str。

总之，当二分类型或多分类型变量以回归分析中的目标变量角色出现时，由于不满足一般线性回归模型对目标变量取值的要求，且违背回归模型的前提假设，因此，无法直接借助回归模型进行研究。通常采用的方法是 Logistic 回归分析。

当目标变量是二分类型变量时，采用二项 Logistic 回归模型；当目标变量是多分类型变量时，采用多项 Logistic 回归模型。Logistic 回归分析是多元线性回归分析方法不断发展的成果。

10.2 二项 Logistic 回归分析

当回归分析中的目标变量是二分类型变量时，通常采用二项 Logistic 回归分析。

10.2.1 二项 Logistic 回归方程

当目标变量（记作 y）为 0/1 的二分类型变量时，虽然无法直接采用一般线性回归模型建模，但可充分借鉴其理论模型和分析思路，得到以下启示。

第一，对于一元线性回归模型 $y_i = \beta_0 + \beta_1 x_i + \varepsilon_i$，其回归方程 $E(y_i) = \beta_0 + \beta_1 x_i$ 是对当输入变量 x 取 x_i 时目标变量均值的预测。当目标变量为 0/1 二分类型变量时，一元线性回归方程是对当输入变量 x 取 x_i 时，目标变量 $y_i=1$ 的概率的预测。

由此给出的启示是：可利用一般线性回归模型（可以是一元，也可以是多元）对目标变量取值为 1 的概率 P 进行建模，此时回归方程目标变量的实际取值范围在 0~1 之间。回归方程的一般形式为

$$P_{y=1} = \beta_0 + \beta_1 x \tag{10.1}$$

第二，由于概率 P 的取值范围在 0~1 之间，而一般线性回归方程目标变量取值在 $-\infty$~$+\infty$ 之间，给出的启示是：如果对概率 P 做合理变换，使其取值范围与一般线性回归模型吻合，则可利用一般线性回归模型进行相关研究。

第三，采用一般线性回归模型建立的回归方程，方程中概率 P 与输入变量之间的关系是线性的。但实际应用中，它们之间往往是一种非线性关系。

例如，购买某奢侈品的概率通常不会随年收入（或年龄等）的增长而线性增长。一般表现为，在年收入增长的初期，购买的可能性增长较为缓慢；当年收入增长到某个水平时，购买的可能性会快速增加；当年收入再增长到另一阶段时，购买的可能性增长到某个水平后会基本保持稳定。

因此，这种变化关系是非线性的，通常与增长函数相吻合。由此给出的启示是：对概率 P 的转换应采用非线性转换。

基于上述分析，可进行以下两步处理。

第一步，将 P 转换成 Ω。

$$\Omega = \frac{P}{1-P} \tag{10.2}$$

其中，Ω 称为优势（Odds）。这种变换是非线性的，同时，Ω 是 P 的单调函数，保证了 Ω 与 P 增长（或下降）的一致性，使模型易于解释。如图 10.1（a）所示。优势的取值范围在 0~$+\infty$ 之间。

第二步，将 Ω 转换成 $\ln\Omega$。

$$\ln\Omega = \ln\left(\frac{P}{1-P}\right) \tag{10.3}$$

其中，$\ln\Omega$ 称为 Logit P。

经过该变换后，Logit P 与 Ω 之间仍呈增长（或下降）的一致性关系，且取值于 $-\infty \sim +\infty$，与一般线性回归方程目标变量的取值范围相吻合，如图10.1（b）所示。

图10.1　Logit变换中变量的函数关系

上述两步变换称为 Logit 变换。经过 Logit 变换后，就可利用一般线性回归模型建立目标变量与输入变量之间的多元分析模型了，即

$$\text{Logit } P = \beta_0 + \sum_{i=1}^{p}\beta_i x_i \tag{10.4}$$

其中，p 为输入变量的个数，称式（10.4）为 Logistic 回归方程或 Logit 模型。

显然 Logit P 与输入变量之间是线性关系。那么 P 与输入变量之间是否呈上述分析中的非线性关系呢？

将 Ω 代入，有

$$\ln\left(\frac{P}{1-P}\right) = \beta_0 + \sum_{i=1}^{p}\beta_i x_i \tag{10.5}$$

于是有

$$\frac{P}{1-P} = \exp\left(\beta_0 + \sum_{i=1}^{p}\beta_i x_i\right) \tag{10.6}$$

$$P = \frac{\exp\left(\beta_0 + \sum_{i=1}^{p}\beta_i x_i\right)}{1 + \exp\left(\beta_0 + \sum_{i=1}^{p}\beta_i x_i\right)} \tag{10.7}$$

$$P = \frac{1}{1 + \exp\left[-\left(\beta_0 + \sum_{i=1}^{p}\beta_i x_i\right)\right]} \tag{10.8}$$

式（10.8）是(0,1)型 Sigmoid 函数，很好地体现了概率 P 和输入变量之间的非线性关系。于是可以计算目标变量取 1 的概率。通常如果概率大于 0.5，则目标变量预测为 1 类，否则预测为 0 类。

10.2.2 二项 Logistic 回归方程系数的含义

从形式上看，Logistic 回归方程与一般线性回归方程的形式相同，可以类似的方法理解和解释 Logistic 回归方程系数的含义。即当其他输入变量保持不变时，输入变量 x_i 每增加一个单位，将引起 Logit P 平均增加（或减小）β_i 个单位。

由于 Logit P 无法直观观察且计量单位也无法确定，因此通常以 Logistic 分布的标准差（1.8138）作为 Logit P 的测度单位。

但重要的是，在模型的实际应用中人们关心的是输入变量变化引起事件发生概率 P 变化的程度。由于 P 与 Logit P 呈单调性，如图 10.1（c）所示，因此，当输入变量 x_i 增加时，也会带来概率 P 的增加（或减小），但这种增加（或减小）的幅度是非线性的，取决于输入变量的当前取值等。因此，应用中人们通常更关心输入变量给优势 Ω 带来的变化。为此，应首先说明优势 Ω 的意义。

优势 $\Omega=P/(1-P)$，即某事件发生概率与不发生概率之比。优势是一个非负实数，大于 1 表示事件发生比不发生的概率大，小于 1 表示事件发生比不发生的概率小，1 附近表示事件发生与不发生的概率接近。

利用优势比（Odds Ratio）可近似对不同组的相对风险进行对比分析。A、B 两组的相对风险定义为 $\dfrac{\mathrm{pr}(D_A)}{\mathrm{pr}(D_B)}$，$\mathrm{pr}(D_A)$ 和 $\mathrm{pr}(D_B)$ 分别代表事件在 A、B 两组发生的概率。于是，优势比=相对风险$\times \dfrac{1-\mathrm{pr}(D_B)}{1-\mathrm{pr}(D_A)}$。当 $\dfrac{1-\mathrm{pr}(D_B)}{1-\mathrm{pr}(D_A)}$ 近似为 1 时，优势比近似等于相对风险。

例如，如果吸烟组 A 患肺癌的概率是 0.25，不吸烟组 B 患肺癌的概率是 0.10，则两组的优势比为：$\mathrm{OR}_{A\,\mathrm{VS.B}}=\dfrac{\mathrm{pr}(D_A)}{1-\mathrm{pr}(D_A)}\Big/\dfrac{\mathrm{pr}(D_B)}{1-\mathrm{pr}(D_B)}=\dfrac{1}{3}\Big/\dfrac{1}{9}=3$，它表示吸烟组 A 患肺癌的概率近似是不吸烟组 B 的 3 倍。

进一步，建立 Logistic 回归方程。如果目标变量 Y 表示是否患肺癌（1=患/0=未患），当只考虑一个输入变量 X_1（表示是否吸烟，1=吸烟/0=不吸烟）时，建立的 Logistic 回归方程为
$$\mathrm{Logit}[\mathrm{pr}(Y=1)] = \beta_0 + \beta_1 X_1$$

于是，输入变量为吸烟的方程为
$$\mathrm{Logit}[\mathrm{pr}(Y=1)] = \ln(\mathrm{odds}(\mathrm{smokers})) = \beta_0 + \beta_1 \times 1 = \beta_0 + \beta_1$$

输入变量为不吸烟的方程为
$$\mathrm{Logit}[\mathrm{pr}(Y=1)] = \ln(\mathrm{odds}(\mathrm{nonsmokers})) = \beta_0 + \beta_1 \times 0 = \beta_0$$

于是，吸烟与不吸烟组的优势比为
$$\mathrm{OR}_{S\,\mathrm{VS.\,NS}} = \frac{\mathrm{odds}(\mathrm{smokers})}{\mathrm{odds}(\mathrm{nosmokers})} = \frac{e^{(\beta_0+\beta_1)}}{e^{\beta_0}} = e^{\beta_1}$$

可见，两组的优势比与 Logistic 回归方程的输入变量的回归系数有关。吸烟组患肺癌的可能性是不吸烟组的近似 e^{β_1} 倍。也就是说，e^{β_1} 的含义比 β_1 更直观，反映的是输入变量取不

同值时导致的目标变量取值概率的变化率。

将该过程略一般化些。当 Logistic 回归方程确定后，有

$$\Omega = \exp\left(\beta_0 + \sum_{i=1}^{k} \beta_i x_i\right) \tag{10.9}$$

其他输入变量保持不变，研究 x_1 变化一个单位对 Ω 的影响。如果将 x_1 变化一个单位后的优势设为 Ω^*，则有

$$\Omega^* = \exp\left(\beta_1 + \beta_0 + \sum_{i=1}^{k} \beta_i x_i\right) = \Omega \exp(\beta_1) \tag{10.10}$$

于是有

$$\frac{\Omega^*}{\Omega} = \exp(\beta_1) \tag{10.11}$$

由此可知，x_1 增加一个单位所导致的优势是原来优势的 $\exp(\beta_1)$ 倍，即优势比为 $\exp(\beta_1)$。

再一般化些，有

$$\frac{\Omega^*}{\Omega} = \exp(\beta_i) \tag{10.12}$$

式（10.12）表明，当其他输入变量保持不变时，x_i 每增加一个单位所导致的优势是原来优势的 $\exp(\beta_i)$ 倍，即优势比为 $\exp(\beta_i)$。

利用优势比，能够近似诠释输入变量变动对目标变量取值概率产生的影响。

反复强调其他输入变量保持不变的原因是，分析某因素变化所产生的影响必须在对其他因素加以控制的前提下才有意义。

例如，如果目标变量 Y 表示是否患肺癌（1=患/0=未患），输入变量有 3 个，X_1 表示是否吸烟（1=吸烟/0=不吸烟），X_2 表示年龄，X_3 表示性别（1=男/0=女），则建立的 Logistic 回归方程为

$$\text{Logit}[\text{pr}(Y=1)] = \beta_0 + \beta_1 X_1 + \beta_2 X_2 + \beta_3 X_3$$

为研究吸烟对患肺癌的影响，只有对同年龄和同性别组进行比较，即控制年龄和性别才有意义。假设 A 组为吸烟，年龄 45 岁，性别为男；B 组为不吸烟，年龄 45 岁，性别为男，则 A、B 两组的方程分别为

$$\text{Logit}[\text{pr}(Y=1)] = \ln(\text{odds}(X_A)) = \beta_0 + \beta_1 \times 1 + \beta_2 \times 45 + \beta_3 \times 1$$
$$\text{Logit}[\text{pr}(Y=1)] = \ln(\text{odds}(X_B)) = \beta_0 + \beta_1 \times 0 + \beta_2 \times 45 + \beta_3 \times 1$$

两组的优势比为

$$\text{OR}_{A \text{ VS. } B} = \frac{\text{odds}(X_A)}{\text{odds}(X_B)} = e^{(1-0)\beta_1 + (45-45)\beta_2 + (1-1)\beta_3} = e^{\beta_1}$$

这里的优势比是在控制了年龄和性别的前提下进行的，能够更准确地反映吸烟对肺癌的影响程度。虽然形式上同前，但参数估计值是不同的。

10.2.3 二项 Logistic 回归方程的检验

为进行 Logistic 回归方程的检验，应首先了解回归方程参数估计的基本原理。Logistic 回归方程的参数求解采用极大似然估计法。

极大似然估计法是一种在总体概率密度函数和样本信息的基础上，求解模型中未知参数

估计值的方法。它基于总体的概率密度函数，构造一个包含未知参数的似然函数，并求解在似然函数值最大时未知参数的估计值。在该原则下得到的模型将保证样本出现的可能性是最大的。因此，似然函数的函数值实际也是一种概率值，反映了在所估计参数的总体中，抽到特定样本的可能性，当然越接近1越好。似然函数值在0~1之间。

为方便数学上的处理，通常将似然函数取自然对数，得到对数似然函数。当似然函数值最大为1时，对数似然函数值取到最大值0。似然函数值 L 和对数似然函数值 LL 如图10.2所示。

图10.2 似然函数值 L 和对数似然函数值 LL

因此，追求似然函数最大的过程也就是追求对数似然函数最大的过程。对数似然函数值越大，意味着模型较好地拟合样本数据的可能性越大，所得模型的拟合优度越高；相反，对数似然函数值越小，意味着模型较好地拟合样本数据的可能性越小，所得模型的拟合优度越低。

1. 回归方程的显著性检验

Logistic 回归方程显著性检验的目的是检验输入变量全体与 Logit P 的线性关系是否显著，是否可以用线性模型拟合。其原假设（H_0）是：各回归系数同时为 0，输入变量全体与 Logit P 的线性关系不显著。

回归方程显著性检验的基本思路是：如果方程中的诸多输入变量对 Logit P 的线性解释有显著意义，那么必然会使回归方程对样本的拟合程度得到显著提高。可采用对数似然比测度拟合程度是否有了提高。

如果设输入变量 x_i 未引入回归方程前的对数似然函数值为 LL，输入变量 x_i 引入回归方程后的对数似然函数值为 LL_{x_i}，则对数似然比为 $\dfrac{LL}{LL_{x_i}}$。容易理解：如果对数似然比与1无显著差异，则说明引入输入变量 x_i 后，输入变量全体对 Logit P 的线性解释程度无显著改善；如果对数似然比远远大于1，则说明引入输入变量 x_i 后，输入变量全体与 Logit P 之间的线性关系仍显著。

依照统计推断的思想，此时应关注对数似然比的分布。但由于对数似然比的分布是未知的，通常采用 $-\log\left(\dfrac{L}{L_{x_i}}\right)^2$。其中，$L$ 和 L_{x_i} 分别为输入变量 x_i 引入回归方程前后的似然函数。$-\log\left(\dfrac{L}{L_{x_i}}\right)^2$ 在原假设成立的条件下近似服从自由度为1的卡方分布，也称似然比卡方。于是有

$$-\log\left(\frac{L}{L_{x_i}}\right)^2 = -2\log\left(\frac{L}{L_{x_i}}\right) = -2\log(L) - (-2\log(L_{x_i})) = -2\text{LL} - (-2\text{LL}_{x_i}) \quad (10.13)$$

它反映了输入变量 x_i 引入回归方程前后对数似然的变化幅度，该值越大表明输入变量 x_i 的引入越有意义。

进一步，如果似然比卡方的观测值对应的概率 P-值小于给定的显著性水平 α，则应拒绝原假设，认为目前方程中的所有回归系数不同时为零，输入变量全体与 Logit P 之间的线性关系显著；反之，如果概率 P-值大于给定的显著性水平 α，则不应拒绝原假设，认为目前方程中的所有回归系数同时为零，输入变量全体与 Logit P 之间的线性关系不显著。

2．回归系数的显著性检验

Logistic 回归系数显著性检验的目的是逐个检验方程中各输入变量是否与 Logit P 有显著的线性关系，对解释 Logit P 是否有重要贡献。其原假设（H_0）是：$\beta_i=0$，即某回归系数与零无显著差异，相应的输入变量与 Logit P 之间的线性关系不显著。

回归系数显著性检验采用的检验统计量是 Wald 统计量，数学定义为

$$\text{Wald}_i = \left(\frac{\beta_i}{S_{\beta_i}}\right)^2 \quad (10.14)$$

其中，β_i 是回归系数；S_{β_i} 是回归系数的标准误差，$S_{\beta_i} = \sqrt{p(1-p)/n}$，$p$ 为样本中目标变量取 1 的概率，n 为样本量。Wald 检验统计量近似服从自由度等于 1 的卡方分布。

如果某输入变量 Wald_i 观测值对应的概率 P-值小于给定的显著性水平 α，则应拒绝原假设，认为某输入变量的回归系数与零有显著差异，该输入变量与 Logit P 之间的线性关系显著，应保留在方程中；反之，如果概率 P-值大于给定的显著性水平 α，则不应拒绝原假设，认为某输入变量的回归系数与零无显著差异，该输入变量与 Logit P 之间的线性关系不显著，不应保留在方程中。

应当注意的是，如果输入变量存在多重共线性，则会对 Wald 检验统计量产生影响。在回归系数绝对值较大时，Wald 检验统计量的标准误差有扩大的现象，会造成 Wald 检验统计量的观测值减小，不易拒绝原假设，进而使那些本对 Logit P 有解释意义的变量没能保留在方程中。因此，在确定输入变量自动筛选策略时应考虑这个问题。另外，也可借助上述回归方程显著性检验的卡方检验方法，对相应回归系数进行检验。

3．回归方程的拟合优度检验

在 Logistic 回归分析中，拟合优度可以从两个方面进行考察。

第一个方面：回归方程能够解释目标变量变差的程度。如果方程可以解释目标变量的较大部分变差，则说明拟合优度高，反之说明拟合优度低。这点与一般线性回归分析是相同的。第二个方面：由回归方程计算出的预测值与实际值之间的吻合程度，即方程的总体错判率是低还是高。如果错判率低，则说明拟合优度高，反之说明拟合优度低。

常用的指标有：

第一，Cox & Snell R^2 统计量。

Cox & Snell R^2 与一般线性回归分析中的 R^2 有相似之处，也是方程对目标变量变差解释程度的反映。Cox & Snell R^2 的数学定义为

$$\text{Cox \& Snell } R^2 = 1 - \left(\frac{\text{LL}_0}{\text{LL}_k}\right)^{\frac{2}{n}} \quad (10.15)$$

其中，LL_0 为方程中只包含常数项时的对数似然值；LL_k 为当前方程的对数似然值；n 为样本量。由于 Cox & Snell R^2 取值范围不易确定，因此使用时不方便。

第二，Nagelkerke R^2 统计量。

Nagelkerke R^2 是修正的 Cox & Snell R^2，也反映了方程对目标变量变差解释的程度。Nagelkerke R^2 的数学定义为

$$\text{Nagelkerke } R^2 = \frac{\text{Cox \& Snell } R^2}{1-(LL_0)^{\frac{2}{n}}} \quad (10.16)$$

Nagelkerke R^2 的取值范围在 0～1 之间，越接近于 1，说明方程的拟合优度越高；越接近于 0，说明方程的拟合优度越低。

第三，混淆矩阵。

混淆矩阵是一种极为直观的评价模型优劣的方法，它通过矩阵表格形式展示模型预测值与实际观测值的吻合程度。混淆矩阵的一般形式如表 10.1 所示。

表 10.1 混淆矩阵的一般形式

实际值		预测值		
		0	1	正确率
实际值	0	f_{11}	f_{12}	$\frac{f_{11}}{f_{11}+f_{12}}$
	1	f_{21}	f_{22}	$\frac{f_{22}}{f_{21}+f_{22}}$
	总体正确率	\multicolumn{3}{c}{$\frac{f_{11}+f_{22}}{f_{11}+f_{12}+f_{21}+f_{22}}$}

其中，f_{11} 是实际值为 0 预测值也为 0 的个数，f_{12} 是实际值为 0 预测值为 1 的个数，f_{21} 是实际值为 1 预测值为 0 的个数，f_{22} 是实际值为 1 预测值也为 1 的个数。通过各栏的正确率就可以评价模型的好坏，当然正确率越高意味着模型越好。

第四，Hosmer-Lemeshow 检验。

Hosmer-Lemeshow 统计量的设计思想是：Logistic 回归方程给出的是输入变量取值条件下，目标变量取 1 的概率值。如果模型拟合效果较好，则应给实际值为 1 的样本以高的概率预测值，实际值为 0 的样本以低的概率预测值。于是，对概率预测值进行分位数分组。通常计算概率预测值的 10 分位数，将样本分为 10 组，生成如表 10.2 所示的交叉列联表。

表 10.2 Hosmer-Lemeshow 统计量中的列联表

		目标变量的实际值		
		0	1	合计
组	1			
	2			
	3			
	…			
	k			
	合计			

表 10.2 中，每个单元格都有两个频数，分别称为观测频数和期望频数。这里的观测频数是指落入相应组里的样本，其目标变量实际值取 0 或 1 的样本量；期望频数是这些样本目标变量的预测值取 0 或 1 的样本量的修正值。在此基础之上计算对数似然比卡方，即 Hosmer-Lemeshow 统计量，它服从 $k-2$ 个自由度的卡方分布，k 为组数。

可见，Hosmer-Lemeshow 统计量越小，表明样本实际值和预测值的总体差异较小，拟合效果越好，反之则拟合效果不好。Hosmer-Lemeshow 检验的原假设（H_0）是观测频数的分布与期望频数的分布无显著差异。SPSS Modeler 将给出 Hosmer-Lemeshow 统计量的概率 P-值。如果概率 P-值小于给定的显著性水平 α，则应拒绝原假设，即观测频数的分布与期望频数的分布有显著差异，模型拟合效果不好；反之，如果概率 P-值大于给定的显著性水平 α，则不应拒绝原假设，即两个分布的差异不显著，模型拟合效果较好。

10.2.4 二项 Logistic 回归分析中的虚拟自变量

通常回归分析中，作为输入变量的变量是数值型变量，它们对目标变量有线性解释作用。实际应用中，目标变量的变化不仅受到数值型变量的影响，也会受到分类型变量的影响。例如，客户是否购买小汽车不仅会受到诸如年收入、年龄等数值型变量的影响，还可能受到诸如性别、职业等分类型变量的影响。

分类型变量通常不能像数值型变量那样直接作为输入变量进入回归方程，因为其各个类别之间是非等距的。一般需将其转化为虚拟自变量（或称哑变量，Dummy Variable）后再参与分析。

分类型变量参与回归分析的主要目的是研究各类别对目标变量影响的差异性。设置虚拟变量就是将分类型变量的各个类别分别以 0/1 二值变量的形式重新编码，用 1 表示属于该类，用 0 表示不属于该类。

例如，分类型变量性别有两个类别（男或女），可将这两个类别分别以 0/1 二值变量的形式重新编码。如设置变量 x_1 表示是否为男性，取 1 表示是男，取 0 表示不是男。设置变量 x_2 表示是否为女性，取 1 表示是女，取 0 表示不是女。容易发现，对于一个具有两分类的变量，设置一个虚拟变量就完全可以识别样本的取值。如只设置变量 x_1 表示是否为男性，取 1 表示是男，取 0 表示不是男性，则必然是女性。此时，"女"是参照类别。同样，也可以只设置变量 x_2 表示是否为女性，取 1 表示是女性，取 0 表示不是女性，则必然是男性。此时，"男"是参照类别。

所以，对于具有 k 个类别的分类型变量，当确定参照类别后，只需设置 $k-1$ 个虚拟变量即可。于是在回归分析时，分类型输入变量自身并不参与回归分析，取而代之的是 $k-1$ 个虚拟自变量。回归方程中各虚拟自变量回归系数的含义是：相对于参照类别，各个类别对目标变量平均贡献的差，进而可进一步研究各类别间对目标变量的平均贡献差异。

10.3 二项 Logistic 回归分析的应用

这里采用一份客户购买某商品和客户特征的数据，讨论 SPSS Modeler 二项 Logistic 回归分析的具体操作。数据文件为 SPSS 格式文件，文件名为 BuyOrNot.sav，包括 431 个样本数据，变量有是否购买（PURCHASE，0 为没有购买，1 为购买）、年龄（AGE）、性别（GENDER，

1 为男，2 为女）和收入水平（INCOME，1 为高收入，2 为中收入，3 为低收入）。年龄为数值型变量，其他为分类型变量。分析目标：建立客户购买的预测模型，分析影响因素。

10.3.1 基本操作

首先，通过"SPSS 文件"节点读入数据；然后，利用"类型"节点指定变量 PURCHASE 的计量类型为二分类型，角色为目标变量，其余变量的角色为输入变量；最后，选择"建模"选项卡中的"Logistic"节点，将其添加到数据流的恰当位置上。右击，选择弹出菜单中的"编辑"进行节点的参数设置。"模型"和"专家"是两个重要的选项卡。

1．"模型"选项卡

"模型"选项卡用于设置 Logistic 回归分析的主要参数，如图 10.3 所示。

图 10.3 "Logistic"节点的"模型"选项卡

其中：

- "过程"选项中，"多项式"表示进行多项 Logistic 回归分析；"二项式"表示进行二项 Logistic 回归分析。
- "二项式过程"框中的"方法"选项，提供了几种输入变量进入模型的方式。
  - "进入法"：表示强制进入策略，所有输入变量将强制进入回归方程，无论与 Logit P 之间是否有显著的线性关系。
  - "向前步进法"：表示向前筛选策略，是输入变量逐个进入回归方程的过程。开始时方程中只含有常数项，然后选择使模型的对数似然值增大最大且通过统计显著性检验的输入变量进入方程。该过程将反复进行直到没有输入变量可进入回归方程为止。
  - "后退步进法"：表示向后筛选策略，是将输入变量逐个剔除出回归方程的过程。开始时所有输入变量都在回归方程中，然后选择使模型的对数似然值增大最小，且统计检验不显著的输入变量，将其剔除出回归方程。该过程将反复进行直到没有输入变量可剔除出回归方程为止。

变量进出方程的依据是服从卡方分布的比分检验（Score Test）统计量。大样本下其检验结果与 Wald 检验一致。

- "分类输入"框：逐个对分类型解释的参照类别进行说明。利用按钮指定分类型输入变量，该变量名将显示在"字段名"列中；在"对比"列指定参照类别，其中：
  - "指示器"：为默认值（虚拟自变量取值为 0 或 1），需在"基准类别"列指定参照水平。

"第一个"表示类别值按字母顺序排在第一的为参照类别，"最后一个"表示类别值按字母顺序排在最后的为参照类别。以类别数为 3 的分类型变量值 A、B、C 为例说明。如果参照类别为"第一个"，则 2 个哑变量对应 A 取值为（0,0），对应 B 取值为（1,0），对应 C 取值为（0,1）。于是，第 1、2 个哑变量的回归系数 β_1 和 β_2 表示 B、C 类别对 Logit P 的影响分别比 A 类别多 β_1 和 β_2 个单位；如果参照类别为"最后一个"，则 2 个哑变量对应 A 取值为（1,0），对应 B 取值为（0,1），对应 C 取值为（0,0）。于是，第 1、2 个哑变量的回归系数 β_1 和 β_2 表示 A、B 类别对 Logit P 的影响分别比 C 类别多 β_1 和 β_2 个单位。

- "简单"：同"指示器"选项，主要区别在 β_0。如果不考虑其他输入变量，这里 β_0 反映的是该变量所有类别对 Logit P 的平均影响（"差值""Helmert""重复"同此），而"指示器"中反映的是参照类别对 Logit P 的影响。
- "差值"：表示以前几个类别对 Logit P 影响的平均水平作为参照水平。此时"基准类别"列无效。
- "Helmert"：表示以后几个类别对 Logit P 影响的平均水平作为参照水平。此时"基准类别"列无效。
- "重复"：表示以前一个类别对 Logit P 影响的平均水平作为参照水平。此时"基准类别"列无效。

2．"专家"选项卡

"专家"选项卡用于设置模型的高级参数和输出项目，如图 10.4 所示。

图 10.4 "Logistic"节点的"专家"选项卡

其中：
- "追加所有概率"：表示计算出样本输出变量取各类别的概率，否则只计算出预测类别的概率。该选项只对多项 Logistic 回归有效。
- "输出"按钮用于指定输出哪些 Logistic 回归分析的结果，Logistic 回归的输出项如图 10.5 所示。

图 10.5　Logistic 回归的输出项

其中：
- "显示"选项中："在每个步骤中"表示输出建模过程中的每一步结果；"在最后一个步骤中"表示只输出最终的结果。
- "分类图"：表示绘制目标变量的预测类别图。
- "Hosmer-Lemeshow 拟合度"：表示输出 Hosmer-Lemeshow 拟合优度指标。
- "exp(B)的 CI (%)"：表示输出 exp（回归系数）默认 95%的置信区间。
- "分类分界值"：设置概率分界值。预测概率值大于 0.5（默认）时认为目标变量的分类预测值为 1，小于 0.5 时认为分类预测值为 0。可以根据实际问题中对预测精度的要求修改该参数。

10.3.2　结果解读

1. 采用"进入法"建模

首先，采用"进入法"（Enter 策略）强行令所有输出变量进入回归方程，并指定性别以"男"为参照类别，收入以"低收入"为参照类别。在参数设置的"分析"选项卡中选中"计算预测变量重要性"，Logistic 回归分析结果如图 10.6 所示。

图 10.6　Logistic 回归分析结果（一）

图 10.6 给出了输入变量重要程度的排序，其中对是否购买影响最大的因素是性别，其次是收入和年龄。

选中"高级"选项卡，查看详细计算结果。

表 10.3 给出了虚拟自变量的取值编码及分布情况。对由分类型变量派生出的虚拟自变量，分别显示在最后两列。例如，收入派生出的两个虚拟变量依次表示"是否中收入"和"是否高收入"，两变量均为 0 表示"低收入"；性别派生出的一个虚拟变量，1 表示"是否女性"，取值为 0 表示男性。

表 10.3 案例分析（Enter 策略）结果（一）

Categorical Variables Codings

		Frequency	Parameter coding	
			(1)	(2)
收入	低收入	132	.000	.000
	中收入	144	1.000	.000
	高收入	155	.000	1.000
性别	男	191	.000	
	女	240	1.000	

表 10.4 显示了 Logistic 分析初始阶段（第 0 步，方程中只有常数项，其他回归系数约束为 0）的混淆矩阵。可以看到，269 人实际没购买且模型预测正确，正确率为 100%；162 人实际购买了但模型均预测错误，正确率为 0%。模型总的预测正确率为 62.4%。

表 10.4 案例分析（Enter 策略）结果（二）

Classification Table[a,b]

		Predicted		
	Observed	是否购买		Percentage Correct
		不购买	购买	
Step 0	是否购买 不购买	269	0	100.0
	购买	162	0	.0
	Overall Percentage			62.4

a. Constant is included in the model.
b. The cut value is .500.

表 10.5 显示了方程中只有常数项时回归系数方面的指标，各数据项的含义依次为：回归系数（B）、回归系数标准误差（S.E）、Wald 检验统计量的观测值（Wald）、自由度（df）、Wald 检验统计量的概率 P-值（Sig.）、优势比（Exp(B)）。由于此时模型中未包含任何输入变量，该表并没有实际意义。

表 10.5 案例分析（Enter 策略）结果（三）

Variables in the Equation

		B	S.E.	Wald	df	Sig.	Exp(B)
Step 0	Constant	-.507	.099	26.002	1	.000	.602

表 10.6 显示了待进入方程的各输入变量的情况,各数据项的含义依次为:Score 检验统计量的观测值(Score)、自由度(df)和概率 P-值(Sig.)。可以看到,如果下一步年龄(Age)进入方程,则 Score 检验统计量的观测值为 1.268,概率 P-值为 0.26。如果显著性水平 α 为 0.05,由于 Age 的概率 P-值大于显著性水平 α,不能进入方程。但这里选择了"进入法",所有输入变量将强行进入方程。

表 10.6 案例分析(Enter 策略)结果(四)

Variables not in the Equation

			Score	df	Sig.
Step 0	Variables	AGE	1.268	1	.260
		GENDER(1)	4.667	1	.031
		INCOME	10.640	2	.005
		INCOME(1)	2.935	1	.087
		INCOME(2)	10.640	1	.001
	Overall Statistics		18.273	4	.001

表 10.7 显示了采用"进入法"时回归方程显著性检验的总体情况,各数据项的含义依次为:似然比卡方的观测值(Chi-square)、自由度(df)和概率 P-值(Sig.)。可以看到,本步所选变量均进入方程,与前一步相比,似然比卡方检验的观测值为 18.441,概率 P-值为 0.001。如果显著性水平 α 为 0.05,由于概率 P-值小于显著性水平 α,应拒绝原假设,认为所有回归系数不同时为 0,输入变量的全体与 Logit P 之间的线性关系显著,采用该模型是合理的。

表 10.7 分别输出了三行似然比卡方值。其中,Step 行是本步与前一步相比的似然比卡方;Block 行是本块(Block)与前一块相比的似然比卡方;Model 行是本模型与前一模型相比的似然比卡方。在本例中,由于没有设置输入变量块,且输入变量是一次性强制进入模型的,所以三行结果相同。

表 10.7 案例分析(Enter 策略)结果(五)

Omnibus Tests of Model Coefficients

		Chi-square	df	Sig.
Step 1	Step	18.441	4	.001
	Block	18.441	4	.001
	Model	18.441	4	.001

表 10.8 中显示了当前模型拟合优度方面的指标,各数据项的含义依次为:-2 倍的对数似然函数值、Cox & Snell R^2 及 Nagelkerke R^2。-2 倍的对数似然函数值越小,则模型的拟合优度越高。这里,该值较大模型的拟合优度并不理想,且 Nagelkerke R^2 接近 0,也说明拟合程度较低。

表 10.8 案例分析(Enter 策略)结果(六)

Model Summary

Step	-2 Log likelihood	Cox & Snell R Square	Nagelkerke R Square
1	552.208	.042	.057

表 10.9 显示了当前模型的混淆矩阵。在实际没购买的 269 人中,模型正确识别了 236 人,

错误识别了 33 人，正确率为 87.7%；在实际购买的 162 人中，模型正确识别了 31 人，错误识别了 131 人，正确率为 19.1%。模型总的预测正确率为 61.9%。与前一步相比，未购买的预测准确度下降，购买的预测准确度上升了，但模型的总体预测精度下降。

表 10.9 案例分析（Enter 策略）结果（七）

Classification Table^a

Observed		Predicted		
		是否购买		Percentage Correct
		不购买	购买	
Step 1	是否购买 不购买	236	33	87.7
	购买	131	31	19.1
	Overall Percentage			61.9

a. The cut value is .500.

表 10.10 显示了当前模型中各回归系数方面的指标。可以看出，如果显著性水平 α 为 0.05，Age 的 Wald 检验概率 P-值大于显著性水平 α，则不应拒绝原假设，认为该回归系数与 0 无显著差异，它与 Logit P 的线性关系是不显著的，不应保留在方程中。由于方程中包含了不显著的输入变量，模型不可用，应重新建模。

表 10.10 案例分析（Enter 策略）结果（八）

Variables in the Equation

		B	S.E.	Wald	df	Sig.	Exp(B)
Step 1^a	AGE	.025	.018	1.974	1	.160	1.026
	GENDER(1)	.511	.209	5.954	1	.015	1.667
	INCOME			12.305	2	.002	
	INCOME(1)	.101	.263	.146	1	.703	1.106
	INCOME(2)	.787	.253	9.676	1	.002	2.196
	Constant	−2.112	.754	7.843	1	.005	.121

a. Variable(s) entered on step 1: AGE, GENDER, INCOME.

2. 采用"向前步进法"建模

本次分析输入变量的筛选采用基于极大似然估计的向前筛选策略（Forward 策略），Logistic 回归分析结果如图 10.7 所示。

图 10.7 Logistic 回归分析结果（二）

可见，性别和收入对是否购买有决定作用，年龄没有出现在图中，表明其作用很小。选中"高级"选项卡，查看详细计算结果。

这里，略去了第 0 步分析的结果（同表 10.4～表 10.6）。表 10.11 显示了变量逐步筛选过程中对数似然比卡方检验的结果，用于回归方程的显著性检验。可结合表 10.12 共同分析。在 Step 1 中，模型中包含常数项和 INCOME。如果此时剔除 INCOME 将使-2 倍的对数似然函数值增大 10.543（似然比卡方值），所以 10.543 是 INCOME 进入模型而减少的，-285.325 即为第 0 步模型的对数似然函数值；在 Step 2 中，模型包含常数项、INCOME、GENDER。如果此时剔除 GENDER，则-2 倍的对数似然函数值将增大 5.917，所以 5.917 是在 Step 1 基础上 GENDER 进入模型而减少的，-280.053 即为 Step 1 模型的对数似然函数值，此时 2×285.325-2×280.053=10.544，也即 INCOME 引起的。其他同理。SPSS Modeler 给出的最终模型是 Step 2 的结果。可以看到，如果显著性水平 α 为 0.05，由于各步的概率 P-值均小于显著性水平 α，因此此时模型中的输入变量全体与 Logit P 的线性关系显著，模型合理。

表 10.11　案例分析（Forward 策略）结果（一）

Omnibus Tests of Model Coefficients

		Chi-square	df	Sig.
Step 1	Step	10.543	2	.005
	Block	10.543	2	.005
	Model	10.543	2	.005
Step 2	Step	5.917	1	.015
	Block	16.459	3	.001
	Model	16.459	3	.001

表 10.12　案例分析（Forward 策略）结果（二）

Model if Term Removed

	Variable	Model Log Likelihood	Change in-2 Log Likelihood	df	Sig. of the Change
Step 1	INCOME	−285.325	10.543	2	.005
Step 2	GENDER	−280.053	5.917	1	.015
	INCOME	−282.976	11.761	2	.003

表 10.13 显示了输入变量筛选的过程和各输入变量的回归系数检验结果。可以看到，最终的模型（Step 2）中包含了性别和收入变量，各自回归系数显著性检验的 Wald 观测值所对应的概率 P-值都小于显著性水平 α，均拒绝原假设，意味它们与 Logit P 的线性关系显著，应保留在方程中。表 10.13 中，最后两列分别是优势比（相应类别与参照类别的优势比）95%的置信区间。

表 10.13　案例分析（Forward 策略）结果（三）

Variables in the Equation

		B	S.E.	Wald	df	Sig.	Exp(B)	95.0% C.I.for Exp(B)	
								Lower	Upper
Step 1[a]	INCOME			10.512	2	.005			
	INCOME(1)	.006	.259	.001	1	.982	1.006	.606	1.670

续表

		B	S.E.	Wald	df	Sig.	Exp(B)	95.0% C.I.for Exp(B)	
								Lower	Upper
Step 1[a]	INCOME(2)	.672	.247	7.424	1	.006	1.958	1.208	3.174
	Constant	-.762	.187	16.634	1	.000	.467		
Step 2[b]	GENDER(1)	.504	.209	5.824	1	.016	1.656	1.099	2.493
	INCOME			11.669	2	.003			
	INCOME(1)	.096	.263	.134	1	.714	1.101	.658	1.843
	INCOME(2)	.761	.251	9.147	1	.002	2.139	1.307	3.502
	Constant	-1.11	.240	21.432	1	.000	.329		

a. Variable(s) entered on step 1: INCOME.
b. Variable(s) entered on step 2: GENDER.

如表 10.14 所示，最终年龄变量没有引入方程，因为如果引入则相应的 Score 检验的概率 P-值大于显著性水平 α，无法拒绝原假设，它与 Logit P 的线性关系不显著，不应进入方程。

表 10.14　案例分析（Forward 策略）结果（四）

Variables not in the Equation

			Score	df	Sig.
Step 1	Variables	AGE	1.848	1	.174
		GENDER(1)	5.865	1	.015
	Overall Statistics		7.824	2	.020
Step 2	Variables	AGE	1.984	1	.159
	Overall Statistics		1.984	1	.159

表 10.15 显示了模型拟合优度方面的测度指标。最终模型的 -2 倍的对数似然函数值为 554.190，仍然较高，说明模型的拟合优度不甚理想。同时，Nagelkerke R^2 也较小，说明模型的拟合优度不高。

表 10.15　案例分析（Forward 策略）结果（五）

Model Summary

Step	-2 Log likelihood	Cox & Snell R Square	Nagelkerke R Square
1	560.107	.024	.033
2	554.190	.037	.051

表 10.16 和表 10.17 是 Hosmer-Lemeshow 检验的结果。在最终模型中，Hosmer-Lemeshow 统计量的观测值为 8.943，概率 P-值为 0.063，大于显著性水平 α，因此不应拒绝原假设，认为由样本实际值得到的分布与预测值得到的分布无显著差异，模型拟合优度较好。虽然与 Nagelkerke R^2 的结果看似不一致，但该结果是从统计检验的角度得到的，而 Nagelkerke R^2 仅是一般的描述性指标。

表 10.16 案例分析（Forward 策略）结果（六）

Hosmer and Lemeshow Test

Step	Chi-square	df	Sig.
1	.000	1	1.000
2	8.943	4	.063

表 10.17 案例分析（Forward 策略）结果（七）

Contingency Table for Hosmer and Lemeshow Test

		是否购买=不购买		是否购买=购买		Total
		Observed	Expected	Observed	Expected	
Step 1	1	90	90.000	42	42.000	132
	2	98	98.000	46	46.000	144
	3	81	81.000	74	74.000	155
Step 2	1	35	32.363	8	10.637	43
	2	58	53.602	15	19.398	73
	3	55	57.637	34	31.363	89
	4	40	44.398	31	26.602	71
	5	37	44.035	38	30.965	75
	6	44	36.965	36	43.035	80

表 10.18 显示了各模型的混淆矩阵。第一个模型的总体正确率为 62.4%，对不购买人群预测的准确率极高，但对购买人群预测的准确率极低；第二个模型的总体正确率为 60.6%，对不购买人群预测的准确率下降了，但对购买人群预测的准确率提高了。从应用角度看，第二个模型较第一个模型的应用性略强些。

表 10.18 案例分析（Forward 策略）结果（八）

Classification Table[a]

	Observed		Predicted		
			是否购买		Percentage Correct
			不购买	购买	
Step 1	是否购买	不购买	269	0	100.0
		购买	162	0	.0
	Overall Percentage				62.4
Step 2	是否购买	不购买	225	44	83.6
		购买	126	36	22.2
	Overall Percentage				60.6

a. The cut value is .500.

图 10.8 中，符号 0 表示实际未购买，1 表示实际购买，每个符号代表 10 个样本。概率预测值大于 0.5 的样本属于购买类，小于 0.5 的属于未购买类。可以看出，在模型预测出的购买

样本中,仍有部分样本的实际值为未购买;同样,在模型预测出的未购买样本中,仍有部分样本的实际值为购买,模型的预测效果并不理想。

```
Step number: 2
        Observed Groups and Predicted Probabilities
    160 +                                                                     +
  F     |                                                                     |
  R     |                                                                     |
  E 120 +                                                                     +
  Q     |                                                                     |
  U     |                                                                     |
  E     |                                                                     |
  N  80 +                    1                                                +
  C     |              1   1 1       1                                        |
  Y     |              0   0 1 1     1                                        |
        |              0   0 1 1     1                                        |
     40 +            0 0   0 0 0     0                                        +
        |            0 0   0 0 0     0                                        |
        |            0 0   0 0 0     0                                        |
        |            0 0   0 0 0     0                                        |
Predicted ---------+--------+--------+--------+--------+--------+--------+----
Prob:   0    .1   .2   .3   .4   .5   .6   .7   .8   .9    1
Group:  0000000000000000000000000000000000111111111111111111111111111111111111

Predicted Probability is of Membership for 购买
The Cut Value is .50
Symbols: 0 - 不购买
         1 - 购买
Each Symbol Represents 10 Cases.
```

图 10.8 Logistic 回归分析的预测类别图

总之,该模型的预测效果没有令人十分满意,究其原因,仅通过性别和收入预测是否购买该商品是不全面的,还应考虑其他因素。尽管如此,该模型仍可以用于分析是否购买与性别和收入之间的关系。依据表 10.13 可写出以下 Logistic 回归方程:

$$\text{Logit } P = -1.11 + 0.504\text{gender}(1) \tag{10.17}$$

式(10.17)反映了相同收入水平下性别在购买上的差异。这里,由于参照水平为 1(男),因此表示女性较男性使 Logit P 平均增长 0.504 个单位。结合优势比可知,女性的优势是男性的 1.656 倍,女性更倾向购买该商品。

$$\text{Logit } P = -1.11 + 0.504\text{gender}(1) + 0.096\text{income}(1) \tag{10.18}$$

式(10.18)反映了相同性别的顾客群中,中收入较低收入在购买上的差异。中收入较低收入使 Logit P 平均增长 0.096 个单位。结合优势比可知,中收入的优势是低收入的 1.101 倍,且有 95%的把握在 0.658~1.67 之间,略高但差异并不十分明显。

$$\text{Logit } P = -1.11 + 0.504\text{gender}(1) + 0.761\text{income}(2) \tag{10.19}$$

由式(10.19)可知,相同性别的顾客,高收入较低收入使 Logit P 平均增长 0.761 个单位。结合优势比可知,高收入的优势是低收入的 2.139 倍,且有 95%的把握在 1.099~2.493 之间,显然高出较多。

总之,年龄对是否购买该商品并无显著影响,较男性来说,女性成为现实客户的可能性大,且高收入阶层较其他收入阶层有较高的购买可能。

如果希望浏览各样本观测的具体预测结果,可将模型计算结果加到数据流中,利用"输出"选项卡中的"表格"节点查看。以$L-和$LP-开头的变量分别为分类的预测结果和置信水平,$LP-0 和$LP-1 分别为预测为 0 和 1 的置信度,即取 0 或 1 的概率值,$LP-0+$LP-1=1。这里,若$LP-0 大于$LP-1,则预测为 0,否则预测为 1。

10.4 多项 Logistic 回归分析及其应用

10.4.1 多项 Logistic 回归分析概述

通常，同种商品的品牌会有多种，且品牌之间不存在内在的顺序关系。在顾客品牌选择取向的分析中，可将品牌作为目标变量，考察顾客不同特征的品牌偏好。所采用的方法是多项 Logistic 回归分析。

当目标变量为多分类型变量时，应采用多项 Logistic 回归分析方法。多项 Logistic 回归模型的基本思路类似于二项 Logistic 回归模型，其研究目的是分析目标变量各类别与参照类别的对比情况，即

$$\ln\left(\frac{P_j}{P_J}\right) = \beta_0 + \sum_{i=1}^{k} \beta_i x_i \qquad (10.20)$$

其中，P_j 为目标变量为第 j 类的概率；P_J 为目标变量为第 J ($j \neq J$) 类的概率，且第 J 类为参照类。该模型称为广义 Logit 模型。如果目标变量有 k 个类别，则需建立 $k-1$ 个模型。

例如，如果目标变量有 A、B、C 三个类别，且以 C 类别作为参照类别，则应建立以下两个广义 Logit 模型：

$$\text{Logit}P_a = \ln\left(\frac{P(y=a|X)}{P(y=c|X)}\right) = \beta_0^a + \sum_{i=1}^{p} \beta_i^a x_i \qquad (10.21)$$

$$\text{Logit}P_b = \ln\left(\frac{P(y=b|X)}{P(y=c|X)}\right) = \beta_0^b + \sum_{i=1}^{p} \beta_i^b x_i \qquad (10.22)$$

广义 Logit 模型的参数和检验与 Logit 模型有很多类似之处，以下仅以一个简单示例说明 SPSS Modeler 的多项 Logistic 回归的操作和结果。

10.4.2 多项 Logistic 回归分析的应用示例

这里采用一份客户购买某商品和客户特征的数据，讨论 SPSS Modeler 多项 Logistic 回归分析的具体操作。数据文件为 SPSS 格式文件，文件名为 Brand.sav。变量包括职业（Profession，有三种职业）、性别（Gender，1 为男，0 为女）、顾客选购的品牌（Brand，有 A、B、C 三种）。分析目标：建立客户品牌选择取向的预测模型，分析影响因素。其中，品牌为目标变量，其余变量为输入变量。

1. 基本操作

首先，通过"SPSS 文件"节点读入数据；然后，利用"类型"节点指定变量 Brand 的角色为"目标"，其余变量的角色为"输入"；最后，选择"建模"选项卡中的"Logistic"节点，将其添加到数据流的恰当位置上。右击，选择弹出菜单中的"编辑"进行节点的参数设置，其中"模型"选项卡如图 10.9 所示。

其中：
- 选择"过程"选项中的"多项式"进行多项 Logistic 回归分析。
- 单击"指定"按钮指定输出变量的参照类别。
- 在"模型类型"中指定模型类型。其中：

图 10.9 "Logistic" 节点的 "模型" 选项卡

"主效应"表示建立主效应模型，模型中只包含输入变量自身，即只分析输入变量对目标变量的独立效应；"全析因"表示建立饱和模型，即对输入变量对目标变量的独立效应及交互效应进行分析。例如，如果希望分析顾客性别和职业的交互作用对品牌选择的影响，则模型除包括由性别和职业派生的虚拟自变量外，还将自动引入虚拟自变量的交互项。如果有 A、B、C 三个输入变量，则饱和模型将包含二阶交互项 A*B、A*C、B*C，三阶交互项 A*B*C；"定制"表示用户需自行指定参与建模的输入变量和它们的交互效应。

2. 结果解读

多项 Logistic 回归的分析结果如图 10.10 所示。

图 10.10 多项 Logistic 回归的分析结果

图 10.10 给出了两个广义 Logit 方程。同时，相对于性别，职业对品牌选择的影响更显著。选中"高级"选项卡，查看详细计算结果。

表 10.19 给出了样本在品牌、职业、性别上的分布情况。其中，选择 C 品牌的样本较多，职业和性别分布大致均匀。

表 10.19　多项 Logistic 回归分析案例分析结果（一）

Case Processing Summary

		N	Marginal Percentage
brand	1.0	79	23.4%
	2.0	85	25.1%
	3.0	174	51.5%
profession	1.0	120	35.5%
	2.0	128	37.9%
	3.0	90	26.6%
gender	1.0	163	48.2%
	2.0	175	51.8%
Valid		338	100.0%
Missing		0	
Total		338	
Subpopulation		6	

表 10.20 给出了当前模型的拟合优度指标，前两个统计量的含义同二项 Logistic 回归分析。可见，模型的拟合优度比较低。第三个统计量 McFadden 是 McFadden 于 1974 年提出的拟合优度测度指标，其数学定义为

$$\rho^2 = 1 - \frac{LL_k}{LL_0} \qquad (10.23)$$

其中，LL_0 为零模型（模型只包含常数项，其他项的系数均约束为 0）的对数似然值；LL_k 为当前模型的对数似然值。ρ^2 可直观理解为相对零模型而言，当前模型解释信息的比率。如果当前模型没有提供任何有价值的信息，则 $\rho^2 = 0$。与其他拟合优度指标不同，通常并不考察该值是否接近于 1，一般 ρ^2 在 0.3～0.5 之间就相当理想了。本例的拟合效果不佳。

表 10.20　多项 Logistic 回归分析案例分析结果（二）

Pseudo R-Square

Cox and Snell	.081
Nagelkerke	.093
McFadden	.041

表 10.21 给出了零模型和当前模型的回归方程显著性检验结果。可以看到，零模型的-2 倍的对数似然函数值为 78.915，当前模型为 50.445，似然比卡方值为 28.470，概率 P-值为 0.00。如果显著性水平 α 为 0.05，则应拒绝回归方程显著性检验的原假设，说明输入变量全体与广义 Logit P 之间的线性关系显著，模型选择正确。

表 10.21 多项 Logistic 回归分析案例分析结果（三）

Model Fitting Information

Model	Model Fitting Criteria			Likelihood Ratio Tests		
	AIC	BIC	−2 Log Likelihood	Chi-Square	df	Sig.
Intercept Only	82.915	90.561	78.915			
Final	66.445	97.029	50.445	28.470	6	.000

表 10.22 给出了模型参数估计的结果，依次为各回归系数估计值（B）、标准误（Std.Error）、Wald 统计量的观测值（Wald）、自由度（df）、Wald 统计量观测值对应的概率 P-值（Sig.），$\dfrac{P(y=i|X)}{P(y=c|X)}$ 值（Exp(B)）及 exp（回归系数）95%置信区间的下限（Lower Bound）和上限（Upper Bound）。其中，第三个品牌（C）、第三个职业（职业 3）和第二个性别（女）为参照类别。

表 10.22 多项 Logistic 回归分析案例分析结果（四）

Parameter Estimates

brand[a]		B	Std. Error	Wald	df	Sig.	Exp(B)	95% Confidence Interval for Exp(B)	
								Lower Bound	Upper Bound
1.0	Intercept	−.656	.296	4.924	1	.026			
	[profession=1.000]	−1.315	.384	11.727	1	.001	.269	.127	.570
	[profession=2.000]	−.232	.333	.486	1	.486	.793	.413	1.522
	[profession=3.000]	0[b]			0				
	[gender=1.000]	.747	.282	7.027	1	.008	2.112	1.215	3.670
	[gender=2.000]	0[b]			0				
2.0	Intercept	−.653	.293	4.986	1	.026			
	[profession=1.000]	−.656	.339	3.730	1	.053	.519	.267	1.010
	[profession=2.000]	−.475	.344	1.915	1	.166	.622	.317	1.219
	[profession=3.000]	0[b]			0				
	[gender=1.000]	.743	.271	7.533	1	.006	2.101	1.237	3.571
	[gender=2.000]	0[b]			0				

a. The reference category is: 3.0.
b. This parameter is set to zero because it is redundant.

结合图 10.10，第一个广义 Logit 方程为

$$\text{Logit}P_a = \ln\frac{P(y=a|X)}{P(y=c|X)} = -0.656 - 1.315X_1(1) - 0.2319X_1(2) + 0.7474X_2(1) \quad (10.24)$$

式（10.24）是选择 A 品牌与选择 C 品牌的概率比的自然对数模型。其中，X_1、X_2 分别代表 profession 和 gender。可见，性别相同时，职业 1 的概率比自然对数比职业 3（参照类）平均减小 1.315 个单位，职业 1 的概率是职业 3 的 0.269 倍。职业 1 选择 A 品牌的取向不如职业 3，且具有统计显著性。

职业相同时,男性的概率比自然对数比女性(参照类)平均多 0.7474 个单位,男性的概率是女性的 2.112 倍。男性较女性更倾向选择 A 品牌,且具有统计显著性。

第二个广义 Logit 方程为

$$\text{Logit}P_b = \ln\frac{P(y=b|X)}{P(y=c|X)} = -0.6532 - 0.6556X_1(1) - 0.4755X_1(2) + 0.7426X_2(1) \quad (10.25)$$

式(10.25)是选择 B 品牌与选择 C 品牌的概率比的自然对数模型。其中,X_1、X_2 分别代表 profession 和 gender。可见,性别相同时,职业 1 的概率比自然对数比职业 3(参照类)平均减小 0.6556 个单位,职业 1 的概率是职业 3 的 0.519 倍。职业 1 选择 B 品牌的取向不如职业 3,但不具有统计显著性。

职业相同时,男性的概率比自然对数比女性(参照类)平均多 0.7426 个单位,男性的概率是女性的 2.101 倍。男性较女性更倾向选择 B 品牌,且具有统计显著性。

表 10.23 中,实际选择 A(1)品牌且正确预测的样本量为 15,正确率为 19.0%。实际选择 B(2)品牌且正确预测的样本量为 0,正确率为 0%。实际选择 C(3)品牌且正确预测的样本量为 158,正确率为 90.8%。模型的总体预测正确率为 51.2%。可见,模型对 C 品牌的预测准确率较高,这与样本在品牌上的分布有一定关系。

表 10.23 多项 Logistic 回归分析案例分析结果(五)

Classification

Observed	Predicted			
	1.0	2.0	3.0	Percent Correct
1.0	15	0	64	19.0%
2.0	15	0	70	0.0%
3.0	16	0	158	90.8%
Overall Percentage	13.6%	0.0%	86.4%	51.2%

如果希望浏览各样本的具体预测结果,可将模型计算结果加到数据流中,利用"输出"选项卡中的"表格"节点查看。以$L-和$LP-开头的变量分别为分类的预测结果和置信水平。

第 i 个样本观测输出变量的预测类别为 $\$L_{ij} = \ln\left(\dfrac{P_j}{P_J}\right)$($j=1,2,\cdots,J$)最大值对应的类别 j,置信度为 $\$LP_{ij} = \dfrac{\exp(\$L_{ij})}{1+\sum_{j=1}^{J-1}\exp(\$L_{ij})}$。

总之,多项 Logistic 回归分析能够对多分类型的目标变量建立概率模型。模型不仅可用于预测,更可有效揭示输入变量与目标变量的内在联系。

第 11 章 分类预测：SPSS Modeler 的判别分析*

判别分析是一种经典的多元统计分析方法。判别分析能够在已有样本数据的基础上，分析分类型目标变量与输入变量之间的数量关系，建立并利用判别函数，实现对新数据目标变量取值类别的预测。

例如，收集网上众多店铺经营的商品种类、品牌、型号、价格、是否有定期促销、交易量、访问量、卖家信息及星级的数据，可利用判别分析确定具有某些特征的某个新店铺的星级。

这里，用于判别的变量称为判别变量，如价格、交易量、访问量等。被预测的变量称为类别变量，如店铺星级等。

判别分析可根据已有数据，确定类别变量与判别变量之间的数量关系，建立判别函数，并通过判别函数实现对新数据未知类别的判定和预测。

可以从不同角度对判别分析方法进行分类。根据类别变量的类别个数，可将判别分析分为两组判别分析和多组判别分析；根据所采用的数学模型，可将判别分析分为线性判别分析和非线性判别分析；根据判别准则，可将判别分析分为距离判别、Fisher 判别和贝叶斯判别。

可见，判别分析与 Logistic 回归等方法有类似的分析目标。但判别分析更注重类别的预测，通常不用于对影响因素的分析。

以下将分别介绍距离判别、Fisher 判别和贝叶斯判别，并通过案例分析讨论 SPSS Modeler 判别分析的实现步骤和结果解读。

11.1 距 离 判 别

距离判别，顾名思义，就是以距离为依据来实现判别。

11.1.1 距离判别的基本思路

设类别变量有 k 个类别，有分别来自 k（$k≥2$）个类别总体的 k 组样本，每组样本都有若干个判别变量为 $x_1,x_2,\cdots,x_p$（$p>k$）的观察值，且判别变量均为数值型，并服从正态分布。

距离判别的基本思路是：首先，将 n 个样本观测看成 p 维空间中的点；然后，分别对 k 个类别计算各判别变量的均值，作为类别中心点；最后，计算新数据点到各类别中心点的马氏（Mahalanobis）距离，并根据距离最近的原则，新数据点距离哪个类别中心点近则属于哪个类别。

首先，以两个总体为例直观说明基本原理和基本计算方法。设有两个总体 G_1 和 G_2，从第一个总体抽取样本量为 n 的样本，从第二个总体抽取样本量为 m 的样本，每组样本均有 p

---
* 本章的数据流文件：判别分析.str。

个判别变量。数据和样本均值如表 11.1 所示。

表 11.1 数据和样本均值

第 1 组	判别变量	类别变量	第 2 组	判别变量	类别变量
$X_1^{(1)}$	$x_{11}^{(1)}\ x_{12}^{(1)}\ \cdots\ x_{1p}^{(1)}$	$y_1^{(1)}=1$	$X_1^{(2)}$	$x_{11}^{(2)}\ x_{12}^{(2)}\ \cdots\ x_{1p}^{(2)}$	$y_1^{(2)}=2$
$X_2^{(1)}$	$x_{21}^{(1)}\ x_{22}^{(1)}\ \cdots\ x_{2p}^{(1)}$	$y_2^{(1)}=1$	$X_2^{(2)}$	$x_{21}^{(2)}\ x_{22}^{(2)}\ \cdots\ x_{2p}^{(2)}$	$y_2^{(2)}=2$
…	…	…	…	…	…
$X_n^{(1)}$	$x_{n1}^{(1)}\ x_{n2}^{(1)}\ \cdots\ x_{np}^{(1)}$	$y_n^{(1)}=1$	$X_m^{(2)}$	$x_{m1}^{(1)}\ x_{m2}^{(1)}\ \cdots\ x_{mp}^{(1)}$	$y_m^{(2)}=2$
组均值 $\bar{X}^{(1)}$	$\bar{x}_1^{(1)}\ \bar{x}_2^{(1)}\ \cdots\ \bar{x}_p^{(1)}$		组均值 $\bar{X}^{(2)}$	$\bar{x}_1^{(2)}\ \bar{x}_2^{(2)}\ \cdots\ \bar{x}_p^{(2)}$	

设 $\mu^{(1)}$ 和 $\sum^{(1)}$ 为总体 G_1 的均值向量（包含 p 个元素）和协差阵，$\mu^{(2)}$ 和 $\sum^{(2)}$ 为总体 G_2 的均值向量（包含 p 个元素）和协差阵。于是，观测点 X（包含 p 个元素）到总体 G_i 的类中心 $\mu^{(i)}$ 的平方马氏距离定义为

$$D^2(X,G_i) = (X-\mu^{(i)})'(\sum{}^{(i)})^{-1}(X-\mu^{(i)}) \quad (i=1,2) \tag{11.1}$$

$\mu^{(i)}$ 未知时，以第 i 类的样本均值 $\bar{X}^{(i)}$ 作为 $\mu^{(i)}$ 的无偏估计。显然，平方马氏距离是观测点 X 到各类别中心（均值点 $\mu^{(i)}$）的平方欧氏距离，以判别变量的协差阵做调整后的距离。马氏距离不仅排除了各判别变量数量级对距离计算的影响，而且也消除了判别变量相关性的影响。于是，可根据 $D^2(X,G_1)$ 和 $D^2(X,G_2)$ 进行判断：

- 如果 $D^2(X,G_1) < D^2(X,G_2)$，则 $X \in G_1$。
- 如果 $D^2(X,G_2) < D^2(X,G_1)$，则 $X \in G_2$。
- 如果 $D^2(X,G_1) = D^2(X,G_2)$，则待判断。

进一步，设 $W(X)=D^2(X,G_2)-D^2(X,G_1)$ 为判别函数，则有：

- 如果 $W(X)>0$，则 $X \in G_1$。
- 如果 $W(X)<0$，则 $X \in G_2$。
- 如果 $W(X)=0$，则待判断。

11.1.2 判别函数的计算

当总体均值未知时，用各组的样本均值作为估计值。另外，计算判别函数时，还应分以下两种情况考虑。

第一，各总体的协差阵相等。

如果各总体的协差阵相等，则马氏距离计算时采用合并的组内协差阵（Pooled within-groups covariance），记为 $\sum$，定义为

$$\sum = \frac{1}{n_1+n_2-2}(S_1+S_2)$$
$$S_i = \sum_{j=1}^{n_i}(X_j^{(i)}-X^{(i)})(X_j^{(i)}-X^{(i)})' \quad (i=1,2) \tag{11.2}$$

其中，$\sum$ 为总体协差阵的估计；n_i 为第 i 类的样本量；S_i 为第 i 个总体的 SSCP（Sum of Square and Cross-Product）阵。

距离判别的判别函数 $W(X)$ 整理为

$$W(X) = (X-\bar{X})'\sum{}^{-1}(\bar{X}^{(1)}-\bar{X}^{(2)})$$

其中，$\bar{X} = \frac{n_1}{n_1+n_2}\bar{X}^{(1)} + \frac{n_2}{n_1+n_2}\bar{X}^{(2)}$。进一步，若令 $a = \sum^{-1}(\bar{X}^{(1)} - \bar{X}^{(2)})$ 为距离判别函数的系数向量，则距离判别函数为：$W(X) = a'(X - \bar{X})$。

可见，该判别函数为线性判别函数。当 $W(X) = 0$ 时代表的是一条能够分隔两个总体的直线、平面或超平面。落在其上的观测点 X，其判别函数值为 0。这些点组成如图 11.1 中的虚线。

图 11.1　距离判别原理示意

图 11.1（a）所示为输入变量 x_1 和 x_2 不相关的情况，图 11.1（b）所示为线性相关的情况。可见，判别函数等于 0 时的分隔线与两类的中心连线垂直且垂足为连线的中点。所以，距离判别的本质是确定这条分隔线、平面或超平面，即求 $D^2(X,G_2) = D^2(X,G_1)$ 时 X 的解。当然，实际应用中通常无须给出判别函数的具体形式，只需计算观测点到各类中心的平方马氏距离即可实现判别。

此外，图 11.1 表明，当两个总体的均值差异不显著，即两个类的中心很靠近时，判别分析的错判概率将很高。也就是说，只有当两个总体的均值存在显著差异时，距离判别分析才有意义。

第二，各总体的协差阵不相等。

如果各总体的协差阵不相等，则马氏距离计算时采用各类别自身的协差阵（Separated-groups covariance）。整理后的判别函数 $W(X)$ 为

$$W(X) = (X - \bar{X}^{(2)})'(\textstyle\sum^{(2)})^{-1}(X - \bar{X}^{(2)}) - (X - \bar{X}^{(1)})'(\textstyle\sum^{(1)})^{-1}(X - \bar{X}^{(1)}) \tag{11.3}$$

该判别函数是个二次判别函数，它是一条分隔曲线或一个曲面。

距离判别的目的是要最终确定这条分隔线、平面或超平面，即求 $D^2(X,G_2)=D^2(X,G_1)$ 时 X 的解。因此，距离判别直观易懂。

值得注意的是，当两个总体的均值差异不显著时，判别分析的错判概率是很大的。也就是说，只有当两个总体的均值存在显著差异时，判别分析才有意义。

11.2　Fisher 判别

11.2.1　Fisher 判别的基本思路

Fisher 判别也称典型判别，其基本思想是先投影再判别，其中投影是 Fisher 判别的核心。

所谓投影，是将原来 p 维 X 空间的样本观测点投影到 m（$m\leq p$）维 Y 空间中。Fisher 判别的判别函数是判别变量的线性函数形式，即

$$y = a_1x_1 + a_2x_2 + \cdots + a_px_p \tag{11.4}$$

其中，系数 a_i 称为判别系数，表示各输入变量对于判别函数的影响；y 是样本在低维 Y 空间中的某个维度。

判别函数通常为多个，于是得到低维 Y 空间中的多个维度 $y_1, y_2, \cdots, y_m$。这样，通过对原数据的线性组合变换，高维 X 空间中的所有样本观测点都将映射到低维 Y 空间中。

以上线性组合可以有多个解，但要获得理想的分类判别效果，坐标系变换的原则是应尽量找到能够将来自不同总体（类别）的样本尽可能分开的方向。

以图 11.2 为例，图中星形和圆点表示样本点分别属于两个类别。为了有效地将两个类别的样本点分开，可先将数据点投影到斜线表示的方向上，因为该方向是将来自不同总体的样本尽可能分开的方向。为此：

图 11.2　Fisher 判别的投影示意

- 首先，应在判别变量的 p 维空间中，找到某个线性组合，使各类别的平均值差异最大，作为第一维度，代表判别变量组间（类别变量不同类别间）方差中的最大部分，得到第一判别函数。
- 然后，按照同样规则依次找到第二判别函数、第三判别函数等，且判别函数之间独立。

由于得到的每个判别函数都可以反映判别变量组间方差的一部分，因此各判别函数所代表的组间方差比例之和为 100%。显然，前面的判别函数对于分类来说相对重要，而后面的判别函数由于只代表很少一部分方差，可以忽略。

仍以表 11.1 为例。假设所建立的判别函数为 $y = a_1x_1 + a_2x_2 + \cdots + a_px_p$，将属于两个不同类别的样本数据代入判别函数中，则有

$$y_i^{(1)} = a_1x_{i1}^{(1)} + a_2x_{i2}^{(1)} + \cdots + a_px_{ip}^{(1)} \quad (i=1,2,\cdots,n)$$

$$y_i^{(2)} = a_1x_{i1}^{(2)} + a_2x_{i2}^{(2)} + \cdots + a_px_{ip}^{(2)} \quad (i=1,2,\cdots,m)$$

$$\overline{y}^{(1)} = \sum_{i=1}^{p} a_i \overline{x}_i^{(1)}$$

$$\overline{y}^{(2)} = \sum_{i=1}^{p} a_i \overline{x}_i^{(2)}$$

为使判别函数很好地区分两类样本，一定希望 $\overline{y}^{(1)}$ 和 $\overline{y}^{(2)}$ 相差越大越好，且各组内的离差平方和越小越好，即式（11.5）越大越好。

$$I = \frac{(n\overline{y}^{(1)} - m\overline{y}^{(2)})^2}{\sum_{i=1}^{n}(y_i^{(1)} - \overline{y}_i^{(1)})^2 + \sum_{i=1}^{m}(y_i^{(2)} - \overline{y}_i^{(2)})^2} \quad (11.5)$$

其中，分子为组间离差平方和，分母为组内离差平方和。于是，利用求极值原理，可以求出使 I 达到最大时的系数向量 a。此时，由向量 a 所决定的第一 Fisher 判别函数的方向如图 11.3 中的粗线所示。

图 11.3 Fisher 判别所确定的投影方向示例

显然，Fisher 判别函数和距离判别函数等于 0 的直线或平面之间是相互垂直的。

11.2.2 Fisher 判别的计算

利用矩阵形式对上述思路更一般的表述是：如果样本观测点 X 在以判别系数 a 为法向的投影为 $a'X$，则第 m 类的 n_i 个样本观测点的投影为

$$G_m : a'X_1^{(m)}, \cdots, a'X_{n_m}^{(m)} \quad (m=1,2,\cdots,k)$$

如果第 m 类投影的均值为 $a'\overline{X}^{(m)} = \frac{1}{n_m}\sum_{i=1}^{n_m} a'X_i^{(m)}$ （$m=1,2,\cdots,k$），则 k 类投影的总均值为 $a'\overline{X} = \frac{1}{n}\sum_{m=1}^{k}\sum_{i=1}^{n_m} a'X_i^{(m)}$。

于是，类间离差平方和为

$$\mathrm{SSG} = \sum_{m=1}^{k} n_m (a'\overline{X}^{(m)} - a'\overline{X})^2 = a'\left[\sum_{m=1}^{k} n_m (\overline{X}^{(m)} - \overline{X})(\overline{X}^{(m)} - \overline{X})'\right]a = a'Ba \quad (11.6)$$

其中，B 为类间 SSCP 矩阵。类内离差平方和为

$$\mathrm{SSE} = \sum_{m=1}^{k}\sum_{i=1}^{n_m}(a'X_i^{(m)} - a'\overline{X}^{(m)})^2 = a'\left[\sum_{m=1}^{k}\sum_{i=1}^{n_m}(X_i^{(m)} - \overline{X}^{(m)})(X_i^{(m)} - \overline{X}^{(m)})'\right]a = a'Ea \quad (11.7)$$

其中，E 为类内 SSCP 矩阵。

于是，希望寻找 a 使得 SSG 尽可能大而 SSE 尽可能小，即 $\Delta(a) = \frac{a'Ba}{a'Ea} \to \max$。可以证明使 $\Delta(a)$ 最大的值为方程 $|B-\lambda E|=0$ 的最大特征值 λ_1。

记方程 $|B-\lambda E|=0$ 的全部特征值为 $\lambda_1 \geq \lambda_2 \geq \cdots \geq \lambda_r > 0$，相应的特征向量为 $v_1, v_2, \cdots, v_r$，则判别函数即为 $y_i(X) = v_i'X = a_i'X$。

记 p_i 为第 i 个 Fisher 判别函数的判别能力，$p_i = \dfrac{\lambda_i}{\sum_{h=1}^{r}\lambda_h}$。于是，前 m 个 Fisher 判别函数

的判别能力为 $\sum_{i=1}^{m} p_i = \dfrac{\sum_{i=1}^{m}\lambda_i}{\sum_{h=1}^{r}\lambda_h}$。

可依据两个标准决定最终取几个判别函数：第一，特征值大于 1 的特征向量所对应的判别函数；第二，前 m 个判别函数的判别能力达到指定的百分比。

Fisher 判别的类别预测是在 Fisher 判别函数决定的 Y 空间中进行的。为预测新的样本观测 X 的类别，需首先计算其 Fisher 判别函数值，即将其投影到 Y 空间中。

一方面，可利用距离判别法进行类别预测。此时，判别函数为

$$W(Y) = (Y - \bar{Y})' \sum\nolimits_Y^{-1} (\bar{Y}^{(i)} - \bar{Y}^{(j)}) = (Y - \bar{Y})'u = u'(Y - \bar{Y})' \tag{11.8}$$

其中，$\bar{Y} = \dfrac{n_i}{n_i + n_j}\bar{Y}^{(i)} + \dfrac{n_j}{n_i + n_j}\bar{Y}^{(j)}$。$W(Y) > 0$ 时，新观测 X 属于第 i 类。

另一方面，在 Fisher 判别函数所决定的 Y 空间中，变量为标准化值且不相关，类别预测可简化为计算新观测 X 的 Fisher 判别函数得分，并根据判别函数得分所在区域进行类别预测。

11.3 贝叶斯判别

11.3.1 贝叶斯判别的基本思路

当类别变量有 k 个分类时，按照上述 Fisher 判别方法，需建立 C_k^2 个距离判别函数，进行两两类别间的逐对判别。当 k 较大时，判别函数会较多，计算量会增加，判别效率也会降低。于是，通常的解决思路是采用贝叶斯判别方法。

贝叶斯判别的主要思路是，在先验概率的基础上，利用判别函数所提供的信息对先验概率进行调整，最后得到某个样本观测属于哪个类别的概率估计。具体为：

- 首先，计算样本观测点 X 属于总体 G_i（$i=1,2,\cdots,k$）的概率，记为 $p(G_i | X)$。
- 然后，根据 k 个概率值的大小决策样本观测点 X 应属于概率最大的类别（总体）。

当然，这种决策方案的出发点是基于错判损失相同的前提，即样本实际为 i 类但错误地判为 j 类的损失与样本实际为 j 类而错误地判为 i 类的损失相等的前提。否则，决策会倾向于选择错判损失较小的类。

11.3.2 贝叶斯判别的计算

这里，重点讨论如何计算概率 $p(G_i | X)$。贝叶斯判别中，为计算 $p(G_i | X)$，应考虑以下方面。

第一，计算先验概率。

先验概率是指随机抽取一个样本属于总体 G_i（$i=1,2,\cdots,k$）的概率，记为 $p(G_i)$，可将其视为先验知识。设 k 个总体 $G_1, G_2, \cdots, G_k$ 的先验概率分别为 $q_1, q_2, \cdots, q_k$。先验概率可以根据样本

直接获得，也可以依据熵最大原则，令 $q_1=q_2=\cdots=q_k$。

第二，计算样本似然函数。

样本似然函数是指在总体 G_i（$i=1,2,\cdots,k$）中抽到样本 X 的概率或概率密度，记为 $p(X|G_i)$。

以两个总体为例，如果判别变量服从多元正态分布，且各总体（类别）的协差阵相等，则在总体 G_1 中抽到样本 X 的概率密度为

$$p(X|G_1)=\frac{1}{|\sum|\sqrt{2\pi}}\exp\left[-\frac{1}{2}(X-\mu^{(1)})'(\sum)^{-1}(X-\mu^{(1)})\right] \tag{11.9}$$

即为多元正态分布的密度函数。其中，$|\sum|$ 是协差阵的行列式值，称为广义方差。方括号部分为平方马氏距离 D_1^2，于是有

$$p(X|G_1)=\frac{1}{|\sum|\sqrt{2\pi}}\exp\left(-\frac{1}{2}D_1^2\right) \tag{11.10}$$

同理，在总体 G_2 中抽到样本 X 的概率密度为

$$p(X|G_2)=\frac{1}{|\sum|\sqrt{2\pi}}\exp\left(-\frac{1}{2}D_2^2\right) \tag{11.11}$$

第三，计算样本观测属于总体 G_i（$i=1,2,\cdots,k$）的概率 $p(G_i|X)$。

根据贝叶斯定义，用判别函数的信息调整先验概率，有

$$p(G_i|X)=\frac{q_i p(X|G_i)}{\sum_{j=1}^{k} q_j p(X|G_j)} \quad (i=1,2,\cdots,k) \tag{11.12}$$

由于 $p(X|G_i)$ 与 $\exp\left(-\frac{1}{2}D_i^2\right)$ 成比例，因此，贝叶斯判别函数为

$$p(G_i|X)=\frac{q_i \exp(-D_i^2/2)}{\sum_{j=1}^{k} q_j \exp(-D_j^2/2)} \quad (i=1,2,\cdots,k) \tag{11.13}$$

样本 X 应属于 $p(G_i|X)$ 最大的类。

11.4 判别分析的应用

这里，采用一份某商学院招收 MBA 学生的数据说明 SPSS Modeler 判别分析的具体操作。数据包括大学平均成绩（X_1）、管理才能得分（X_2）及录取结果（Y，1 表示录取，2 表示不录取，3 表示待定）三个变量。数据为 SPSS 格式文件，文件名为 MBA.sav。分析目标：建立该学院 MBA 学生录取的判别模型。

11.4.1 基本操作

首先，通过"SPSS 文件"节点读入数据；然后，利用"类型"节点指定变量 Y 为"目标"角色，其余变量为"输入"角色；最后，选择"建模"选项卡中的"判别"节点，将其添加到数据流的恰当位置上。右击，选择弹出菜单中的"编辑"进行节点的参数设置。"模型"和"专

家"是两个重要的选项卡。这里先说明"模型"选项卡,"专家"选项卡将在后续讨论中说明。

"模型"选项卡用于设置判别分析中判别变量的选取策略,如图 11.4 所示。

图 11.4 "判别"节点的"模型"选项卡

其中:
- "方法"选项用来指定判别变量进入策略。其中,"进入法"表示所有判别变量同时强行进入,为默认策略;"步进法"表示逐步筛选策略。

如果采用默认策略,虽然所有判别变量都出现在判别函数中,但它们的判别能力往往不同,有的作用大,有的作用小。如果判别能力很低的输入变量仍保留在判别函数中,不仅会增加计算量,而且会影响整体的判别效果。因此可采用逐步筛选策略,只挑选具有高判别能力的判别变量进入判别函数。

逐步筛选法与回归分析中的逐步回归法思想类似,采用的是"有进有出"的策略,即逐步将"最重要"的判别变量引入判别函数。同时,每引入一个判别变量,都考察已经进入判别函数的判别变量,判断它们是否因为后续判别变量的引入而变得不再"重要",也许它们的作用会被后续引进的判别变量的组合所替代。如果作用不再显著,则应从判别函数中剔除"最不重要"的,直到没有判别变量进入判别函数,且没有判别变量可以被剔除出判别函数为止。最终判别函数中仅保留那些判别能力显著的判别变量。

显然,进入判别函数和剔除出判别函数都需要进行统计检验。通常采用的是 Wilks 检验,详见后面介绍。

11.4.2 判别分析的准备工作

判别分析的准备工作主要指均值检验和协差阵齐性检验。

1. 均值检验

要使判别分析的效果较为理想,多个类别总体下的各判别变量的均值应存在显著差异,否则给出错误判别结果的概率会较高。通常,应首先进行总体的均值检验,也就是判断各类别总体下各判别变量的组间差是否显著。

SPSS Modeler 采用方差分析的方法,利用 F 统计量,对每个判别变量逐个进行检验。同时,还计算 Wilks λ 统计量。检验统计量定义为

$$\text{Wilks } \lambda = \frac{\text{SSE}}{\text{SST}} \tag{11.14}$$

其中，SST 为判别变量的总离差平方和；SSE 为组内离差平方和。Wilks λ 服从 Wilks 分布，也可用卡方分布近似。

显然，Wilks λ 越接近于 1，说明判别变量的总离差中组内差所占比例越大，各组间均值差异越小。

SPSS Modeler 将给出 Wilks λ 统计量、F 统计量的观测值和对应的概率 P-值。如果概率 P-值小于显著性水平 α，则应拒绝原假设，认为各类别总体下，该判别变量的均值存在显著差异，可采用判别分析。

为得到上述结果，需选择"判别"节点的"专家"选项卡，如图 11.5 所示。

图 11.5 "判别"节点的"专家"选项卡

"专家"选项卡用于设置判别分析的关键参数，指定输出哪些计算结果。选择"模式"选项中的"专家"可自行设置参数。此外，为得到均值检验结果，单击"输出"按钮，"判别"节点的输出设置如图 11.6 所示。

图 11.6 "判别"节点的输出设置

"统计信息"框中的"描述性分析"中：
● "平均值"表示输出各类别组判别变量的基本描述统计量，如表 11.2 所示。

表 11.2 案例分析结果（一）

Group Statistics

Y		Mean	Std.Deviation	Valid N (listwise)	
				Unweighted	Weighted
录取	X1	3.42	.288	31	31.000
	X2	560.26	67.777	31	31.000
不录取	X1	2.46	.166	28	28.000
	X2	442.11	67.147	28	28.000
待定	X1	2.99	.186	26	26.000
	X2	443.12	50.895	26	26.000
Total	X1	2.97	.459	85	85.000
	X2	485.51	84.303	85	85.000

表11.2给出了录取、不录取及待定三组中大学平均成绩和管理才能评分的均值和标准差。可见，录取组的大学平均成绩和管理才能平均值最高，待定组次之，不录取组的成绩最低。

● "单变量 ANOVAS" 选项表示进行均值检验。案例分析结果如表 11.3 所示。

表 11.3 案例分析结果（二）

Tests of Equality of Group Means

	Wilks Lambda	F	df1	df2	Sig.
X1	.231	136.174	2	82	.000
X2	.543	34.474	2	82	.000

表 11.3 中给出了两个判别变量的 Wilks λ 值（Wilks Lambda）、方差分析的 F 统计量的观测值（F）、自由度（df1、df2）和概率 P-值（Sig.）。如果显著性水平 α 为 0.05，由于概率 P-值小于显著性水平 α，应拒绝原假设，说明各类别总体下判别变量的均值存在显著差异。这里，三组的大学平均成绩和管理才能得分的均值存在显著差异。

2. 协差阵齐性检验

在距离判别中，各类别总体的协差阵相等和不相等将采用不同的判别函数，因此，应观察判断协差阵是否存在显著差异，或采用 Box'M 法进行检验。

图 11.6 中：
● "组外协方差"和"总体协方差"表示输出各判别变量各组的协差阵和总协差阵，如表 11.4 所示。

表 11.4 案例分析结果（三）

Covariance Matrices

Y		X1	X2
录取	X1	.083	3.419
	X2	3.419	4593.731
不录取	X1	.028	−.035
	X2	−.035	4508.766
待定	X1	.034	−6.601
	X2	−6.061	2590.266
Total	X1	.211	18.997
	X2	18.997	7106.991

表 11.4 中给出了录取、不录取、待定三组的大学平均成绩和管理才能得分的协差阵和总协差阵。可以看到，各组的协差阵有较大的差异。例如，录取组大学平均成绩和管理才能得分的协方差为正，是正相关，而其他两组为负，是负相关。可考虑采用二次判别函数。

- "组内协方差"和"组内相关"表示输出各判别变量合并的组内协差阵和相关系数矩阵，如表 11.5 所示。

表 11.5 案例分析结果（四）

Pooled Within-Groups Matrices

		X1	X2
Covariance	X1	.050	-.609
	X2	-.609	3954.942
Correlation	X1	1.000	-.043
	X2	-.043	1.000

表 11.5 中第一行为合并的组内协差阵，是依据表 13.4 前三个矩阵计算 SSCP 后求和并除以自由度得到的结果；第二行为相关系数矩阵。

- "Box's M"表示采用 Box's M 法进行方差齐性检验。

通过直观观察判断协差阵是否齐性是较为粗略的，可采用 Box's M 法进行检验。该检验的原假设（H_0）是各类别组的协差阵无显著差异，即 $\sum_1 = \sum_2 = \cdots = \sum_k = \sum$，检验统计量定义为

$$M = \prod_g \left(\frac{|C_{W(g)}|}{|C_W|} \right)^{(n_g-1)/2} \tag{11.15}$$

其中，g 表示第 g 组，取值范围是 $1 \sim k$；$C_{W(g)}$ 是第 g 组的协差阵；C_W 是合并的组内协差阵；n_g 是第 g 组的样本量。为方便计算，通常对式（11.15）取对数并转换，有

$$B = (1-C)\left\{ \sum_g [(n_g-1)\ln|C_W|] - \sum_g [(n_g-1)\ln|C_{W(g)}|] \right\} \tag{11.16}$$

其中

$$C = \left[\sum_g \frac{1}{(n_g-1)} - \frac{1}{\sum_g (n_g-1)} \right] \left[\frac{2p^2+3p-1}{6(p+1)(G-1)} \right] \tag{11.17}$$

其中，p 为判别变量的个数；G 为类别组数。该统计量近似服从 $\frac{1}{2}p(p+1)(G-1)$ 个自由度的卡方分布。

容易理解，B 统计量反映了各组协差阵对数行列式值与合并的组内协差阵对数行列式值的差异。如果原假设成立，则不应有显著差异。SPSS Modeler 将给出统计量的观测值和概率 P-值，如表 11.6 和表 11.7 所示。

表 11.6　案例分析结果（五）

Log Determinants

Y	Rank	Log Determinant
录取	2	5.913
不录取	2	4.825
待定	2	3.960
Pooled within-groups	2	5.285

The ranks and natural logarithms of determinants printed are those of the group covariance matrices.

表 11.6 给出了各类别组协差阵的对数行列式值。

表 11.7　案例分析结果（六）

Test Results

Box's M		26.694
F	Approx.	4.291
	df1	6
	df2	146732.896
	Sig.	.000

Tests null hypothesis of equal population covariance matrices.

表 11.7 给出了 M、B 统计量的观测值，以及对应的概率 P-值（为 0.00）。如果显著性水平 α 为 0.05，由于概率 P-值小于显著性水平 α，则应拒绝原假设，认为各类别总体下的判别变量协差阵存在显著差异。

11.4.3　结果解读

1. 基本结果

基于前面的分析，在图 11.5 所示的"专家"选项卡中，进行如下参数设置。

- 在"先验概率"框中指定贝叶斯判别中的先验概率。"所有组相等"表示采用最大熵原则，各类别的先验概率设为相等；"根据组大小计算"表示将样本中各类别的比例作为先验概率。这里，采用第二个选项。
- 在"使用协方差矩阵"框中指定距离计算时采用哪种协差阵。"组内"表示采用合并的组内协差阵；"组外"表示采用各类别组的协差阵。这里，由协差阵齐性检验可知，应选择第二个选项。

另外，在图 11.6 所示的"判别"节点的输出设置中选择"函数系数"下的"未标准化"选项，表示输出非标准化的 Fisher 判别函数，如表 11.8 所示，否则仅输出标准化的判别函数。

表 11.8　案例分析结果（七）

Canonical Discriminant Function Coefficients

	Function	
	1	2
X1	4.086	−1.831
X2	.007	.014
(Constant)	−15.595	−1.470

Unstandardized coefficients.

表 11.8 所示是 Fisher 判别函数的非标准化的系数矩阵。两个判别函数如下。
$$y_1 = -15.595 + 4.086x_1 + 0.007x_2$$
$$y_2 = -1.470 - 1.831x_1 + 0.014x_2$$

将所有样本原始变量代入上式，可计算出各个样本观测点投影到新空间中的坐标。在该空间中，三类样本（录取、不录取、待定）的类中心位置如表 11.9 所示。

表 11.9 案例分析结果（八）

Functions at Group Centroids

Y	Function	
	1	2
录取	2.368	.241
不录取	-2.403	.321
待定	-.236	-.633

Unstandardized canonical discriminant functions evaluated at group means.

进一步，为探究原始变量对新空间中样本点位置确定的贡献程度，通常采用标准化判别系数。标准化判别系数克服了原始变量量纲差异造成的影响，如表 11.10 所示。

表 11.10 案例分析结果（九）

Standardized Canonical Discriminant Function Coefficients

	Function	
	1	2
X1	.913	-.409
X2	.449	.895

新空间中，第一坐标位置主要取决于大学平均成绩（系数为 0.913，大于 0.449），第二坐标位置主要由管理才能得分决定（系数为 0.895，大于-0.409 的绝对值）。

再进一步，可利用结构系数探讨输入变量与判别函数之间的相关性，如表 11.11 所示。

表 11.11 案例分析结果（十）

Structure Matrix

	Function	
	1	2
X1	.894	-.448
X2	.409	.913*

表 11.11 给出了判别变量和两个标准化 Fisher 判别函数，即原始判别变量和在新空间中变量之间的合并的组内相关系数。表中的星号表示相应系数的绝对值最大，可见，第一判别函数与大学平均成绩的相关程度最高，第二判别函数与管理才能得分相关程度最高。这与前面的分析结论是一致的。

2. 判别能力检验结果

关于 Fisher 判别函数的投影是否很好地实现了将各类样本分开的效果，哪个判别函数更重要，结果见表 11.12 和表 11.13。

表 11.12 案例分析结果（十一）

Eigenvalues

Function	Eigenvalue	% of Variance	Cumulative %	Canonical Correlation
1	4.110[a]	95.7	95.7	.897
2	.184[a]	4.3	100.0	.394

a. First 2 canonical discriminant functions were used in the analysis.

表 11.13 案例分析结果（十二）

Wilks Lambda

Test of Function(s)	Wilks Lambda	Chi-square	df	Sig.
1 through 2	.165	146.710	4	.000
2	.845	13.773	1	.000

表 11.12 显示了两个特征值、所解释方差的百分比、所解释方差的累积百分比及典型相关系数。可以看到，第一判别函数的特征值为 4.11，可解释判别变量各类别组之间方差总和（4.11+0.184）的 95.7%，第一判别函数很重要；第二判别函数解释方差的能力较低，仅有 4.3%，可以略去。如果略去第二个判别函数，结合前述可知，判别的主要依据是大学平均成绩。

典型相关系数的计算公式为

$$\text{Can.corr}_i = \sqrt{\frac{\text{eigenvalue}_i}{1+\text{eigenvalue}_i}} \qquad (11.18)$$

显然，典型相关系数越大，说明该判别函数轴上的类别差异越明显。第一个判别函数明显优于第二个。

表 11.13 所示是 Wilks 检验结果，即从统计检验角度分析哪个判别函数的判别能力是显著的，哪些是不显著的。它从各判别函数联合判别能力的检验入手，采用反向指标测度。检验的原假设是：各判别函数的整体判别能力不显著，采用的 Wilks λ 统计量为

$$\text{Wilks } \lambda_i = \prod_i^I \frac{1}{1+\text{eigenvalue}_i} \qquad (11.19)$$

其中，i 表示第 i 个判别函数，I 代表最后一个判别函数。该统计量以特征值倒数积的形式反映了判别函数的整体判别能力，其值越小说明整体判别能力越强。当 Wilks λ 的观测值小于一定显著性水平 α 下的临界值时，则可认为判别函数的整体判别能力具有统计显著性。

表 11.13 第一行的 0.165，是式（11.19）中 i 取从 1 至 2 时的计算结果，即根据第一个特征值和第二个特征值计算得到，反映的是前两个判别函数的整体判别能力。在原假设成立的条件下，该观测值或更极端情况出现的概率，即概率 P-值为 0.00。如果显著性水平 α 为 0.05，由于概率 P-值小于显著性水平 α，应拒绝原假设，认为第一和第二判别函数的整体判别能力统计显著；进一步，第二行的 0.845 是式（11.19）中 i 取 2 时的计算结果，是对第二个判别函数判别能力的反映，也呈统计显著。结合第一行结果可知，第一判别函数和第二判别函数各自的判别能力均显著。但由于第二判别函数的方差贡献仅为 4.3%，仍可考虑略去第二判别函数。

3. 贝叶斯判别结果

在图 11.6 所示的"判别"节点的输出设置中选择"函数系数"下的"Fisher's"选项，结果如表 11.14 所示。

表 11.14 案例分析结果（十三）

Classification Function Coefficients

	Y		
	录取	不录取	待定
X1	70.255	50.616	61.215
X2	.152	.120	.121
(Constant)	-163.811	-89.729	-119.483

Fisher's linear discriminant functions.

表 11.14 给出了录取、不录取和待定三个类别的贝叶斯判别函数：

$$录取 = -163.811+70.255x_1 + 0.152x_2$$

$$不录取 = -89.729+50.616x_1 + 0.120x_2$$

$$待定 = -119.483+61.215x_1 + 0.121x_2$$

将样本数据直接代入判别式，哪个取值大便属于哪个类别。

4．判别结果的评价

在图 11.6 所示的"判别"节点的输出设置的"分类"框中选择"摘要表"，表示输出判别结果的混淆矩阵，结果如表 11.15 所示。

表 11.15 案例分析结果（十五）

Classification Results

Y			Predicted Group Membership			Total
			录取	不录取	待定	
Original	Count	录取	30	0	1	31
		不录取	0	27	1	28
		待定	1	1	24	26
	%	录取	96.8	.0	3.2	100.0
		不录取	.0	96.4	3.6	100.0
		待定	3.8	3.8	92.3	100.0

表 11.15 列出了混淆矩阵的频数和百分比。实际录取且判别也录取的 30 人，有 1 人误判为待定，对录取类别判别正确率为 96.8%；同理，对于不录取和待定的判别正确率分别为 96.4% 和 92.3%，模型判别的总正确率为 95.3%，比较理想。

另外，为使预测更有稳健性，在图 11.6 所示的"判别"节点的输出设置的"分类"框中选择"留一分类"，表示在 $N-1$ 个样本数据基础上建立判别模型，并用该模型预测剩余 1 个样本观测类别变量的取值。将建立 N 个模型，以误差百分比作为模型的总体误差估计。

5．判别结果的图形表示

在图 11.6 所示的"判别"节点的输出设置的"散点图"框中选择以下选项。

- "分组"选项，表示将各类别样本点在 Fisher 判别函数空间中的分布和位置情况分别绘制在多张图中，如图 11.7 所示。
- "合并组"选项，表示将各类别样本点在 Fisher 判别函数空间中的分布和位置情况绘制在一张图中，如图 11.8 所示。

可以看到，各类别的分布相对比较集中，Fisher 判别的效果较为理想。

- "区域图"选项，表示输出判别结果的领域图，它以数字符号标出了在 Fisher 判别函数空间中各类别的"领域",较为直观。

图 11.7 案例分析的图形结果(一)

图 11.8 案例分析的图形结果(二)

6. 各样本观测的判别详细结果

在图 11.6 所示的"判别"节点的输出设置的"分类"框中选择"观测值结果",表示显示前若干个样本观测的详细判别结果,并在"将观测值限制到前"框中指定想查看的样本观测个数,默认为前 10 个样本。结果如表 11.16 所示。

表 11.16 案例分析结果(十四)

Casewise Statistics

		Actual Group	Predicted Group	Highest Group				Second Highest Group			Discriminant Scores	
				P(D>d|G=g)		P(G=g|D=d)	Squared Mahalanobis Distance to Centroid	Group	P(G=g|D=d)	Squared Mahalanobis Distance to Centroid	Function 1	Function 2
				p	df							
Original	1	1	1	.202	2	.985	3.203	3	.009	14.467	.749	1.590
	2	1	3*	.243	2	.663	2.826	1	.337	2.225	.607	-.490
	3	1	1	.454	2	.757	1.578	3	.243	5.807	.998	-.509
	4	1	1	.829	2	.998	.375	3	.002	15.089	1.605	.004
	5	1	1	.391	2	1.000	1.877	3	.000	37.080	3.083	-1.042
	6	1	1	.001	2	1.000	14.868	2	.000	159.478	7.569	.223
	7	1	1	.190	2	.999	3.320	2	.001	19.441	1.249	1.888
	8	1	1	.178	2	1.000	3.455	2	.000	30.358	2.167	2.122
	9	1	1	.144	2	1.000	3.878	3	.000	21.085	2.424	-1.757
		1	1	.830	2	1.000	.373	3	.000	42.740	3.052	-.105

*.Misclassified case.

表 11.16 中，第 1 列为样本观测的编号，第 2 列为样本实际的所属类别。其余各列均为预测结果，分为三个部分，其中：

- Highest Group 部分为贝叶斯判别给出的最有可能的预测类别。Predicted Group 为预测类别，**表示预测类别与实际类别不一致；P(D>d|G=g)为样本似然函数；P(G=g|D=d)为样本属于 g 类（总体）的概率（贝叶斯后验概率）；Squared Mahalanbois Distance to Centriod 为样本与所属类中心的平方马氏距离。
- Second Highest Group 部分为贝叶斯判别给出的次有可能的预测类别。Group 为次有可能的类别编号；P(G=g|D=d)为相应的贝叶斯后验概率；最后一列仍为平方马氏距离。
- Discriminant Scores 部分为各样本的 Fisher 判别函数得分。

如果浏览所有样本的判别结果，SPSS Modeler 给出的列表会比较长。为此，可将模型计算结果加到数据流中，利用"表格"节点查看。以$D-和$DP-开头的变量分别存放判别结果和置信度（贝叶斯后验概率）。

另外，还可以利用"散点图"节点直观展示判别效果。"散点图"节点的参数设置如图 11.9 所示，判别的图形展示如图 11.10 所示。

图 11.9　"散点图"节点的参数设置　　　　图 11.10　判别的图形展示

图 11.10 中，不同形状表示样本所属的实际类别，不同颜色表示预测类别。可见，判别效果比较理想，错判的样本点大多在各类别的边界附近。

第12章 分类预测：SPSS Modeler 的贝叶斯网络*

12.1 贝叶斯方法基础

贝叶斯方法是一种研究不确定性问题的决策方法。它通过贝叶斯概率描述不确定性，引进效用函数并选择使期望效用最大的最优决策，实现对不确定性问题的推理。

12.1.1 贝叶斯概率和贝叶斯公式

贝叶斯概率是一种主观概率。有别于经典概率的是，经典概率反映的是事件的客观特征，这个概率不会随人们主观意识的变化而变化。而贝叶斯概率是人们对事物发生概率的主观估计，取决于先验知识的正确性和后验知识的丰富性，会随人们主观意识的改变而改变，随人们掌握信息的变化而变化。

例如，对于投掷硬币问题，经典的统计定义概率反映的是硬币某面朝上的概率，是 n 次重复进行的投币试验中，硬币某面朝上的频率随 n 的增大而在一常数附近摆动幅度越来越小的那个常数。

可见，经典概率是事物物理属性的体现，不会随人们主观意识的变化而变化。但由于经典概率是基于多次大量的独立重复试验，对许多现实问题来讲可能是无法实现的，为此，对于投掷硬币问题，贝叶斯概率反映的是人们相信某面朝上的置信程度，取决于先验不确定性及其数据对先验不确定性的修正。

例如，由于最初人们对投掷硬币，其正面是否朝上是不确定的，因此最直接的做法是投掷若干次，并希望利用得到的投掷结果减小先前的不确定性。

贝叶斯方法首先通过先于数据的概率描述最初的不确定性，然后将其和试验数据相结合，产生一个后于数据的修订了的概率。因此，贝叶斯概率是一个主观概率，先验知识和后期信息（数据）是贝叶斯概率估计的关键。

同时，更重要的是，贝叶斯方法认为不确定性必须用概率来描述，且不确定性的表述必须与概率论的运算规则相结合。如果设 $P(A)$ 和 $P(B)$ 分别是随机事件 A 和 B 发生的概率，当事件 A 与事件 B 独立时，有 $P(AB)=P(A)P(B)$；当事件 A 与事件 B 不独立时，$P(AB)=P(B)P(A|B)=P(A)P(B|A)$。于是，有贝叶斯公式：

$$P(A|B)=\frac{P(AB)}{P(B)}=\frac{P(A)P(B|A)}{P(B)}=\frac{P(A)P(B|A)}{\sum_{i=1}^{k}P(A_i)P(B|A_i)} \tag{12.1}$$

其中，$P(A)$ 为先验概率；$P(A|B)$ 为后验概率；$P(B|A)$ 为条件概率，通常是似然函数。这里，A 为离散分类型随机变量，有 k 个可能取值。

---

* 本章的数据流文件：贝叶斯网络.str。

后验概率可看作一种简化的效用函数,最大后验概率假设是贝叶斯决策的依据。

12.1.2 朴素贝叶斯分类法

朴素贝叶斯分类法是一种较为简单且应用极为广泛的贝叶斯方法。其目标是在训练样本集的基础上,学习和归纳输入变量及目标变量取值之间的规律性,以实现对新数据目标变量值的分类预测。输入变量条件独立是朴素贝叶斯分类法应用的基本前提。

1. 数据说明

设有 p 个输入变量,记为 $X_1, X_2, \cdots, X_p$,可以是离散分类型变量,也可以是连续数值型变量,输入变量集合记为 $\boldsymbol{X} = \{X_1, X_2, X_3, \cdots, X_p\}$;变量 X_i 有 r_i 个可能取值,记为 $x_i = \{x_i^1, x_i^2, \cdots, x_i^{r_i}\}$。目标变量 Y 是分类型变量,有 k 个可能取值,记为 $y = \{y_1, y_2, \cdots, y_k\}$。

2. 朴素贝叶斯分类法的基本思路

首先,在给定样本输入变量值的条件下,预测其目标变量的类别,根据贝叶斯公式有

$$P(y \mid x_1, x_2, \cdots, x_p) = \frac{P(y)P(x_1, x_2, \cdots, x_p \mid y)}{\sum_{j=1}^{k} P(y_j) P(x_1, x_2, \cdots, x_p \mid y_j)} \quad (12.2)$$

其次,由于输入变量之间有条件独立的假设,即 $P(x_1, x_2, \cdots, x_p \mid y) = \prod_{i=1}^{p} P(x_i \mid y)$,代入式(12.2),则后验概率为

$$P(y \mid x_1, x_2, \cdots, x_p) = \frac{P(y) \prod_{i=1}^{p} P(x_i \mid y)}{\sum_{j=1}^{k} [P(y_j) \prod_{i=1}^{p} P(x_i \mid y_j)]} \quad (12.3)$$

最后,根据最大后验概率原则,目标变量应预测为 k 个后验概率中最大概率值对应的类别。

3. 朴素贝叶斯分类法的计算示例

以第 6 章 14 名超市顾客的数据为例,这里只考虑两个输入变量性别(X_1)和年龄段(X_2),是否购买(Y)为目标变量,数据如表 12.1 所示。

表 12.1 顾客特征和是否购买的数据(文件名为 Purchase.xls)

性别(X_1)	1	1	0	1	0	0	0	0	1	0	1	1	0	0
年龄段(X_2)	B	A	A	C	B	B	C	C	C	A	B	A	A	C
是否购买(Y)	yes	yes	yes	no	yes	yes	yes	yes	no	no	yes	no	no	yes

现需对性别(X_1)为 1,年龄段(X_2)为 A 的新顾客,利用朴素贝叶斯分类法预测其是否购买。购买行为(Y)包括购买(yes)和不购买(no)两种,购买还是不购买具有不确定性。为减小这种不确定性,应收集数据,观察顾客的相关特征,并以此修正先前的不确定性,得到后验概率。

根据贝叶斯公式,分别计算该顾客购买和不购买的可能性。

购买的可能性为

$$P(y=\text{yes}|x_1=1, x_2=\text{A})$$
$$=\frac{P(y=\text{yes})P(x_1=1, x_2=\text{A}|x=\text{yes})}{P(y=\text{yes})P(x_1=1, x_2=\text{A}|y=\text{yes})+P(y=\text{no})P(x_1=1, x_2=\text{A}|y=\text{no})}$$
$$=\frac{P(y=\text{yes})P(x_1=1, x_2=\text{A}|y=\text{yes})}{\sum_j P(y=y_j)P(x_1=1, x_2=\text{A}|y=y_j)}$$

在朴素贝叶斯分类法中，由于默认输入变量性别（X_1）和年龄段（X_2）相互独立，于是有

$$P(y=\text{yes}|x_1=1, x_2=\text{A})$$
$$=\frac{P(y=\text{yes})P(x_1=1|y=\text{yes})P(x_2=\text{A}|y=\text{yes})}{\sum_j P(y=y_j)P(x_1=1|y=y_j)P(x_2=\text{A}|y=y_j)}$$

同理，不购买的可能性为

$$P(y=\text{no}|x_1=1, x_2=\text{A})$$
$$=\frac{P(y=\text{no})P(x_1=1|y=\text{no})P(x_2=\text{A}|y=\text{no})}{\sum_j P(y=y_j)P(x_1=1|y=y_j)P(x_2=\text{A}|y=y_j)}$$

参数采用极大似然估计：

$$P(y=y_j)=\hat{P}(y=y_j)=\frac{N_{y_j}}{N} \tag{12.4}$$

$$P(x_i=x_i^k|y=y_j)=\hat{P}(x_i=x_i^k|y=y_j)=\frac{N_{y_j x_i^k}}{N_{y_j}} \tag{12.5}$$

其中，N 为训练样本集的样本量；N_{y_j} 为训练样本集中目标变量取 y_j 的样本量；$N_{y_j x_i^k}$ 为训练样本集中输入变量 $x_i=x_i^k$ 且目标变量取 y_j 的样本量。

根据表12.1，购买的可能性为

$$P(y=\text{yes}|x_1=1, x_2=\text{A})$$
$$=\frac{P(y=\text{yes})P(x_1=1|y=\text{yes})P(x_2=\text{A}|y=\text{yes})}{\sum_j P(y=y_j)P(x_1=1|y=y_j)P(x_2=\text{A}|y=y_j)}$$
$$=\frac{\frac{9}{14}\times\frac{3}{9}\times\frac{2}{9}}{\frac{9}{14}\times\frac{3}{9}\times\frac{2}{9}+\frac{5}{14}\times\frac{3}{5}\times\frac{3}{5}}=\frac{10}{37}$$

不购买的可能性为

$$P(y=\text{no}|x_1=1, x_2=\text{A})$$
$$=\frac{P(y=\text{no})P(x_1=1|y=\text{no})P(x_2=\text{A}|y=\text{no})}{\sum_j P(y=y_j)P(x_1=1|y=y_j)P(x_2=\text{A}|y=y_j)}$$
$$=\frac{\frac{5}{14}\times\frac{3}{5}\times\frac{3}{5}}{\frac{9}{14}\times\frac{3}{9}\times\frac{2}{9}+\frac{5}{14}\times\frac{3}{5}\times\frac{3}{5}}=\frac{27}{37}$$

于是，根据最大后验概率原则，该顾客的购买行为将预测为不购买。

> 需要说明的是，由计算过程不难发现，如果某个参数估计值为 0，则可能导致后验概率为 0。为此，通常采用第 7 章讲到的拉普拉斯调整法做如下调整：

$$P(x_i^k | y_j) = P(\hat{x}_i^k | y_j) = \frac{N_{y_j x_i^k} + 1}{N_{y_j} + r_i}$$

其中，r_i 表示变量 X_i 所有可能取值的个数。

另外，如果输入变量为数值型，则 $P(x_i^k | y_j)$ 为条件概率密度。

由此可见，$P(y | x_1, x_2, \cdots, x_p)$ 与 $P(y, x_1, x_2, \cdots, x_p)$ 成正比，即 $P(y | x_1, x_2, \cdots, x_n) \propto P(y, x_1, x_2, \cdots, x_p) = P(y)P(x_1, x_2, \cdots, x_p | y)$。由此可知，整个概率计算的核心是给定目标变量条件下输入变量联合概率的计算。由概率乘法公式

$$P(x_1, x_2, x_3, \cdots, x_p) = P(x_1)P(x_2 | x_1)P(x_3 | x_1, x_2) \cdots P(x_p | x_1, x_2, \cdots, x_{p-1})$$

可知，联合概率的计算与变量的排列顺序有关。由于最坏情况下可有 $p!$ 种排列方式，因此计算复杂度是比较高的。

正是由于朴素贝叶斯分类法中输入变量的独立假设，使得相应的计算非常方便。然而，虽然朴素贝叶斯分类法在实际应用中有较为出色的表现，但其假设条件仍显得苛刻。一般情况下，输入变量独立的假设很可能是不成立的，无法回避的最大问题仍是联合概率的计算。

为此，人们开始探索各种有效途径，希望既能够直观表示变量的联合分布，又便于分类预测时简化计算，这就是贝叶斯网络。

经典的贝叶斯网络包括朴素贝叶斯网络、TAN 贝叶斯网络和马尔科夫毯（Markov Blanket）网络，主要用于数据的分类预测。

12.2　贝叶斯网络概述

12.2.1　什么是贝叶斯网络

贝叶斯网络也称贝叶斯信念网络，20 世纪 80 年代由 Lauritzen 和 Spiegelhalter 提出。

贝叶斯网络最初用于人工智能中专家系统的知识表示。它以因果关系图的形式，展现专家知识中各因素的内在因果关系。图 12.1 所示就是 1988 年 Lauritzen 和 Spiegelhalter 提出的被称为"Asia"模型的因果关系图中的一部分，用于帮助对新病人病情的诊断。

图 12.1 中的圆圈对应各个变量。例如，吸烟节点表示病人是一个吸烟者，亚洲旅游节点表示病人最近曾到亚洲旅游；有向线段粗略代表因果关系。例如，吸烟会增加发展中国家支气管炎和肺癌的患病概率，年龄与患肺癌的可能性有关，支气管炎容易导致呼吸困难，肺结核和肺癌均会导致肺部 X 光片异常等。

可见，贝叶斯网络以图形方式直观表示了事物之间的因果关系，并利于进行相关的分类预测。由于专家系统中各因素之间的因果关系和相关程度可从专家的领域知识中获得，是事先可知的，因此，这里的贝叶斯网络的意义更多在于因果关系的展示上。

图 12.1　因果关系图

20 世纪 90 年代以后，贝叶斯网络开始应用于数据分析领域。如何从庞大的数据中寻找输入变量之间的相关性，输入变量的组合取值将对目标变量有怎样的影响，如何通过恰当的网络结构直观展示这些关系，都是贝叶斯网络研究的重点。

12.2.2　贝叶斯网络的组成及构建

贝叶斯网络由网络结构 S 和参数集合 Θ 两部分组成。

● 网络结构 S

网络结构 S 用来表示分类型随机变量集合 $X = \{X_1, X_2, X_3, \cdots, X_p\}$ 之间的独立和条件独立关系。网络结构 S 由节点和有向弧线组成，是一个有向无环图。其中，每个节点分别与分类型变量 X_i 一一对应。如果随机变量为数值型，SPSS Modeler 将自动进行 5 分位分组，将其转换为分类型变量。

图中的每条弧线代表变量之间存在依赖关系。如果节点之间没有弧线连接，则表示它们条件独立。

节点 X_i 的父节点记为 pa_i，父节点的取值集合用 $pa_i = \{pa_i^1, pa_i^2, pa_i^3, \cdots, pa_i^{r_{pa_i}}\}$ 表示。

● 参数集合 Θ

参数集合 Θ 是与每个变量相对应的局部概率，是给定父节点下的条件概率集合。变量 X_i 的参数集合为

$$\Theta_{x_i} = \{P(x_i^1 \mid pa_i^j), P(x_i^2 \mid pa_i^j), \cdots, P(x_i^{r_i} \mid pa_i^j)\} \quad (j = 1, 2, 3, \cdots, r_{pa_i}) \tag{12.6}$$

图 12.2 所示是基于表 12.1 的顾客购买行为的贝叶斯网络。

图 12.2 中有 3 个节点，分别对应目标变量是否购买、输入变量性别和年龄段。

图中的有向弧线不再反映因果关系的指向，而仅表示变量间的依赖关系。例如，是否购买与性别之间的有向弧线表示是否购买与性别有关，是否购买依赖于性别；性别和年龄段的父节点均为是否购买，表示是否购买既依赖于性别，又依赖于年龄段。性别和年龄段间没有弧线，表示两变量在给定父节点下条件独立。

图中每个节点中的数据即为参数集合 Θ。例如，性别节点的参数集合是父节点（是否购买）取所有可能值（yes、no）时性别取不同值（1、0）的条件概率。

图 12.2　顾客购买行为的贝叶斯网络

12.2.3　贝叶斯网络的分类预测

贝叶斯网络对新数据分类预测的依据是贝叶斯网络结构 S 和参数集合 Θ，其核心是联合概率的计算。

如果在给定 Y 条件下，变量 X_1 和 X_2 是条件独立的，则对 X_1、X_2、Y 的任何取值都有 $P(x_1 | x_2, y) = P(x_1 | y)$。

类似地，对 $P(x_1, x_2, x_3, \cdots, x_p) = P(x_1)P(x_2|x_1)P(x_3|x_1, x_2)\cdots P(x_p|x_1, x_2, \cdots, x_{p-1})$ 中的每一项都可表示为 $P(x_i | x_1, x_2, \cdots, x_{i-1}) = P(x_i | pa_i)$，即与除父节点外的其他变量条件独立。

于是有，$P(x_1, x_2, x_3, \cdots, x_p) = \prod_{i=1}^{p} P(x_i | pa_i)$，即只需依据网络结构和参数集合 Θ 就可以直接计算联合概率，进而实现分类预测。

例如，图 12.3 所示是一个简单的贝叶斯网络示意。其所表示的联合概率分布为

图 12.3　简单的贝叶斯网络示意

$$P(x_1, x_2, x_3, x_4, x_5) = \prod_{i=1}^{5} P(x_i | pa_i)$$
$$= P(x_1)P(x_2|x_1)P(x_3|x_1)P(x_4|x_2, x_3)P(x_5|x_4)$$

进一步,根据贝叶斯网络的定义,朴素贝叶斯分类法对应的朴素贝叶斯网络如图 12.4 所示。

图 12.4 中，输入变量之间没有弧线，表示满足朴素贝叶斯分类法中输入变量条件独立的假设。由此表示的联合概率分布为

$$P(y, x_1, \cdots, x_p) = P(y)\prod_{i=1}^{p} P(x_i | pa_i) = P(y)\prod_{i=1}^{p} P(x_i | y)$$

图 12.4 朴素贝叶斯网络

例如，图 12.2 所示的也是一个朴素贝叶斯网络。基于该网络，预测性别（X_1）为 1，年龄段（X_2）为 A 的新顾客的购买行为时，很容易计算顾客特征与购买的联合概率为

$$P(y,x_1,x_2,\cdots,x_p) = P(y)\prod_{i=1}^{p}P(x_i|y) = \frac{9}{14}\times\frac{1}{3}\times\frac{2}{9} = \frac{1}{21}$$

顾客特征与不购买的联合概率为

$$P(y,x_1,x_2,\cdots,x_p) = P(y)\prod_{i=1}^{p}P(x_i|y) = \frac{5}{14}\times\frac{3}{5}\times\frac{3}{5} = \frac{9}{70}$$

由于后验概率 $P(y|x_1,x_2,\cdots,x_p) \propto P(y,x_1,x_2,\cdots,x_p)$，且 $\frac{9}{70} > \frac{1}{21}$，因此，该顾客的购买行为预测为 no。

> 需要说明的是，朴素贝叶斯网络结构简单，不涉及网络结构 S 的学习，只需采用极大似然法估计节点的参数集合即可。

12.3 TAN 贝叶斯网络

贝叶斯网络的构建就是在初始网络结构的基础上，在不断向训练样本学习的过程中，反复调整网络结构和参数，以最终确定和表示变量之间的关系。它涉及网络结构和参数估计两方面内容。

为此，一般的思路是通过训练样本，在恰当的损失函数（通常为 MDLP）指导下，利用搜索技术，在所有可能的网络结构空间中，找一个"最佳"的与训练样本最"吻合"的网络结构 S，并计算其参数集合 Θ。

然而，大量数据证明，当输入变量多于 15 个时，这种训练方式及获得的贝叶斯网络，并没有想象中的理想。进一步，人们发现如果在贝叶斯网络构建之前，事先对网络结构加以一定的约束，会获得更好的性能效果。

于是，面向不同问题的各种网络结构和训练方法应运而生，如朴素贝叶斯网络、TAN 贝叶斯网络及马尔科夫毯网络等。

12.3.1 TAN 贝叶斯网络的结构

TAN（Tree Augmented Naive Bayes）贝叶斯网络是朴素贝叶斯网络的一种拓展，是 Friedman 等人在 1996 年提出的。TAN 贝叶斯网络放宽了朴素贝叶斯网络中输入变量条件独立的假设，其网络结构如图 12.5 所示。

图 12.5　TAN 贝叶斯网络结构

图 12.5 中，节点 Y 是目标变量，其他节点均为输入变量。TAN 朴素贝叶斯网络有以下特点。

- 所有输入变量节点与目标变量节点间都有弧线连接，这意味着对目标变量的分类预测是基于全体输入变量的，应考虑所有因素，尽管其中的某些输入变量可能对目标变量没有显著影响。
- 输入变量之间存在弧线，这意味着输入变量之间并非全部条件独立，允许具有相互依赖关系。
- 对每个输入变量节点，最多允许存在两个父节点。其中一个为目标变量节点，另一个为输入变量节点。
- 节点 X_i 到节点 X_j 之间的有向弧线表示输入变量 X_i 对目标变量 Y 的影响作用，不仅取决于变量自身，同时还取决于变量 X_j。

12.3.2　TAN 贝叶斯网络结构的学习

TAN 贝叶斯网络的构建包括网络具体结构的学习及节点参数的估计。TAN 贝叶斯网络结构学习的核心任务是，确定哪个输入变量可以成为哪些输入变量的父节点，即哪些输入变量之间应存在有向弧线。

SPSS Modeler 中的结构学习算法是对 1968 年 Chow 和 Liu 提出的最大权重跨度树（Maximal Weighted Spanning Tree）算法的改进，基本步骤如下。

第一步，计算所有输入变量对 X_i 和 X_j 的条件互信息（Mutual Information）。

输入变量对 X_i 和 X_j 的条件互信息定义为

$$I(X_i;X_j|Y) = \sum_{m,n,k} P(x_i^m, x_j^n, y_k) \log \frac{P(x_i^m, x_j^n | y_k)}{P(x_i^m | y_k)P(x_j^n | y_k)} \quad (i \neq j) \qquad (12.7)$$

条件互信息体现了在给定 Y 条件下，变量 X_j 提供了多少关于变量 X_i 的信息。不难发现，如果变量 X_i 和变量 X_j 相互独立，也就是说，如果变量 X_j 没有提供任何关于变量 X_i 的信息，则对数结果为 0。因此，条件互信息的值越小，表示变量 X_i 和变量 X_j 的相关性越弱；值越大，则表示相关性越强。

第二步，依次找到与变量 X_i 具有最大条件互信息的变量 X_j，并以无向弧线连接节点 X_i 和 X_j，得到最大权重跨度树。

第三步，将无向弧线转为有向弧线。即任选一个输入变量节点作为根节点，所有弧线方向朝外。

第四步，目标变量节点作为父节点与所有输入变量节点相连。

以下是 TAN 贝叶斯网络结构学习的示例[①]。

图 12.6 所示是一棵最大权重跨度树。图中有 6 个输入变量节点,各个连线上的数字为变量对的条件互信息值。例如,对节点 X_1,与其具有最大条件互信息,即相关程度最高的是节点 X_6,与节点 X_3 具有最大条件互信息的是节点 X_1 等。

图 12.6 最大权重跨度树

根据第二步,最大权重跨度树只包含图中的粗实线;根据第三步,如果选择 X_1 作为根节点,则所有弧线方向朝外;根据第四步,输出节点 Y 作为根节点,与所有输入节点相连。得到的 TAN 贝叶斯网络如图 12.7 所示。

图 12.7 TAN 贝叶斯网络

由图 12.7 可知,变量 X_1 与除 X_2 之外的其他输入变量均有相关关系,作为这些输入变量的父节点,它对目标变量 Y 的影响还取决于除 X_2 之外的其他所有输入变量。变量 X_2 的父节点是 X_6,变量 X_6 对目标变量 Y 的影响还取决于变量 X_2。由此表示的联合概率分布为

$$P(y, x_1, x_2, \cdots, x_n) = P(y) \prod_{i=1}^{6} P(x_i | pa_i)$$
$$= P(y) P(x_1 | y) P(x_2 | y, x_6) P(x_3 | y, x_1) P(x_4 | y, x_1) P(x_5 | y, x_1) P(x_6 | y, x_1)$$

当然,第三步也可以指定其他输入变量节点作为根节点,并令所有弧线方向朝外。事实上,选择哪个输入节点作为根节点是无关紧要的。因为,尽管最终的网络结构有所差异,但它们表示的联合概率分布却是一致的。

例如,图 12.8 表示分别选择 X_1、X_2、X_3 作为根节点的 3 种情况。

它们表示的联合概率分布依次为

[①] 周颜军,等. 基于贝叶斯网络的分类器研究. 东北师大学报自然科学版,Vol35(2),2003.

$$P(x_1, x_2, x_3) = \prod_{i=1}^{3} P(x_i \mid pa_i) = P(x_1)P(x_2 \mid x_1)P(x_3 \mid x_2)$$

$$P(x_1, x_2, x_3) = \prod_{i=1}^{3} P(x_i \mid pa_i) = P(x_1 \mid x_2)P(x_2)P(x_3 \mid x_2)$$

$$P(x_1, x_2, x_3) = \prod_{i=1}^{3} P(x_i \mid pa_i) = P(x_1 \mid x_2)P(x_2 \mid x_3)P(x_3)$$

根据条件概率和乘法公式，不难证明上述 3 个公式是等价的。

图 12.8 选择不同的根节点

12.3.3 TAN 贝叶斯网络的参数估计

TAN 贝叶斯网络参数估计的核心任务是计算条件概率。

TAN 贝叶斯网络的参数估计前提是各节点的参数彼此独立，可以分别估计，且训练样本是完整的，不存在缺失值。否则，应首先参照 Gibbs 抽样法（Gibbs sampling），利用已有数据推断缺失值，使具有缺失值的训练样本集成为相对完整的训练样本集。

TAN 贝叶斯网络的参数通常采用贝叶斯方法进行估计，它涉及参数的先验概率、似然函数及参数的后验概率 3 个方面。

先验概率是基于先验概率分布的，先验概率分布在整个贝叶斯方法中有着举足轻重的地位。由于后验概率是基于数据对先验概率的修正，因此，由先验分布函数决定的后验分布应与先验分布同属一个分布族，即先验分布与后验分布应是共轭分布。

如果 TAN 贝叶斯网络中的每个节点对应的变量均为二分类型变量，那么可视节点参数集合中的每个参数 θ 为"成功"的概率，服从二项分布。为此，参数 θ 的先验概率分布应选用二项分布的共轭分布。

由于，核[①]为指数函数的分布构成指数分布族，且该分布族包括二项分布、多项分布、正态分布、Poisson 分布、Beta 分布、Dirichlet 分布等，这些分布都是共轭分布。因此，参数 θ 的先验分布可选用 Beta 分布。

对于节点的某个参数，例如，购买某商品的顾客，其性别是男的概率，如果人们无法确定此概率确为某值，如 0.76，只是根据经验知道大多数时候为 0.76，但有时可能略高或略低些，此时，这种个人信息可利用 Beta 分布来描述。

标准 Beta 分布的数学定义为

$$P(\theta \mid \alpha, \beta) = \text{Beta}(\alpha, \beta) = \frac{\Gamma(\alpha + \beta)}{\Gamma(\alpha)\Gamma(\beta)} \theta^{\alpha-1}(1-\theta)^{\beta-1} \quad (12.8)$$

其中，$\Gamma(\cdot)$ 为 Gamma 函数，$\Gamma(x) = (x-1)!$，$\Gamma(1) = 1$；θ 取值在 0～1 之间。标准 Beta 分布描

---

① 核的定义：如果随机变量的分布函数 $f(x)=cg(x)$，其中，c 是与 x 无关的常数，则称 $g(x)$ 为 $f(x)$ 的核。

述的是 θ 在 0~1 区间上取值的概率密度,因此,Beta 分布也被俗称为"关于概率的概率分布"。

Beta 分布中的参数 α 和 β 称为超参数,这里规定均大于 0,它们共同决定了 Beta 分布的形态。

例如,α 和 β 均为 1 时,Beta 分布即为均匀分布。图 12.9 反映的是 α 和 β 取不同值时的概率密度分布。

图 12.9 α 和 β 取不同值时的概率密度分布

当先验分布为 Beta 分布,似然函数为二项分布的似然函数时,可以证明,参数 θ 的后验分布也服从 Beta 分布:

$$P(\theta|\alpha,\beta,D) = \text{Beta}(\theta|\alpha+n,\beta+N-n)$$
$$= \frac{\Gamma(\alpha+\beta+N)}{\Gamma(\alpha+n)\Gamma(\beta+N-n)}\theta^{\alpha+n-1}(1-\theta)^{\beta+N-n-1} \quad (12.9)$$

其中,n 为"成功"的次数;N 为"实验"的次数。

基于这个后验分布,参数 θ 的期望为

$$\theta = \frac{\alpha+n}{\alpha+\beta+N} \quad (12.10)$$

由式(12.10)计算得到的 θ 值即为最终的参数估计值。

通常网络节点对应的变量 X_i 并非均为二分类型变量,大多为具有 r_i 个类别的多分类型变量。此时,参数 θ 的先验分布可选用 Dirichlet 分布。

Dirichlet 分布是 Beta 分布的扩展,其数学定义为

$$\text{Dir}(\theta|\alpha_1,\alpha_2,\cdots,\alpha_r) = \frac{\Gamma(\alpha_1+\alpha_2+\cdots+\alpha_r)}{\prod_{k=1}^{r}\Gamma(\alpha_k)}\prod_{k=1}^{r}\theta_k^{\alpha_k-1} \quad (12.11)$$

其中,$\alpha_1,\alpha_2,\cdots,\alpha_r$ 为超参数。

参数 θ 的后验分布仍为 Dirichlet 分布,即

$$P(\theta|D) = \text{Dir}(\theta|\alpha_1+N_1,\alpha_2+N_2,\cdots,\alpha_r+N_r) \quad (12.12)$$

其中,$N_1,N_2,\cdots,N_r$ 为各类别"成功"的次数。

参数 θ_k 的最终估计值为后验分布的期望:

$$\theta_k = \frac{\alpha_k + N_k}{\alpha_1 + \alpha_2 + \cdots + \alpha_k + N} \tag{12.13}$$

由于节点 X_i 最多有两个父节点（输入变量节点 pa_i 和目标变量节点 Y），节点 X_i 的参数集合为：$P(x_i^k | pa_i^j) = \theta_{ijk}(j = 1, 2, \cdots, q_i)$，$q_i$ 为所有父节点全部类别的组合数。

无论是 Beta 分布还是 Dirichlet 分布，对于如何确定超参数并没有统一的标准方法，通常可以设置为一个很小的正数。SPSS Modeler 采用的是无信息先验策略，节点 X_i 取类别 k 时，相应的超参数为

$$a_{ijk} = \frac{2}{r_i q_i} \tag{12.14}$$

其中，q_i 为所有父节点全部类别的组合数；r_i 为本节点的类别数。

当 TAN 贝叶斯网络的结构 S 和参数集合 Θ 确定后，便可按 12.2.3 节讨论的方法，对新数据进行分类预测。

> 需要说明的是，相对于传统统计方法，贝叶斯的参数估计有如下特点。
> - 贝叶斯方法将未知参数看成随机变量，而传统统计方法是将参数看成常量。传统统计方法中，未知参数是固定的，样本统计量是在给定参数下的随机变量。而贝叶斯方法则相反，参数是随机的，样本是固定的，因为它认为样本是无法在同等条件下重复获取的。
> - 贝叶斯方法将参数 θ 取值的不确定性用 $P(\theta)$ 表示。
> 贝叶斯方法首先根据以往对参数 θ 的知识，确定参数 θ 的先验概率，然后利用样本数据对先验概率进行修正。而传统统计方法只基于样本，并不引入先验概率的概念。
> 参数 θ 的最终取值是参数 θ 后验分布的期望。

12.4 马尔科夫毯网络

作为朴素贝叶斯网络的扩展，TAN 贝叶斯网络仍可能存在问题，主要体现在，TAN 贝叶斯网络对目标变量的分类预测是基于全体输入变量的。事实上，输入变量未必对目标变量的分类预测都有贡献，因此找到对目标变量取值有显著影响的输入变量，并只依据这些变量进行分类预测，应是一种较为理想的解决方案。马尔科夫毯网络的引入正基于此。

12.4.1 马尔科夫毯网络的基本概念

与朴素贝叶斯网络和 TAN 贝叶斯网络不同的是，马尔科夫毯网络不再要求目标变量必须是所有输入变量的父节点，目标变量不再一定为根节点，其上层允许有父节点。换句话说，在马尔科夫毯网络结构中，输入变量和目标变量具有同等的"地位"。

马尔科夫毯变量是马尔科夫毯网络引入的一个基本概念。所谓马尔科夫毯变量，是指对于节点 X_i 来说，其父节点、子节点及子节点的父节点，都属于节点 X_i 的马尔科夫毯变量。

以朴素贝叶斯网络为例，由于输入变量节点均为目标变量节点的子节点，所以目标变量的马尔科夫毯变量是所有输入变量。

进一步,由贝叶斯网络的结构规定可知,有向弧线连接的两个节点,其对应的两个变量之间具有相关性,而如果两个节点之间没有有向弧线连接,则其对应的两个变量之间条件独立。因此,对于马尔科夫毯网络来说,输入变量的马尔科夫毯变量应是与其有显著相关的变量。同理,为有效实现分类预测,目标变量的马尔科夫毯变量也应该是与目标变量有显著相关的输入变量。于是,分类预测将基于目标变量的马尔科夫毯变量的联合概率,而非全体输入变量。

构建马尔科夫毯网络的主要任务仍是确定网络结构 S 及估计参数集合 Θ。其中,对参数集合 Θ 的估计,SPSS Modeler 采取了与 TAN 贝叶斯网络相同的方法,本节不再重复,只重点关注如何确定网络结构 S。

确定马尔科夫毯网络结构 S 的核心是寻找各个变量的马尔科夫毯变量。对于节点 X_i,不在其马尔科夫毯变量范围内的变量,是与变量 X_i 条件独立的变量。所以,构建马尔科夫毯网络结构 S 的首要任务就是确定独立变量对,它们均不在彼此的马尔科夫毯变量中。

12.4.2 条件独立检验

马尔科夫毯网络利用条件独立检验方法,发现变量之间的条件独立关系,并以此为基础构建马尔科夫毯网络。

条件独立检验是在给定条件变量的条件下,检验两个变量是否独立。常用的方法有条件卡方(Pearson chi-square)检验和条件对数似然比(Log likelihood ratio)检验等。

1. 卡方检验和条件卡方检验

卡方检验和条件卡方检验均属于统计学的假设检验范畴。

● 卡方检验

卡方检验的原假设(H_0)是:变量 X_i 与变量 X_j 独立。采用的检验统计量为

$$\chi^2(X_i, X_j) = \sum_{m,n} \frac{[O(x_i^m, x_j^n) - E(x_i^m, x_j^n)]^2}{E(x_i^m, x_j^n)} = \sum_{m,n} \frac{[N(x_i^m, x_j^n) - N \times N(x_i^m) N(x_j^n)]^2}{N(x_i^m) N(x_j^n) \times N} \quad (12.15)$$

其中,O 表示观测频数;E 表示期望频数;$N(x_i^m, x_j^n)$ 表示变量 $X_i = x_i^m$ 且 $X_j = x_j^n$ 的实际观测频数。

在原假设成立时,检验统计量服从 $(|X_i|-1) \times (|X_j|-1)$ 个自由度的卡方分布。$|X_i|$、$|X_j|$ 分别表示变量 X_i、变量 X_j 的类别数。如果检验统计量对应的概率 P-值小于指定的显著性水平 α,则拒绝变量 X_i 与变量 X_j 独立的假设;否则,无法拒绝。

● 条件卡方检验

条件卡方检验的原假设(H_0)是:在给定条件变量 S 下,变量 X_i 与变量 X_j 独立。采用的检验统计量是定义在三维列联表基础上的条件卡方统计量:

$$\chi^2(X_i, X_j | S) = \sum_k \chi^2(X_i, X_j | S = s_k)$$
$$= \sum_{m,n,k} \frac{[N(x_i^m, x_j^n, s_k) - N(x_i^m, s_k) N(x_j^n, s_k) N(s_k)]^2}{N(x_i^m, s_k) N(x_j^n, s_k) N(s_k)} \quad (12.16)$$

其中,$N(x_i^m, x_j^n, s_k)$ 表示变量 $X_i = x_i^m$ 且 $X_j = x_j^n$ 且 $S = s_k$ 时的实际观测频数。

在原假设成立时,检验统计量服从 $(|X_i|-1) \times (|X_j|-1) \times |S|$ 个自由度的卡方分布。$|S|$ 表

示条件变量 S 的类别数。如果检验统计量对应的概率 P-值小于指定的显著性水平 α，则拒绝变量 X_i 与变量 X_j 条件独立的假设；否则，无法拒绝。

2．对数似然比检验和条件对数似然比检验

对数似然比检验和条件对数似然比检验均属于统计学的假设检验范畴。

● 对数似然比检验

对数似然比检验的原假设（H_0）是：变量 X_i 与变量 X_j 独立。采用的检验统计量为

$$G^2(X_i, X_j) = 2\sum_{m,n} O(x_i^m, x_j^n) \ln \frac{O(x_i^m, x_j^n)}{E(x_i^m, x_j^n)} = 2\sum_{m,n} N(x_i^m, x_j^n) \ln \frac{N(x_i^m, x_j^n)}{N(x_i^m)N(x_j^n)N} \quad (12.17)$$

在原假设成立时，检验统计量服从 $(|X_i|-1) \times (|X_j|-1)$ 个自由度的卡方分布。如果检验统计量对应的概率 P-值小于指定的显著性水平 α，则拒绝变量 X_i 与变量 X_j 独立的假设；否则，无法拒绝。

● 条件对数似然比检验

条件对数似然比检验的原假设（H_0）是：在给定条件变量 S 下，变量 X_i 与变量 X_j 独立。采用的检验统计量是定义在三维列联表基础上的条件对数似然比：

$$G^2(X_i, X_j \mid S) = 2\sum_{m,n,k} O(x_i^m, x_j^n \mid S=s_k) \ln \frac{O(x_i^m, x_j^n \mid S=s_k)}{E(x_i^m, x_j^n \mid S=s_k)}$$

$$= 2\sum_{m,n,k} N(x_i^m, x_j^n, s_k) \ln \frac{N(x_i^m, x_j^n, s_k)}{N(x_i^m, s_k)N(x_j^n, s_k)N(s_k)} \quad (12.18)$$

在原假设成立时，检验统计量服从 $(|X_i|-1) \times (|X_j|-1) \times |S|$ 个自由度的卡方分布。如果检验统计量对应的概率 P-值小于指定的显著性水平 α，则拒绝变量 X_i 与变量 X_j 条件独立的假设；否则，无法拒绝。

12.4.3 马尔科夫毯网络结构的学习

设 $I(X_i, X_j)$ 为变量对 X_i 和 X_j 独立检验的概率 P-值，$I(X_i, X_j, S)$ 为给定变量 S 条件下，变量对 X_i 和 X_j 条件独立检验的概率 P-值。马尔科夫毯网络结构学习的基本步骤如下。

第一步，起始的网络结构 S 是一个完全连接的无向网络。

第二步，如果 $I(X_i, X_j)$ 大于指定的显著性水平 α，则删除节点 X_i 和节点 X_j 间的连接弧线。

第三步，对每个节点 X_i，在其剩余弧线中，寻找是否存在 $I(X_i, X_j, S)$ 大于显著性水平 α。如果存在，则删除节点 X_i 和节点 X_j 间的连接弧线。

第四步，将无向弧线转换为有向弧线。

SPSS Modeler 规定按照图 12.10 所示的规则将无向弧线转换为有向弧线。

$$X_i - X_j \Longrightarrow X_i \to X_j$$

$$X_i \to X_j - X_k \Longrightarrow X_i \to X_j \to X_k$$

$$X_i - X_j - X_k \Longrightarrow X_i \to X_j \leftarrow X_k$$

$$\begin{matrix} X_i - X_j - X_k \\ \downarrow\downarrow\downarrow \\ X_l \end{matrix} \Longrightarrow \begin{matrix} X_i - X_j - X_k \\ \downarrow\downarrow\downarrow \\ X_l \end{matrix}$$

图 12.10　SPSS Modeler 马尔科夫毯网络中的弧线方向

12.4.4 马尔科夫毯网络的分类预测

利用马尔科夫毯网络进行目标变量的分类预测时,将首先找到目标变量的马尔科夫毯变量,并得到马尔科夫毯变量的联合概率,从而完成分类预测。

现对于新样本观测 X_p 的目标变量值进行分类预测。设马尔科夫毯网络中,目标变量 Y 对应节点的父节点集合记为 π_Y;$\pi_{Y|P}$ 表示给定 X_p 时 π_Y 中各输入变量的具体取值;$X_{Ch} = (X_1, X_2, X_3, \cdots, X_m)$ 是目标变量 Y 的子节点集合(有 m 个子节点);π_i 表示 X_{Ch} 中第 i 个子节点的父节点(不包括目标变量节点)集合。

根据贝叶斯公式,对于新样本观测 X_p,目标变量 Y 有 k 个可能的类别取值,目标变量取 y_j 的概率为

$$P(Y = y_j | X_p = x_p) = \frac{P(Y = y_j, X_p = x_p)}{\sum_{j=1}^{k} P(Y = y_j, X_p = x_p)}$$

其中

$$P(Y = y_j, X_p = x_p) = C \times P(Y = y_j | \pi_Y = \pi_{Y|P}) \prod_{i=1}^{m} P(X_i = x_i | \pi_{i|P}, Y = y_j) \quad (12.19)$$

即为目标变量及其马尔科夫毯变量的联合概率。其中,C 为常量,它将与分母中的 C 约掉,并不影响预测结果。这里引入常数 C 的目的是指并非输入变量 X 集合中的所有变量都参与计算,参与计算的仅是马尔科夫毯变量。

12.5 贝叶斯网络的应用

以学生参加某次社会公益活动的数据(文件名为 Students.xls)为例说明 SPSS Modeler 贝叶斯网络的具体操作。分析目标:分别利用 TAN 贝叶斯网络和马尔科夫毯网络,研究哪些因素是影响学生是否参与社会公益活动的显著因素。其中,是否参加为目标变量,除编号以外的变量为输入变量。

12.5.1 基本操作

首先利用"Excel"节点读入数据,并对数据进行必要的集成和加工处理;然后,选择"建模"选项卡中的"贝叶斯网络"节点,将其添加到数据流的恰当位置上。右击,选择弹出菜单中的"编辑"进行节点的参数设置,"模型"和"专家"是其中的两个重要选项卡。

1. "模型"选项卡

"模型"选项卡用于指定贝叶斯网络类型、设置节点参数的估计方法等,如图 12.11 所示。
其中:
- "继续训练现有模型"表示在上次模型结果的基础上,重新修正和调整模型。通常不能修改原有网络的结构,如增加或删除节点及节点之间的弧线等,只用于重新计算节点参数集合等。因此,如果选中该项,无论数据如何变化,所得到的网络结构都不会改变,否则不应选中该项。
- "结构类型"选项中,"TAN"表示建立 TAN 贝叶斯网络;"马尔科夫覆盖"表示建立

马尔科夫毯网络。
- "包括功能选择预处理步骤"表示允许利用"专家"选项卡,首先筛选掉对目标变量无显著意义的输入变量,然后再建模。
- 在"参数学习方法"中指定节点参数的估计方法,可以为极大似然估计。"对最小单元格计数的贝叶斯调整"表示如果采用极大似然估计,很可能因为训练样本集较小造成很多的条件概率估计为0。为此,可选中该项对其进行调整。

图12.11 "贝叶斯网络"节点的"模型"选项卡

2. "专家"选项卡

"专家"选项卡用于设置模型的其他参数,如图12.12所示。

图12.12 "贝叶斯网络"节点的"专家"选项卡

其中:
- 缺失值:指定训练样本存在缺失值时的处理策略。"仅使用完整记录"表示只利用完整观测建立模型,忽略带有缺失值的样本。如果不选,则SPSS Modeler将首先参照

Gibbs 抽样法插补缺失值，然后再建立模型。

Gibbs 抽样属于马尔科夫蒙特卡洛模拟算法，它以物理学家 J.W. Gibbs 的名字命名。参照 Gibbs 抽样法，缺失值处理的基本思路是利用已有数据插补缺失值，使具有缺失值的训练样本集成为相对完整的训练样本集。插补过程如下。

第一步，随机化训练样本集 D 中的缺失值，得到一个完整的训练集 D_c。

第二步，在 D 中选择第 l 个样本观测的缺失值 x_{il}，并计算如下概率：

$$P(x'_{il} \mid D_c \backslash x_{il}) = \frac{P(x'_{il}, D_c \backslash x_{il})}{\sum x''_{il} P(x''_{il}, D_c \backslash x_{il})} \tag{12.20}$$

其中，$D_c \backslash x_{il}$ 表示在 D_c 中临时去掉 x_{il} 后剩余的观测值；x'_{il} 表示 x_{il} 的一种可能值；x''_{il} 表示 x_{il} 的所有可能值。

第三步，将 x_{il} 替换为式（12.20）取值最大时的 x'_{il}。

第四步，重复第二和第三步，直到所有缺失值均被替换为止。

- "追加所有概率"表示给出样本目标变量取各个类别值的概率。否则，只给出预测类别的概率。
- 独立测试：指定变量独立性检验方法，包括似然比检验和 Pearson 卡方检验。

如果在"模型"选项卡中选中了"包括功能选择预处理步骤"，允许筛选输入变量，则该选项也有效。此时，该选项用于输入变量和目标变量的独立性检验，检验结果显著的输入变量将会被剔除。

- 显著性水平：给出上述独立性检验的显著性水平 α，默认值为 0.01。
- 最大条件集大小：马尔科夫毯网络的结构学习中，变量的条件独立检验会涉及条件变量。通常只考虑一个条件变量，当然也可以同时考虑多个。但在变量较多的情况下，会影响算法的执行效率。因此，可指定一个值，条件变量集合中的条件变量数不会超过该值。
- 在"特征选择"框中，手工选择可成为贝叶斯网络节点的变量；"最大输入量"表示给定一个值（默认为 10），贝叶斯网络节点（变量）个数不会超过该值。同时，手工选到"总是选择输入"框中的变量个数也不应大于该值。

12.5.2 结果解读

1. 案例的 TAN 贝叶斯网络

案例的 TAN 贝叶斯网络的结果如图 12.13（a）所示。

图 12.13（a）左侧显示的是 TAN 贝叶斯网络。深色节点代表目标变量，是其余各节点的父节点。浅色节点代表输入变量。输入变量的重要程度仍以深浅表示，颜色越深，重要程度越高。同时，变量重要性的排序结果也默认以图形方式显示在窗口的右侧。输入变量重要性的测度指标是输入目标变量独立性检验的 1-概率 P-值经归一化处理后的结果。

本例中，影响学生是否参与社会公益活动的最重要因素是家长是否鼓励，其次是家庭人均年收入等，是否无偿献血的作用不大。从 TAN 贝叶斯网络看，是否无偿献血是在校综合评分指数和家庭人均年收入的父节点，说明是否无偿献血主要依赖于这两个变量，它对是否参与社会公益活动的作用并不完全取决于自身，还受到在校综合评分指数和家庭人均年收入的影响。另外,家庭人均年收入对学生是否参与社会公益活动的影响作用还取决于家长是否鼓励,也就是说,家庭收入固然重要,但还要看家长的态度。

(a)

(b)

(c)

图 12.13 案例的 TAN 贝叶斯网络的结果

选择左侧窗口中的某个节点，可浏览相应节点的参数结合，如图 12.13（b）所示。

图 12.13（b）显示了家长是否鼓励节点的参数集合。该节点有两个父节点（家庭人均年收入和是否参与），参数是给定父节点下的条件概率集合。对于家庭人均年收入这个数值型变量，SPSS Modeler 自动将其分为 0～4 五个组。可以看到，家庭人均年收入较高（第 4 组）且参与社会公益活动的学生中，家长鼓励的可能性是最高的，为 0.99。

选择左侧窗口"查看"下拉框中的"分布"选项，网络节点将显示为条形图，如图 12.13（c）所示。

图 12.13（c）中，每个输入变量节点的条形图均分为两组显示，分别对应目标变量的两个类别。同时，图中展示了在校综合评价指数节点的参数集合，这个数值型变量也被自动分为 5 组。

2. 案例的马尔科夫毯网络

案例的马尔科夫毯网络的结果如图 12.14 所示。

图 12.14　案例的马尔科夫毯网络的结果

本例的马尔科夫毯网络中只有目标变量和家长是否鼓励两个节点。其他变量对应的节点，因为均没有马尔科夫毯变量，所以没有显示出来。马尔科夫毯网络更多考虑了输入变量之间的条件独立性，因而更利于找到对目标变量有重要影响的因素。

为浏览各个样本的预测值，将模型的计算结果节点添加到数据流中，并通过"输出"选项卡中的"表格"节点查看预测结果。以$B 和$BP 开头的变量分别存放预测类别和预测概率（贝叶斯后验概率）。

另外，为了更好地展示马尔科夫毯网络，这里给出了基于电信客户数据建立的客户流失问题的马尔科夫毯网络，如图 12.15 所示。

图 12.15 显示，流失的马尔科夫毯变量包括开通月数、年龄和收入，开通月数变量的重要性最大。对一个新客户预测他是否流失时，仅需计算流失和其马尔科夫毯变量的联合概率即可。

贝叶斯网络还有很多丰富的内容，例如，如何利用马尔科夫毯网络实现变量的聚类，网络中变量因果关系的进一步探究，贝叶斯网络结构的选择及学习过程合理性的理论证明等。由于 SPSS Modeler 没有涉及这些内容，因此本书也不做讨论。感兴趣的读者可参阅其他相关书籍。

图 12.15　客户流失问题的马尔科夫毯网络

第 13 章　探索内部结构：SPSS Modeler 的关联分析*

世间万物都是有联系的，这种联系让这个世界变得丰富多彩而又生动有趣。

关联分析的目的就是要寻找事物之间的联系规律，发现它们之间的关联关系。事物之间的关联关系包括简单关联关系和序列关联关系。

例如，购买面包的顾客中 80%会同时购买牛奶；收入水平较高的女性顾客中 90%会选择某知名品牌的口红等。这些都反映了事物之间的简单关联关系。

再如，购买了烤箱的顾客一段时间内 45%的人会购买锡纸；购买洗衣机的顾客一定时间内 70%的人会购买洗衣机槽清洗剂等。这些也反映了事物之间的关联关系，但属于序列关联，即关联具有先后顺序，通常与时间有关。

数据挖掘中，关联分析的主要技术是关联规则（Association Rule），最早由 Agrawal、Imielinski 和 Swami 提出，主要用于研究超市顾客购买商品之间的规律，目的是希望找到顾客经常同时购买的商品，进而合理摆放货架，方便顾客选取，该分析称为购物篮分析。

分析简单关联关系的技术称为简单关联规则；分析序列关联关系的技术称为序列关联规则。随着关联规则技术的不断丰富和完善，该技术已广泛应用于众多领域。

例如，在零售业中，关联规则技术可以帮助企业经营者发现顾客的购买偏好，准确定位顾客特征，给顾客提供购买建议；可以帮助企业经营者制定合理的交叉销售方案，促进产品销售；可以帮助分析顾客消费的周期性规律，合理规划库存和进货。

例如，在保险公司业务中，关联规则可以帮助企业分析保险索赔的原因，及时甄别欺诈等。

以下将分别讨论简单关联规则和序列关联规则。

13.1　简单关联规则及其有效性

简单关联规则是数据挖掘的主要工具之一，属于无监督学习方法，能够有效揭示数据中隐含的关联特征，一般不直接用于分类预测。

简单关联规则的算法有很多，大致分为两类：一类主要集中在如何提高关联规则的分析效率上，如 Apriori 算法、Carma 算法等；另一类则注重如何使关联规则分析有更广泛的应用，包括如何处理数值型变量，如何将单一概念层次的关联推广到多概念层次的关联等，如 GRI 算法等。这里重点讨论 SPSS Modeler 的 Apriori 算法。

13.1.1　简单关联规则的基本概念

1．事务和项集

简单关联规则的分析对象是事务（Transaction）。事务可以理解为一种商业行为，含义极

---

* 本章的数据流文件：关联规则.str。

为宽泛。

例如，超市顾客的购买行为是一种事务；网页用户的页面浏览行为是一种事务；一份保险公司的人寿保单也是一种事务。

事务（T）通常由事务标识（TID）和项目集合（简称项集）X 组成。事务标识唯一确定一个事务；I 为包含 k 个项目的全体，即 $I=\{i_1,i_2,\cdots,i_k\}$。事务 $T\subseteq I$，项集 $X\subseteq I$。如果项集 X 中包含 p 个项目，则称项集 X 为 p-项集。

例如，超市中可能有 10000 种商品，则 I 包含 10000 个项目，即 k 为 10000。一名顾客一次性购买了 10 种商品，则关于顾客购买行为的事务 T 中一定包含该顾客的事务，其中 TID 唯一标识该顾客，其项集 X 为 10-项集，即 p 为 10。$T\subseteq I$ 和 $X\subseteq I$ 总成立。

事务数据的存储主要有事务表和事实表两种格式。

例如，如果表 13.1 所示是 4 名顾客某天的购买数据，其中 A、B、C、D、E 分别为商品代码，则相应的事务表和事实表如表 13.2 和表 13.3 所示。

表 13.1　顾客购买数据示例

TID	项集 X
001	ACD
002	BCE
003	ABCE
004	BE

表 13.1 中，TID 表示顾客编号，这里一名顾客对应一个事务。$X(ACD)$ 表示 001 号顾客的购买情况。其中，X 为项集，括号中为项集所包含的具体项目。

表 13.2　事务表示例

TID	项集 X
001	A
001	C
001	D
002	B
002	C
002	E
003	A
003	B
003	C
003	E
004	B
004	E

事务表中，变量名为项集，变量值为项集所包含的具体项目。

表 13.3 事实表示例

TID	项目 A	项目 B	项目 C	项目 D	项目 E
001	1	0	1	1	0
002	0	1	1	0	1
003	1	1	1	0	1
004	0	1	0	0	1

事实表中，变量名为具体项目，变量值取 1 或 0，1 代表购买，0 代表没有购买。

2. 简单关联规则的形式

简单关联规则是简单关联分析的重要手段，同时简单关联规则的分析结果也表示为简单关联规则的形式。简单关联规则的一般表示形式为

$$X \to Y（规则支持度，规则置信度）$$

其中，X 称为规则的前项，可以是一个项目或项集，也可以是一个包含逻辑与（∩）、逻辑或（∪）、逻辑非（¬）的逻辑表达式；Y 称为规则的后项，一般为一个项目，表示某种结论或事实。

例如，面包→牛奶，前项和后项均为一个项目。这种规则表示方式适合于事务数据组织成事实表的情况，表示购买面包和购买牛奶。该规则的含义是，购买面包则会购买牛奶。

再如，性别（女）∩收入（>5000）→品牌（A），前项为一个包括逻辑与的逻辑表达式，表示两个项集（性别和收入）之间为并且关系。项集性别中的具体项目为女，项集收入中的具体项目是大于 5000 的所有项目；后项为一个品牌项集，具体项目为 A。这种规则表示方式适合于事务数据组织成事务表的情况。该关联规则的含义是，收入大于 5000 的女性倾向于 A 品牌。

简单关联规则圆括号中为百分比数字，是规则的评价指标，具体见后。

13.1.2 简单关联规则的有效性和实用性

依据样本数据可以得到很多关联规则，但并非所有关联规则都有效。也就是说，有的规则可能令人信服的水平不高，有的规则适用的范围很有限，这些规则都不具有有效性。判断一条关联规则是否有效，应依据各种测度指标，其中最常用的指标是关联规则的置信度和支持度。

1. 简单关联规则有效性的测度指标

● 规则置信度

规则置信度（Confidence）是对简单关联规则准确度的测量，描述了包含项目 X 的事务中同时也包含项目 Y 的概率，反映 X 出现条件下 Y 出现的可能性，其数学表示为

$$C_{X \to Y} = \frac{|T(X \cap Y)|}{|T(X)|} \tag{13.1}$$

其中，$|T(X)|$ 表示包含项目 X 的事务数；$|T(X \cap Y)|$ 表示同时包含项目 X 和项目 Y 的事务数。如果规则置信度高，则说明 X 出现则 Y 出现的可能性高，反映的是在给定 X 情况下 Y 的条件概率。例如，如果面包→牛奶（$S=85\%$，$C=90\%$），则表示购买面包则同时购买牛奶的可能性为 90%。

● 规则支持度

规则支持度（Support）测度了简单关联规则的普遍性，表示项目 X 和项目 Y 同时出现的概率，其数学表示为

$$S_{X \to Y} = \frac{|T(X \cap Y)|}{|T|} \quad (13.2)$$

其中，$|T|$ 表示总事务数。支持度太低，说明规则不具有一般性。

另外，还可以计算简单关联规则中的前项支持度和后项支持度，它们分别是

$$S_X = \frac{|T(X)|}{|T|}, \quad S_Y = \frac{|T(Y)|}{|T|}$$

规则支持度和规则置信度具有内在联系，分析它们的数学定义，可得

$$C_{X \to Y} = \frac{|T(X \cap Y)|}{|T(X)|} = \frac{S_{X \to Y}}{S_X} \quad (13.3)$$

也就是说，包含项目 X 的事务中可能同时包含项目 Y 也可能不包含，规则置信度反映的是其包含项目 Y 的概率，是规则支持度与前项支持度的比。

一个理想的简单关联规则应具有较高的置信度和较高的支持度。如果规则支持度较高但置信度较低，则说明规则的可信程度差；反之，如果规则置信度较高但支持度较低，则说明规则的应用机会很少。一个置信度较高但普遍性较低的规则并没有太大的实际应用价值。

例如，如果在 1000 个关于顾客购买行为的事务中，只有 1 个顾客购买了野炊用的烧烤炉，同时也只有他购买了炭。虽然规则"烧烤炉→炭"的置信度很高，为 100%，但其支持度只有 0.1%，很低，说明该规则缺乏普遍性，仍然不适用。

所以，简单关联规则分析的目的应是在众多简单关联规则中筛选出那些具有一定置信度和支持度的规则。对此，用户应给定一个最小置信度 $C_{\min}$ 和最小支持度 $S_{\min}$ 的阈值。只有大于最小置信度和支持度阈值，即 $(S_{(X \to Y)} \geq S_{\min}) \cap (C_{(X \to Y)} \geq C_{\min})$ 的规则才是有效规则。

当然，阈值的设置要合理。如果支持度阈值太小，生成的规则会失去代表性；而如果支持度阈值太大，则可能无法找到满足阈值要求的规则。同样，如果置信度阈值太小，生成的规则的可信度就不高；阈值太大，也同样可能无法找到满足阈值要求的规则。

事实上，规则置信度和支持度的计算与统计中的列联表密切相关。表 13.4 所示是一个典型的列联表。

表 13.4 一个典型的列联表

		Y		合计
		1	0	
X	1	A	B	R_1
	0	C	D	R_2
合计		C_1	C_2	T

其中，行表示前项，列表示后项，A、B、C、D 为交叉分组下的频数，R_1、R_2、C_1、C_2 分别为各行合计及各列合计，T 为总计。对于关联规则 $X \to Y$，规则置信度为 A/R_1，规则支持度为 A/T，前项支持度为 R_1/T，后项支持度为 C_1/T。

2. 简单关联规则实用性的测度指标

通常情况下，如果规则置信度和支持度大于用户指定的最小置信度和支持度阈值，那么这个规则就是一条有效规则。事实上，有效规则在实际应用中并不一定实用。例如，对于简单关联规则：怀孕→女性，并没有多少实用价值。换句话说，有效规则未必具有实际意义和正确的指导意义。

● 简单关联规则所揭示的简单关联关系可能仅仅是一种随机关联关系

例如，超市通过简单关联规则分析发现，购买牛奶的顾客40%为男性，即：牛奶→性别（男）（S=40%，C=40%），相应的列联表如表13.5所示。

表13.5 示意列联表（一）

	男	女	合　计
买	40	60	100
未买	0	0	0
合计	40	60	100

如果用户指定的最小置信度和支持度为20%，表面看该规则是一条有效规则，但进一步计算发现，此时顾客中男性的比例也为40%，即后项支持度为40%。也就是说，购买牛奶顾客的男性比例与所有顾客的男性比例是一致的。此时，该规则所反映的只能是一种前后项无关联下的随机性关联，并没有提供更有意义的指导性信息，因而不具有实用性。

● 简单关联规则所揭示的简单关联关系可能是反向关联关系

例如，市场调查机构通过简单关联规则分析发现，某市学习成绩优异的中学生中有60%的人早晨吃鸡蛋，即：成绩（优异）→吃（鸡蛋）（S=30%，C=60%），相应的列联表如表13.6所示。

表13.6 示意列联表（二）

	吃	不　吃	合　计
优异	60	40	100
不优异	66	14	80
合计	126	54	180

同理，如果用户指定的最小置信度和支持度为20%，表面看该规则仍是一条有效规则，但进一步计算发现，该市70%的中学生早晨吃鸡蛋，即后项支持度为70%。也就是说，成绩优异的学生中吃鸡蛋的比例低于吃鸡蛋学生的总体比例。此时，成绩优异与吃鸡蛋的关联是反向的，该规则并没有促进意义上的指导作用，反而有误导性。因为只有成绩优异的学生中吃鸡蛋的比例高于70%的规则才对决策有指导意义。

总之，规则置信度和支持度只能测度一条关联规则的有效性，但并不能衡量其是否具有实用性和实际意义，为此还应参考关联规则的其他测度指标。

● 规则提升度

规则提升度是置信度与后项支持度的比，其数学表示为

$$L_{X \to Y} = \frac{C_{X \to Y}}{S_Y} = \frac{|T(X \cap Y)|}{|T(X)|} / \frac{|T(Y)|}{|T|} \tag{13.4}$$

事实上，后项支持度是没有模型时研究项（后项）的先验概率。规则提升度反映了项目 X 的出现对项目 Y（研究项）出现的影响程度，一般大于 1 才有意义，意味着 X 的出现对 Y 的出现有促进作用。规则提升度越大越好。

对于上述两个问题，规则提升度分别为：40%/40%=1 和 60%/70%<1。可见，虽然上述两条规则是有效的，但并没有意义。

● 置信差（Confidence Difference）

与规则提升度类似，置信差也利用了后项支持度，是规则置信度与后项支持度的绝对差，数学表示为

$$D = |C_{X \to Y} - S_Y| \tag{13.5}$$

例如，在没有任何模型的条件下，后项支持度是 80%，即 80%的顾客购买牛奶，如果规则置信度是 82%，即通过学习知道买面包的顾客购买牛奶的概率是 82%，那么置信差为 2%，应该说该学习所获得的关联规则提供的信息量并不高，只有 2%，其相应的提升度也仅为 1.025。

置信差应高于某个最小值，所得到的关联规则才有意义。

● 置信率（Confidence Ratio）

置信率的数学定义为

$$R = 1 - \min\left(\frac{C_{X \to Y}}{S_Y}, \frac{S_Y}{C_{X \to Y}}\right) \tag{13.6}$$

其中，括号中的第一项为提升度；第二项是提升度的倒数。由于提升度应越大越好，所以，R 也是越大越好。

置信率适合于稀有样本的分析。例如，某种病症的发生概率很低，假设为 1%。如果关联规则表示某种特征的人得此种病症的概率为 10%，尽管其置信差不高，仅为 9%，但置信率却较高，为 90%。于是，该规则可能会从依据置信差判定的无效规则变为由置信率判定的有效规则。

同样，置信率应高于某个最小值，所得到的关联规则才有意义。

● 正态卡方（Normalized Chi-square）

正态卡方从分析前项与后项的统计相关性角度评价规则的有效性。其数学定义为

$$N = \frac{(S_X S_Y - S_{S \to Y})^2}{S_X \bar{S}_X S_Y \bar{S}_Y} \tag{13.7}$$

不难得出，当项目 X 和项目 Y 独立时，$S_X S_Y = S_{S \to Y}$，N 为 0；当项目 X 和项目 Y 完全相关时，N 为 1。因此 N 越接近于 1 说明前项和后项的关联性越强。

同样，正态卡方应高于某个最小值，所得到的关联规则才有意义。

● 信息差（Information Difference）

信息差是在交互熵（Cross Entropy）的基础上计算出来的。交互熵也称相对熵，在 Shannon 的信息论中占有非常重要的地位，主要用于度量两个概率分布间的差异性。

设 $\boldsymbol{P}=(p_1, p_2, \cdots, p_n)$ 和 $\boldsymbol{Q}=(q_1, q_2, \cdots, q_n)$ 是两个离散型随机变量的概率分布向量，则 $H(\boldsymbol{P}|\boldsymbol{Q})$ 称为 $\boldsymbol{P}$ 对 $\boldsymbol{Q}$ 的交互熵，其数学定义为

$$H(\boldsymbol{P}|\boldsymbol{Q}) = \sum_{i=1}^{n} p_i \log_2 p_i - \sum_{i=1}^{n} q_i \log_2 q_i \tag{13.8}$$

关联规则中,式(13.8)的第一项替换为 X 条件下 Y 的分布,第二项为 X 独立于 Y 下的期望分布。

为说明信息差的含义,仍以购买面包和牛奶为例,见表 13.7 中的数据。

表 13.7 面包和牛奶的概率分布表

		Y(牛奶)		概　率
		1	0	
X(面包)	1	ac r	$a\bar{c}$ $a-r$	a
	0	$\bar{a}c$ $c-r$	$\bar{ac}$ $1-(a+c-r)$	$\bar{a}$
概率		c	$\bar{c}$	1

表 13.7 中,a 为前项支持度,c 为后项支持度,r 为关联规则的支持度。每个单元格的第一个数据形成的分布为 X 和 Y 独立条件下的期望概率分布,也就是购买面包和购买牛奶没有任何联系情况下的分布;第二个数据为实际概率分布。为计算这两个概率分布的差异,根据交互熵的定义,信息差定义为

$$E = \frac{r\log\frac{r}{ac} + (a-r)\log\frac{a-r}{a\bar{c}} + (c-r)\log\frac{c-r}{\bar{a}c} + (1-a-c+r)\log\frac{1-a-c+r}{\bar{ac}}}{\log(2)} \quad (13.9)$$

可见,信息差越大说明实际前后项的关联性越强。同样,信息差应高于某个最小值,所得到的关联规则才有意义。

当然,以上指标仅仅是数字上的参考。一条推理规则是否真正具有现实意义,还应该从所研究问题的实际出发,多方面考虑。

13.2 SPSS Modeler 的 Apriori 算法及其应用

最早的 Apriori 算法是 Agrawal 和 Srikant 于 1994 年提出的,后经不断完善,现已成为数据挖掘中简单关联规则技术的核心算法。SPSS Modeler 采用的是 Christian Borgelt 对 Apriori 算法的改进算法。其特点是:
- 只能处理分类型变量,无法处理数值型变量。
- 数据既可以按事务表方式存储,又可以按事实表方式存储。
- 算法是为提高关联规则的产生效率而设计的。

对样本集的简单搜索将可能产生大量的无效规则,执行效率比较低,尤其在大样本集的情况下更是如此。为提高有效关联规则的产生效率,Apriori 算法包括两大部分:第一,产生频繁项集;第二,依据频繁项集产生简单关联规则。

13.2.1 产生频繁项集

1. 频繁项集

所谓频繁项集,是指对包含项目 A 的项集 C,如果其支持度大于等于用户指定的最小支持度,即

$$\frac{|T(A)|}{|T|} \geq S_{\min} \tag{13.10}$$

则称 $C(A)$ 为频繁项集。包含 1 个项目的频繁项集称为频繁 1-项集，记为 L_1；包含 k 个项目的频繁项集称为频繁 k-项集，记为 L_k。确定频繁项集的目的是确保后续生成的关联规则是在具有普遍代表性的项集上生成的。否则，所生成的关联规则不可能具有较高的支持度。

2. 寻找频繁项集

频繁项集是 Apriori 算法提高关联规则效率的关键。Apriori 寻找频繁项集的策略是自底向上，即从包含少量项目的项集开始依次向包含多个项目的项集搜索。

以图 13.1 为例，其基本原则是，如果底层中只包含 D 项的 1-项集不是频繁项集，则包含 D 项的其他所有项集（图中灰底圆圈）都不可能是频繁项集，后续无须再对这些项集进行判断。

图 13.1 寻找频繁项集

Apriori 寻找频繁项集的过程是一个不断迭代的过程，每次迭代都包含两个步骤：第一步，产生候选集 C_k，所谓候选集就是有可能成为频繁项集的项目集合；第二步，基于候选集 C_k，计算支持度并确定频繁项集 L_k。

- 第一次迭代过程中，候选集为所有 1-项集 C_1；在 C_1 中寻找频繁项集，即计算 C_1 中所有 1-项集的支持度。支持度大于等于用户指定的最小支持度阈值的 1-项集成为频繁 1-项集 L_1。对于没有成为频繁项集的其他 1-项集，根据上述基本原则，包含它们的其他多项集不可能成为频繁项集，后续不必再考虑。
- 第二次迭代过程在 L_1 基础上进行，首先产生候选项集 C_2。Apriori 算法通过 L_k*L_k 产生候选项集；在 C_2 中寻找频繁项集，即计算 C_2 中所有 2-项集的支持度。支持度大于等于用户指定的最小支持度阈值的 2-项集成为频繁 2-项集 L_2。
- 重复上述过程，直到无法产生候选项集为止。

用表 13.1 中的数据说明这个迭代过程。设用户指定的最小支持度阈值为 0.5。其 3 次迭代过程如图 13.2 所示。

图 13.2 中，计数为相应项目在所有事务中出现的次数，$S[\%]$ 为支持度。

第一次迭代中，D 的支持度小于 0.5，没有进入频繁项集，其他均进入频繁项集。第二次迭代中，候选项集 C_2 是 L_1 中所有项目的组合。计算各项目的支持度，$C_2(AC)$、$C_2(BC)$、$C_2(BE)$、$C_2(CE)$ 组成频繁项集 L_2。第三次迭代中，$C(ABC)$、$C(ABE)$、$C(AEC)$ 没有进入候选项集 C_3，原因是 $C_2(AB)$ 和 $C_2(AE)$ 不是频繁项集，根据基本原则，包含 $C_2(AB)$ 和 $C_2(AE)$ 的项集也不可能成为频繁项集。由于 L_3 不能继续构成候选项集 C_4，迭代结束，最终频繁项集为 L_3，即 $C_3(BCE)$。

第 13 章 探索内部结构：SPSS Modeler 的关联分析

第一次迭代	1-项集C_1		项集C_1	计数	S[%]		频繁1-项集L_1	计数	S[%]
	{A}		{A}	2	50		{A}	2	50
	{C}		{C}	3	75		{C}	3	75
	{D}		{D}	1	25				
	{B}		{B}	3	75		{B}	3	75
	{E}		{E}	3	75		{E}	3	75

第二次迭代	2-项集C_2		项集C_2	计数	S[%]		频繁2-项集L_2	计数	S[%]
	{A, B}		{A, B}	1	25				
	{A, C}		{A, C}	2	50		{A, C}	2	50
	{A, E}		{A, E}	1	25				
	{B, C}		{B, C}	2	50		{B, C}	2	50
	{B, E}		{B, E}	3	75		{B, E}	3	75
	{C, E}		{C, E}	2	50		{C, E}	2	50

第三次迭代	3-项集C_3		项集C_3	计数	S[%]		频繁3-项集L_3	计数	S[%]
	{B, C, E}		{B, C, E}	2	50		{B, C, E}	2	50

图 13.2 Apriori 产生频繁项集的过程示例

13.2.2 依据频繁项集产生简单关联规则

从频繁项集中产生所有简单关联规则，选择置信度大于用户指定最小置信度阈值的关联规则，组成有效规则集合。

对每个频繁项集 L，计算 L 中所有非空子集 L' 的置信度，即

$$C_{L' \to (L-L')} = \frac{|T(L)|}{|T(L')|} = \frac{S(L)}{S(L')} \tag{13.11}$$

如果 $C_{L' \to (L-L')}$ 大于用户指定的最小置信度阈值，则生成关联规则 $L' \to (L-L')$。

对于上面的例子，频繁项集 L 包含项目 B、C、E。如果 L 的子集 L' 包含项目 B 和 C，则 $L-L'$ 包含项目 E。计算 $C_{(\{B,C\} \to E)} = S(B,C,E)/S(B,C) = 0.50/0.50 = 100\%$，置信度最大，大于用户指定的任何阈值，关联规则 $C(B,C) \to C(E)$（$S=50\%$，$C=100\%$）为有效规则。

总之，由于 Apriori 的关联规则是在频繁项集基础上产生的，因此有效保证了这些规则的支持度达到用户指定的水平，具有一定的适用性。再加上置信度的限制，使得所产生的关联规则具有有效性。当然，还应从其他方面进一步考察关联规则的实用性。

13.2.3 Apriori 算法的应用示例

这里，利用 SPSS Modeler 自带的超市顾客个人信息和他们的一次购买商品数据，说明 SPSS Modeler 的 Apriori 算法的具体操作。

数据文件名为 BASKETS.txt，为文本文件。数据包括两大部分内容，第一部分是 1000 名顾客的个人信息，主要变量有会员卡号（cardid）、消费金额（value）、支付方式（pmethod）、性别（sex）、是否户主（homeown）、年龄（age）、收入（income）；第二部分是这 1000 名顾客一次购买商品的信息，主要变量有果蔬（fruitveg）、鲜肉（freshmeat）、奶制品（dairy）、蔬菜罐头（cannedveg）、肉罐头（cannedmeat）、冷冻食品（frozenmeal）、啤酒（beer）、葡萄酒（wine）、软饮料（softdrink）、鱼（fish）、糖果（confectionery），均为二分类型变量，取值 T 表示购买，F 表示未购买，是一种事实表的数据组织格式。分析目标：哪些商品最有可能同时购买。

首先，通过"变量文件"节点读入数据；然后，选择"建模"选项卡中的"Apriori"节点，将其连接到数据流的恰当位置上。右击，选择弹出菜单中的"编辑"进行节点的参数设置。"Apriori"节点的参数设置包括"字段""模型""专家"选项卡等。

1."字段"选项卡

"字段"选项卡用来指定简单关联规则中的前项和后项变量，如图 13.3 所示。

图 13.3 "Apriori"节点的"字段"选项卡

其中：

- "使用预定义角色"表示采用数据流中"类型"节点所指定的变量角色建立模型；"使用定制字段分配"表示自行指定建模变量。应分别在"后项"和"前项"框中选择关联规则的后项和前项变量。

本例的分析目标是找到连带销售商品，所有商品均被选入后项和前项。

- "使用事务处理格式"表示如果数据是按照事务表格式组织的，则应选择该选项。

2."模型"选项卡

"模型"选项卡用于指定阈值，以及与关联规则相关的其他参数，如图 13.4 所示。

图 13.4 "Apriori"节点的"模型"选项卡

其中：
- "最低条件支持度"表示指定前项最小支持度，默认为 10%；"最小规则置信度(%)"用于指定规则的最小置信度，默认为 80%；"最大前项数"表示为防止关联规则过于复杂，可指定前项包含的最大项目数，默认为 5。
- "仅包含标志变量的 true 值"表示只显示项目出现时的规则，而不显示项目不出现时的规则。

本例关心的是商品的连带购买，选择该选项。

3．"专家"选项卡

"专家"选项卡用于指定关联规则的评价指标，如图 13.5 所示。

图 13.5 "Apriori"节点的"专家"选项卡

其中：
- "评估测量"选项中提供了选择评价关联规则的测度指标。此外，还应在"评估尺度下限"框中给定相应的最小值。
- "允许没有前项的规则"表示允许关联规则没有前项，意味着只输出频繁项集。

4．结果解读

"Apriori"节点的计算结果如图 13.6 所示。

图 13.6 "Apriori"节点的计算结果

SPSS Modeler 以列表形式列出计算所得的简单关联规则，列表各项的含义依次为：后项、前项、关联规则标号（规则标识）、包含前项的样本量（实例）等。如 2 号关联规则是：购买啤酒和蔬菜罐头则会同时购买冷冻食品，购买啤酒和蔬菜罐头的样本量为 167 个。

表格中的"支持度百分比"为前项支持度；"置信度百分比"和"规则支持度百分比"分别为规则的置信度和支持度。如 2 号关联规则，购买啤酒和蔬菜罐头的顾客有 87.425% 的可能购买冷冻食品，该规则的支持度为 14.6%。

表格中的"增益"为提升度。如 2 号规则的提升度最大，其实际指导意义相对最高。"部署能力"测度了样本中满足前项但不满足后项的情况。该指标定义为：前项支持度−规则支持度。

本例产生了 3 条关联规则：啤酒和蔬菜罐头→冷冻食品（S=14.6%，C=87.425%）；啤酒和冷冻食品→蔬菜罐头（S=14.6%，C=85.882%）；冷冻食品和蔬菜罐头→啤酒（S=14.6%，C=84.393%）。同时，3 条关联规则的提升值都可以接受。因此，啤酒、蔬菜罐头、冷冻食品是最可能连带销售的商品。

另外，可利用图 13.6 中的工具栏对关联规则进行必要的管理。例如，通过 ▼ 按钮可将规则按指定指标值的升序或降序排列；通过 ▦ 按钮可指定在列表中显示哪些测度指标；如果产生的关联规则比较多，或只关注某特定情况下的规则，则可单击 ▽ 按钮指定只显示满足条件的规则。

此外，还可绘制商品连带购买的网络图，如图 13.7 所示。

图 13.7　商品连带购买的网络图

随着移动图下方滑块到频数较高区域，网络图中的线段不断减少，最终连带购买最高的商品是蔬菜罐头、冷冻食品和啤酒。网络图和关联规则的结论一致。

可利用简单关联规则考察哪类顾客符合哪条关联规则。如果某个顾客符合某条关联规则，则可推测其有一定的可能性（置信度）同时购买某种商品。如果不符合任何关联规则，则无法推测。将"Apriori"节点的模型计算结果添加到数据流编辑区域，右击模型计算结果节点，在弹出菜单中选择"编辑"选项，选择"设置"选项卡，窗口如图 13.8 所示。

其中：
- 在"最大预测数"框中输入数值，默认为 3，表示应用规则置信度最高的前 3 个规则，还可在"规则标准"框中选择其他指标。
- "允许重复预测"表示允许对同一后项结果应用多条关联规则。
- "忽略不匹配篮项目"表示如果样本应用规则时不能按顺序完全匹配前项的所有项目，则允许采用非精确匹配，忽略后面的一些无法匹配的项目。当关联规则较少时，这不失为一个好策略。

- "确认预测不在篮中"表示样本应用关联规则时，给出的后项结果不应出现在前项中。

图 13.8 "Apriori"节点结果的"设置"选项卡

例如，如果顾客在家具城已经订购了餐桌，也就是他的购物篮中已有餐桌，那么无论关联规则多么有效和有价值，也不可能建议顾客再去订购一张餐桌。因此，是否选择该项应看研究的实际问题。

- "确认预测在篮中"表示样本应用关联规则时，给出的后项结果应在前项中出现过。该选项在应用时往往不是给出购买的建议，而是为了发现商品购买之间的内在联系。本例应选择该项。
- "不要检测预测篮"表示应用关联规则时，给出后项结果时不考虑是否在前项中出现过。

例如，即使顾客在超市里已经购买了洗面奶，也仍然可以建议他再购买一支洗面奶，因为对于日用消费品多买一些是无妨的。因此，是否选择该项也应看研究的实际问题。

可通过"表格"节点浏览具体结果。SPSS Modeler 将给出每个样本观测应用关联规则的推测结果、置信度和规则编号，变量名分别以$A、$AC、$A-Rule 开头。在默认情况下将给出置信度最高的前 3 个规则的推测结果。当然，如果样本不符合任何关联规则，也就是没有一条关联规则中出现的商品出现在顾客购买清单中，则推测结果为系统缺失值$null$。

> 需要说明的是，关联规则是对样本隐含规律的一种归纳和总结。
> 对本例来说，它是对 1000 名顾客购买行为规律的总结。这些规律体现了大部分顾客的购买习惯和消费模式，均有 80%以上的可信度。但值得注意的是，这些关联规则是基于特定训练样本集得出的，它是否具有推广性还要考察诸如超市周边环境是否改变、季节是否改变、顾客是否有大批迁徙、物价和收入水平是否有较大波动等很多因素。
> 同时，由于关联规则本身仅是一种归纳分析结果，并没有关于预测误差的评价指标，通常不直接用于预测。

13.3 SPSS Modeler 的序列关联及其应用

前面的关联分析反映的是事物之间的简单关联关系，本节将讨论序列关联，即关联具有前后顺序，通常与时间有关。

序列关联研究的目的是要从所收集的众多序列中，找到事物发展的前后关联性，进而推断其后续的发生可能。

数据挖掘中，序列关联分析的研究和应用是极为活跃的，最初由发现和描述一个事务序列的连续发生所遵循的规律开始，发展至今已经有很多算法，Sequence 算法就是其中之一。它是 Agrawal 和 Srikant 在 1995 年提出的，目前已成为序列关联分析的经典算法，被许多数据挖掘软件所采纳。

13.3.1 序列关联中的基本概念

1. 序列和序列测度指标

序列关联研究的对象是事务序列，简称序列。

用一个简单的例子说明序列。表 13.8 所示是序列关联的简单数据，它是一份超市顾客的购买记录数据。

表 13.8 序列关联的简单数据

会员卡号	时间 1	时间 2	时间 3	时间 4
001	（香肠，花生米）	（饮料）	（啤酒）	
002	（饮料）	（啤酒）	（香肠）	
003	（面包）	（饮料）	（香肠，啤酒）	
004	（花生米）	（饮料）	（啤酒）	（香肠）
005	（啤酒）	（香肠，花生米）	（面包）	
006	（花生米）	（面包）		

表中记录了 6 位顾客在不同时间购买的商品。会员卡号唯一标识了每位顾客，也唯一标识了每个事务序列。时间 1~4 代表一定的前后顺序，时间 1 在最前面，时间 4 在最后面。同一列上的商品并不意味着一定在同一时间购买。不同顾客购买的具体时间或日期可以不同，这里的时间仅仅表示了一种购买的先后顺序。括号中的商品为同次购买的商品。

例如，001 号顾客，第一次购买了香肠和花生米，然后又购买了饮料，最后又购买了啤酒。他的 3 次购买行为形成了一个购买序列，这里有 6 个购买序列。

序列由项集和顺序标志组成，项集用 C 表示，顺序标志用>表示。

例如，001 号顾客的购买序列可以表示为：C（香肠，花生米）>C（饮料）>C（啤酒）；004 号顾客的购买序列可以表示为：C（花生米）>C（饮料）>C（啤酒）>C（香肠）。

序列可被拆分为若干个子序列。子序列还可继续拆分成项集，项集可看成最小的子序列。

例如，001 号顾客的购买序列 C（香肠，花生米）>C（饮料）>C（啤酒），可被拆分为 C（香肠，花生米）>C（饮料）、C（饮料）>C（啤酒）、C（香肠，花生米）>C（啤酒）3 个子序列。

表 13.8 中的数值组织形式仅仅是为了方便浏览。SPSS Modeler 要求数据按事务表格式组织，并多添加一列以表示事务发生的先后顺序或时间点。

序列长度和序列大小是准确描述一个序列的重要测度指标。序列长度是序列所包含的项集个数；序列大小是序列所包含的项目个数。

例如，001 号顾客的购买序列包含 3 个项集，序列长度为 3；同时，该序列共包括 4 个具体项目，因此序列大小为 4。004 号顾客的购买序列长度为 4，大小为 4。

序列支持度是反映序列普遍性的测度指标，定义为包含某序列的事务序列数占总事务序列数的比例。

例如，表 13.8 中，C（饮料）$>C$（啤酒）的序列支持度为 $4/6≈0.67$。

2．序列关联规则和测度指标

序列关联研究的最终目标是生成序列关联规则。序列关联规则能够反映事物发展的前后关联关系，可用于推断事物后续的发生可能。

序列关联规则的一般形式为

$$X \Rightarrow Y（支持度，置信度）$$

其中，X 称为序列关联规则的前项，可以是一个序列、项目或项集，也可以是一个包含逻辑与（$\cap$）、逻辑或（$\cup$）、逻辑非（$\neg$）的逻辑表达式；Y 称为序列关联规则的后项，一般为一个项目或项集，表示某种结论或事实；$\Rightarrow$ 表示后续发展。

例如，C（香肠，花生米）$>C$（饮料）$\Rightarrow C$（啤酒）就是一条序列关联规则，表示如果同时购买香肠和花生米后又购买饮料，则将购买啤酒；C（饮料）$\Rightarrow C$（啤酒）也是一条序列关联规则，表示购买饮料后将购买啤酒。

序列关联规则的支持度定义为包含某序列规则的事务数占总事务数的比例。

例如，表 13.8 中，C（香肠，花生米）$>C$（饮料）$\Rightarrow C$（啤酒）的支持度为 $1/6≈0.17$；C（饮料）$\Rightarrow C$（啤酒）的支持度为 $4/6≈0.67$。

序列关联规则的置信度定义为同时包含前项和后项的事务数与仅包含前项的事务数的比，也是规则支持度与前项支持度的比。

例如，表 13.8 中，C（香肠，花生米）$>C$（饮料）$\Rightarrow C$（啤酒）的置信度为 $1/1=1$。

再如，表 13.8 中，C（香肠）$\Rightarrow C$（饮料）的置信度为 $1/5=0.2$，C（饮料）$\Rightarrow C$（香肠）的置信度为 $3/4=0.75$。可见，购买饮料后将购买香肠的可能性高于购买香肠后将购买饮料的可能性。

大于用户指定的最小支持度和置信度的序列关联规则才是有效规则。

13.3.2 Sequence 算法

与 Apriori 算法类似，Sequence 算法也包括两大部分：第一，产生频繁序列集；第二，依据频繁序列集生成序列关联规则。

1．产生频繁序列集

频繁序列集是包含所有频繁序列的集合。所谓频繁序列，是指序列的支持度大于等于用户指定的最小支持度的序列。

为提高算法的执行效率，Sequence 算法的基本出发点是：只有最小频繁子序列（频繁项集）才可能构成频繁子序列，应首先寻找最小频繁子序列（频繁项集）。只有频繁子序列才可能构成频繁序列,应继续寻找频繁子序列。当序列所包含的子序列为频繁序列时,序列才可能成为频繁序列。

与 Apriori 算法类似的是,Sequence 算法也设置了候选集合,在候选集合基础上确定频繁项集、频繁子序列和频繁序列;与 Apriori 算法不同的是,Sequence 算法采用的是一种动态处理策略,即边读入边计算,批量筛选。

以表 13.8 所示数据为例说明该策略。各步的计算结果如表 13.9 所示。

表 13.9 Sequence 算法的计算过程示例

编 号	序 列	事务 1	事务 2	事务 3	事务 4	事务 5	事务 6
1	C(香肠)	1	1	1	1	1	**0.83**
2	C(花生米)	1	0.5	0.33	0.5	0.6	**0.67**
3	C(饮料)	1	1	1	1	0.8	**0.67**
4	C(啤酒)	1	1	1	1	1	**0.83**
5	C(饮料)>C(啤酒)		1	1	1	0.8	**0.67**
6	C(啤酒)>C(香肠)		0.5	0.33	0.5	0.6	**0.5**
7	C(饮料)>C(香肠)		0.5	0.67	0.75	0.6	**0.5**
8	C(面包)			0.33	0.25	0.4	**0.5**
9	C(香肠,啤酒)			0.33	0.25	0.2	0.17
10	C(花生米)>C(饮料)				0.5	0.4	0.33
11	C(花生米)>C(啤酒)				0.5	0.4	0.33
12	C(花生米)>C(香肠)				0.25	0.2	0.17
13	C(饮料)>C(啤酒)>C(香肠)				0.5	0.4	0.33
14	C(香肠,花生米)					0.4	0.33
15	C(啤酒)>C(花生米)					0.2	0.17
16	C(啤酒)>C(面包)					0.2	0.17
17	C(香肠)>C(面包)					0.2	0.17
18	C(花生米)>C(面包)					0.2	0.33

表 13.9 从左至右反映了在事务数据读入过程中,候选集合中各序列支持度的变化情况。设用户指定的最小支持度为 40%。

读入第一个事务序列,由于候选集为空,所以将序列拆分成最小子序列,插入候选集合中,计算各子序列的支持度,均为 1 且均大于最小支持度。虽然该序列还包括其他子序列,如 C(饮料)>C(啤酒),但由于在该步之前(第 0 步),饮料和啤酒尚不是频繁子序列,因此,由饮料和啤酒构成的子序列不可能成为频繁子序列,所以不能插入候选集合中。

读入第二个事务序列,由于该序列所包含的最小子序列均存在于候选集合中,无须再插入。该序列还包括子序列:C(饮料)>C(啤酒)、C(啤酒)>C(香肠)、C(饮料)>C(香肠)。由于在该步之前(第 1 步)香肠、饮料和啤酒已为频繁最小序列,它们组成的子序列可能成为频繁子序列,应插入候选集合,计算它们的支持度。支持度均大于最小支持度。

读入第三个事务序列,由于该序列包含的最小子序列 C(面包)及 C(香肠,啤酒)不在候选集合中,应将它们插入。该序列还包括子序列,如 C(饮料)>C(香肠,啤酒)、C(饮料)>C(香肠)、C(饮料)>C(啤酒),以及和面包相关联的子序列。但由于该步之前(第2步)C(面包)和C(香肠,啤酒)尚不是频繁子序列,因此与C(面包)和C(香肠,啤酒)相关联的子序列不可能成为频繁子序列,不能插入候选集。C(饮料)>C(香肠)和C(饮料)>C(啤酒)无须再插入。计算它们的支持度,支持度均大于最小支持度。

后续处理同上。

计算过程中,应将支持度小于用户指定的最小支持度的子序列(不包括最小子序列)剔除出候选集合。但出于计算效率的考虑,Sequence算法并没有在每一步都做删减处理,而是待处理完若干个事务数据后再成批删减。

最后得到的候选集合为表13.9最右列对应的子序列,剔除支持度小于指定值(40%)后的序列即为频繁序列集合,即粗体字对应的序列集合。

> 需要说明的是,从产生频繁序列集的过程可以看出,频繁序列在时间点上不一定是连续的,中间允许有间隔。

例如,序列C(花生米)>C(饮料)在时间上是连续的,但序列C(花生米)>C(啤酒)、C(花生米)>C(香肠)在时间点上则是不连续的。因此,由此预测出的事物的未来结果,不一定就发生在下个时间点上,也可能会在后续的某个时间点上发生。

另外,Sequence算法是一种动态数据的处理方法,它不必等所有数据都读入后才计算,减少了内存的开销,尤其适合大数据集和动态数据集的处理,在很多在线数据分析中有着广泛的应用。

2. 依据频繁序列集生成序列关联规则

由于频繁序列集中的序列长度不尽相同,且序列的前后次序取决于事务数据的前后顺序,因而序列之间的内在关系没有得到有效体现。

例如,C(饮料)>C(啤酒)序列和C(饮料)序列本是序列与子序列的关系,但在表格中却无法体现这种关系。

因此,在此基础上生成关联规则会很烦琐,尤其当频繁序列集非常庞大时更是如此。

Sequence算法的解决方法是将频繁序列组织成邻接格(Adjacency lattice)的形式。所谓邻接,是指如果对序列A增加一个最小子序列后就能够得到另一个序列B,则称序列A和序列B是邻接的。邻接格能够有效反映频繁序列的内在关系,它使序列关联规则的生成更加准确和快捷。

如果指定序列最小支持度为40%,则图13.9是本例频繁序列邻接格的图形化表示。

图13.9 Sequence算法中的邻接格图形表示

在邻接格的基础上计算规则置信度。如果指定最小规则置信度为 0.3，则生成的序列关联规则为：

C（饮料）$\Rightarrow C$（啤酒）（66.667%，100%）

C（饮料）$\Rightarrow C$（香肠）（50%，75%）

C（啤酒）$\Rightarrow C$（香肠）（50%，60%）

图 13.10（a）、(b) 所示是序列数据格式和序列关联规则的计算结果。数据文件名为 Sequence.sav，读者可自行操作验证。

(a) 序列数据格式　　　　　　　　　　　(b) 序列关联规则的计算结果

图 13.10　序列数据格式和序列关联规则的计算结果

13.3.3　序列关联的时间约束

由于序列关联分析涉及时间问题，因此有必要限定在怎样的时间范围实施的行为或发生的事务，属于同一时间点或分属于不同的时间点。仍以顾客购买为例，应指明在什么样的时间范围的购买行为属于一次购买，怎样的属于两次购买。

例如，如果一位顾客购买了饮料，回到停车场准备回家时想起来还应再买些面包和香肠，于是又返回购买了。现在的问题是，该购买行为是属于一次购买还是两次购买？因为它将直接关系到购买序列的表示，即是 C（饮料）>C（面包，香肠）还是 C（饮料，面包，香肠），也直接影响到后续一系列的分析计算。因此，给出序列的时间约束是很有必要的。

序列关联分析中的时间约束主要包括以下两类。

1．持续时间

持续时间也称时间窗口或交易有效时间。

本例中，如果指定购买持续时间为 30min，则该顾客在第一次购买发生以后的 30min 内的所有购买行为，无论是从停车场返回后的再次购买，还是从家中返回的再次购买，即使是与第一次购买的时间相差了 29min，也均视为同一次购买。超过 30min 之后的购买则视为下一次购买，即使是在第 31min 时的购买，与上一次购买仅间隔了 1min，也算作第二次购买。

持续时间可以很短,如秒、分钟或小时等;也可以很长,如月、季度或年等。

2. 时间间隔

时间间隔是指序列中相邻子序列之间的时间间隔,应给定一个间隔区间$[a, b]$,其中$a<b$,表示相邻行为或事务发生的时间间隔不小于a,且不大于b。

本例中,如果指定间隔时间为[10min,30min],那么,如果视返回后的购买为第二次购买,则它与第一次购买的时间间隔不应小于 10min,且与第一次购买的时间间隔不应大于 30min。

同时给出时间间隔的最小值和最大值是必要的。因为,如果某次购买与第一次购买之间的时间间隔远远大于 10min,当然不能视其为第一次购买,至少是属于第二次购买以后的。但它究竟属于第二次还是第三次或第四次,若没有时间间隔的最大值限制就无法确定了。同样,如果没有最小值的限制,仅仅指定时间间隔小于 30min,也无法确定它究竟属于第二次购买还是第一次购买。

13.3.4 Sequence 算法的应用示例

这里,以客户浏览网页的历史记录数据(文件名为 WebData.xslx)为例,说明 SPSS Modeler 序列关联分析的具体操作。

数据中的 CustomerGuid 为网民编号,如果用 IP 地址标识更合理;URLCategory 为浏览网页的类型;SequenceID 为浏览的前后次序。分析目标:研究网民浏览网页的行为规律。

首先,利用"Excel"节点读入 WebData.xslx 中的 ClickPath 表;然后,对数据进行合并集成处理;最后,选择"建模"选项卡中的"序列"节点,将其连接到数据流的恰当位置上。右击,选择弹出菜单中的"编辑"进行节点的参数设置。其中"字段""模型""专家"选项卡是重要选项卡。

1. "字段"选项卡

"字段"选项卡用于设置序列关联分析的主要参数,如图 13.11 所示。

图 13.11 "序列"节点的"字段"选项卡

其中:
- 在"标识字段"框中指定唯一标识事务序列的变量。如果样本已按照标识字段排序了,则选中"标识连续"。

- "使用时间字段"表示在后面的框中指定某个表示时间点或时间先后顺序的变量，否则将样本观测编号作为顺序标志。
- "内容字段"框用来指定存放事务的变量。

2. "模型"选项卡

"模型"选项卡用于设置序列关联规则的支持度和置信度等参数，如图 13.12 所示。

图 13.12 "序列"节点的"模型"选项卡

其中，可指定序列关联规则的最小规则支持度、最小规则置信度及最大序列大小。"要添加到流的预测"表示指定利用置信度最高的前几个序列关联规则对样本进行推测，默认值为 3。

3. "专家"选项卡

"专家"选项卡用于设置序列关联规则分析的其他参数，如图 13.13 所示。

图 13.13 "序列"节点的"专家"选项卡

其中：
- "设置修剪值"表示指定处理完几个事务序列后剔除频繁序列候选集中小于最小支持度的序列。
- 选中"抑制项目集之间的间距"表示指定时间间隔，应分别在"最小值"和"最大值"框中指定时间间隔的最小值和最大值。如果表示时间点的变量为日期或时间戳类型变量，则间隔以秒计算；如果为数值型变量，则间隔为同样计量单位的指定数字。

4. 结果解读

"序列"的计算结果如图 13.14 所示。

前项	后项	实例	支持度百分比	置信度百分比	规则支持度百分比
Flight	Hotel	103	11.9	86.555	10.3
News North America	News North America	120	20.5	58.537	12.0
News North America	Weather	115	20.5	56.098	11.5

图 13.14 "序列"的计算结果

得到的序列关联规则如下。

C（Flight）$\Rightarrow C$（Hotel）（10.3%，86.555%），表示浏览航班网页的网民中有 86.555%将浏览关于宾馆住宿的网页，规则支持度为 10.3%。

C（News North America）$\Rightarrow C$（News North America）（12.0%，58.537%），表示浏览北美新闻网页的网民中有 58.537%还将会浏览北美新闻网页的其他内容，规则支持度为 12.0%。

C（News North America）$\Rightarrow C$（Weather）（11.5%，56.098%），表示浏览北美新闻网页的网民中有 56.098%将会浏览天气类的网页，规则支持度为 11.5%。

上述序列关联规则是基于对网民个体浏览行为的分析，得到的是大部分网民的网页浏览规律，换句话说，得到的是一种具有一定可信度的网民共性的浏览模式。其实，这种行为模式的分析还可以针对网民的年龄、受教育程度、地理位置等，即在图 13.14 所示的窗口中，指定 ID field 为年龄、受教育程度或地理位置等，于是将产生不同的浏览序列。例如，如果有 8 个受教育水平，则将产生 8 个浏览序列，在时间上取相同值的浏览视为同一次浏览。这样，就可以得到不同年龄、不同受教育程度或不同地理位置等网民的一般浏览模式。进一步，将序列关联规则应用到具体样本中，可分析各个年龄段、各受教育程度、各地理位置网民的具体浏览特点。

依据这个道理，在商业领域中，序列关联中的事务标识可以是顾客的会员卡号，但从宏观角度分析，事务标识也可以是商品种类、地区、城市甚至国家等，它可以帮助研究者分析商品的销售模式、地区或城市的营销特点，乃至全球的供应链管理等问题。

在应用序列关联规则时，需将"序列"计算结果加到数据流中，并与"表格"节点相连，于是将看到各个样本的推测结果。默认给出置信度最高的 3 个规则的推测结果和置信度，变量名分别以$S 和$SC 开头。推测结果并不与特定的时间关联，只是意味着在未来的某个时间上将发生。

> 需要说明的是，无论简单关联分析还是序列关联分析，都存在同层关联分析和层间关联分析的问题。仍以商品购买为例，有时分析的对象是具体的商品，而有时又要针对商品类别，如食品、服装、日用卫生品等。为此，事前对商品进行类别编码是必需的。相关问题不再展开讨论。

第 14 章 探索内部结构：SPSS Modeler 的聚类分析*

14.1 聚类分析的一般问题

14.1.1 聚类分析的提出

聚类分析是研究"物以类聚"问题的分析方法。"物以类聚"问题在社会经济研究中十分常见。

例如，收集大型商厦的顾客自然特征、消费行为等方面的数据，顾客群细分是最常见的分析需求。可从顾客自然特征和消费行为的分组入手，如根据客户的年龄、职业、收入、消费金额、消费频率、购物偏好等进行单变量分组；或者，进行多变量的交叉分组。这种分组方式是客户群细分中普遍采用的方式，但客户群划分带有明显的主观色彩，表现在：

第一，需要明确指定分组变量。这无疑需要分析人员具备丰富的行业经验，否则形成的顾客分组可能是不恰当的。同时，这种分组通常只能侧重反映顾客的某个特征或少数几个特征，而很难反映多方面的综合特征，但基于多方面综合特征的客户细分往往比单个特征的细分更有意义。

第二，需要明确指定分组标准。合理的标准是成功分组的关键，但仍需要行业经验和反复尝试。

通常，人们更希望的分组是从数据出发的全面和客观的分组，即分组时兼顾多方面因素，且无须人工指定分组标准，并确保各方面特征相似的顾客能够被分在同一组内，特征不相似的顾客被分在不同组中。这是一种全方位的自动化分组，它相对更全面和更客观，对帮助企业认识自己的客户更有帮助。

聚类分析是解决这类问题的有效方法。它能够将一批样本数据，在没有先验知识的前提下，根据数据的诸多特征，按照其在性质上的亲疏程度进行自动分组，且使组内部个体的结构特征具有较大相似性，组之间个体的特征相似性较小。

这里，所谓"没有先验知识"是指没有事先指定分组标准，所谓"亲疏程度"是指样本在变量取值上的总体相似程度或差异程度。

14.1.2 聚类算法

由于聚类算法在探索数据内在结构方面具有全面性和客观性等特点，因此，在数据挖掘领域得到了广泛应用。目前，聚类算法已经有很多，可从不同角度对它们进行分类。

- 从聚类结果角度划分

聚类算法可分为覆盖聚类算法与非覆盖聚类算法，即如果每个样本观测都至少属于一个类，则称为覆盖聚类算法，否则为非覆盖聚类算法。

---

* 本章的数据流文件：聚类分析.str。

另外，聚类算法还可分为层次聚类算法和非层次聚类算法，即如果存在两个类，其中一个类是另一个类的子集，则称为层次聚类算法，否则称为非层次聚类算法。

再有，聚类算法还可分为确定聚类算法和模糊聚类算法，即如果任意两个类的交集为空，一个样本观测最多只属于一个类，则称为确定聚类（或硬聚类）算法；否则，如果至少一个样本观测属于一个以上的类，则称为模糊聚类算法。

● 从聚类变量类型角度划分

聚类算法可分为数值型聚类算法、分类型聚类算法和混合型聚类算法，它们所处理的聚类变量分别是数值型、分类型及数值分类混合型。

● 从聚类的原理角度划分

聚类算法可分为划分聚类算法、层次聚类算法、基于密度的聚类算法及网格聚类算法等。

目前，流行的数据挖掘软件中除包含经典的 K-Means 聚类方法之外，还包括了由两步聚类方法及由人工神经网络模型衍生出来的 Kohonen 网络聚类等方法，这些方法都属于无监督学习方法。本章将重点讨论这些方法。

14.2 SPSS Modeler 的 K-Means 聚类及应用

K-Means 聚类也称快速聚类，属于覆盖型数值划分聚类算法。它得到的聚类结果，每个样本观测都唯一属于一个类，而且聚类变量为数值型，并采用划分原理进行聚类。

K-Means 聚类主要涉及两个方面的问题：第一，如何测度样本的"亲疏程度"；第二，如何进行聚类。下面将重点讨论这些问题。

14.2.1 K-Means 对"亲疏程度"的测度

通常，"亲疏程度"的测度一般有两个角度：第一，数据间的相似程度；第二，数据间的差异程度。衡量相似程度一般可采用简单相关系数或等级相关系数等，差异程度则一般通过某种距离来测度。K-Means 聚类方法采用第二个测度角度。

为有效测度数据之间的差异程度，K-Means 将具有 p 个变量、样本量为 n 的样本数据，看成 p 维空间中的 n 个数据点，并以此定义某种距离。通常，点与点之间的距离越小，意味着它们越"亲密"，差异程度越小，越有可能聚成一类；相反，点与点之间的距离越大，意味着它们越"疏远"，差异程度越大，越有可能分属不同的类。

由于 K-Means 方法所处理的聚类变量均为数值型，因此，它将点与点之间的距离定义为欧氏距离。数据点 x 和 y 之间的欧氏距离定义为

$$\text{EUCLID}(x,y) = \sqrt{\sum_{i=1}^{p}(x_i - y_i)^2} \tag{14.1}$$

其中，x_i 是点 x 的第 i 个变量值，y_i 是点 y 的第 i 个变量值。

除此之外，常用的距离还包括平方欧氏距离、切比雪夫距离、明考斯基距离等。

14.2.2 K-Means 聚类过程

在上述距离的定义下，K-Means 聚类算法采用"划分"方式实现聚类。

所谓划分，是指首先将样本空间随意划分为若干个区域（类），然后依据上述定义的距离，

将所有数据点分配到与之"亲近"的区域（类）中，形成初始的聚类结果。良好的聚类应使类内部数据的结构相似，类间的结构差异显著，而由于初始聚类结果是在空间随意划分的基础上产生的，因而无法确保所给出的聚类解满足上述要求，所以多次反复是必需的。

在这样的设计思路下，K-Means 聚类算法的具体过程是：
- 第一步，指定聚类数目 K。

在 K-Means 聚类中，应首先给出需聚成多少类。聚类数目的确定本身并不简单，既要考虑最终的聚类效果，也要根据研究问题的实际需要。聚类数目太大或太小都将失去聚类的意义。

- 第二步，确定 K 个初始类中心点。

类中心是各类特征的典型代表。指定聚类数目 K 后，还应指定 K 个类的初始类中心点。初始类中心点指定的合理性将直接影响聚类收敛的速度。常用的初始类中心点的指定方法有：

经验选择法，即根据以往经验大致了解样本应聚成几类及如何聚类，只需要选择每个类中具有代表性的点作为初始类中心点即可。

随机选择法，即随机指定若干个数据点作为初始类中心点。

最小最大法，即先选择所有数据点中相距最远的两个点作为初始类中心点，然后选择第三个数据点，它与已确定的类中心点的距离是其余点中最大的。最后按照同样的原则选择其他的类中心点。

- 第三步，根据最近原则进行聚类。

依次计算每个数据点到 K 个类中心点的欧氏距离，并按照距 K 个类中心点距离最近的原则，将所有数据点分派到最近的类中，形成 K 个类。

- 第四步，重新确定 K 个类中心。

重新计算 K 个类的中心点。中心点的确定原则是：依次计算各类中所有数据变量的均值，并以均值点作为 K 个类的中心点。

- 第五步，判断是否已经满足终止聚类的条件，如果没有满足则返回第三步，不断重复上述过程，直到满足迭代终止条件。

聚类终止的条件通常有两个：第一，迭代次数，当目前的迭代次数等于指定的迭代次数时终止聚类；第二，类中心点偏移程度，当新确定的类中心点距上次类中心点的最大偏移量小于指定值时终止聚类。通过适当增加迭代次数或合理调整中心点偏移量的判定标准，能够有效克服初始类中心点指定时可能存在的偏差。上述两个条件中任意一个满足则结束聚类。

可见，K-Means 聚类是一个反复迭代过程。在聚类过程中，数据点所属的类会不断调整，直到最终达到稳定为止。

图 14.1 直观反映了 K-Means 聚类的过程。

首先指定聚成 2 类，图中黑色圆点为初始类中心点。可以看到，迭代过程中图中最下面的一个点的所属类发生了变化，其原因是类中心点进行了调整。

由于距离是 K-Means 聚类的基础，它将直接影响最终的聚类结果。因此，通常在分析之前应剔除影响距离正确计算的因素，包括：

图 14.1　K-Means 聚类过程

第一，聚类变量值不应有数量级上的差异。

聚类分析是以距离度量"亲疏程度"的，数量级将对距离计算产生较大影响。

例如，表 14.1 所示是银行 3 个贷款客户的数据。

表 14.1　银行 3 个贷款客户的数据

客户代码	年收入（百元）	贷款（元）	还款月份
1	410	4380000	19
2	336	1730000	21
3	490	220000	8

直接计算两两样本观测之间的欧氏距离，以及将贷款金额的计量单位转换成十万元后的欧氏距离，结果如表 14.2 所示。

表 14.2　银行 3 个贷款客户的距离矩阵

	欧氏距离	
	元	十万元
（1，2）	265000	74.07
（1，3）	416000	80.86
（2，3）	151000	154.56

由表 14.2 可知，当贷款以元为计量单位时，样本观测 2 和 3 的距离最小，其次是样本观测 1 和 2，样本观测 1 和 3 的距离最远；当以十万元为计量单位时，样本观测 1 和 2 的距离最近，其次是样本观测 1 和 3，样本观测 2 和 3 的距离最远。可见，数量级对距离产生了巨大的影响，也直接影响了聚类结果。

为解决该问题，聚类分析之前通常应首先消除变量的数量级差异，一般可通过标准化处理实现。SPSS Modeler 在进行聚类分析时自动将变量值转换到 0～1。

第二，对分类型变量的处理。

由于 K-Means 算法的距离计算是基于数值的，为符合计算要求，SPSS Modeler 对于分类型聚类变量进行了预处理。

对于具有 k 个类别的多分类型变量，采用 k 个取值为 0 或 1 的哑变量共同来表示。例如，变量 x 有 A、B、C 三个类别，则用 x_1、x_2、x_3 三个哑变量共同表示。如果 x 取 A，则 x_1、x_2、x_3 分别为 1、0、0；如果 x 取 B，则 x_1、x_2、x_3 分别为 0、1、0；如果 x 取 C，则 x_1、x_2、x_3 分别为 0、0、1。于是，原来具有 k 个类别的一个聚类变量派生出取 0 或 1 的 k 个哑变量。

由此引发的另一个问题是，分类型变量在欧氏距离计算中的"贡献"将大于其他数值型变量。

例如，计算数据点 x 与数据点 y 的欧氏距离时，如果数据点 x 在一个三分类型变量上取 A，数据点 y 取 B，则该分类型变量在欧氏距离中的"贡献"为：$(1-0)^2 + (0-1)^2 + (0-0)^2 = 2$，大于 1。而数值型变量由于取值为 0~1，贡献不大于 1。这就意味着分类型变量的权重要高于数值型变量，显然是有问题的。

为此，SPSS Modeler 的解决策略是：将 1 调整为 $\sqrt{0.5} \approx 0.707$，以保证分类型变量在欧氏距离中的"贡献"不大于 1。

对于二分类型变量，用取值为 0 或 1 的一个哑变量表示。

另外，还应注意的是，聚类变量间不应有较强的线性相关关系。由聚类分析的距离定义可以看出，每个变量都在距离计算中做出"贡献"。如果聚类变量之间存在较高的线性关系，能够相互替代，那么计算距离时这些"同类"变量将重复"贡献"，意味着它们在距离计算中拥有了较高的权重，它们会在很大程度上左右最终的聚类结果。

14.2.3 K-Means 聚类的应用示例

这里，以我国 31 个省市自治区某年各地区经济发展的数据为例，讨论 SPSS Modeler 中 K-Means 的具体操作。文件名为 K-Means.sav，是一个 SPSS 类型文件。变量 x_1~x_{11} 依次表示人口数及分性别人口数，反映各地的人口水平；出生预期寿命和每万人平均病床数，反映各地区人民健康水平；大专以上文化程度人口比例，反映各地区的教育水平；人均 GDP、第三产业增加值占 GDP 比例、人均道路面积、省会城市空气质量达到并好于二级的天数及人均环境污染治理投资额，反映各地区的经济发展和社会环境水平等。分析目标：根据所给变量，研究我国 31 个省市自治区的综合发展水平，分析哪些省市自治区处在相同的发展水平上。

1. 基本操作

首先，通过"SPSS 文件"节点读入数据；然后，连接"类型"节点，指定"地区"变量的角色为 None，其他角色均为 In；最后，选择"建模"选项卡中的"K-Means"节点，连接到"类型"节点的后面。右击，选择弹出菜单中的"编辑"进行节点的参数设置。其中"模型""专家"是两个重要选项卡。

● "模型"选项卡

"模型"选项卡用于设置聚类过程的主要参数和输出结果，如图 14.2 所示。

第 14 章 探索内部结构：SPSS Modeler 的聚类分析

图 14.2 "K-Means"节点的"模型"选项卡

其中，"聚类数"即是指定的聚类数目，默认为 5，这里指定为 4 类；"生成距离字段"表示将给出各样本观测与所属类中心点的距离。

● "专家"选项卡

"专家"选项卡用于设置聚类迭代停止的条件，如图 14.3 所示。

图 14.3 "K-Means"节点的"专家"选项卡

其中，选择"停止"选项中的"定制"可修改迭代终止的条件。在"最大迭代数"框中指定最大迭代次数，当迭代次数等于该值时停止聚类；或在"更改容忍度"框中指定一个值，当最大的类中心偏移量小于该值时停止聚类。满足两个条件中的一个即停止聚类。

"集合编码值"表示对多分类型变量重新编码后，调整其权重。默认应与数值型变量权重相同，即将虚拟变量取值为 1 调整为 $\sqrt{0.5}$，近似 0.707。用户可以调整该值，但不合理的值将使聚类结果产生偏差。

2．结果解读

本例指定将样本数据聚为 4 类。SPSS Modeler 以图表形式直观展示聚类解的情况，"K-Means"的图形化结果如图 14.4 所示。

图 14.4 "K-Means" 的图形化结果（一）

图 14.4 右侧的饼图显示了各类样本量的比例情况。最大类的样本量为 15，占总样本的 48.4%，最小类的样本量仅为 2，占总样本的 6.5%。该两类样本量之比为 7.5。左图以条形图的形式展示了平均轮宽的大小。轮宽是一种常用的评价聚类效果的指标，样本观测 x_i 的轮宽定义为

$$s(x_i) = \frac{b(x_i) - a(x_i)}{\max[a(x_i), b(x_i)]}$$

设聚类数目 $K=3$，样本观测 x_i 属于第 1 类。$a(x_i)$ 是 x_i 对第 1 类的总代价，$b(x_i)$ 是 x_i 对第 2、3 类总代价的最小值。总代价定义为类内其他观测与 x_i 的距离之和。可见，该值越接近于 1，表明 x_i 所属的类越合理；反之，该值越接近于-1，表明 x_i 越可能属于错误的类。本例中，观测全体轮宽的平均值接近 0.5，聚类效果较为理想。

选择左边"查看"下拉框中的"聚类"，将以表格（行为聚类变量，列为聚类）形式给出各类聚类变量的均值和重要性度量，如图 14.5 所示。

图 14.5 "K-Means" 的图形化结果（二）

单击左侧第 3 类"人均环境污染治理投资额"单元格，右侧将自动显示其对应的概率分布图（深色），浅色部分为其他类的分布情况。可见，该类变量的取值处于中等和较低水平。

进一步,如果希望分析哪些省市自治区的综合发展水平基本相同,可将模型计算结果添加到数据流中,并用"表格"节点浏览。其中,$KM 变量是各样本的聚类解,即所属的类号;$KMD 变量是各样本观测点与本类中心点的距离。

分析结论:北京和上海均属于第一类,是综合发展水平比较高的地区,远远超过了其他类;宁夏、内蒙古、山西、天津这些经济总量不很高的省市属于第四类;广东、浙江、江苏等省属于第二类,其余为第三类。

需要说明的是,K-Means 算法是执行效率最快的聚类算法之一。应注意的问题如下。
- K-Means 聚类算法本身无法处理分类型变量,虽然 SPSS Modeler 对此进行了适当处理,但仍会在一定程度上影响算法的应用。
- K-Means 算法需要指定聚类数目,这意味着研究人员必须对所研究的问题和数据有比较全面的把握,其难度是比较大的。
- 由于类中心点的确定采用均值,因而易受数据中极端值的影响。也就是说,K-Means 的聚类结果易受到离群点和噪声数据的影响,且算法本身并没有有效的诊断手段。

14.3 SPSS Modeler 的两步聚类及其应用

两步聚类(Two Step Clustering)算法是 Chiu 等人于 2001 年在 BIRCH(Balanced Iterative Reducing and Clustering using Hierarchies)算法基础上提出的一种改进算法。

两步聚类算法尤其适合大型数据集的聚类研究,有效克服了 K-Means 算法存在的遗憾,主要特点表现在:
- 既可处理数值型聚类变量,又可处理分类型变量。
- 能够根据一定准则确定聚类数目。
- 能够诊断样本中的离群点和噪声数据。
- 通过两步实现数据聚类。

顾名思义,两步聚类需经过两步实现数据的聚类。

第一步,预聚类。

将样本粗略划分为若干子类。开始阶段视所有数据为一个大类。读入一个样本数据后,根据"亲疏程度"决定该样本是应派生出一个新类,还是应合并到已有的某个子类中。这个过程将反复进行,最终形成 L 个类。预聚类过程是聚类数目不断增加的过程。

第二步,聚类。

即在预聚类的基础上,再根据"亲疏程度"决定哪些子类可以合并,最终形成 L'类。该步是聚类数目不断减少的过程,随着聚类的进行,类内部的差异性将不断增大。

算法涉及的两个重要方面:第一,如何测度"亲疏程度";第二,以怎样的方式实施第一步的预聚类和第二步的聚类。以下将分别讨论这两个方面。

14.3.1 两步聚类对"亲疏程度"的测度

与 K-Means 算法类似的是,两步聚类也采用距离测度样本或类的"亲疏程度",并依据距离确定类的划分。不同的是,如果聚类变量均为数值型,则仍采用上述欧氏距离。否则,应同时考虑数值型和分类型变量的计算,采用对数似然距离。

两步聚类的对数似然距离设计源于概率聚类的表示方式,通过对数似然函数的形式描述全部样本的聚类分布特征。设有 K 个聚类变量 $x_1, x_2, \cdots, x_k$,其中包括 K^A 个数值型聚类变量和 K^B 个分类型聚类变量。如果聚成 J 类,则对数似然函数定义为

$$l = \sum_{j=1}^{J} \sum_{i \in I_j} \log p(X_i | \boldsymbol{\theta}_j) = \sum_{j=1}^{J} l_j \tag{14.2}$$

其中,p 为似然函数;I_j 是第 j 类的样本集合;$\boldsymbol{\theta}_j$ 是第 j 类的参数向量。针对全部样本,其对数似然是各类对数似然之和。同理,针对一个由 M 个子类组成的子类,其对数似然等于 M 个子类的对数似然之和。

于是,对已存在的第 j 类和第 s 类,若两者合并后的类记为<j,s>,则它们的距离定义为两类合并之前的对数似然 $\hat{l}$ 与合并后对数似然 $\hat{l}_{new}$ 的差,即对数似然距离,定义为

$$d(j, s) = \hat{l} - \hat{l}_{new} = \hat{l}_j + \hat{l}_s - \hat{l}_{<j,s>} = \xi_j + \xi_s - \xi_{<j,s>} \tag{14.3}$$

其中,ξ 为对数似然函数的具体形式,定义为

$$\xi_v = -N_v \left[\sum_{k=1}^{K^A} \frac{1}{2} \log(\hat{\sigma}_k^2 + \hat{\sigma}_{vk}^2) + \sum_{k=1}^{K^B} \hat{E}_{vk} \right] \tag{14.4}$$

$$\hat{E}_{vk} = -\sum_{l=1}^{L_k} \frac{N_{vkl}}{N_v} \log\left(\frac{N_{vkl}}{N_v}\right) \tag{14.5}$$

其中,$\hat{\sigma}_k^2$ 和 $\hat{\sigma}_{vk}^2$ 分别为第 k 个数值型变量的总方差和在第 v 类中的方差;N_v 和 N_{vkl} 分别为第 v 类的样本量,以及在第 v 类中第 k 个分类型变量取第 l 个类别的样本量。第 k 个分类型变量有 L_k 个类别。式(14.4)引入 $\hat{\sigma}_k^2$ 的目的是解决因第 v 类方差可能为 0,对数无法计算的问题。

可见,这里的对数似然函数反映了类内部变量取值的总体差异性,且数值型变量以方差测度,分类型变量以信息熵测度。

显然,当第 j 类和第 s 类合并后,$-\xi_{<j,s>} > \xi_j + \xi_s$,因此 $d(j,s) > 0$。$d(j,s)$ 越小,说明第 j 类和第 s 类合并越不会引起类内部的差异性显著增大,当 $d(j,s)$ 小于一定阈值 τ 时,第 j 类和第 s 类可以合并;$d(j,s)$ 越大,说明第 j 类和第 s 类合并越会引起类内部的差异性显著增加,第 j 类和第 s 类不应合并。

14.3.2 两步聚类过程

如前文所述,两步聚类分为预聚类和聚类两个步骤。

1. 预聚类

两步聚类算法是 Zhang、Ramakrishnon 和 Livny 在 1996 年所提出的 BIRCH 算法的改进算法,其预聚类过程与 BIRCH 算法相似。

BIRCH 算法的一个重要特点是有效解决了大数据集的聚类问题。由于计算机的内存有

限，无法存储超过内存容量的大数据集，因此，尽管有些聚类算法在理论上无懈可击，但却无法通过计算机实现。为此，BIRCH 算法提出了一种巧妙的数据存储方案，即 CF 树（Clustering Feature Tree）。

首先，CF 树是一种描述树结构的数据方式，它通过指针反映树中节点的上下层次关系。树中的叶节点为子类，具有同一父节点的若干子类合并为一个大类形成树的中间节点。若干大类可继续合并成更大的类形成更高层的中间节点，直到根节点表示所有数据形成一类。

其次，CF 树是一种数据的压缩存储方式。树中每个节点只存储聚类过程计算距离所必需的统计量，即充分统计量。

在两步聚类算法中，关于树节点 j，即第 j 类的充分统计量包括 $CF_j = \{N_j, S_{Aj}, S_{Aj}^2, N_{Bj}\}$，其中参数依次为节点的样本量、数值型变量值的总和、数值型变量值的平方和、分类型变量各类别的样本量。对于 $<j,s>$ 类，$CF_{<j,s>} = \{N_j + N_s, S_{Aj} + S_{As}, S_{Aj}^2 + S_{As}^2, N_{Bj} + N_{Bs}\}$。由这些统计量可以很容易地计算出类的对数似然距离。可见，节点并没有存储原始数据本身，因而大大减少了存储的数据量，使得大数据集聚类有实现的可能。

在这种数据结构下，预聚类采用数据逐条读入逐条处理的方式进行预聚类，具体过程为：
- 视所有数据为一个大类，其充分统计量存储在根节点中。
- 读入一条数据，从 CF 树的根节点开始，利用节点的充分统计量，计算该数据与中间节点（子类）的对数似然距离，并沿着对数似然距离最小的中间节点依次向下选择路径直到叶节点。
- 计算与子树中所有叶节点（子类）的对数似然距离，找到距离最近的叶节点。
- 如果最近距离小于一定阈值 τ，则该数据被相应的叶节点"吸收"；否则，该数据将"开辟"一个新的叶节点。重新计算叶节点和相应所有父节点的充分统计量。
- 判断新插入样本的叶节点是否已包含了足够多的样本，如果是则"分裂"该节点，一分为二成两个叶节点，该叶节点变成中间节点。分裂时以相距最远的两点为中心，根据距离最近原则分类。重新计算叶节点的充分统计量。
- 随着 CF 树的生长，聚类数目在不断增加，也就是说，CF 树会越来越"茂盛"。当 CF 树生长到被允许的最"茂盛"程度，即叶节点个数达到允许的最大聚类数目时，如果此时数据尚未得到全部处理，则应适当增加阈值 τ 重新建树，以得到一棵较小的 CF 树。
- 重复上述过程，直到所有数据均被分配到某个叶节点（子类）为止。

在预聚类过程中，如果用户希望找到数据中的离群点，即找到那些合并到任何一个类中都不恰当的数据点，则两步聚类的处理策略是：找到包含样本量较少的"小"叶节点，如果其中的样本量仅是"最大"叶节点所含样本量的很小比例，则视这些叶节点中的数据点为离群点。

2. 聚类

聚类在预聚类基础上进行，分析对象是预聚类所形成的"稠密区域（Dense Region）"。所谓稠密区域，是指除离群点以外的叶节点，这些节点所对应的若干子类将作为第二步聚类的输入，且采用层次聚类方法进行聚类。注意，那些包含离群点的"非稠密区域"将不参与本步聚类。

所谓层次聚类是指聚类过程所形成某个中间类一定是另一个类的子类,也就是说,聚类过程是逐步将较多的小类合并为较少的大类,再将较少的大类合并为更少的更大类,最终将更大类合并为一个大类,是一个类不断"凝聚"的过程。

对于 N 个子类,层次聚类需进行 N-1 次迭代。每次迭代过程需分别计算两两子类之间的对数似然距离,并依据距离最小原则,将距离最近的两个子类合并,直至得到一个大类。这里会涉及两个主要问题:第一,内存容量问题;第二,怎样的聚类数目是合适的。

对于第一个问题,迭代过程中,距离矩阵如果很庞大,则可能会超出内存的容量,计算机将不得不利用硬盘空间做虚拟内存,从而使算法执行效率大大降低。在普通层次聚类算法中,算法的输入是所有样本数据。算法执行的中前期,距离矩阵是关于样本点和样本点或者样本点和子类的,这必然使得距离矩阵非常庞大,造成算法在大数据集上运行速度极慢。两步聚类有效克服了这个问题。由于算法的输入是第一步预聚类的结果,其子类数目相对较少,距离矩阵不会过大,算法执行效率也就不会过低。这也是两步聚类算法之所以需要两个步骤的重要原因。

对于第二个问题,由于层次聚类算法本身并不给出一个合理的聚类数目,因此通常需要人工参与决定,而两步聚类算法则很好地实现了聚类数目的自动确定。

14.3.3 聚类数目的确定

聚类数目的确定将在上述第二步聚类中完成。采用的是两阶段策略,第一阶段仅给出一个"粗略"估计,第二阶段给出一个恰当的最终聚类数目,且两个阶段的具体判定标准也不同。

1. 第一阶段

第一阶段以贝叶斯信息准则(Bayesian Information Criterion, BIC)作为判定标准。如果聚类数目为 J,则有

$$\text{BIC}(J) = -2\sum_{j=1}^{J} \xi_j + m_J \log(N) \tag{14.6}$$

$$m_J = J\left[2K^A + \sum_{k=1}^{K_B}(L_k - 1)\right] \tag{14.7}$$

贝叶斯信息准则第一项反映的是 J 类对数似然的总和,是类内差异性的总度量;第二项是一个模型复杂度的惩罚项,当样本确定后,J 越大该项值也就越大。

合适的聚类数目应是 BIC 取最小时的聚类数目。如果聚类中只追求类内部结构差异小,则聚类数目必然较大,最极端的情况就是一个样本一个类,这当然是不可取的;相反,如果聚类中只追求聚类数目少,则类内部结构的差异性必然较大,最极端的情况就是所有样本为一个类,这当然也是不可取的。因此,恰当的聚类应是聚类数目合理,类内部结构差异性在一个可接受的范围内,即 BIC 取值最小的时刻。聚类数目的确定就是找到 BIC 最小时的 J。

如果所有类合并成一个大类,此时 BIC 的第一项最大,第二项最小。当聚类数目增加时,第一项开始减小,第二项开始增大,通常增大幅度小于减小幅度,因此 BIC 总体上是减小的;当聚类数目增加到 J 时,第二项的增大幅度开始大于第一项的减小幅度,BIC 总体上开始增大,此刻的 J 即为所求。

SPSS Modeler 利用 BIC 的变化量 dBIC 和变化率 $R_1(J)$ 确定聚类数目,即

$$\text{dBIC}(J) = \text{BIC}(J) - \text{BIC}(J+1) \tag{14.8}$$

$$R_1(J) = \frac{\mathrm{dBIC}(J)}{\mathrm{dBIC}(1)} \tag{14.9}$$

开始时，如果 dBIC(1)小于 0，则聚类数目应为 1，后续算法不再执行；反之，依次找到 $R_1(J)$ 取最小值（SPSS Modeler 规定 $R_1(J)$ 应小于 0.04），即 BIC 减小幅度最小时的 J，为聚类数目的"粗略"估计值，如图 14.6 所示。

图 14.6　聚类过程中 BIC 的变化示意图

2. 第二阶段

第二阶段是对第一阶段"粗略"估计值 J 的修正，不再考虑模型的复杂度。所采用的计算方法为

$$R_2(J) = \frac{d_{\min}(C_J)}{d_{\min}(C_{J+1})} \tag{14.10}$$

其中，$d_{\min}(C_J)$ 为聚类数目为 J 类时，两两类间对数似然距离的最小值。聚类过程中最小对数似然距离的变化示意图如图 14.7 所示。

图 14.7　聚类过程中最小对数似然距离的变化示意图

$R_2(J)$ 是类合并过程中类间差异性最小值变化的相对指标，值越大表明 $J+1$ 类到 J 类的合并越不恰当。依次计算 $R_2(J-1)$、$R_2(J-2)$ 到 $R_2(2)$ 的值，找到其中的最大值和次大值。SPSS Modeler 规定，如果最大值是次大值的 1.15 倍以上，则最大值所对应的 J 为最终聚类数；否

则，最终聚类数 J 为最大值对应的聚类数目和次大值对应的聚类数目中的较大值。

14.3.4 两步聚类的应用示例

这里，以电信客户数据（文件名为 Telephone.sav）为例，讨论 SPSS Modeler 两步聚类的具体操作。分析目标：对保留客户进行细分。

首先，利用"选择"节点选择流失为 No 的样本（保留客户）；其次，利用"类型"节点选择除流失以外其他变量为 In 角色参与聚类；最后，选择"建模"选项卡中的"两步"节点，将其连接到数据流的恰当位置上。右击，选择弹出菜单中的"编辑"进行节点的参数设置，其"模型"选项卡如图 14.8 所示。

图 14.8 "两步"节点的"模型"选项卡

其中：
- "标准化数值字段"表示将所有数值型聚类变量进行标准化处理，使其均值为 0，标准差为 1。选中"排除离群值"表示要找到数据中的离群点。
- "自动计算聚类数"选项表示自动确定聚类数目，且在"最大值"和"最小值"框中给出允许的最大聚类数目和最小聚类数目。或者，选中"指定聚类数"自行指定聚类数目。

"两步"的聚类结果如图 14.9 所示。

图 14.9 "两步"的聚类结果

参与聚类的样本量为 667（保留客户），算法自动确定的最佳聚类数目为 2，第一类的样本量为 169；第二类为 498。各数值型聚类变量分布及各分类型变量类别的分布都可以从左侧的图中得到展示。

如果查看每个客户所属的类别，可将模型计算结果添加到数据流中，并利用"表格"节点浏览，以 $T 开头的变量为具体的聚类结果。利用该变量可以做其他分析。如可利用"矩阵"节点和"网络"节点分析套餐类型和聚类结果的关系，如图 14.10（a）、（b）所示。

（a）套餐类型与聚类结果的列联分析　　（b）套餐类型与聚类结果的网络图

图 14.10　套餐类型与聚类结果的列联分析及网络图

本例没有发现离群点。比较遗憾的是，SPSS Modeler 并未允许用户设置相应的参数，以说明预聚类中怎样的比例应视为包含离群点的叶节点，SPSS Modeler 的默认值为 25%。另外，SPSS Modeler 也未允许用户自行调整预聚类中最近距离的阈值 τ。

14.4　SPSS Modeler 的 Kohonen 网络聚类及其应用

Kohonen 网络是 2001 年芬兰科学家 Teuvo Kohonen[①] 提出的一种称为自组织特征映射的网络（Self-Organizing feature Map，SOM），属人工神经网络的范畴，是数据挖掘中的无监督学习算法，被广泛应用于聚类分析中。

聚类算法主要涉及如何测度数据点之间的"亲疏程度"及以怎样的方式实施聚类。Kohonen 网络解决这两个问题的基本策略是：

第一，采用欧氏距离作为数据"亲疏程度"的测度，通常适合于数值型聚类变量，但也能够处理重新编码后的分类型聚类变量。

第二，模拟人脑神经细胞的机理，引入竞争机制，巧妙实现聚类过程。

以上第二条是 Kohonen 网络的特色，以下将重点讨论。

14.4.1　Kohonen 网络聚类机理

Kohonen 网络通过对人脑神经细胞工作机理的模拟实现聚类。

---

① Teuvo Kohonen，芬兰科学院终身教授，欧洲神经网络学会创会主席。摘自 www.scholarpedia.org/。

1. 人脑神经细胞的工作机理

大量生物研究表明，人类大脑皮层中拥有大量的神经细胞，这些神经细胞有以下特点。

- 神经细胞的组织是很有序的，通常呈二维空间排列。
- 处于不同区域的神经细胞控制着人体不同部位的运动。

如大脑分左右两个半球，每一半球上分别有运动区、体觉区、视觉区、听觉区、联合区等神经中枢。处于不同区域的神经细胞对来自某个方面的刺激信号有不同的敏感反应程度。有些神经细胞因其敏感性强而产生较强的反应，有些则因敏感性较弱而几乎不产生反应，各神经细胞协调工作，有条不紊地指挥着人体各个部位的运动。

- 处于邻近区域的神经细胞之间存在侧向交互性。

当一个神经细胞兴奋后，将自动影响（表现出激发或抑制）其邻近的其他神经细胞，使它们不会产生同等程度的兴奋。这种侧向交互作用的直接结果是神经细胞之间出现"竞争"。开始阶段，各神经细胞处对某个刺激信号有不同程度的兴奋状态，由于侧向交互作用，每个细胞都分别影响其邻近细胞的兴奋程度，最终处在某特定区域的兴奋程度最强的神经细胞将"战胜"其邻近的其他细胞，表现出不同区域神经细胞对不同刺激信号有不同敏感性。

- 处于不同区域的神经细胞对不同刺激信号表现出不同的敏感性，通常与婴儿出生后受到的训练和动作习惯有极大关系。最常见的就是"左撇子"现象。

Kohonen 网络对人脑神经细胞的这种特性和工作机理进行了模拟，表现在网络拓扑结构和算法学习原理设计方面。

2. Kohonen 网络的拓扑结构

Kohonen 网络采用两层、前馈式、全连接的拓扑结构，如图 14.11 所示。

图 14.11 Kohonen 网络的拓扑结构

Kohonen 网络的拓扑结构有以下特点。

- 网络包含两层，即一个输入层和一个输出层。输入节点的个数取决于聚类变量的个数。输出层也称竞争层，输出节点的个数即为聚类数目。
- 输入层中的每个输入节点都与输出节点完全相连。
- 输出节点呈二维结构分布，且节点之间具有侧向连接。于是，对某个输出节点来说，在一定邻域范围内会有一定数量的"邻近细胞"，即邻接节点。

3. Kohonen 网络聚类原理

Kohonen 网络的这种拓扑结构很好地模拟了人脑神经细胞的特点和工作机理。输入层模拟不同的刺激信号，输出层中的每个节点模拟神经细胞。

由于神经细胞兴奋的原因是接收到了信号的刺激，因此，当输入节点接收到样本数据的"刺激信号"后，将通过网络连接"传递"给输出节点。输出节点将对不同的输入表现出不同的"敏感性"，并通过侧向连接影响其邻接节点，最终"获胜"的输出节点将给出最大的输出值。

进一步，输出层空间中哪些区域的输出节点对哪种特征的输入表现出一贯性的"敏感"，是样本"后天"训练的结果。也就是说，输出层中的哪些节点对特定的输入总会"胜利"，即总会有最大输出，是反复向样本学习的结果。学习结束以后，输出层节点所反映的结构特征即是对不同类样本的不同特征的概括。

回到聚类问题中来，Kohonen 网络的样本聚类过程就是不断向样本学习，抓住数据内在结构特征，并且通过最终的 Kohonen 网络反映出这种结构特征的过程。

输入节点的个数取决于聚类变量的个数，输出节点的个数表示聚类数目。学习的目标就是要使某个特定的输出节点对于具有某种相同结构特征的样本输入给出一致的输出，学习的过程正是一种不断调整以逼近一致性输出的过程。当学习结束后，每个输出节点将对应一组结构特征相似的样本，即对应样本空间的一个区域，构成一组聚类。

进一步，输出层是二维的，而输入是多维的，以上的这种对应映射关系能够很好地将多维空间中数据分布的特征反映到二维平面上。因此，研究输出空间的数据分布可以有效地发现输入空间的样本分布特征，这也是聚类分析所希望得到的。

14.4.2 Kohonen 网络聚类过程

Kohonen 网络聚类机理并不复杂，它要求事先给出一个恰当的聚类数目，即输出节点的个数，然后通过不断迭代以完成最终的聚类。

1. 实现步骤

Kohonen 网络聚类的实现步骤如下。

第一步，数据的预处理。

由于"亲疏程度"的测度是基于欧氏距离的，因此需对数据做预处理。对于数值型聚类变量，应消除数量级上的差异，即将所有数值型变量值转化到 0～1 之间；对于分类型聚类变量，预处理的方法同 K-Means 聚类。

最终，得到 p 个取值范围在 0～1 内的聚类变量 x_i（$i=1,2,\cdots,p$）。于是，可将 N 个样本数据看成 p 维空间中的 N 个点。

第二步，确定聚类的初始类中心点。

与 K-Means 算法类似，如果事先指定聚类数目为 K，则应给出 K 个类的初始类中心点。通常，第 j 个类的中心位置由 p 个 0～1 范围内的随机数 w_{ij}（$i=1,2,\cdots,p$）确定。这里，K 个类中心点对应 K 个输出节点，每个输出节点对应一个具有 p 个元素的向量 W。

第三步，t 时刻，随机读入一个样本数据 $X(t)$，分别计算它与 K 个类中心点的欧氏距离 $d(t)$，并找出距离最近的类中心点，即输出节点 $W_c(t)$。此刻，$W_c(t)$ 是"获胜"节点，是对第 t 个样本最"敏感"的节点。

第四步，调整"获胜"节点 $W_c(t)$ 和其邻接节点所代表的各类中心位置。

这里，涉及两个问题：第一，调整算法；第二，怎样的节点应视为"获胜"节点的邻接节点。

调整算法类似人工神经网络中网络权值的调整。事实上，t 时刻 p 个输入节点和第 j 个输出节点之间的 p 个网络权值组成了 $W_j(t) = [w_{1j}(t), w_{2j}(t), w_{3j}(t), \cdots, w_{pj}(t)]$，即 t 时刻 p 个输入节点与输出节点之间的网络权值决定了 t 时刻第 j 个输出节点对应的类中心的位置。后续网络权值的调整策略与人工神经网络基本类似。所不同的是，由于聚类是无指导的学习，也就是没有输出变量，不能像一般神经网络算法中那样以误差为基础调整网络权值。Kohonen 网络以样本与类中心点的距离为依据进行权值调整。

对"获胜"节点 $W_c(t)$ 的权值调整为

$$W_c(t+1) = W_c(t) + \eta(t)[X(t) - W_c(t)] \tag{14.11}$$

其中，$\eta(t)$ 为 t 时刻的学习率。

由于输出节点之间存在侧向连接，还应调整"获胜"节点 $W_c(t)$ 周围邻接节点的网络权值。通常需要指定一个邻域半径。以 $W_c(t)$ 为中心，与 $W_c(t)$ 的距离在指定范围内的输出节点都视为邻接节点。对邻接节点 $W_j(t)$ 的权值调整的计算方法为

$$W_j(t+1) = W_j(t) + \eta(t)h_{jc}(t)[X(t) - W_j(t)] \tag{14.12}$$

其中，$h_{jc}(t)$ 为核函数，反映的是 t 时刻邻接节点 $W_j(t)$ 与"获胜"节点 $W_c(t)$ 之间的距离测度。常用的核函数是高斯核函数。SPSS Modeler 中采用调整的切比雪夫距离，有

$$h_{jc}(t) = \max(|w_{ij}(t) - w_{ic}(t)|) \quad (i = 1, 2, \cdots, p) \tag{14.13}$$

即以单个维的距离最大值作为距离的测度。

权值的调整可以形象地比喻为将输出节点向样本方向不断拉近的过程，如图 14.12 所示。

图 14.12 Kohonen 网络的权值调整

如果图中的深色节点表示输出节点的起始位置，则经过权值调整，它们将不同程度地被拉向某个方向，调整到浅色节点所在的位置上。

第五步，判断是否满足迭代结束的条件。如果没有满足，则返回第三步。该过程不断反复直到满足迭代终止条件为止。迭代终止条件通常是权值基本稳定或者达到指定迭代的次数。

综上所述，当某个样本输入网络时，与样本距离最近的一个输出节点"获胜"，该节点即是对相应样本信号刺激反应最敏感的节点。调整获胜节点及其邻接节点的网络权值，使"获胜"节点更接近相应样本。当有类似结构的样本再次输入时，该"获胜"节点可能再次获胜。通过调整权值则会使该节点再次接近这类样本。当不同结构的样本输入网络后，将有其他输出节点分别"获胜"和进行权值调整。这样的样本输入和权值调整需要反复多次。如果所有样本都已经输入网络还不能达到迭代结束的条件，则可进行下一轮（周期）或更多轮的学习。

通过向大量样本学习，不断调整权值，最终使特定输出节点仅对特定类样本具有高敏感性。于是，若干个输出节点分别对应着若干个样本群，且每个样本群内部结构特征相似，不同样本群间结构特征差异明显，进而得到聚类结果。于是，输出层形成一个能够反映各类样本结构（类）特征关联的映射，有效地将数据在高维空间中的聚类特征投影到低维空间中。这个过程称为自组织过程。

2. 说明

需要说明的是，类中心调整将受邻域半径和学习率的影响，并最终影响聚类结果。

为得到相对稳定的聚类结果，SPSS Modeler 的策略是：
- 分两个阶段学习，执行两次上述的聚类过程。

第一个阶段为粗略学习阶段，指定一个相对较大的邻域半径和初始学习率，以大致概括数据的结构特征；第二个阶段为调整学习阶段，指定一个相对较小的邻域半径和初始学习率，对类中心做进一步的细小调整，以保证输出层所体现的数据结构特征更贴近样本的真实结构。
- 每次迭代过程均调整学习率。

合理的学习率 η 能够有效平滑类中心的调整。SPSS Modeler 的每次迭代都将自动调整学习率 η。可采用线性或非线性的单调递减函数调整学习率 η。

线性调整方法为

$$\eta(t+1) = \eta(t) - \frac{\eta(0) - \eta_{\text{low}}}{c} \quad (14.14)$$

其中，$\eta(0)$ 和 η_{low} 分别为当前阶段的初始学习率和最小学习率；c 为学习轮（周期）数。

非线性调整方法为

$$\eta(t+1) = \eta(t) \times \exp\left[\frac{\log\left(\frac{\eta_{\text{low}}}{\eta(0)}\right)}{c}\right] \quad (14.15)$$

总之，Kohonen 网络是一种通过自组织方式实现数据聚类的无监督学习方法。

14.4.3 Kohonen 网络聚类的应用示例

这里，利用 Trevor Hasite 等学者所著的 *The Elements of Statistical Learning: Data Mining, Inference, and Prediction* 中提供的手写邮政编码的扫描数据，讨论 SPSS Modeler 的 Kohonen 网络聚类的具体操作。

1. 数据和相关应用问题

该数据为文本格式，文件名为 ZipCode.txt。其中共有 7291 个样本。每个样本对应 0～9 之间的一个手写阿拉伯数字，邮政编码是由这些手写数字组成的。对每个手写阿拉伯数字用 16×16 的点阵灰度数据来描述，如图 14.13 所示。

图 14.13　手写阿拉伯数字的 16×16 点阵灰度数据

图 14.13 显示了两个手写阿拉伯数字 6 和它们所对应的点阵灰度数据。数据包含 257 个变量，其中第一个变量是数字本身，其余 256 个变量为该数字不同手写体的标准化灰度值。

由于手写数字是不规范的，计算机通常无法很好地识别，因此考虑在大量已被正确标识的点阵数据基础上，利用数据挖掘算法，提取不同阿拉伯数字的点阵灰度值的结构规律，为邮政编码的计算机自动识别提供依据。

这类问题可归属到计算机模式识别和分析范畴内，其相关的技术研究和应用还有很多。OCR 技术就是其中之一。

OCR 是英文 Optical Character Recognition 的简称，意思是光学字符识别。它利用光学技术，将包含文字和数字的纸质原始资料扫描成黑白点阵的电子图像文件，并通过识别软件将图像转换为计算机内码，以供一般文字编辑等软件处理。

早在 1929 年，德国科学家 Tausheck 就首先提出了 OCR 的概念。20 世纪 60～70 年代，世界各国相继开始了 OCR 的研究。我国 OCR 技术的研究相对起步较晚，初期研究的重点是数字、英文字母及符号的识别。20 世纪 80 年代以后，随着计算机汉字编码和输入技术的不断发展和完善，汉字的识别技术有了长足进步，如从单一字体的单体识别到多种字体混排的多体识别，从中文印刷材料的单语识别到中英混排印刷材料的双语识别，从简体汉字的识别到繁体汉字的识别，等等。

OCR 的核心目标是实现从图像文件到文本文件的转化，为此需经过图像输入、预处理、识别、后处理等阶段。其中最核心的问题是预处理和识别阶段的数据特征提取。

目前，OCR 技术研究已经比较成熟，应用面也越来越广。例如，这里讨论的邮政编码自动识别就是一个典型应用，是实现信件的自动分拣，提高分拣效率，有效避免分拣错误的手段。

再如，我国第五次全国人口普查中，第一次利用 OCR 技术采用自动手段采集人口普查数据。在建国以来的第一～四次全国人口普查中，数据汇总技术从最早的算盘到计算器到计算机，得到了长足进步，但数据录入都一直以手工输入为主，耗费了大量的人力和物力，且效率低下。仅以 1990 年的第四次人口普查为例，全国共聘用 3000 个数据处理人员及 10000 个录入员，整整工作了一年。第五次全国人口普查中，数据量较第四次人口普查增加了 1 倍，全国约有 3.6 亿张短表、4000 万张长表、500 万张死亡表、500 万张暂住人口调查表。但由于使用了 OCR 技术，一个人就可以承担 100 万户的数据录入工作，全国仅有约 500 个人参与数据采集工作，有的省市只用了两个月就完成了本省的数据采集工作，速度提高了 6 倍，且有效避免了手工录入可能出现的错误。

又如，基于 OCR 技术的高考阅卷系统，能够快速实现答题卡信息的自动采集，是实现客观题计算机自动评判的基础。还有公安系统的人脸识别等。

除了 OCR 技术及其应用之外，模式识别还可应用于遥感图像的分析。最常见的遥感图像就是人们每天收看电视中天气预报节目时看到的"卫星气象云图"，如图 14.14 所示。

图 14.14 遥感图像示例

遥感图像通过不同的颜色和灰度来表示和描述空间数据。由于不同地物有不同的结构、成分或分布，使得其反射和发射的光谱特性各不相同，反映在遥感图像上即为不同的颜色和灰度差异。遥感图像的清晰程度取决于分辨率的高低。分辨率一般用来描述在显示设备上所能够显示的点的行、列数量，或影像中一个像元点所表示的面积。当然，分辨率越高图像就越清晰。

正如日常生活中的照片一样，人们可以通过遥感图像辨别地物特征，如图像表现的是河流、湖泊等水体还是森林、沼泽等植被，是农田、林地等土地还是丘陵、高山等山地。不仅如此，遥感图像还能够帮助人们辨别地面上较小的物体，如一棵树、一个人、一条交通标志线等。因此，对遥感图像的分析和研究有非常重要的实际意义。

事实上，遥感技术和遥感图像分析已经在许多领域得到广泛应用。例如，检测地表资源和环境变化，了解沙漠化和土壤侵蚀程度，监视森林火灾和地质灾害，估计矿产和农作物产量等。

模式识别的研究离不开计算机，更离不开有效的数据挖掘方法，通常可采用数据挖掘的分类预测方法，也可以辅助使用聚类方法等。

2. 具体目标和基本操作

回到邮政编码问题。由于相同阿拉伯数字的点阵灰度值在整体结构上应具有相似性，因此，可考虑采用聚类算法尝试将描述相同数字的样本聚在一起，将描述不同数字的样本分开。这里，只抽取阿拉伯数字为 0、1、2 的样本进行聚类。

首先，利用"变量文件"节点读入数据，各变量以 field 开头后跟序号；然后，利用"类型"节点指定变量 field1（数字本身）的类型为多分类型变量，并指定该变量不参与聚类分析；再次，利用"选择"节点只选取数字为 0（1194 个样本）、1（1005 个样本）、2（731 个样本）的样本；最后，选择"建模"选项卡中的"Kohonen"节点，将其连接到数据流的恰当位置上。右击，选择弹出菜单中的"编辑"进行节点的参数设置，"模型"和"专家"是其中两个重要的选项卡。

● "模型"选项卡

"模型"选项卡用于设置 Kohonen 聚类的迭代终止条件等主要参数，如图 14.15 所示。

图 14.15 "Kohonen"节点的"模型"选项卡

其中：

- ■ "继续训练现有模型"：通常情况下，每次运行节点后都会得到一个完整的聚类模型。选中该选项表示继续运行上次没有运行完成的模型。
- ■ "显示反馈图形"：在建模过程中，以矩形网格的形式，通过不同的色差模拟展示截至当前迭代为止，哪些输出节点敏感获胜次数多，哪些输出节点不敏感获胜次数少，如图 14.16 所示。

图 14.16 输出节点的敏感性网格表示

图 14.16 模拟表示的是一个 7×10 的输出层，包含 70 个输出节点。颜色越接近深色表示相应的输出节点获胜的机会越多，白色表示该输出节点对样本结构不敏感或敏感程度很弱。

- ■ "停止"选项中的"缺省"表示以默认参数作为迭代结束的标准，这里主要指学习周期。

SPSS Modeler 并没有让用户自行设置类中心最大偏移量的最小值标准，虽然感觉缺少一定的灵活性，但事实上，用户很难给出这个标准。最直观的标准是模型运行时间。用户可以在"时间(分钟)"框中给出模型运行的最长时间,如果达到该时间则结束建模。

- ■ "种子"选项:由于各类的初始类中心是个随机数,如果不选择该选项,那么初始随机数将不重复出现,使得每次模型计算结果不尽相同。若希望获得一致的计算结果,则应选择该选项,并指定一个随机数种子。这样只要种子一样,计算结果就一样。

● "专家"选项卡

"专家"选项卡主要用于设置输出节点的个数(聚类数目)和其他高级参数等,如图 14.17 所示。

图 14.17 "Kohonen"节点的"专家"选项卡

选择"专家"选项,自行设置参数。可分别在"宽度"和"长度"框中指定输出层的宽度和长度,即列数和行数,行数乘以列数就是输出节点个数,也就是聚类数目。输出节点将以行列坐标定位。这里,希望将数据聚成 3 类,因此"宽度"设为 3,"长度"设为 1。

在"学习速率衰减"项中可以指定迭代过程采用线性函数调整学习率;也可以指定采用指数的非线性函数。"阶段 1"和"阶段 2"框中设置粗略学习阶段和调整学习阶段的相关参数。在"近邻"框中指定邻域半径。这里,邻域半径以输出层节点之间的横纵坐标值的差来计量;在"初始 Eta"框中指定学习率的初始值;在"周期"框中指定学习轮(周期)数。

3. 结果解读

"Kohonen"聚类结果如图 14.18 所示。

图 14.18 "Kohonen"聚类结果

图 14.18 左图为模型训练过程中显示的图形反馈图,3 个单元格表示聚成 3 类。右侧给出

了各类的样本量。进一步，将聚类计算结果加到数据流中，利用"表格"节点查看各样本的具体聚类情况。$KX 开头的变量为输出节点的列号，$KY 开头的变量为行号，$KX 和$KY 变量的组合结果即表明样本观测从属的类，意味着相应输出节点最终取得了在该样本上的"胜利"。

为评价聚类效果，利用"分布"节点绘制变量 field1 的条形图，并以变量$KX 作为交叠变量。进一步，利用"网络"节点绘制变量 field1 和变量$KX 的网络图，如图 14.19 所示。

图 14.19　评价聚类结果（一）

可见，邮政编码实际为 0、1、2 的样本量分别为 1194、1005 和 731 个，百分比依次为 40.75%、34.3%和 24.95%。条形图粗略显示了聚类的效果，其中数字 1 的效果最理想，0 次之，最不理想的是数字 2。

进一步，参看网络图可知，邮政编码为 1 的 1005 个样本观测中都聚到了$KX=0 的类中，效果最为理想，$KX 为 0 代表数字 1；聚类效果次之的数字 0，绝大部分（1084）被聚到了$KX=2 的类中，有较少部分（106）被聚到$KX=1 的类中，有 4 个被聚到$KX=0 类中，$KX 为 2 代表数字 0；数字 2 的聚类效果最差，$KX=1 代表数字 2。

输出层横坐标从小到大对应的数字依次为 1、2、0，意味着相对于 1 与 0，1 和 2 的灰度数据结构特征更相似些。

Kohonen 网络的输出层是一个反映数据聚类分布结构的映射，它有效地将数据在高维空间中的聚类特征投影到低维空间中，使低维空间很好地保持和体现了高维空间的拓扑结构。当 Kohonen 网络训练结束后，与各输出节点相连接的网络权值收敛，各类的中心趋于稳定。此时，可进一步计算各类中心之间的距离，分析以类中心为代表的各类之间的位置关系，并以图形方式直观展示。通常，如果距离太小可能导致聚类边界不清晰，于是可在聚类结果的基础上进行二次聚类，并将数据重新映射到最终的类上。可见，Kohonen 网络聚类能够为下一步聚类提供有价值的信息。比较遗憾的是，SPSS Modeler 没有给出各输出节点最终的网络权值。

另外，高维数据聚类之前，也可先利用一些数据降维方法，如因子分析等，适当减少变量个数、降低维度，以加速聚类。

14.5　基于聚类分析的离群点探索

离群点探索一直是数据挖掘关注的热点。从量化分析角度讲，由于离群点会对分析模型产生重要影响，因此，探索并剔除数据中可能存在的离群点，是建立反映事物本来面貌和真实规律的数据模型的前提和保障;从应用角度讲,离群点甄别在许多领域具有深刻的现实意义,因为离群点很可能是诸如洗钱、电子信用卡欺诈、电信欺诈和电脑侵入等欺诈行为的具体数据表现。利用有效的数据挖掘方法及时、准确地发现离群点,将为欺诈行为的有效甄别提供强有力的帮助,其意义是显而易见的。

离群点的检测和剔除可描述为一个从 n 个样本观测中选 k 个与其他数据显著不同、例外或不相一致的样本观测的过程,包括有监督学习和无监督学习两类方法。

以欺诈诊断为例,有监督学习方法使用已知的诈骗者和合法用户的数据建模,并通过模型计算怀疑得分,以判断新用户是否存在欺诈可能。显然,这类方法属于分类预测方法,如神经网络、决策树、支持向量机及统计学 Logistic 回归等。

如果已有数据不能区分合法用户和诈骗者,即无法知道哪些样本观测是离群点,则应采用无监督学习方法。无监督学习方法通常以代表用户正常消费行为的基本分布为基础建模,通过诊断样本数据发现其中最大可能的离群点,包括低维空间中的可视化方法、一维样本的统计探测方法、多维空间基于聚类的诊断方法及基于偏差的诊断方法等。

这里将重点讨论 SPSS Modeler 多维空间基于聚类的异常诊断方法。

14.5.1 多维空间基于聚类的离群点诊断方法

多维空间基于聚类的诊断方法从综合分析的角度,通过聚类和计算样本观测点与数据组群之间的距离,以及距离远近的判断,实现离群点的诊断及离群点成因的分析。

以图 14.20 为例进行基于聚类的离群点诊断。

图 14.20 基于聚类的离群点诊断

显然,有理由怀疑图中圆圈圈着的点为离群点。从聚类角度看,A、B、C 三个样本观测点应分别属于距离它们最近的类。但相对于类内的其他成员,这 3 个点又分别远离各自的类,很可能是离群点。

离群点分析包括 3 个阶段:第一,聚类,即根据"亲疏程度"将样本聚成若干类;第二,计算,即在第一阶段聚类的基础上,依据距离,计算所有样本观测点的异常性测度指标;第三,诊断,即在第二阶段异常性测度指标的基础上,确定最终的离群点,并分析导致样本观测点异常的原因,即分析离群点在哪个变量方向上呈现异常。

以下就这 3 个阶段分别进行讨论。

1. 第一阶段

第一阶段的聚类分析过程主要涉及以下步骤。

- 数据预处理,主要包括:
  - 剔除含有极端值样本。SPSS Modeler 规定的极端值指数值型变量取值大于 1.0×10^{150} 的样本。
  - 剔除变量值为常量的变量,这些变量通常没有意义。
  - 缺失值插补。对于数值型变量,缺失值用均值插补;对于分类型变量,缺失值将作为一个有效类别。
  - 生成一个新变量,记录各样本观测取缺失值的变量个数占总变量个数的比例。
- 数据聚类,主要包括:
  - 将数据预处理后的所有变量视为聚类变量,利用两步聚类方法聚类,找到各类的类中心。
  - 对于所有数据,分别计算 K^A 个数值型聚类变量 k 的均值和方差 $\hat{\sigma}_k^2$。
  - 对于各个类,分别计算类别 v 的样本量 N_v;K^A 个数值型聚类变量 k 的均值和方差 $\hat{\sigma}_{vk}^2$;K^B 个分类型变量第 l 个类别的样本量 N_{vkl}。这些计算将为后续分析奠定基础。

2. 第二阶段

第二阶段的任务是在第一阶段聚类的基础上计算样本的离群点测度指标。如果第一阶段的聚类是基于训练样本集,且第二阶段的诊断是针对测试样本集的,则应首先对测试样本进行预处理,处理方法同上。

判断样本观测点 S 是否为离群点及离群点成因分析的依据是:组差异指标、变量差异指标、异常指标和变量贡献指标。

- 找到样本观测点 S 所属的类别 v。计算样本观测点 S 与类别 v 的对数似然距离,这里称为组差异指标 GDI(Group Deviation Index)。具体计算公式为

$$\text{GDI}_S = d(v,s) = \xi_v + \xi_s - \xi_{<v,s>} = \xi_v - \xi_{<v,s>}$$

$$\xi_v = -N_v \left[\sum_{k=1}^{K^A} \frac{1}{2} \log(\hat{\sigma}_k^2 + \hat{\sigma}_{vk}^2) + \sum_{k=1}^{K^B} \hat{E}_{vk} \right]$$

$$\hat{E}_{vk} = -\sum_{l=1}^{L_k} \frac{N_{vkl}}{N_v} \log \frac{N_{vkl}}{N_v}$$

S 是一个样本观测点,其内部差异为 0,即 ξ_s 为 0。GDI 反映了样本观测点 S 加入类 v 所引起的类 v 内部差异的变化量。

- 对于样本观测点 S,计算聚类变量 k 的变量差异指标 VDI(Variable Deviation Index)。对于数值型聚类变量 k,VDI 定义为

$$\text{VDI}_k = \frac{1}{2} \log(\hat{\sigma}_k^2 + \hat{\sigma}_{vk}^2) \tag{14.16}$$

对于分类型聚类变量 k,VDI 定义为信息熵,有

$$\text{VDI}_k = -\sum_{l=1}^{L_k} \frac{N_{vkl}}{N_v} \log\left(\frac{N_{vkl}}{N_v}\right) \tag{14.17}$$

VDI 是样本观测点 S 进入类 v 后与进入类 v 前,GDI(对数似然距离)中各求和项的差,

反映了样本观测点 S 加入类 v 所引起的类 v 内部差异变化中,各聚类变量的"贡献"大小。
- 计算异常指标 AI(Anomaly Index)

对于样本观测点 S,AI 定义为

$$\mathrm{AI}_S = \frac{\mathrm{GDI}_S}{\frac{1}{N_v}\sum_{i=1}^{N_v}\mathrm{GDI}_i} \tag{14.18}$$

AI 是一个相对指标,较 GDI 更直观,是样本观测点 S 所引起的类内差异与类 v 内其他样本观测点所引起差异的平均值的比。该值越大,认为样本观测点 S 是离群点的把握程度就越高。

- 计算变量贡献指标 VCM(Variable Contribution Measures)

对于样本观测点 S,变量 k 的贡献指标定义为

$$\mathrm{VCM}_S = \frac{\mathrm{VDI}_k}{\mathrm{GDI}_s} \tag{14.19}$$

VCM 也是一个相对指标,较 VDI_k 更直观,反映的是各聚类变量对差异"贡献"的比例。该值越大,则相应变量是导致样本观测点 S 离群原因的可能性就越大。

3. 第三阶段

第二阶段计算得到了所有样本观测点的 GDI、VDI、AI 和 VCM,本阶段将依据这些指标的排序结果,确定离群点并分析导致异常的原因。具体包括:
- 将 AI 按照降序排列,排在前 m 位的样本点可能为离群点。同时,m 位置的 AI 就是离群点的判断标准,大于该值的为离群点,小于该值的为非离群点。
- 对于离群点,将 VDI 按照降序排列,排在前 l 位的变量是导致该点可能异常的主要原因。

14.5.2 多维空间基于聚类的离群点诊断应用示例

这里,以电信客户数据(文件名为 Telephone.sav)为例说明 SPSS Modeler 离群点诊断的具体操作。分析目标:找到保留客户中可能的异常客户。

首先,利用"选择"节点选择流失为 No 的样本;其次,利用"类型"节点指定除流失以外的其他变量为"输入"角色参与分析;最后,选择"建模"选项卡中的"异常"节点,将其连接到数据流的恰当位置上。右击,选择弹出菜单中的"编辑"进行节点的参数设置。"模型"和"专家"是其中两个重要的选项卡。

1. "模型"选项卡

"模型"选项卡用于设置离群点指标判断的标准等参数,如图 14.21 所示。
其中:
- 在"最小异常指数水平"框中指定 AI 的最小值,大于该值的样本观测点可能是离群点。
- "训练数据中最异常的记录百分比"表示给定一个百分比,找到指定百分比的可能离群点。"训练数据中最异常的记录数"表示指定找到多少个可能的离群点。
- "要报告的异常字段数"表示默认给出前 3 个导致样本可能异常的重要变量。

图 14.21 "异常"节点的"模型"选项卡

2. "专家"选项卡

"专家"选项卡用于设置关于聚类等其他高级参数，如图 14.22 所示。

图 14.22 "异常"节点的"专家"选项卡

其中：
- 选择"专家"选项可自行设置相关参数。
- "调整系数"表示指定一个大于 0 的数，用于调整数值型聚类变量和分类型变量在分析中的权数。该值越大，数值型变量的权数越大。
- "自动计算对等组数"表示自动判断样本应聚成几类，聚类数目的最小值和最大值分别在"最小值"和"最大值"框中指定。
- "指定对等组数"表示如果对聚类数目有一定的把握或假设，可在"数字"框中给出聚类数目。
- "噪声水平"表示指定允许的噪声水平，是两步聚类中异常类的判断标准。正如在两步聚类算法中讨论的那样，如果一个叶节点的样本量与最大叶节点的样本量之比很小，可认为该叶节点包含的样本为异常样本，它代表的类为异常类，其判断标准即为 0.5－噪声水平。显然，"噪声水平"取值在 0～0.5，越接近于 0，意味着聚类过程越可能找到异常类；该值越接近于 0.5，意味着算法越可能视异常类为正常类。

- "插补缺失值"表示对缺失值进行替补,方法同前;如果不选,则数据预处理时将剔除所有包含缺失值的样本。

3. 结果解读

"异常"的计算结果如图 14.23 所示。

图 14.23 "异常"的计算结果

图 14.23 表明,所有样本数据聚成了两类,第 1 类的样本量为 498,发现 5 个离群点;第 2 类的样本量为 169,发现 1 个离群点。

进一步,分析导致离群的原因。以第 1 类为例,总体来讲,异常主要是由于免费部分、基本费用、收入、教育水平、开通月数和年龄 6 个变量引起的。5 个离群点中有 5 个是由于基本费用引起的,它们在基本费用变量上取值异常,且基本费用的平均 VDI 为 0.165。同理,有 3 个是由免费部分变量引起的,等等。

选择图 14.23 中的"摘要"选项卡,如图 14.24 所示。

图 14.24 "摘要"选项卡

图 14.24 给出了判断异常的 AI 标准约为 1.52。如果样本观测点的 AI 大于 1.52,则该样本可能是离群点,否则不是。

为查看样本的具体诊断结果,将模型计算结果加到数据流中。右击,选择弹出菜单中的"编辑"进行参数设置,如图 14.25 所示。

其中:
- "标志和指数"表示输出各样本观测的诊断结果及 AI 值。

图 14.25 "异常"计算结果的"设置"窗口

- "仅限于标志"选项和"仅限于指数"选项分别表示只输出诊断结果和仅输出 AI 值。
- "要报告的异常字段数"表示默认输出前 3 个导致样本异常的变量。
- 选中"丢弃记录"表示剔除相应样本,选择"非异常"表示剔除非离群点,选择"异常"表示剔除离群点。

利用"表格"节点浏览具体结果。其中,默认变量名为$O-Anomaly 的变量存放诊断结果,T 表示是离群点,F 表示不是;$O-Anomalyindex 变量给出了每个样本观测的 AI 值;$O-Peergroup 变量记录各样本观测所属的类;$O-Field 和$O-Fieldimpact 变量分别给出了 VDI 值排在前 3(默认)位的变量名和 VDI 值。

为进一步直观观察离群点,可利用"散点图"节点绘制散点图。例如,收入和基本费用的散点图,其参数设置和图形结果如图 14.26 所示。

图 14.26 收入和基本费用的散点图

图 14.26 中深色点为离群点,是一些收入中等水平但基本费用很高的点。

> 需要说明的是,从操作过程看,"异常"节点总能找到离群点,因此这些点只能视为"疑似异常点"。是否确实为离群点,还需要进一步的分析。
>
> 另外,由于基于聚类的离群点诊断方法是一种无监督的学习方法,并没有针对输出变量。对此,可首先利用"特征选择"节点,找到与输出变量相关的几个重要输入变量,然后再利用"异常"节点诊断异常,在对输出变量有重要影响的输入变量范围内,查找导致样本离群的变量。